全国中等职业技术学校汽车类专业通用教材

Qiche Guzhang Zhenduan yu Zonghe Jiance
汽车故障诊断与综合检测

（第二版）

杨永先　主编
钟凯彬　主审

人民交通出版社股份有限公司
China Communications Press Co.,Ltd.

内 容 提 要

本书是全国中等职业技术学校汽车类专业通用教材,依据《中等职业学校专业教学标准(试行)》以及国家和交通行业相关职业标准编写而成。主要内容包括:汽车故障诊断与检测的基本知识,汽车发动机故障诊断与排除,汽车底盘故障诊断与排除,汽车一般电气设备故障诊断与排除,汽车主要技术性能检测,汽车检测站分类、设备和检测流程,汽车安全检测标准及综合检测标准,共计7个单元。

本书供中等职业学校汽车类专业教学使用,亦可供汽车维修相关专业人员学习参考。

图书在版编目(CIP)数据

汽车故障诊断与综合检测/杨永先主编. —2版. —北京:人民交通出版社股份有限公司, 2019.3
ISBN 978-7-114-15124-8

Ⅰ.①汽… Ⅱ.①杨… Ⅲ.①汽车—故障诊断—中等专业学校—教材 ②汽车—故障检测—中等专业学校—教材 Ⅳ.①U472.42 ②U472.9

中国版本图书馆 CIP 数据核字(2018)第 256202 号

全国中等职业技术学校汽车类专业通用教材

书　　　名:	汽车故障诊断与综合检测(第二版)
著　作　者:	杨永先
责任编辑:	郭　跃
责任校对:	张　贺
责任印制:	张　凯
出版发行:	人民交通出版社股份有限公司
地　　　址:	(100011)北京市朝阳区安定门外外馆斜街3号
网　　　址:	http://www.ccpress.com.cn
销售电话:	(010)59757973
总　经　销:	人民交通出版社股份有限公司发行部
经　　　销:	各地新华书店
印　　　刷:	北京市密东印刷有限公司
开　　　本:	787×1092　1/16
印　　　张:	21.25
字　　　数:	497 千
版　　　次:	2006 年 1 月　第 1 版 2019 年 3 月　第 2 版
印　　　次:	2019 年 3 月　第 2 版　第 1 次印刷　累计第 13 次印刷
书　　　号:	ISBN 978-7-114-15124-8
定　　　价:	48.00 元

(有印刷、装订质量问题的图书由本公司负责调换)

第二版前言
PREFACE

为适应社会经济发展和汽车运用与维修专业技能型紧缺人才培养的需要,交通职业教育教学指导委员会汽车(技工)专业指导委员会于2004年陆续组织编写了汽车维修、汽车电工、汽车检测等专业技工教材、高级技工教材及技师教材,受到广大中等职业学校师生的欢迎。

随着职业教育教学改革的不断深入,中等职业学校对课程结构、课程内容及教学模式提出了更高的要求。《教育部关于深化职业教育教学改革全面提高人才培养质量的若干意见》提出:"对接最新职业标准、行业标准和岗位规范,紧贴岗位实际工作过程,调整课程结构,更新课程内容,深化多种模式的课程改革"。为此,人民交通出版社股份有限公司根据教育部文件精神,在整合已出版的技工教材、高级技工教材及技师教材的基础上,依据教育部颁布的《中等职业学校汽车运用与维修专业教学标准(试行)》,组织中等职业学校汽车专业教师再版修订了全国中等职业技术学校汽车类专业通用教材。

此次再版修订的教材总结了全国技工学校、高级技工学校及技师学院多年来的汽车专业教学经验,将职业岗位所需要的知识、技能和职业素养融入汽车专业教学中,体现了中等职业教育的特色。特点如下:

1."以服务发展为宗旨,以促进就业为导向",加强文化基础教育,强化技术技能培养,符合汽车专业实用人才培养的需求;

2.教材修订符合中等职业学校学生的认知规律,注重知识的实际应用和对学生职业技能的训练,符合汽车类专业教学与培训的需要;

3.教材内容与汽车维修中级工、高级工及技师职业技能鉴定考核相吻合,便于学生毕业后适应岗位技能要求;

4.依据最新国家及行业标准,剔除第一版教材中陈旧过时的内容,教材修订量在20%以上,反映目前汽车的新知识、新技术、新工艺;

5.教材内容简洁,通俗易懂,图文并茂,易于培养学生的学习兴趣,提高学习效果。

《汽车故障诊断与综合检测(第二版)》是汽车运用与维修专业课之一,内容包括:汽车故障诊断的基本知识,汽车发动机故障诊断与排除,汽车底盘故障诊断与排除,汽车一般电气设备故障诊断与排除,汽车主要技术性能检测,汽车检测站分类、设备和检测流程,汽车安全检测标准及综合检测标准共7个单元。本书由广东省交通运输技师学院杨永先担任主编,广东省交通运输技师学院钟凯彬担任主审。本教材编写分工为:广东省交通运输技师学院杨永先编写单元一;浙江交通技师学院刘贤忠编写单元二课题一、课题二、课题六;广西交通技师学院学校谭劲涛编写单元二课题四、课题七、课题八、课题九;广东省交通运输技师学院黄云忠编写单元二课题三、课题五;广东省交通运输技师学院杨智锐编写单元三课题一、课题二;广东省交通运输技师学院张文品编写单元三课题三、课题四;广东省交通运输技师学院吴培鉴编写单元四;广东省交通运输技师学院孙辰编写单元五、单元六、单元七。

限于编者经历和水平,教材内容难以覆盖全国各地中等职业学校的实际情况,希望各学校在选用和推广本系列教材的同时,注重总结教学经验,及时提出修改意见和建议,以便再版修订时改正。

编 者

2018年11月

目录 CONTENTS

单元一　汽车故障诊断与检测的基本知识 ………………………………………………… 1
单元二　汽车发动机故障诊断与排除 ……………………………………………………… 12
　课题一　发动机曲柄连杆机构、配气机构故障的诊断与排除 …………………………… 12
　课题二　化油器式汽油机燃料系故障诊断与排除 ………………………………………… 25
　课题三　电控燃油喷射系统故障与排除 …………………………………………………… 33
　课题四　汽油机传统点火系故障诊断与排除 ……………………………………………… 74
　课题五　电子点火系故障诊断与排除 ……………………………………………………… 87
　课题六　汽油机油电路综合故障诊断与排除 ……………………………………………… 99
　课题七　柴油机燃料系故障诊断与排除 …………………………………………………… 115
　课题八　冷却系故障诊断与排除 …………………………………………………………… 128
　课题九　润滑系故障诊断与排除 …………………………………………………………… 131
单元三　汽车底盘故障诊断与排除 ………………………………………………………… 135
　课题一　传动系故障诊断与排除 …………………………………………………………… 135
　课题二　行驶系故障诊断与排除 …………………………………………………………… 168
　课题三　转向系故障诊断与排除 …………………………………………………………… 180
　课题四　制动系故障诊断与排除 …………………………………………………………… 191
单元四　汽车一般电气设备故障诊断与排除 ……………………………………………… 212
　课题一　汽车一般电气设备常见故障与诊断 ……………………………………………… 212
　课题二　充电系统故障诊断与排除 ………………………………………………………… 213
　课题三　起动系统故障诊断与排除 ………………………………………………………… 219
　课题四　汽车照明与信号装置故障诊断与排除 …………………………………………… 226
　课题五　仪表故障诊断与排除 ……………………………………………………………… 241
　课题六　汽车电动车窗故障诊断与排除 …………………………………………………… 246
单元五　汽车主要技术性能检测 …………………………………………………………… 259
　课题一　汽车发动机综合性能检测 ………………………………………………………… 259
　课题二　汽车尾气排放检测 ………………………………………………………………… 261
　课题三　汽车噪声检测 ……………………………………………………………………… 265
　课题四　汽车车轮定位检测 ………………………………………………………………… 267
　课题五　汽车车速表检测 …………………………………………………………………… 279
　课题六　制动性能检测 ……………………………………………………………………… 282
　课题七　汽车照明灯检测 …………………………………………………………………… 286

课题八　汽车底盘测功 292
单元六　汽车检测站分类、设备和检测流程 298
　　课题一　汽车检测站综述 298
　　课题二　汽车检测站设备组成及工位布置 299
　　课题三　汽车性能检测站的工艺流程 308
单元七　汽车安全检测标准及综合检测标准 311
参考文献 333

单元一
汽车故障诊断与检测的基本知识

汽车故障诊断与检测技术是随着汽车的发展从无到有逐渐发展起来的一门技术。国外的一些发达国家,早在20世纪40~50年代就发展成为以故障诊断和性能调试为主的单项检测技术。进入60年代后,故障诊断与检测技术获得较大发展,逐渐将单项检测技术联线建站(汽车检测站)。70年代初出现了检测控制自动化、数据采集自动化、数据处理自动化、检测结果自动打印的综合故障检测技术,检测效率极高。进入80年代后,国外的诊断检测技术已达到广泛应用的阶段,给交通安全、环保、节能、降低运输成本和提高运力等方面带来了明显的社会效益和经济效益。

我国的汽车诊断与检测技术起步较晚,在20世纪60~70年代开始引进和研制汽车检测设备。进入80年代后,汽车诊断与检测技术成为国家"六五"重点推广项目,并视其为推进汽车维修管理现代化的一项重要技术措施。交通部门自1980年开始,有计划地在全国公路运输系统筹建汽车综合性能检测站,公安部门也在全国的中等以上城市建成了许多安全性能检测站。到20世纪90年代末,我国汽车检测诊断技术已初具规模,基本形成了全国性的汽车检测网,国家颁布了《机动车运行安全技术条件》(GB 7258—2017)、《营运车辆综合性能要求和检验方法》(GB 18565—2016),交通部颁布了第13号部令《汽车运输业车辆技术管理规定》、28号部令《汽车维修质量管理办法》和29号部令《汽车运输业车辆综合性能检测站管理办法》,公安部颁布了《机动车安全检验项目和方法》(GA 468)[已被《机动车安全技术检验项目和方法》(GB 21861—2008)代替]等,对汽车故障诊断与检测技术、检测制度和综合性能检测站等均做出了明确规定。

一、汽车故障诊断与检测的目的

汽车故障诊断与检测包括汽车诊断技术和汽车检测技术。通过对汽车进行诊断与检测可以在不解体情况下判断汽车的技术状况,为汽车继续运行或进厂维修提供可靠依据,其目的因检测项目的不同而有差异,归纳有以下几个目的。

1. 汽车故障的检测诊断

对故障汽车的检测诊断,目的是在不解体(或仅卸下个别小件)情况下,查出故障的确切部位和产生的原因,从而确定故障的排除方法,提高排除故障的效率,使汽车尽快恢复正常。

2. 汽车维修时的检测

汽车维修前的检测是要找出汽车技术状况与标准值相差的程度,从而确定汽车是否需要大修或应采取何种技术措施修复,以实现视情修理;汽车维修过程中的检测是要确诊故障的部位和原因,提高维修质量及维修效率;汽车维修后的检测是要检验汽车的使用性能是否得到恢复，以确保维修质量。

3. 汽车安全、环保性能检测

汽车安全环保检测指的是在不解体情况下定期和不定期地对汽车的外观、制动与转向性能、尾气排放与噪声、前照灯以及车速表等进行检测，从而建立安全和环保监控体系，强化汽车的安全管理，确保运行车辆具有符合要求的外观容貌、良好的安全性能，并控制其对环境的污染，使车辆在安全、高效状态下运行。

4. 汽车综合性能检测

对汽车实行定期和不定期的综合性能检测，是在汽车不解体情况下，确定营运车辆的技术状况和工作能力，对维修车辆实行质量监控，确保运输车辆具有良好的动力性、经济性、安全性、可靠性等使用性能和减少对环境的污染程度。

二、汽车故障诊断与检测和汽车维修行业的关系

诊断与检测技术是改革汽车维修制度、实行视情维修的必要手段。汽车的维修制度发展至今已经历了三个阶段。

第一阶段是"事后维修制"，该制度产生于20世纪50年代。所谓事后维修，是在汽车出现故障之后才进行检修，汽车不损坏就不修理，维修只是在机器出现故障或损坏之后不得不采取的一种措施。

第二阶段"计划预防修理制"是按照间隔期有计划地实行定期强制维修，根据零件的磨损规律或零件的使用寿命来合理制定维修时间间隔，在汽车维修工作中发挥了积极的作用，其经历的时期也最长。但是，由于零件之间寿命的不平衡性，使得理论维修时间间隔与机器的实际技术状况的变化往往不相符合，从而造成还没到该维修的程度就进行"早修"或还没到维修时间间隔就出现了故障的"失修"现象。

第三阶段即目前实行的维修制度，始于1990年，是针对计划预防修理制度的不足而制定的全新概念的"视情维修制度"，其核心就是根据汽车实际技术状况来决定修理作业（广度和深度）的一种制度。这种维修制度要求通过检测诊断设备定期地检测汽车的各种技术状况，按照检测结果分析判断汽车技术状况是否正常，发现故障或隐患，进行针对性修理。与前两种维修制度相比，"视情维修制度"能最大限度地发挥各零部件的使用潜力，减少不必要的拆装，提高了机器的使用寿命和使用经济效益。

我国交通部令1990年第13号《汽车运输业车辆技术管理规定》中规定："车辆修理应贯彻视情修理的原则，即根据车辆检测诊断和鉴定的结果，视情按不同作业范围和深度进行，既要防止拖延修理造成车况恶化，又要防止提前修理造成浪费。车辆检测诊断技术是检查、鉴定车辆技术状况和维修质量的重要手段，是促进维修技术发展，实现视情修理的重要保证，各地交通运输管理部门和运输单位应积极组织推广检测诊断技术。"可见，这一视情维修制度的实施必须是建立在大量的检测诊断工作的基础之上的，没有检测诊断手段和检测诊断设备，要实现"视情维修制度"是不可能的。

三、汽车故障诊断与检测的基本概念及术语

参照国标《汽车维修术语》（GB/T 5624—2005）的规定，对汽车诊断与检测技术的常用

术语解释如下。

(1) 汽车诊断：在不解体（或仅卸下个别小件）的条件下，为确定汽车技术状况或查明故障部位、原因所进行的检查、分析和判断工作。

(2) 汽车检测：确定汽车技术状况或工作能力的检查。

(3) 汽车技术状况：定量测得的表征某一时刻汽车外观和性能参数值的总和。

(4) 汽车故障：汽车部分或完全丧失工作能力的现象。

(5) 诊断参数：供诊断用的，表征汽车、总成及机构技术状况的参数。

(6) 诊断标准：对汽车诊断的方法、技术要求和限值的统一规定。

(7) 诊断周期：汽车诊断的间隔期。

(8) 汽车维修：汽车维护和修理的泛称。

(9) 故障树：表示故障因果关系的分析图。

四、汽车故障诊断方法

汽车技术状况的诊断是通过检查、测量、分析、判断等一系列活动完成的。传统的汽车故障诊断是建立在人工经验检查基础上，主要依赖于人工观察、推理分析和逻辑判断。现代汽车故障诊断则通过先进的仪器设备，利用电子控制技术，对汽车故障做出科学、快速的诊断。目前汽车故障诊断可归纳为以下几种方法。

1. 直观诊断法

直观诊断法又称人工经验诊断法，是指诊断人员凭丰富的实践经验和一定的理论知识，在汽车不解体或局部解体情况下，依靠直观的感觉印象、借助简单工具，采用眼观、耳听、手摸和鼻闻等手段，进行检查、试验、分析，确定汽车的技术状况，查明故障原因和故障部位的诊断方法。人工经验诊断法多适用于中、小维修企业和运输企业的故障诊断过程，即使普遍使用了现代仪器设备诊断，也不能完全脱离人工经验诊断法。近年来刚刚起步研制的专家诊断系统，也是把人脑的分析、判断，通过计算机语言变成了微机的分析、判断。

2. 仪器设备诊断法

仪器设备诊断法是在人工经验诊断法的基础上发展起来的一种诊断方法，是指在汽车不解体情况下，利用测试仪器、检测设备和检验工具，检测整车、总成或机构的参数、曲线和波形，为分析、判断汽车技术状况提供定量依据的诊断方法。现代仪器设备诊断法具有检测速度快、准确性高、能定量分析、可实现快速诊断等优点，而且采用微机控制的现代电子仪器设备能自动分析、判断、存储并打印出汽车各项性能参数。其缺点是投资大、占用厂房、操作人员需要培训、检测成本高等。这种诊断方法适用于汽车检测站和中、大型维修企业。仪器设备诊断法是汽车诊断与检测技术发展的必然趋势。

3. 自我诊断法

自我诊断法是车上计算机根据一定的预设程序，自动监测汽车受控系统范围内发生的故障并将其以代码的形式储存于汽车电脑中，驾驶人和维修检测人员根据自诊系统发出的提示（如声响或闪光）将故障码提取出来，从而得到汽车故障信息，然后有针对性地进行故障排除。

汽车电脑故障诊断仪，又称解码器，它能把汽车电控单元储存的各种故障信息提取出来，进行译码整理、比较和分析，并将结论和处理意见以清晰的文字、曲线或图表方式显示出来。可以根据这些传送出来的信息,判断故障的类型、发生部位以及解决的方法。自我诊断法可以进行静态和动态诊断,是未来汽车诊断技术的发展方向之一。

以上三种汽车故障诊断方法,各自保持着不可替代的特点。在应用中通常是几种方法相互结合,在重视传统经验诊断法的同时,力求充分利用现代检测诊断技术,取长补短,以提高诊断效率和诊断效果。

实际上,上述三种方法往往同时综合使用,又称综合诊断法。

五、故障树分析方法

汽车是由多个不同功能的子系统构成的复杂机电系统,其故障产生的原因往往较为复杂,采用故障树分析法进行汽车故障原因的诊断,效果较好。在清晰的故障树图形下,系统的内在联系,零部件和系统之间发生故障的逻辑关系会清晰的展露出来,因此容易找出系统的薄弱环节。故障树诊断法的分析过程也是一个对系统更深入认识的过程。通过故障树分析,分析人员能把握系统的内在联系,弄清各种潜在因素对故障发生影响的途径和程度,从而使分析人员对系统具有更深入的认识。故障树对不曾参与系统设计的管理和维修人员来说相当于有了一个形象的维修指南。

1. 故障树基本概念

故障树分析法在汽车诊断中被广泛应用,它是根据汽车的工作特性与技术状况之间的相互关系构成的树状图形(图1-1)来对故障发生的各种原因进行定性分析,其目的是查明基本故障,最终确定故障的具体原因。它也可对汽车的故障进行预测和诊断,找出其薄弱环节,以便防患于未然,使汽车的技术状况处于良好状态。

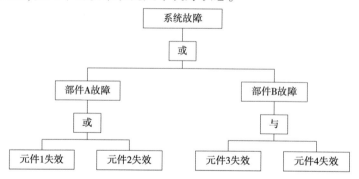

图1-1　故障树示意图

2. 故障树分析过程

由于分析的系统不同,故障性质不同,故障树在实际分析中其步骤会有所差异,也就是其故障分析程序也不同。故障树分析程序如图1-2所示。

在分析过程中首先根据对系统的熟悉了解查明故障的出处,绘制框图;然后逐步分析故障产生的原因,建立"故障树"(建故障树时首先确定出分析目标即故障事件作为顶事件,随后列出系统各层次中有可能导致该项事件发生的故障原因,最后得出产生顶事件的各故障的组合);最后根据"故障树"模型,针对每一故障模式进行分析,从而确定其具体故障原因。

3. 故障树的建立

在故障树图中,为表明事件与原因之间的因果、逻辑关系,常使用一些符号表示。故障树分析法中常用的符号可分作两类,即:代表故障事件的符号,以及联系事件之间相互关系的符号。故障树分析法的常用符号及其含义见表1-1。

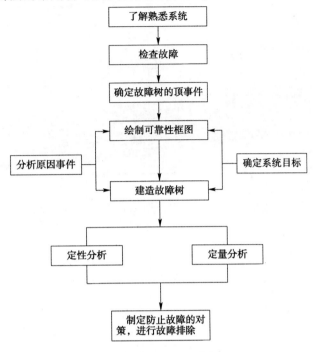

图1-2 故障树分析程序框图

故障树分析法常用符号及其含义 表1-1

符 号	名 称	含 义
▭ 矩形符号	故障事件	表示底事件之外的所有中间事件和顶事件
○ 圆形符号	基本事件	表示初始事件,是不能再分解的事件,即故障发生的基本原因
⌂ 屋形符号	非故障性事件	表示偶然发生的非故障性事件
◇ 棱形符号	省略事件	表示暂时不分析或发生概率极小的事件

续上表

符号	名称	含义
$x_1、x_2、\cdots、x_n$ 与门符号(AND)	"与"逻辑关系	事件 $x_1、x_2、\cdots、x_n$ 同时发生,事件 A 才发生
$x_1、x_2、\cdots、x_n$ 或门符号(OR)	"或"逻辑关系	事件 $x_1、x_2、\cdots、x_n$ 有一个发生,事件 A 就会发生

下面以汽车发动机的故障(图1-3)为例介绍具体的建故障树步骤。

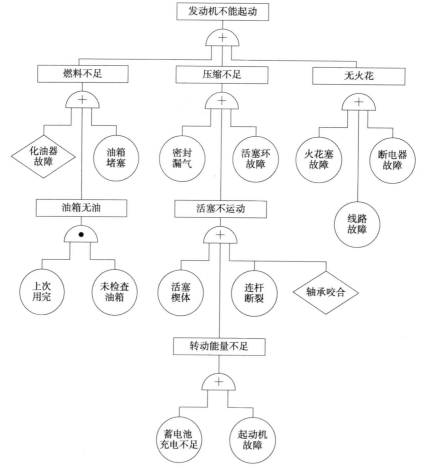

图 1-3 汽车发动机不能起动故障树

第1步:确定系统(如汽车发动机)的故障并把它作为故障树的顶事件,然后用规定的符号表示。

第2步：并列写出导致顶事件发生的直接故障原因，如硬件故障、软件故障、环境因素、人为因素等，并用相应的符号连接，作为第二级事件。

第3步：找出产生第二步各故障事件的直接原因作为第三级事件，并用相应的符号连接在第二级各事件的后面。

第4步：按照相同的方法逐级演绎下去，一直追溯到引起系统发生故障的全部原因为止，也就是找到不能再往下分的最基本原因(底事件或基本事件)为止。

第5步：检查各故障的结点故障是否周详、完善，完成整个故障树，用规定的符号表示。

六、汽车诊断参数

汽车在使用过程中，随着行驶里程的增加，技术状况会逐渐变坏，将导致动力性下降、经济性变差、可靠性降低。汽车的故障诊断与检测是确定汽车技术状况的应用性技术，不仅要求有完善的检测、分析、判断手段和方法，而且要有正确的理论指导。为此，在诊断与检测汽车技术状况时，必须选择合适的诊断参数，确定合理的诊断参数标准和最佳诊断周期。诊断参数、诊断参数标准、最佳诊断周期是从事汽车故障诊断与检测工作必须掌握的基础理论知识。

在不解体条件下直接测量汽车结构参数常常受到限制，因此，在进行汽车诊断时，需要找出一组与汽车结构参数有联系并能足够表达汽车技术状况的直接或间接指标，并通过对这些指标的测量来确定汽车技术状况的好坏。这种供诊断用的、表征汽车技术状况的指标称为汽车诊断参数。

诊断参数与结构参数紧密相关，它包含有关诊断对象技术状况的足够信息，这是一些能够实际反映汽车技术状况的可测物理量和化学量。虽然每一类诊断参数都有不同的含义，但在确定汽车技术状况或判断某些复杂故障时，需采用不同的诊断参数进行综合诊断。汽车诊断参数可分工作过程参数、伴随过程参数和几何尺寸参数。

1. 工作过程参数

工作过程参数是汽车、总成和机构在工作过程中输出的一些可供测量的物理量和化学量。或指体现汽车或总成功能的参数，例如，发动机功率、驱动车轮输出功率或驱动力、汽车燃料消耗量、制动距离、制动力或制动减速度以及滑行距离等，它们往往能表征诊断对象总的技术状况，适合于总体诊断。如通过检测得知底盘输出功率符合要求，说明汽车输出功率符合要求，也说明发动机技术状况和传动系技术状况符合要求。反之，若底盘输出功率不符合要求，说明汽车输出功率不符合要求，也说明发动机输出功率不足或传动系功率损失太大。然后进一步深入检测诊断，可确知是发动机技术状况不佳还是传动系技术状况不佳。所以，工作过程参数反映了汽车或总成技术状况的主要信息，是对汽车技术状况进行综合评价的主要依据，通常用作初步诊断。工作过程参数也是深入诊断的基础。汽车不工作时，工作过程参数无法测得。

2. 伴随过程参数

它是指伴随工作过程输出的一些可测量(常用的参数有：热、噪声、振动等)、可反映有关诊断对象技术状况的局部信息，常用于复杂系统的深入诊断。伴随过程参数提供的信息较窄,但这种参数较为普遍。汽车不工作或工作后已停驶较长时间的情况下,无法检测伴随过程参数。

3. 几何尺寸参数

它是由各机构零件尺寸间的关系决定的参数。几何尺寸参数提供的信息量有限,但确能直接表明诊断对象的具体状态,如间隙、自由行程、车轮定位参数等。几何尺寸参数与其他参数配合使用,无论是在初步诊断,还是深入诊断,均可对汽车技术状况的评价或故障诊断起到重要的作用。

汽车常用诊断参数见表1-2。

汽车常用诊断参数　　　　　　　　　　　　　　表1-2

诊断对象	诊断参数(单位)	诊断对象	诊断参数(单位)
汽车总体	最高车速(km/h) 最大爬坡度(%) 0~100km/h的加速时间(s) 驱动车轮输出功率(kW) 驱动车轮驱动力(N) 汽车燃料消耗量[L/100km,L/(100t·km)]	配气机构	气门间隙(mm) 配气相位(°)
发动机总体	额定转速(r/min) 怠速转速(r/min) 功率(kW) 燃料消耗量(L/h) 单缸断火(油)时功率下降率(%) 汽油车废气成分,体积分数(%) 柴油车排气中可见污染物(消光系数)	汽油机供给系	汽油泵出口关闭压力(kPa) 化油器浮子室液面高度(mm) 空燃比或燃空比 过量空气系数 电喷发动机喷油器的喷油量(mL) 电喷发动机各缸喷油不均匀度(%)
曲柄连杆机构	汽缸压力(MPa) 汽缸间隙(mm) 曲轴箱窜气量(L/min) 汽缸漏气量(kPa) 汽缸漏气率(%) 进气管真空度(kPa)	柴油机供给系	输油泵输油压力(kPa) 喷油泵高压油管最高压力(kPa) 喷油泵高压油管残余压力(kPa) 喷油器针阀开启压力(kPa) 喷油器针阀关闭压力(kPa) 喷油器针阀升程(mm) 各缸供油不均匀度(%) 喷油提前角(°) 各缸供油间隔(°) 每一工作循环供油量(mL/工作循环)

续上表

诊断对象	诊断参数(单位)	诊断对象	诊断参数(单位)
点火系统	蓄电池电压(V) 一次电路电压(V) 各缸点火电压(kV) 各缸短路点火电压(kV) 各缸断路点火电压(kV) 断电器触点间隙(mm) 断电器触点闭合角(°) 各缸点火波形重叠角(°) 点火提前角(°) 电容器容量(μF)	制动系统	制动距离(m) 制动力(N) 左右制动力差值(N) 制动阻滞力(N) 制动减速度(m/s^2) 制动系协调时间(s) 制动完全释放时间(s)
润滑系统	机油压力(kPa) 机油温度(℃) 理化性能指标变化量 清净性系数变化量 介电常数变化量 金属微粒的含量(质量分数)(%) 机油消耗量(kg)	转向系统	车轮侧滑量(m/km) 车轮前束(mm) 车轮外倾角(°) 主销后倾角(°) 主销内倾角(°) 转向盘最大自由转动量(°) 转向盘外缘最大切向力(N)
		行驶系统	车轮静不平衡量(g) 车轮动不平衡量(g) 车轮端面圆跳动量(mm) 车轮径向圆跳动量(mm)
冷却系统	冷却液温度(℃) 散热器冷却液入口与出口温度(℃) 风扇传动带张力(N/mm)		
传动系统	传动系游动角度(°) 传动系机械传动效率(%) 传动系功率损失(kW) 滑行距离(m) 传动系噪声(dB) 总成工作温度(℃)	其他	前照灯发光强度(cd) 前照灯光轴偏斜量(mm) 车速表允许误差范围(%) 喇叭声级(A声级)(dB) 车外最大允许噪声级(A声级)(dB) 车内噪声级(A声级)(dB)

　　在汽车诊断中所测得的诊断参数,与结构参数一样是可变的,且具有随机性,如有的是连续的,有的是离散的。诊断参数的随机性是由结构参数的变化引起的。所采用的诊断参数可以是相对稳定的值,如间隙等,也可以是周期迅速变化的过程,如振动、脉冲等。对于相对稳定值,只要知道诊断参数的额定值及其随行驶里程的变化规律,通过定期诊断结果,就可以发现其故障,并预测该诊断对象在无故障工作条件下的寿命;而对于周期性变化值,例如用点火示波器诊断点火系故障时,需要知道实际示波图像与标准示波图像,才能预测诊断对象的无故障工作寿命。

七、诊断标准

诊断标准是汽车技术标准中的一部分。诊断标准是对汽车诊断的方法、技术要求和限值等的统一规定,而诊断参数标准仅是对诊断参数限值的统一规定。诊断标准中包括诊断参数标准。

1. 诊断标准的类型

汽车诊断标准与其他技术标准一样,分为国家标准、行业标准、地方标准和企业标准等类型。

1) 国家标准

是国家制定的标准,冠以中华人民共和国国家标准字样。国标一般由某行业部委提出,由国家技术监督局批准、发布,全国各级各有关单位和个人都要贯彻执行,具有强制性和权威性。如《汽车维护、检测、诊断技术规范》(GB/T 18344—2016)《机动车运行安全技术条件》(GB 7258—2017)《营运车辆综合性能要求和检验方法》(GB 18565—2016)《点燃式发动机汽车排气污染物排放限值及测量方法》(GB 18285—2005)等都是强制推行的国标。《汽油车排气污染物的测量 怠速法》(GB/T 3845—1993)、《柴油车自由加速烟度的测量 滤纸烟度法》(GB/T 3846—1993)等,是推荐性国家级标准。

2) 行业标准

该标准也称为部、委标准,是部级或国家委员会级制定、发布并经国家技术监督局备案的标准,在部、委系统内或行业内贯彻执行,一般冠以中华人民共和国某某部或某某行业标准,也在一定范围内具有强制性和权威性,有关单位和个人也必须贯彻执行。如《载货汽车燃料消耗量试验方法》(JB 3352—1983)是中华人民共和国机械工业部标准;《汽车维护工艺规范》(JT/T 201—1995)、《汽车技术等级评定标准》(JT/T 198—1995)是中华人民共和国交通行业标准,属于推荐性标准。

3) 地方标准

该标准是省(直辖市、自治区)级、市地级、市县级制定并发布的标准,在地方范围内贯彻执行,也在一定范围内具有强制性和权威性,所属范围内的单位和个人必须贯彻执行。地方标准中的限值可能比上级标准中的限值要求还要严格。如北京市地方标准《汽油车双怠速污染物排放标》(DB 11/044—1999)。

4) 企业标准

该标准包括汽车制造厂推荐的标准、汽车运输企业和汽车维修企业内部制定的标准和检测设备制造厂推荐的参考性标准三部分。

汽车制造厂推荐的标准是汽车制造厂在汽车使用说明书中公布的汽车使用性能参数、结构参数、调整数据和使用极限等,从中选择一部分作为诊断参数标准来使用。该种标准是汽车制造厂根据设计要求、制造水平,为保证汽车的使用性能和技术状况而制定的。

2. 诊断参数标准

为了定量评价汽车及总成的技术状况,单有诊断参数是不够的,还必须建立诊断参数标准。诊断参数标准是从技术、经济的观点出发,表示汽车处于某种工作能力状态下所测的诊断参数界限值。汽车诊断参数标准,一般都应包括:诊断参数初始标准、诊断参数极限标准和诊断参数许用标准。

1）初始值

初始值相当于无故障新车和大修车诊断参数值的大小，往往是最佳值，可作为新车和大修车的诊断标准。当诊断参数测量值处于初始值范围内时，表明诊断对象技术状况良好，无须维修便可继续运行。

2）许用值

诊断参数测量值若在许用值范围内，则诊断对象技术状况虽发生变化但尚属正常，无须修理（但应按时维护）即可继续运行。若超过此值，则可勉强许用，但应及时安排维修；否则，汽车带病行车，故障率上升，可能行驶不到下一个诊断周期。

3）极限值

诊断参数测量值超过极限值后，说明诊断对象技术状况严重恶化，此时汽车的动力性、经济性和排气净化性大大降低，行驶安全性得不到保证，有关机件磨损严重，甚至可能发生机械事故，所以必须立即停驶修理，以免造成更大损失。

3. 诊断周期

诊断周期是指汽车诊断的间隔期，以汽车行驶里程或使用时间表示。科学地确定诊断周期，对于经济、可靠地保障汽车技术状况具有重要的作用。最佳诊断周期是根据技术与经济相结合的原则进行的，它能保证车辆的完好率最高而花费的费用最少。

根据交通运输部《汽车运输业技术管理规定》，运输业汽车实行"定期检测、强制维护、视情修理"的制度。该规定要求车辆二级维护前应进行检测诊断和技术评定，根据结果，确定附加作业或修理项目，结合二级维护一并进行。又规定车辆修理应贯彻视情修理的原则，即根据车辆检测诊断和技术鉴定的结果，视情按不同作业范围和深度进行，既要防止拖延修理造成车况恶化，又要防止提前修理造成浪费。既然规定在二级维护前进行检测诊断，则二级维护周期（间隔里程）就是我国目前的最佳诊断周期。

另外，根据中华人民共和国交通行业标准《汽车维护工艺规范》（JT/T 201—1995）的规定，二级维护周期在 10 000 ~ 15 000 km 范围内依据各地条件不同选定。

单元二
汽车发动机故障诊断与排除

本单元将培养学生熟悉常用发动机故障诊断设备的使用方法,掌握常见故障产生的原因及常见故障的诊断与排除方法,对汽车发动机故障的诊断与排除过程进行较全面的了解。

课题一 发动机曲柄连杆机构、配气机构故障的诊断与排除

技术状况良好的发动机,在以不同的转速运转时,虽然发出声响的频率、波长、声级和衰减系数不同,但都有一定的规律和范围,如果发动机在运转过程中,伴随有其他声响,如发出间歇或连续的金属敲击声、连续的金属摩擦声等,即表明发动机运转不正常,所伴随的声响为发动机异响。发动机声响异常往往是发动机某些故障的表现,若不及时排除,将会造成机件的加速磨损,甚至发生事故性的损坏。因此必须及时判断,采取必要的维修措施排除故障。

汽车停驶时发动机运转所发出的响声,来自发动机、离合器或变速器。若踩下离合器踏板响声消失,多为离合器、变速器所致,若响声仍有,则首先判断是来自发动机内部还是来自外部附件的响声。在发动机运转时可用长柄螺丝刀或听诊器触在可能发出响声的附件上来判断。还可在相继松掉发动机前端的传动带,停止空气压缩机、水泵、发电机、动力转向液力泵、风扇、空调压缩机等(图2-1)附件时发动机运转状况来判断,若异响消失,则为该附件产生异响所致。

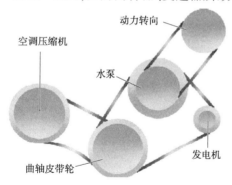

图2-1 部分附件位置

一、产生发动机异响的原因

发动机各系统和机构中的某些故障,均可导致不同异响的出现。例如发动机过热、气门间隙过大、曲轴或连杆轴承松旷、点火时间过早、机油严重不足、汽缸垫烧穿等。引起发动机异响的原因归纳如下。

(1)爆燃与早燃。

(2)机件磨损。

(3)机件装配、调整不当,配合间隙过大或过小。

(4)紧固件松脱。

(5)机件损坏、断裂变形、碰擦。

(6)机件工作温度过高或由此而引起熔化卡滞。
(7)润滑不良。
(8)回转件平衡遭破坏。
(9)使用材料、油料和配件的材质、型号、规格、品质不符要求。

二、发动机异响的特性

发动机异响常与发动机的转速、温度、负荷、缸位、工作循环等有关。

1. 异响与发动机转速的关系

大多数异响的出现与发动机转速有关,诊断时为了便于判断,应将转速稳定于异响最明显状态。通常有3种类型,见表2-1。

与发动机转速有关的异响　　　　　　　　　　表2-1

异响与发动机转速的关系	产生原因
(1)异响在发动机急加速时出现; (2)维持高速运转时声响仍存在	(1)连杆轴承松旷、轴承烧熔、尺寸不符而松动; (2)曲轴轴承松旷、轴承烧熔; (3)活塞销折断
(1)维持某转速时,声响紊乱; (2)急加速时,相继发出短暂声响	(1)凸轮轴正时齿轮破裂,其固定螺栓松动; (2)活塞销衬套松旷; (3)凸轮轴轴向间隙过大或其衬套松旷
异响只在急速或低速时存在	(1)活塞与汽缸壁间隙过大; (2)活塞销装配过紧或连杆轴承装配过紧; (3)挺柱与其导孔间隙过大; (4)凸轮磨损; (5)起动爪松动影响皮带轮响

2. 异响与负荷的关系

曲柄连杆机构的异响基本上与负荷有关,诊断时可采取逐缸解除负荷的方法进行试验。通过单缸或双缸断火法解除一缸或二缸的负荷,以鉴别异响与负荷的关系,见表2-2。

异响与发动机负荷的关系　　　　　　　　　　表2-2

异响与缸位的关系	产生原因
某缸断火,异响消失或减轻称为上缸,表明该缸有故障	(1)活塞敲缸; (2)连杆轴承松旷; (3)活塞环漏气; (4)活塞销折断
某缸断火,声响加重或原来无响,反而出现声响,称为反上缸,表明异响是机械间隙过大所致	(1)活塞销铜套松旷; (2)活塞裙部锥度过大、活塞间隙过小; (3)活塞销窜出; (4)连杆轴承盖固定螺栓过松或轴承合金烧熔; (5)飞轮固定螺栓过松

3. 异响与温度的关系

发动机的某些异响与发动机的工作温度有关,见表 2-3。

异响与发动机温度的关系　　　　　　　　　　　　表 2-3

异响与温度的关系	产 生 原 因
低温发响,温度升高后声响减轻甚至消失	(1)活塞与缸壁间隙过大; (2)连杆或曲轴因主轴承间隙过大或机油压力低而润滑不良
温度升高后有声响,温度降低后声响减轻或消失	(1)过热引起的早燃; (2)活塞反椭圆; (3)活塞椭圆度过小; (4)活塞与缸壁间隙过小; (5)活塞变形; (6)活塞环各间隙过小

4. 异响与发动机工作循环的关系

一般来说,属于曲柄连杆机构的异响,曲轴每旋转一圈响一次(即火花塞每跳火一次响两次)称为连响。例如活塞敲缸响、活塞销响、连杆轴承响、活塞漏气响等,而属于配气机构的异响,曲轴每旋转两圈响一次(即火花塞每跳火一次响一次)称为间响。例如气门间隙过大、气门弹簧过软或折断、气门座圈松脱。

5. 异响与发动机其他故障的关系

发动机异响除了与发动机转速、负荷、温度、工作循环有关外,往往还与其他故障有内在的联系。这些伴随出现的故障现象可作为故障诊断的重要依据,见表 2-4。除了表中的现象外,还有许多现象可以从结构、原理上分析出来。

异响与发动机其他故障的关系　　　　　　　　　　表 2-4

异响原因	伴随故障现象
曲轴轴承径向间隙过大或轴承合金烧毁脱落	机油压力下降、机体振抖
连杆轴承过于松旷	机油压力下降
进排气门卡滞不能关闭	个别缸不工作、功率下降、机体抖动,若排气门卡滞,排气管会出现"喘气"声,急速不稳
活塞与缸壁间隙过大,活塞环对口或抱死	机油加注口脉动冒烟,排气管冒浓蓝烟,机油消耗多,机油品质恶化,燃油消耗多而功率下降
点火正时不准	燃油消耗多、功率下降。过早,引起爆燃;过迟,引起排气管放炮、化油器回火

三、发动机异响的振动区域

发动机异响所引起的振动区域,一般离故障所在的位置越近,振动越明显,声响越大,所以不同的汽车结构判断异响的位置就不同,不能一概而论,有的异响因为传播介质的不同而传播得更远。振动位置的确定对于判断故障零件起着重要的作用。对于顶置凸轮轴顶置气门的发动机,常见异响引起的振动可分为如下部位,如图 2-2 所示。

单元二　汽车发动机故障诊断与排除

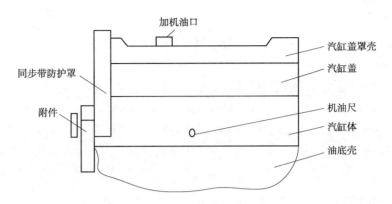

图 2-2　发动机异响的听诊部位

（1）汽缸体与油底壳之间，可使用螺丝刀或听诊器辅助听诊曲轴轴承响、曲轴裂纹响、连杆轴承响等故障。

（2）汽缸体与汽缸盖之间，可使用螺丝刀或听诊器辅助听诊活塞击顶、气门座圈脱落响、汽缸上部凸肩响等故障。

（3）对于汽缸盖与汽缸盖罩壳之间，可用螺丝刀或听诊器辅助诊断凸轮轴轴承响、液压挺杆响（或气门脚响）等，必要时，还可以拆下汽缸盖罩壳观察，有些车还可起动发动机观察，以进一步确诊。

（4）发动机前端的附件部分，可用螺丝刀或听诊器辅助诊断发电机等附件及传动带的异响。

（5）正时皮带防护罩部，可听诊正时皮带张紧轮轴承异响。

四、发动机异响故障的诊断程序

1. 异响的确定

所谓异响的确定，是指从声响中找出异响；在众多混杂的发动机运转声响中，确定哪些是正常的声响，哪些是异响。异响中哪些是允许存在的，哪些是不允许继续存在，必须予以排除，这是异响诊断过程中首先应当明确的。

异响的确定原则如下。

（1）若声响在低速运转时显得轻微、单纯，在高速运转时虽显得轰鸣但却平稳均匀，在加速和减速时声响显得过度圆滑，则为正常声响。

（2）若声响中伴随着沉闷的"噌噌"声，清脆的"铛铛"，短促的"嗒嗒"，细微的"唰唰"声，尖锐强烈的"嘎嘎"声等声响，即表明发动机存在不正常的异响，至于异响是否允许存在，可依据以下情况决断。

①声响仅在怠速运转时存在，转速提高后即自行消失，在整个使用过程中声响又无明显变化的，则属于危害不大的异响，允许暂时存在，待适当时机再行修理。

②声响在突然加速或突然减速时出现，而且在中、高速运转期间并不消失，同时又引起机体振抖，则属于不允许继续存在的异响，应立即查明原因，予以排除。

③如果声响是在运转中突然出现的且又较猛烈，则不应继续运转或试听诊断，而应立即停机拆检，一般先拆油底壳观察，后拆汽缸盖。

④在诊断过程中,首先要区分发动机附件的异响、空气动力的异响、电磁异响,然后确定是否是早燃、爆燃,最后再诊断发动机内部机件异响,以避免乱拆乱卸。

2. 异响的确诊

所谓异响的确诊是指对异响进行特性分析,进而认定异响的部位、原因和程度。

在诊断过程中,应注意观察发动机温度的变化对异响的影响。逐渐改变发动机转速,观察异响的变化情况,将发动机稳定在异响最明显的时候,利用单缸断火法查明异响的缸位,并同时检查异响与工作循环的关系,同时还应注意机油加注口、机油压力、排气管等处伴随现象的变化。

五、曲柄连杆机构异响的诊断

曲柄连杆机构产生的常见异响有曲轴轴承响、连杆轴承响、活塞敲缸响、活塞销响和活塞环响等,此类异响都严重地影响发动机的正常工作,加剧发动机的损坏,缩短使用寿命,必须认真诊断排除。

1. 曲轴轴承响

1)故障现象

(1)发动机稳定运转时,一般没有异响,发动机转速突然变化时,发出沉闷连续的"嗵嗵"敲击声,有发动机振动的现象。

(2)发动机负荷变化时,振动明显。

(3)发动机转速越高,声响越大。

(4)单缸断火时,声响无变化。

而相邻两缸断火时,声响明显减弱。

2)故障原因

(1)曲轴轴承与轴颈间隙过大。

(2)曲轴轴向间隙过大。

(3)曲轴轴承盖螺栓松动。

(4)曲轴轴承与轴颈润滑不良,使轴承合金烧蚀脱落。

(5)曲轴弯曲。

3)故障诊断与排除

(1)若在低、中速状态下节气门抖动,发动机发出明显而沉闷的连续敲击声,同时伴有发动机振抖现象,在汽缸体与油底壳之间听诊声响特别明显,则为曲轴轴承响。

(2)如果进行单缸断火试验,声响变化不大,而相邻两缸断火时,声响明显减弱或消失,则可诊断为两缸之间的曲轴轴承响。

(3)高速运转发动机,若机体振动较大,同时伴有机油压力显著下降,可诊断为曲轴轴承与轴颈间隙过大或轴承合金烧蚀脱落。

(4)发动机转速不高,机体却振动较大,甚至有摆动摇晃现象,同时发出沉重、粗闷而较大的"嘣嘣"敲击声,可诊断为曲轴断裂。

(5)声响随温度升高而增大,高速声响变得杂乱,可能是曲轴弯曲。

(6)在发生声响时,踩下离合器踏板,异响减弱或消失,放松离合器踏板后,又产生响声,并可看到皮带轮有明显的轴向移动时即为轴向间隙过大。

2. 连杆轴承响

1）故障现象

（1）发动机怠速运转时无明显声响,而高速时有"滴滴"敲击声,急加速时声响尤其明显。

（2）进行断火试验,声响明显减弱或消失。

（3）当发动机负荷增加时,声响随之增大。

（4）连杆轴承声响较曲轴轴承声响轻缓而短促。

（5）当发动机温度变化时,声响并无变化。

2）故障原因

（1）连杆轴承与轴颈磨损过量,径向间隙过大。

（2）连杆轴承盖紧固螺栓松动。

（3）连杆轴承合金烧蚀、脱落。

（4）连杆轴颈失圆。

（5）连杆轴承润滑不良。

3）故障诊断与排除

（1）发动机转速由怠速向中速过渡,声响越加清晰,随着转速的增高,敲击声更为突出,在汽缸体与油底壳之间听诊明显,可诊断为连杆轴承响。

（2）对某缸进行断火试验,声响减弱或消失,说明该缸连杆轴承响。

（3）不论转速和温度的高低,发动机都发出严重而无节奏的"铛铛"声响,且伴有振动,进行断火试验声响不改变,可诊断为连杆轴承合金烧蚀。

3. 活塞敲缸响

活塞敲缸是指工作行程开始的瞬间或当活塞上行时,活塞在汽缸内摆动或窜动,其头部或裙部与缸壁、缸盖相碰撞,这种声响为活塞敲缸响。

1）故障现象

（1）低温时有敲击声,温度正常后声响减弱或消失。

（2）怠速时发出有节奏的"嗒嗒"敲击声,转速提高后声响消失。

（3）火花塞每跳火一次,响两次。

（4）某缸断火试验,声响减弱或消失。

2）故障原因

（1）活塞与缸壁的间隙超过极限值。

（2）缸壁润滑不良。

（3）机油压力过低。

3）故障诊断与排除

（1）冷车运转时将发动机转速控制在声响明显处,查看机油加注口是否冒蓝烟,并用螺丝刀抵住机油加注口处一侧的缸壁,将耳朵贴在螺丝刀的木柄上,倾听是否有振动的敲击声,若有以上状况,则为活塞敲缸响。

（2）进行逐缸断火试验,若某缸断火后声响减弱或消失,再次点火时声响明显增大 1～2

声后,又恢复原来声响,当发动机温度升高后声响减弱或消失,可诊断为活塞裙部与缸壁敲击。

(3)将有敲击声响汽缸的火花塞拆下,注入少量机油,装上火花塞,摇转曲轴数圈后,起动发动机再进行试验。若声响消失或减弱,但不久又发出声响,可确诊为该缸活塞敲缸。

(4)发动机仅冷车时敲缸,热车后声响消失,发动机可继续使用,等待机会再维修。

4. 活塞拉缸响

1)故障现象

(1)急速时发出"嗒嗒"声,高速时发出"嘎嘎"的连续金属敲击声,且机体伴有抖动现象。

(2)温度升高,声响加大。

(3)火花塞每跳火一次,响两次。

(4)某单缸断火试验,声响加大。

2)故障原因

(1)活塞与缸壁的间隙过小。

(2)活塞与活塞销装配过紧而致活塞变形或反椭圆。

(3)连杆轴颈与曲轴轴颈不平行。

(4)连杆弯曲、扭曲或连杆衬套轴向偏斜。

(5)活塞环背隙、端隙过小。

3)故障诊断与排除

(1)发动机低温时不响,但温度升高后在急速时出现"嗒嗒"声,并伴有机体振动现象,且温度越高,声响越大,听诊位置与活塞敲缸相同,可诊断为活塞变形或活塞环过紧,导致活塞与缸壁配合间隙过小而润滑不良。

(2)发动机低温时不响,温度升高后在中、高速时发出急剧而有节奏的"嘎嘎"声,进行断火试验时声响变化不大,可诊断为连杆装配位置不准。

(3)进行某缸断火试验,声响反而加大,可诊断为该缸拉缸。

(4)发动机在热起动后拉缸,且单缸断火声响加大。遇此情况应停机检修,以免使故障恶化。

5. 活塞销响

1)故障现象

(1)发动机急速时发出有节奏而又清脆的"嗒嗒"声响,突然加大节气门时,声响随之加大,高速时,声响混浊不清。

(2)进行断火试验时,声响减弱或消失。

(3)火花塞每跳火一次,响两次。

2)故障原因

(1)活塞销与活塞销座孔松旷。

(2)活塞销与连杆衬套磨损过度而松旷。

(3)机油压力过低,润滑不良。

(4)活塞销严重烧蚀。

(5)活塞销折断。

(6)活塞销锁环脱落致使活塞销窜动。

3)故障诊断与排除

(1)使发动机处于怠速位置,抖动节气门到中速位置,如声响能灵活地随之变化并且每抖动一次节气门,都能听到明显、清晰、尖脆而连续的"嗒嗒"声响,可诊断为活塞销响。

(2)将发动机转速控制在声响最明显处,然后逐缸进行断火试验,若断火后,声响减弱或消失,复火时发出"嗒嗒"的敲击声,且汽缸上、中部比下部声响大,可诊断为活塞销响。

(3)若声响较严重,且发动机转速越高,声响越大,而在声响最大的转速下进行断火试验,声响变得更加杂乱,可诊断为活塞销与衬套配合松旷。

(4)当发动机怠速运转时,出现有节奏而较沉重的"吭吭"撞击声,转速提高后,声响不消失,同时伴有机体抖动现象,断火试验时,声响反而增大,可诊断为活塞销自由窜动。

(5)发动机急加速时,声响剧烈而尖锐,进行断火试验时,声响减弱或消失,可诊断为该缸的活塞销折断。

6. 活塞环响

1)故障现象

(1)活塞环敲击声响是钝哑"啪啪"声,发动机转速提高,声响随之增大,并且变成嘈杂的声音。

(2)活塞环漏气响,类似敲缸响,在机油加注口处声响较为明显,单缸断火时,声响较小,但不消失。

2)故障原因

(1)活塞环折断。

(2)活塞环和环槽磨损,造成背隙和端隙过大,密封性降低。

(3)缸壁磨损后,顶部出现凸肩,重新调整连杆轴承后,使活塞环与缸壁凸肩相碰。

(4)活塞环弹性过弱或缸壁有沟槽。

(5)活塞环粘在活塞环槽上。

3)故障诊断与排除

(1)做单缸断火试验,声响减小,但不消失,把螺丝刀放在火花塞上细听,有"啪啪"声响,可诊断为活塞环折断。

(2)出现"噗噗"的声响,断火后没有变化,用螺丝刀抵触缸盖有明显的振动,可诊断为活塞环碰击汽缸凸肩。

(3)发动机冷车起动时,发出"嘣嘣"的声响,在机油加注口处可见脉动地冒蓝烟,频率与音频吻合,进行断火试验时,声响消失,但仍有漏气声,机油加注口处冒烟减轻甚至消失,可诊断为活塞环漏气响。

(4)发动机温度升高,仍有明显的窜气响,进行断火试验,窜气虽有减弱,但机油加注口处仍有明显漏气现象,可诊断为活塞环与缸壁密封不严。

(5)进一步确诊,可在缸内注入少量机油,起动后较短时间内,若声响减弱或消失,可确诊为活塞环与缸壁密封不良,若加机油后,仍冒烟或更大,可诊断为活塞环对口或活塞环弹力不足或活塞环卡死。

六、配气机构异响的诊断

配气机构常见的异响有气门脚响(液压挺杆响)、气门座圈响、正时皮带张紧轮轴承异响等,这种异响可以视情况而定是否排除。

1. 气门脚响

1)用螺栓调整气门间隙的气门脚响

(1)故障现象。

①声响为清脆、连续而有节奏的"嗒嗒"声,位置集中在汽缸上方气门室盖附近。

②急速时声响明显,发动机转速升高时,声响频率随之同步加快,强度稍有增大,发动机高速运转时的噪声往往会将气门脚声响淹没。

③发动机冷却液温度变化时声响没有明显变化。

④进行断缸检查时,声响没有明显变化。

(2)故障原因。

①气门间隙调整不当,气门间隙过大。

②气门机构的零件磨损严重,气门间隙过大。

③气门传动机构缺少润滑油,出现敲击声响。

(3)故障诊断与排除。

①检查发动机的润滑油是否充足,气门室盖内的润滑是否正常。

②重新检查和调整气门间隙。

2)液压挺柱发动机出现的气门脚响

(1)故障现象同上。

(2)故障原因。

①发动机机油油面过低,使有气泡的机油进入液力挺柱中,成弹性体而产生气门脚响。

②发动机机油压力过低,液力挺柱中缺少润滑油,空气进入液力挺柱中,产生气门脚响。

③发动机长期放置不用,液力挺柱被过分压缩,新起用后没有得到足够的机油补充而使空气进入,产生气门脚响。

④液力挺柱失效。

(3)故障诊断与排除。

①检查机油油面,油面太低,添加至标准高度。

②起动发动机,使之运转至正常工作温度,然后以 2000r/min 的转速运转发动机约2min,此时气门脚响的现象消失,可继续使用,仍存在,需要修理。

③解体发动机,拆下气门挺柱,手指捏住液力挺柱的上、下两端用力按压,有弹性,说明该液力挺柱已失效,应更换。

2. 气门座圈响

1)故障现象

(1)发动机冷车初起动时,声响易出现。

(2)声响与转速没有必然的关系,运转期间偶尔发出清脆的敲气门声响,很快就消失,严重时,此声响将频繁出现。

(3) 声响出现时,伴随出现个别缸不工作现象,声响消失,汽缸就恢复正常工作。
(4) 火花塞每跳火一次,响一次。
2) 故障原因
(1) 选用座圈材料的热膨胀系数过小。
(2) 气门座圈与缸体配合过盈量过小。
3) 故障诊断与排除
(1) 当声响出现时伴有个别缸不工作现象。声响消失,发动机恢复正常,可诊断为不工作的气门座圈松脱。
(2) 利用汽缸压力表逐缸测量汽缸压力,压力低的缸为异响缸。
(3) 若判断是气门座圈响,可解体发动机并用局部高温加热的方法拆下气门座圈,若温度在300℃左右能拆下,说明配合间隙过大,一般应在温度600℃左右能拆下为宜,这样可直接寻到气门座圈响的位置。

3. 正时皮带张紧轮轴承异响

1) 故障现象
(1) 轴承异响是一种连续的"沙沙"声,发电机、转向液压泵等轴承的异响基本相同。
(2) 提高发动机转速时,声调随发动机转速升高而变得尖锐刺耳。
2) 故障诊断与排除
(1) 用长柄螺丝刀或听诊器察听发动机的水泵、发电机、动力转向液压泵等外部附件的异响,若无异响,则从正时皮带室盖外确诊。
(2) 拆开正时皮带罩,取出正时皮带和所有的正时皮带张紧轮轴承,用手转动轴承,并仔细检查轴承有无异响和卡滞,因为正时皮带张紧轮轴承要承受较大的侧向压力,因此在用手转动轴承时,只要能够感觉到轴承有轻微的异响或卡滞,则说明轴承损坏,应更换。

七、汽车异响的仪器诊断法

在汽车维修过程中,很多地方需要使用专用工具,尤其对于4S店这类正规的维修企业而言,专用工具的使用情况甚至可以作为其专业程度的一种体现。每一件专用工具都被赋予了独特的作用,即使对于非专业特约维修站的维修企业而言,配备经济实用的维修工具也可以很大程度地提高维修质量和效率。

因为发动机异响所产生的频率、波长、声级、衰减系数不同,以及不同的故障所产生的其他现象也不同,人们都根据对异响的这些特征所掌握的经验来判断故障。过去,老师傅们为了能听清发动机内部的异响,往往拿着一把长柄螺丝刀靠在发动机上,耳朵则贴着螺丝刀的末端辨听。不过,这样给汽车"瞧病"的风险很大,一旦螺丝刀触碰到内部高速运转的发动机,很可能就会打到人,而且诊断效果较差。

目前可以借助汽车听诊器来听诊汽车故障,汽车上常用的听诊器有机械听诊器和电子听诊器。机械听诊器简单方便,成本低,技术要求高;汽车异响电子听诊器是一种专门为检查汽车发动机异响、车身异响、底盘异响而设计研发的汽车检测电子设备。能在发动机运转时探测到轴承、齿轮、活门、阀体、曲轴、汽缸、变速器、车身等运转部位的缺陷和故障所产生的冲击振动,即使在非常恶劣的噪声环境中,也能使维修人员清晰地分辨出机器杂音的部位和严重程度。维修人员借助汽车专用的听诊器，可以非常快速且准确判断出汽车的故障点，能够大幅度地提高维修人员的工作效率。

利用听诊器来听诊发动机、底盘等的异响，这对经验不足的人是很困难的，目前也有利用较先进的综合检测仪来检测的，汽车异响探测器是一种新颖的高性能维修诊断工具，特别适用于噪声中使用，可轻易地查探汽车早期隐患，便于对汽车及早进行维修，从而保证各设备的正常运转，避免由于设备损坏而造成巨大经济损失。

汽车异响诊断仪有高灵敏探头，可以查探出任何机械发出杂声的部位。在行车过程中，声音传感器固定在人们认为产生异响可能性较大的位置，同时可以布置几个不同位置，记录下的声音波形可以拿到电脑上分析，也可以在电脑上重新播放，反复分析对比，有些复杂故障通过反复分析对比，才能确认故障原因。异响诊断仪将声音记录后，可以用专用软件进行波形幅度的对比，进行频率特殊性对比，可以发现许多人们以前想象不到的故障原因。比如，它可以发现喷油器脏污后声音波形上的变化，因为人耳的分辨能力有限，这样的异响靠人耳很难察觉，而异响诊断仪则可轻易发现。

汽车异响诊断仪主要应用：

（1）能迅速测出柴油机/汽油机汽缸发出的机械杂声并准确地找出故障的部位。

（2）能对各种发动机附件发出的异常噪声和杂声进行鉴别从而避免事故发生。

（3）能监听各发动机、车身、底盘运转的异常杂声。

常用的综合检测仪的型号包括：张家港帅 0058 型、深圳台湾产 VaT-200 型、BOSCH OTC3590 型等，其故障波形显示如图 2-3、图 2-4 所示。

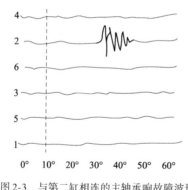

图 2-3　与第二缸相连的主轴承响故障波形

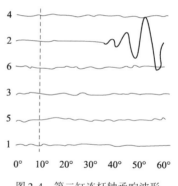

图 2-4　第二缸连杆轴承响波形

八、汽缸压力的测量

若发动机动力不足，在过量耗油或燃油不经济的情况下，经燃油、供电检查处于正常状况，检查检测活塞到达上止点时汽缸压缩压力的大小，可以判断汽缸的密封性。检测活塞到达上止点时汽缸压力的方法有汽缸压力表检测法和汽缸压力测试仪检测法等。

1. 用汽缸压力表检测

汽缸压力表如图 2-5 所示。由于用汽缸压力表检测汽缸压力具有价格低廉、仪表轻巧、实用性强和检测方便等优点，因而在汽车维修企业中应用十分广泛。但用汽缸压力表测量的压力误差较大，测量结果不仅与汽缸密封性有关，还与转速有关。

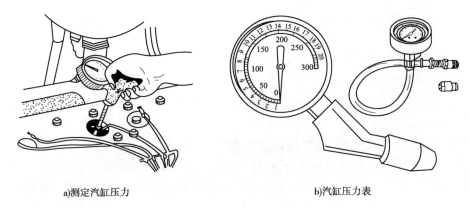

a)测定汽缸压力　　　　　　　　b)汽缸压力表

图 2-5　汽缸压力表及汽缸压力的测定

1）检测条件

将发动机预热至正常工作温度,用起动机带动发动机转动,使转速达到生产厂家规定的范围内。

2）检测方法

(1)汽油机压缩压力的测量。

①拆下发动机罩。

②分离点火线圈连接器,清理火花塞周围的脏物,拆下全部火花塞。

③断开喷油器的各个连接器(注意:在进行汽缸压力检查时,喷油系统不停止工作,喷出的燃油会进入汽缸,造成安全隐患)。

④把专用汽缸压力表的锥形橡皮头插在被测量汽缸的火花塞孔内,用手压紧。使节气门处于全开位置。

⑤用起动机带动发动机转动 3~5s,始终使用完全充电的蓄电池获得 250r/min 以上的转速,待汽缸压力表指针指示并保持最大压力读数时停止转动。

⑥取下汽缸压力表记下读数。按下止回阀使压力表指针回零。

⑦按此方法依次测量各缸的压力,每个汽缸测 3 次取平均数。

⑧各缸的压力值不能低于规定压力值的 80%,各缸的压力差不得大于 5%。

⑨重新安装火花塞,连接喷油器的连接器。

⑩连接点火线圈连接器,安装发动机盖罩。

例如:现代悦动汽车 1.60VVT 要求,规定值:1.422kPa,最小值,1.275kPa,每个汽缸之间偏差为 98kPa 以下,

具体测量标准以各车型的维修说明书为准。

(2)柴油机汽缸压缩压力的测量。

①起动发动机,原地运转,待发动机冷却液温度达到 80℃左右时,停止发动机运转。

②先清理吹净喷油器安装孔处的尘土脏物,拆下全部喷油器并停止喷油器喷油。

③汽缸压力表的前端有专用连接器,将其安装到喷油器座孔上。使节气门处于全开状态,用起动机带动发动机转动 3~5s,转速为 300~500r/min,待汽缸压力表指针指示并保持最大压力读数时停止转动。

④读取汽缸压力表上的压缩压力值,每个汽缸测量 3 次取平均值。

⑤依次对各缸进行测量,各缸的压力值不能低于规定值的20%。各缸的压力差不得大于5%。

⑥重新安装、连接喷油器及喷油器的连接器。

3)测量结果分析

(1)检测结果大于规定值,表明燃烧室积炭过多或汽缸衬垫过薄、缸体与缸盖接合平面磨损过多,汽缸压力过大,会影响发动机的使用寿命。

(2)检测结果小于规定值,可先向该缸火花塞(或喷油器)孔内注入少量机油。然后重测汽缸压力,如果第二次测量值比第一次高,并接近规定值,表明汽缸、活塞、活塞环磨损过大或活塞环断裂、对口、卡死及缸壁拉伤等原因造成汽缸密封不良。如果第二次测量值仍达不到规定值,表明进、排气门或汽缸衬垫不密封。

(3)为了确诊,可在上止点位置向汽缸内通入压缩空气,检查漏气情况。

2. 用汽缸压力测试仪检测

1)用压力传感器式汽缸压力测试仪检测

用这种测试仪检测汽缸压力时,须先拆下被测缸的火花塞,旋上仪器配置的压力传感器,用起动机带动曲轴旋转3~5s,由传感器取出汽缸的压力信号,经放大后送入A/D转换器进行模数转换,再送入显示装置即可获得汽缸压力。

2)用起动电流或起动电压降式汽缸压力测试仪检测

起动机带动发动机曲轴所需的转矩是起动机电流的函数,并与汽缸压力成正比,发动机起动时的阻力矩,主要是由曲柄连杆机构产生的摩擦力矩和各缸压缩行程所受压空气的反力矩两部分组成,前者可看作常数,而后者是随汽缸压力变化的,起动电流的变化与汽缸压力的变化具有对应关系,通过测量起动时某缸的起动电流,即可确定该缸的汽缸压力,通过测量起动电源的电压降,也可获得汽缸压力,一般是从第一缸取出用来分开各缸压力的同步信号作为示波器的外触发信号,这样可以使起动电流波形各段的峰值与各缸对应起来,则相应的峰值大小就可以表示该缸的压缩压力值。

德国 BOSCH MTO251 型、国产 QFC-5 型、WFJ-1 型微机发动机综合测试仪的汽缸压力测试功能就是依据上述原理检测发动机汽缸压缩压力的。测试时,发动机要达到正常工作温度,用起动机带动发动机以规定的转速运转4s即可打印出各缸压力,如图 2-6 所示。

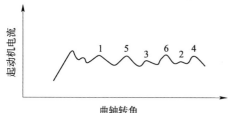

图 2-6 各缸压力与起动电流的关系
1~6-汽缸号

3. 用真空表诊断发动机技术状况

进气管真空度是进气管内的压力与大气压力的差值,发动机进气管真空度的大小随汽缸活塞组零件的磨损而变化,并与气门组零件的技术状况、进气管的密封性以及点火系和供油系的调整有关,因此,检测进气管的真空度可以诊断发动机多种故障。目前主要用来检测进气系统漏气故障。

1)检测用真空表

通常用汽车发动机检测专用真空表,检测发动机在怠速或高速时进气歧管的真空度及其变化情况来诊断发动机是否存在故障。

2) 检测方法

用橡胶管将真空表连接在进气管或歧管上,发动机检查正常后,起动发动机并加热至正常工作温度,然后稳定在怠速状态,考虑到进气管真空度随海拔而降低,海拔每升高 500m 真空度将减少 4~5kPa,因此在测定真空度时,应根据所在地海拔进行折算。

根据测定值判断故障部位,发动机工作温度正常时,怠速运转,发动机密封性正常时,真空度应稳定在 57~70kPa。否则进气系统有漏气故障。可配合异响诊断设备进行检查。

3) 发动机异响诊断注意事项

(1) 发动机异响诊断是一项经验性的作业项目,并不是通过一次教学或实习就可以掌握的,甚至很难按课文中的要求圆满地完成实习内容,尽管如此,通过教学和实习还是可以初步了解诊断的要求和方法。

(2) 发动机异响诊断实习,不一定完全按照本课本的内容和步骤进行,甚至由于实习条件的局限(不易人为设置故障及设备有限),根本不可能完全按照本课文的内容和步骤进行。因此,可根据各学校具体条件进行教学,发动机异响诊断不适于一次集中完成,而应该贯穿整个教学过程。

(3) 为了使诊断能收到更好的效果,采用多媒体教学不失为是一种好方法。

(4) 为了使诊断更准确,除了采用一种方法外,还可采用多种方法辅助诊断。

(5) 汽车发动机异响的诊断要全面分析、细心体会,决不要生搬硬套,死板地运用课本知识。

课题二　化油器式汽油机燃料系故障诊断与排除

汽油机燃料系若出现了故障,发动机将无法获得适当的可燃混合气,致使发动机起动困难,动力性、经济性下降,工作异常,怠速不稳、容易熄火和排放超标。

燃料系故障现象多种多样,主要有堵、漏、坏三种。在诊断排除燃料系故障时,可将传统燃料系分为外油路和内油路两部分。外油路是指燃油从燃油箱到化油器进油管接头所流经的路径,包括燃油箱、汽油泵、汽油滤清器及油管、接头;内油路是指燃油从化油器进油管接头至汽缸燃烧后排入大气所经过的路径,包括空气滤清器、化油器和进气歧管、排气歧管、消声器,如图 2-7 所示。一般采用先外后内、由简入繁、逐渐检查、逐段缩小范围的方法诊断,并根据发动机动力、油耗、烟度和声响情况,准确地诊断故障的部位,及时进行故障排除。

燃料系常见故障有不来油或来油不畅,混合气过浓,混合气过稀,怠速不良,急加速不良,中高速不良等。

一、不来油或来油不畅

1. 故障现象

(1) 发动机不能起动或工作中逐渐熄火。

(2) 用手油泵泵油,多踩几下加速踏板,关闭阻风门等办法后能起动,但很快又熄火。

2. 故障原因

(1) 油箱内无油或是油箱开关未打开。

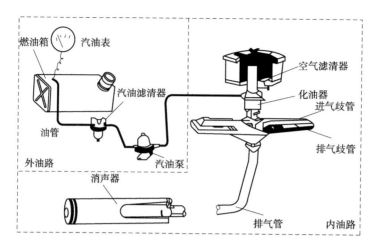

图 2-7 汽油机燃料系

（2）油路中某一部位有堵塞、漏油、积水、结冰或气阻等故障。
（3）汽油泵失效或工作不良（如摇臂与凸轮间隙过大）。
（4）化油器进油针阀卡死，浮子高度失调，进油口滤网堵塞，主量孔堵塞。

3. 故障诊断与排除

故障诊断与排除方法如图 2-8 所示。

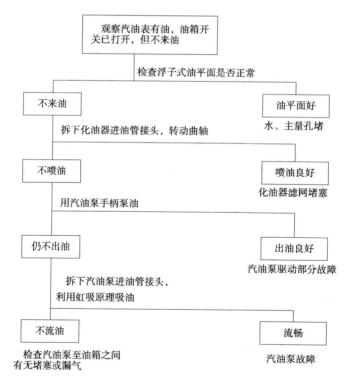

图 2-8 不来油或来油不畅的故障树

4. 特殊情况

按上述检查不易发现的故障有：

(1) 排气管堵塞。

(2) 油箱内有棉纱、破布、石蜡等物吸附在油箱出油管。

(3) 气阻。

(4) 油箱至汽油泵部分由于管子破裂或接头不密封造成的漏气，需要将一端堵塞，另一端吹气来判断。

二、混合气过稀

1. 故障现象

(1) 发动机不易起动。

(2) 发动机起动后怠速不稳，容易熄火。

(3) 踩加速踏板转速不易提高，伴有"回火"现象。

(4) 行驶动力不足，加速不良。

(5) 发动机过热。

2. 故障原因

(1) 从油箱至化油器进油管接头有漏油、漏气、堵塞或汽油泵效能欠佳导致供油不足。

(2) 化油器进油针阀开度不足或浮子室油面太低。

(3) 化油器内主量孔或主供油道堵塞。

(4) 可调式主量孔油针旋出太少。

(5) 气阻。

(6) 进气管衬垫或化油器座衬垫严重漏气。

(7) 主供油装置空气量孔、怠速空气量孔松动。

3. 故障诊断与排除

故障诊断与排除方法如图 2-9 所示。

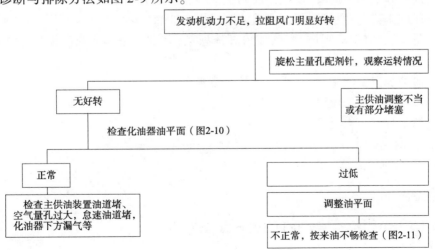

图 2-9　混合气过稀故障树

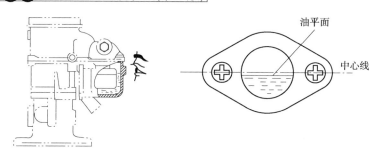

图 2-10 检查化油器油平面

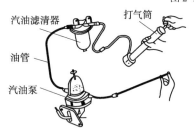 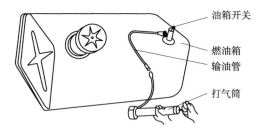

图 2-11 汽油管路来油不畅的检查

三、混合气过浓

1. 故障现象

(1) 发动机温度越高越不易起动,拉阻风门或频踩加速踏板更不易起动。
(2) 起动后运转不稳,排气呈明显的"突、突"声并伴随冒黑烟,严重时放炮。
(3) 发动机动力不足,油耗增加,发动机过热。
(4) 化油器节气门轴渗油,严重时化油器浮子室衬垫处漏油并可闻到浓烈的汽油味。
(5) 拆下火花塞可看到电极潮湿。

2. 故障原因

(1) 进油针阀关闭不严,浮子室油面调整太高或浮子破裂。
(2) 阻风门未打开,空气滤清器严重堵塞或机油面太高。
(3) 主量孔、真空加浓阀体、机械加浓阀体松动;真空加浓阀活塞磨损严重或真空通道堵塞。
(4) 主供油装置空气量孔、怠速空气量孔堵塞。
(5) 加速喷管在慢加速时喷油或滴油。
(6) 汽油泵泵油压力过高。

3. 故障诊断与排除

故障诊断与排除方法如图 2-12 所示。

四、怠速不良

怠速不良指无怠速、怠速过高和怠速不稳三种工况。

1. 无怠速

1) 故障现象

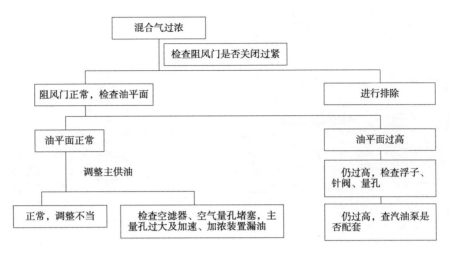

图 2-12　混合气过浓的故障树

(1) 发动机起动后,踩下加速踏板运转正常,抬起后就熄火。
(2) 怠速运转不稳,很快就熄火。
(3) 停驶时发动机怠速运转良好,行驶中变速器拨入空挡就熄火(混合气过浓)。

2) 故障原因

(1) 怠速量孔及油道堵塞。
(2) 化油器节气门下方漏气。
(3) 真空加浓活塞漏气。
(4) 化油器怠速调整不当(图 2-13)。

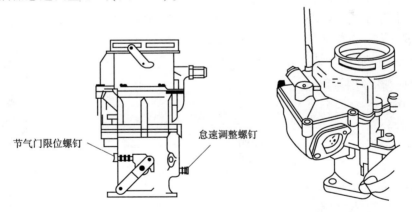

图 2-13　怠速调整螺钉

(5) 怠速空气量孔堵塞。

3) 故障诊断与排除

故障诊断与排除方法如图 2-14 所示。

2. 怠速过高

1) 故障现象

发动机怠速转速高于规定值。

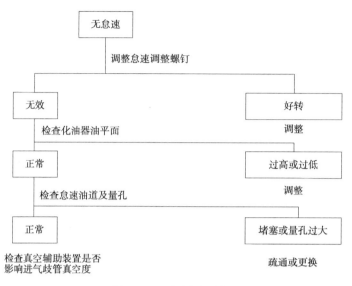

图 2-14　无怠速的故障树

2）故障原因

（1）节气门操纵杆受阻卡住或弹簧过软，节气门不能完全关闭，造成怠速转速过高。

（2）节气门轴松旷或节气门变形，使节气门开度增大，使怠速喷孔、过渡量孔同时工作，所以怠速转速过高。

（3）怠速量孔过大。

（4）怠速调整不当。

3）故障诊断与排除方法

（1）用手扳节气门拉臂使其关闭，如好转说明拉杆犯卡或弹簧过软。将弹簧摘下检查节气门拉臂有无犯卡，如有犯卡则予以排除，否则为弹簧过软。

（2）调整怠速，如能好转，则属调整不当。

（3）检查节气门轴是否松旷。

3. 怠速不稳

1）故障现象

怠速运转转速不均匀，发动机抖动明显。

2）故障原因

（1）怠速螺钉磨损或调整不当。

（2）怠速空气量孔堵塞。

（3）节气门固定螺钉松动导致节气门活动。

（4）节气门松旷。

（5）怠速量孔磨损（已少见，主要系维护不当）。

（6）节气门边缘变形与怠速喷孔的位置不合适。

（7）进气歧管不严、化油器衬垫损坏、螺钉松动。

（8）双腔化油器两怠速调整不一致。

（9）各缸点火提前角、汽缸压力、火花强度或火花塞技术状况不一。

五、加速不良

1. 故障现象

突然开大节气门时,发动机转速不能随之升高,同时伴随有排气管"突突"声、放炮声或化油器回火声,其他工况正常。

2. 故障原因

(1)加速泵拉杆与节气门摇臂间连接钩脱落(图2-15)。

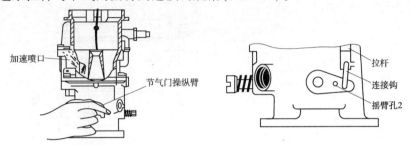

图2-15 拉杆与连接钩脱落

(2)加速泵调整不当。

(3)加速泵出油阀关闭不严或弹簧折断。

(4)加速泵皮碗或活塞磨损严重、或膜片脱落。

(5)加速泵弹簧过软。

(6)加速喷管或油道堵塞。

(7)加速泵出油阀失效。

3. 故障诊断与排除

故障诊断与排除方法如图2-16所示。

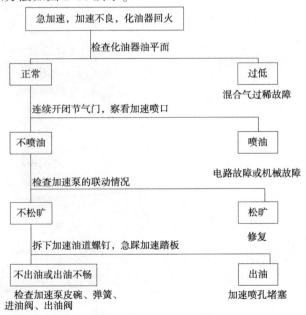

图2-16 加速不良的故障树

六、中、高速不良

1. 故障现象

发动机在大负荷至全负荷工况动力不足,排气管发出"突突"声,其他工况正常。

2. 故障原因

(1)加浓阀打不开或开度太小(图2-17)。

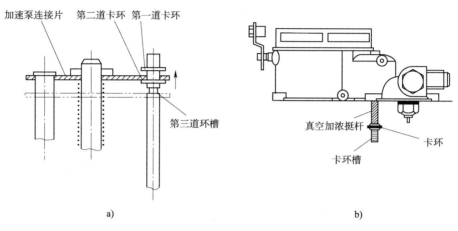

图2-17 加浓阀打不开或开度太小

(2)加浓阀开度太大,致使弹簧压紧而影响出油。

(3)加浓量孔松动或加浓量孔、油道堵塞。

(4)真空加浓活塞组件效能欠佳或失效。

(5)高速大负荷时双腔化油器副腔空气门打不开。

(6)节气门开度不足。

(7)主量孔、功率量孔松动或主量孔、功率量孔、主喷口有一定程度堵塞。

3. 故障诊断与排除

故障诊断与排除方法如图2-18所示。

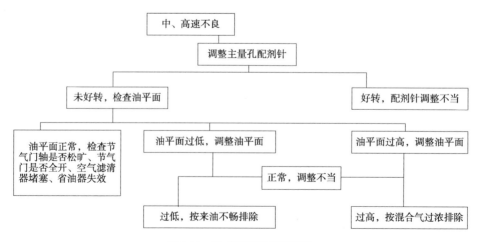

图2-18 中、高速不良的故障树

七、汽油机燃料系故障诊断注意事项

（1）诊断燃料系故障时，要将汽油接在盆子里，关闭电路，消除火源，防止火灾发生。如果汽油泵至化油器部分有漏油，即使很少，不影响发动机工作，也要及时排除，因为它是引起发动机着火的主要因素。

（2）对于故障树的运用应视具体情况灵活运用，不能生搬硬套。通过看、闻、嗅、摸等实际情况，缩短排故时间。例如，看见化油器节气门轴处渗油时，就应首先检查油平面。另外，在诊断中应掌握易出故障部位，才能迅速准确地达到诊断和排除的目的。例如，不来油或来油不畅故障，大多发生在汽油泵；而急速不良、加速不良大多发生在化油器。

（3）对于上吸式油箱，拆下汽油泵进油接头放低于油平面时，有时往往由于虹吸条件不充分，不一定能吸出油，可以往油箱方向吹气或吸油等方法检查。

（4）加速必须急踩加速踏板或急转节气门操纵臂，不得缓慢操作，否则判断故障有误。

八、小结

在传统化油器油路故障的诊断排除中，通过各种故障的实际操作，获得对于故障现象的感性认识；通过对化油器油路各部件的结构分析，可知道可能产生故障的部位，并通过判别各零件的好坏，确诊故障，不断地从理论到实际，从实际到理论的论证，使诊断过程更加理性化。

课题三　电控燃油喷射系统故障与排除

现代汽车电控系统的结构复杂、电路特殊、理论较深，还具有相当程度的抽象性，远不如机械结构那样直观。同时，汽车电控系统的故障又具有潜伏性、间断性、交叉性、虚假性和误导性，无疑给故障诊断带来了相当大的难度。但经过科学的分析、试验检测方法和操作技巧，会收到事半功倍的效果。

一、电喷发动机故障的常用诊断方法

现代汽车电脑控制系统是一个复杂的系统，对于其系统的故障排除应遵循一定的检测、排除程序。在确定故障类型时的方法有：直观诊断法、模拟故障征兆诊断法、利用简单仪表诊断法、利用专用诊断仪器诊断法和利用随车故障自诊断系统诊断法。

1. 直观诊断法

直观诊断法就是通过人的感觉器官对汽车故障现象进行问、看、听、嗅、试等，了解和掌握故障现象的特点，通过分析、判断得出结论的诊断方法。

2. 模拟故障征兆诊断法

1）环境模拟法

汽车电控系统有一些故障发生在特定环境中。例如，电喷发动机冷车时无故障，暖车后故障症状出现；行驶时有故障，停驶时诊断无故障；清洗后或雨天时出现不平稳、产生喘抖等现象。这些特定的外界环境，使发动机电子元器件对颠簸、发热、潮湿等因素非常敏感所致。

对由环境因素所造成的故障,一般常用振动法、加热法、水淋法和电器全部接通法。

（1）振动法。

当怀疑振动可能是引起故障的原因时,即可采用振动法进行试验,以检查是否存在虚焊、松动、接触不良、导线断裂等故障,如图 2-19 所示。

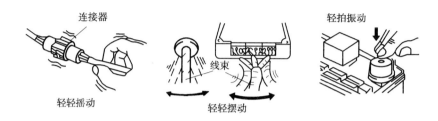

图 2-19　用振动法检查有无瞬时断路现象

①连接器:在垂直和水平方向轻轻摇动连接器。

②线束:在垂直和水平方向轻轻摆动线束。连接器的接头、线束安装支架及穿过开口的连接器体都是应仔细检查的部位。

③零件和传感器:用手指轻轻拍动装有传感器的零件,检查是否失灵。切不可用力拍打继电器,否则可能会使继电器开路。要特别注意:连接器端子脏污、端子张开使接触松动,如图 2-20 所示。

（2）加热法。

当有些故障只是在热车时出现,可能是因为有关零件或传感器受热引起的。可用电吹风或类似加热工具加热可能引起故障的零部件或传感器,检查是否出现故障,如图 2-21 所示。

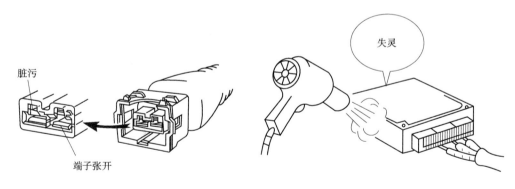

图 2-20　连接器端子脏污、张开接触松动　　图 2-21　用加热法模拟故障

注意:加热时不可直接加热 ECU 中的元件,且加热温度不得高于 60℃。

（3）水淋法。

当有些故障是在雨天或高湿度的环境下产生时,可用水淋在车辆上,检查是否发生故障,如图 2-22 所示。

注意:不可将水直接喷淋在发动机电控元件和电器元件上,而应喷淋在散热器前面,间接改变温度和湿度,防止水渗透到电器元件内部,尤其应该防止水渗漏到 ECU 内部。

2) 增减模拟法

在诊断汽车油路、电路故障时常采用增减模拟法,它利用油路、电路中增减载荷模拟验证油路、电路的故障症状,以诊断由载荷(负荷)而引起的故障。例如:当怀疑故障可能是因用电负荷过大而引起的,可接通车上全部电气设备,检查是否发生故障(又称电器全部接通法)。又如:当某一个局部电路

图 2-22 用水淋法模拟故障

出现短路故障时,通过它的电流就会大增(蓄电池漏电)。这时使用减少法诊断,将一部分电路断开,用万用表测量电阻、电压、电流,以此来诊断故障。使用最多的是测量电流,观察总电流(蓄电池电流)的变化,就可以诊断出故障的大致范围。

3. 利用简单仪表诊断法

利用简单仪表诊断方法,就是利用以万用表和示波器为主的通用仪表,对汽车电控系统故障进行诊断的方法。因为电控系统的各部件均有一定的电阻值范围,工作时有输出电压信号范围和输出电压波形,用万用表测量导通性等可判断元器件或线路是否正常。

4. 利用专用诊断仪器诊断法

汽车的电子化迫使对汽车故障的诊断手段进行变革,随着汽车电子化的进程,各种汽车专用诊断仪器应运而生。如发动机电脑故障综合诊断仪、电脑解码仪等。这些专用诊断仪器大多数为带有微处理器的电子计算机系统,对汽车故障的诊断十分有效。

5. 利用随车故障自诊断系统诊断法

随车诊断是利用汽车上电控系统所提供的故障自诊断功能对电控发动机、底盘等故障进行诊断的方法,即使用故障自诊断系统调取发动机、底盘等电控系统的有关故障码或数据流。然后根据故障码的故障提示或数据的反映,找出故障所在的方法。

二、电控燃油喷射系统的自诊断

随着电子控制技术在汽车上的应用,20 世纪 70 年代末设有第一代随车自诊断系统

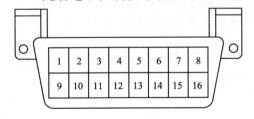

图 2-23 OBD-Ⅱ 16 端子诊断座

(OBD-Ⅰ)。由于世界各大汽车制造公司采用的第一代随车自诊断系统自成体系,不具有通用性,给汽车维修造成了很大的困难。20 世纪 90 年代出现了第二代随车自诊断系统(OBD-Ⅱ),第二代随车自诊断系统,采用统一诊断模式和统一的 16 端子诊断座(图 2-23),并采用了统一含义的故障码。这样只要用一台检测仪就可以对各种车辆进行检测和诊断,从而给汽车维修提供了极大的方便。然而,由于汽车制造商对各自技术的保护,有些新车或特殊故障还需要专用检测仪。

1. 故障码常见的显示方式

1) 数字显示

数字显示故障码的方式具有直观、操作简便等特点。目前,在一些高档轿车上已有较多的应用,如林肯大陆(lincoln)、凯迪拉克(cadillac)等。在进行自诊断测试时,故障码将以数

码的形式显示在组合仪表的信息显示屏上,一般在温度显示屏上。要进入自诊断测试状态,应按下设定的控制键,有时同时按下仪表板上"断开"(OFF)按钮和"加温器"(WARMER)按钮或按下3个控制键,如图2-24所示。

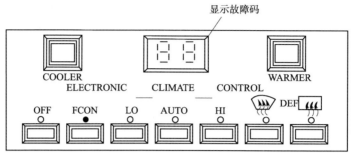

图2-24 数字方式显示故障码

2)脉冲电压显示

大部分发动机微机控制自诊断系统均采用脉冲电压显示的方式,以仪表板上故障指示灯的闪烁显示故障码,有些系统可将指针式电压表接到诊断插座中规定的测试插头上,以电压表指针的摆动显示故障码。

3)发光二极管(LED)显示

采用一个发光二极管显示时,其显示方法与采用故障指示灯的显示方法相同,如图2-25所示。

图2-25 采用一个LED显示故障码

采用两个发光二极管显示时,两只发光二极管选用不同颜色,红色发光管的闪烁显示十位数码,绿色发光管的闪烁显示个位数码。

采用四个发光二极管显示时,组成一种二进制的编码,指示灯亮时,四个指示灯,从左到右分别代表8、4、2、1,不亮的灯表示一位数值为0,每一个故障码为这四个指示灯指示情况的数值相加,如图2-26所示。

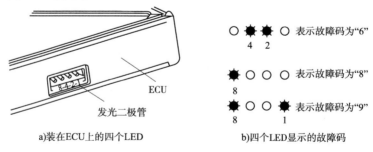

图2-26 四个LED的位置及故障码显示

2. 故障码的读取

1)人工读取和清除故障码

第一代随车自诊断系统一般都采用人工读取故障码,而第二代随车自诊断系统必须采用电脑检测仪读取故障码,但有些车系仍保留了人工读取故障码的方法。读取故障码后,通过查阅维修手册获取故障码的含义。

(1)丰田(TOYOTA)车系。

①诊断座位置示意图。诊断座有四种说明,见表2-5,图形如图2-27所示。

诊 断 座 说 明　　　　　　　表2-5

类　型	名　　称	类　型	名　　称
A	长方形Ⅰ型	D	亚规—OBD-Ⅱ
B	长方形Ⅱ型	E	标准—OBD-Ⅱ
C	圆形17PIN—TDCL	F	美规—OBD-Ⅱ

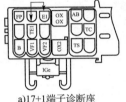 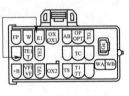  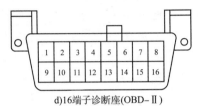

a)17+1端子诊断座　　b)23端子诊断座　　c)17端子诊断座　　d)16端子诊断座(OBD-Ⅱ)

图2-27　丰田车系故障诊断插座

其中A、B在发动机舱内(为老款);C在仪表板左下侧(有的佳美、雷克萨斯是圆形17PIN诊断座);D、E、F在方向柱附近(1995款以后的亚洲龙、雷克萨斯、佳美、大霸王是亚规OBD-Ⅱ诊断座)。

②诊断座各接脚说明(表2-6)。

诊断座各接脚说明　　　　　　　表2-6

FP:汽车油泵电源测试点	OX2:2号氧传感器信号
W:发动机故障指示灯	TS:ABS触发控制电脑接脚
E1:电脑车身搭铁	T1:(或TT)A/T动作测试接脚
OX1:(或OX)1号氧传感器信号	IG-:点火器输出转速信号接脚
AB:SRS故障灯控制线	WA:ABS继电器电源检测接脚
OP1:(OPT)风扇控制水温传感器信号	WB:ABS继电器电源检测接脚
TE1:(或T)发动机故障码诊断触发	ECT:变速器O/D指示灯
TE2:发动机电脑开关诊断(主要为发动机各控制器、执行器信号)	A/D:CC控制指示灯接脚
	ABS:ABS电脑D/G诊断接脚
+B:(或B)主继电器输出电源	TB1:(或AS)空气悬架指示灯接脚
VF1:(或VF或ENG)主氧传感器修正率(与主电脑VF1连接)	TRC:ABS故障灯
	A/C:A/C电脑输出
VF2:辅助氧传感器修正率(与主电脑VF2连接)	TC:CC/ABS/SRS故障码触发

③读取故障码。

a.将点火开关置于ON,但不起动发动机。

b.用跨接导线短接故障诊断插座中的TE1和E1端子或跨接16端子故障诊断插座中的5号端子,如图2-27所示。

④清除故障码。

a. 关闭点火开关,拆下跨接导线。

b. 拨下 EFI 熔断丝 10s 以上,或拆除蓄电池搭铁线 10s 以上。

⑤人工应急处理。用跳线跨接接脚 TE1 + E1 方式读取故障码时,怀疑其电脑控制模块故障。控制开关的故障,则跨接 TE2 + E1,汽车以 10km/h 以上速度行驶,同时再跨接 TE1 + E1,如正常,则"CHECK"连闪 2 次。拆开两条跨接线后,再跨接 TE1 + E1,会闪烁故障码。消除后,如仍有故障,此时 CHECK 会亮,需重新分析排除。

⑥注意事项。

a. A、B、C 三种诊断座基本可按丰田车系年款来推断寻找,有 C 型及 B 型的车,使用 C 型插线连接最好。

b. 使用 Ⅰ 型或 Ⅱ 型长方形诊断座检测时,须正确使用主线及 2PIN 副线插线。

c. A、B 型诊断座测试线与 17PIN 的 C 型诊断座测试项目功能有所不同。

d. CEO 车系中 METRO、PRIZM、STORM、TRACKET 等车型只能人工读码,消码方法大多是关掉钥匙后,拔掉主熔断丝。

e. 所有的清除故障拨熔断丝都要考虑防盗系统密码及各种设置。因为拨熔断丝以后要重新输入。

(2)本田(HONDY)车系。

本田车系可用两种方法读取故障码:a. 用专用检测仪(解码器)和数据传输插接器(3 芯)来读取;b. 人工读取诊断座提取故障码。人工读码,它的发动机电脑装置有 3 个地方:

①电脑在驾驶座位下方(图 2-28)——该电脑侧有 4 个 LED 灯,当点火开关 ON 时,注意该 4 个 LED 灯亮几个,将代表的数字按 42 式相加即为故障码(图 2-26)。(1985 年款)

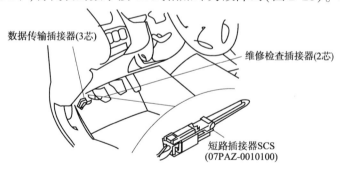

图 2-28 广州本田车诊断座

②电脑在副驾驶前方脚踏板前上方——该电脑正中有一个 LED 灯,当点火开关 ON 时,直接读码即可。(1986~1990 年款)

③电脑在杂物箱右下方内侧——该电脑没有 LED 灯,在电脑正上方有两个诊断座,其中一个是两线的,直接跨接两线,或用 1 号主线连接 1 + 1PIN 副线亦可,由仪表板 CHECK 灯读取(图 2-29)。(绿/白或棕/白;1990 年款后)

④注意事项。

a. Integua 车型,其 2PIN 接头在右杂物箱内右侧。

单元二 汽车发动机故障诊断与排除

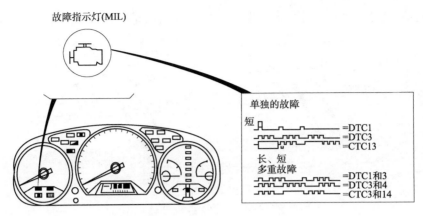

图 2-29　广州本田发动机故障指示灯显示故障码方式

b. CIVIC 车 2PIN 接头在杂物箱内左侧。

c. PRELUDE 车 2PIN 诊断接头在发动机舱、乘客座侧防火墙。

d. 在拆下跨接导线时应关闭点火开关。

（3）大众车系。

对于大众车系发动机电脑控制系统，虽采用不同的电脑，读码与清码有所区别，但故障码内容相近，可以相互参考。

①CIS-E/CIS-Motronia 系统。CIS-E/CIS-Motronia 系统，即有分油盘的电子机械喷射系统，其自诊断接头装在换挡杆前方的架子上，如图 2-30 所示。若无专用测试仪器时，可用 LED（发光二极管）测试，如图 2-31 所示，进行读取发动机故障码。

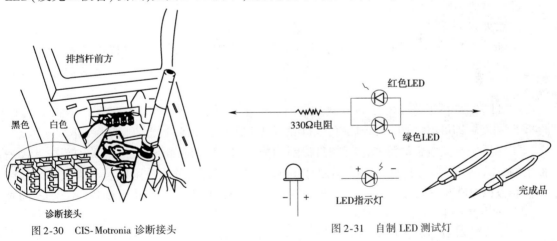

图 2-30　CIS-Motronia 诊断接头　　　　图 2-31　自制 LED 测试灯

②故障码读取方法。

a. 确认发动机到达工作温度后，将加速踏板踩到底，让发动机转速超过 3000r/min，然后维持怠速运转 2min。

b. 点火开关置 OFF。

c. 如图 2-32 所示，将 LED 测试灯接到 2 脚和 4 脚中，再以跨接线直接跨接 2 脚和 3 脚。

d. 将点火开关转到 ON 位置，但不起动发动机。

e. 此时 LED 测试灯会亮，约 4s 后，拆除 2 脚和 3 脚的跨接线，在跨接线拆除后，LED 测试灯即会闪示故障码（四位数字，故障码为2131），其闪示时间方式如图2-33所示。

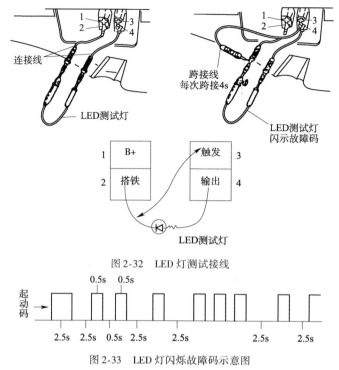

图2-32　LED灯测试接线

图2-33　LED灯闪烁故障码示意图

每跨接一次，可读取一个故障码。要读下一个故障码，再将2脚和3脚跨接4s。

③故障码清除方法。

a. 点火开关置OFF。

b. 如图2-32所示，将LED测试灯接到2脚和4脚中，再以跨接线直接跨接2脚和3脚。

c. 将点火开关转到ON位置，LED测试灯会亮起，至少等5s以上，拆下2脚和3脚跨接线。

d. 如图2-32拆下跨接线后，LED测试灯仍会亮着，以跨接线跨接2脚和3脚，也在5s以上，再拆下跨接线，即可清除故障码记忆（可以拆除蓄电池负极接头15s以上直接清除故障码）。

④如果配有仪表板故障指示灯的自诊断功能，其自我诊断如下：点火开关ON按下仪表板上的"CHECK"指示灯开关，至少需要在4s以上，然后放开，读取故障码。清除故障码是按住仪表板（CHECK）指示灯开关，点火开关转在ON位置，按5s左右，放开CHECK开关，同时将点火开关置OFF即可清除故障码。

⑤单点喷射故障码读取与清除如图2-34所示，方法如下。

a. 确认发动机到达工作温度后，将发动机熄火。

b. 若发动机无法起动，也应起动起动机6s以上。

c. 点火开关转到ON位置。

d. 将红色接头（黄/黑线）跨接车身搭铁。若不使用诊断接头处跨接，也可在点火线圈旁边的线束接头处，将黄/黑线跨接搭铁。跨接时间至少需5s以上。

e. 约超过5s后，拆下跨接线，并注视仪表板的故障指示灯，读取闪示的故障码（可以拆除蓄电池负极接头15s以上直接清除故障码）。

单元二 汽车发动机故障诊断与排除

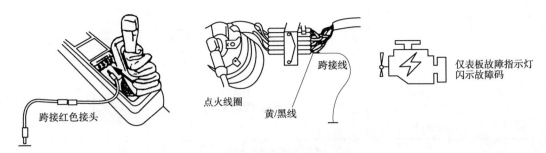

图 2-34 单点喷射故障码读取

2)用电脑解码仪读取和清除故障码及数据流测试

目前电脑解码仪有两大类:一类为通用型,如电眼睛、修车王、车博士、OTC、红盒子及发动机综合性能分析仪等。对各车系的绝大多数车都可以读取、清除故障码及数据流测试。另一类为专用型,用于本公司生产的车系。如大众公司的 V.A.G1551 及 V.A.G1552、通用公司的 Tech-2,本田公司的 PGM,雪铁龙公司的 ELIT 等。

(1) V.A.G1552 电脑解码仪。

V.A.G1552 电脑解码仪(图 2-35)用于大众车系,如捷达、桑塔纳、奥迪等。不但能读取各系统的故障码,而且还具备对执行元件的诊断、部件基本设定、匹配及阅读测量运行数据,并具备清除故障码等功能。V.A.G1552 电脑解码仪的地址码和可供选择的功能分别见表 2-7 和表 2-8。

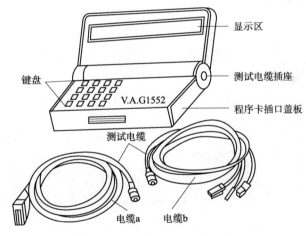

图 2-35 V.A.G1552 电脑解码仪

电脑解码仪的地址码　　　　　　　　表 2-7

地址码	控制系统	地址码	控制系统	地址码	控制系统
01	发动机	15	安全气囊	26	电动车顶
02	自动变速器	16	动力转向	34	自动水平悬架
03	制动系统	17	组合仪表	35	中央门锁
08	自动空调/暖风	18	停车加热辅助	36	驾驶人座椅调整
12	离合器	24	驱动防滑	37	巡航
14	车轮减速	25	防盗	41	柴油泵

续上表

地址码	控制系统	地址码	控制系统	地址码	控制系统
45	内部扫描	61	蓄电池	76	辅助停车
51	电驱动	65	轮胎气压检测	00	自动测试(查询和显示所有系统的故障记忆)
55	前照灯视野	66	座椅/后视镜调整		
56	收音机与音响	71	蓄电池充电		

电脑解码仪的功能 表2-8

功能代码	功能	功能代码	功能	功能代码	功能
01	查询控制单元	05	清除故障存储器	09	阅读单个数据块
02	查询故障存储器	06	结束测试	10	匹配
03	执行元件诊断	07	电控单元编号		
04	基本设定	08	阅读测量数据块		

①读取发动机控制系统故障码。

a. 关闭点火开关,打开位于换挡杆前端的诊断座盖板。

b. 将V.A.G1552电脑解码仪连接在诊断座上,如图2-36所示。

c. 打开点火开关或者发动机怠速运转。

d. 输入地址码01(表2-7),按"Q"键确认,按"→"键,确认需选择的功能。

e. 查询故障存储:输入功能码02(表2-8),按"→"键显示屏逐一显示各个故障码及故障原因。

②清除故障码。

a. 输入功能码05(表2-8),按"Q"键确认。显示屏显示:故障码已被清除。

b. 输入功能码06(表2-8),按"Q"键确认。结束测试。

(2) X431电眼睛。

X431电眼睛是元征公司最新一代汽车诊断电脑。采用了触摸式大屏幕LCD,使得产品外形简洁,用触摸笔直接进行操作。可拆卸的微型打印机和可外接键盘的特点

图2-36 桑塔纳200Gsi轿车诊断插座位置

更方便用户的操作,如图2-37所示,并采用了网上升级。X431电眼睛对装备美洲、欧洲、亚洲(日本和韩国)及国产众多的电控系统具有故障码读取、清除和数据流测试。

①读取发动机控制系统故障码(以桑塔纳200Gsi为例)。

a. 将X431电眼睛连接到汽车诊断座上,如图2-38所示。

b. 在车系选择菜单中,选择"上海大众",如图2-39所示。

c. 点击"快速数据流诊断",点击"发动机电气系统",点击"读取故障码",显示屏显示测试结果。

②故障码清除。

单元二　汽车发动机故障诊断与排除

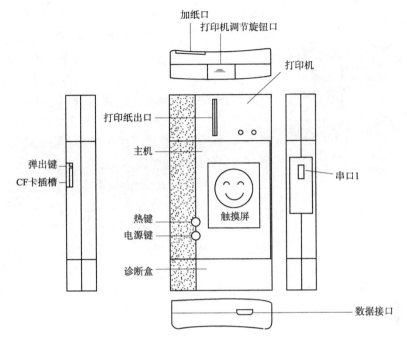

图 2-37　X431 电眼睛电脑解码仪

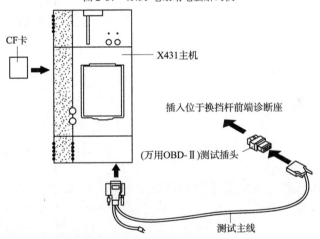

图 2-38　连接 X431 电眼睛电脑解码仪

a. 读取故障码结束后,点击"确认"按钮返回功能菜单。
b. 点击"清除故障码",故障码将被清除。
(3)电脑解码仪数据流测试。

电控汽车微机故障检测仪(俗称解码器)除了具有对电控汽车中微机故障自诊断系统的读码与清码功能处,还具有动态测试功能(即数据流功能)。故障自诊断系统检测的动态数据流能自动显示,这给电控汽车的故障诊断带数来了很大帮助。

例如:一辆 1993 年款林肯轿车,装备有 4.6L 电控 V8 发动机。该车的故障现象为:慢加速时汽车行驶正常,而快加速时出现"发喘"现象,且加速无力,但故障指示灯不亮。

由故障现象分析,汽油机车在快加速时,发动机的功率没有随之增加,造成动力不足。

43

图 2-39 车系选择菜单

此时没有故障码而有故障存在,说明故障很可能出现在非控制部位。按正常的机理分析,对油路、电路进行了检查。经断缸试验,各缸工作情况正常,说明点火系统工作正常。同时进行了油压检测,油压显示在 0.28~0.30MPa 之间波动,属正常值。结合断缸试验,说明喷油器也工作正常。至此,常规检查已无法诊断故障。为此,利用解码器来读取动态数据流。首先观察燃油喷射时间,其能够随节气门开度增加各转速提高而正常增加。接着观察点火提前角的数据,在缓慢加速情况下,其能够随负荷、转速的增加而在正常范围内变化,但在快加速时,点火提前角反而急剧减少(同基本给定的 20°减到 5°左右)。根据数据流的分析,显然这是由于快加速时点火正时失准而造成的故障。

经检查,该车的正时传动严重老化,弹性也大大下降。当快加速时,正时传动带出现打滑,点火正时信号失准,所以电脑发出错误的点火控制信号。由于点火提前角过迟,造成发动机动力下降,从而产生上述故障现象。换上一条新的正时传动带后,该车故障消失。

因此,使用数据流功能,可准确地发现故障的部位,避免了盲目拆卸而造成的损失,提高了故障诊断的准确率。特别是由传感器特性发生变化而引起的故障,数据流功能更具有它特殊的优势。

三、传感器的故障检测与排除

1. 空气流量传感器的检测

空气流量传感器的作用是检测发动机进气量大小的,并将进气量大小转变为电信号输入电控单元(ECU),以供 ECU 计算喷油量、点火正时、废气再循环控制及发动机怠速控制等其他参数。

一般空气流量传感器出现故障,发动机的故障有怠速不稳、排放超标、加速无力或死火、发动机无法起动等现象。

空气流量传感器的种类有两种,一种是体积流量型,包括翼板式、量芯式、卡门涡旋式;一种是质量流量型,包括热线式、热膜式。

1)翼板式空气流量计的检测

图 2-40 所示为丰田 2JZ - FE 发动机翼板式空气流量传感器内部电路图。翼板式空气流量计常见故障有翼板摆动不灵活、卡滞、电位计滑动触点磨损或接触不良、燃油泵开关失灵、进气温度传感器老化等。

(1)电压测量。

使用电压表测量 ECU 端 $V_C - E_2$ 端子和 $V_S - E_2$ 端子,其标准电压值见表 2-9。如果无电压,说明叶片式空气流量计有故障。

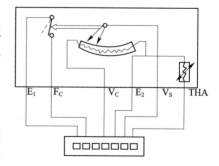

图 2-40 翼板式空气流量传感器内部电路

丰田 2JZ – FE 发动机翼板式空气流量传感器检测电压标准值　　　　表 2-9

端　子	故　障	测量条件		标准电压(V)
V_S—E_2	无电压	点火开关置 ON		4.0~6.0
			翼板完全关闭	3.7~4.3
V_C—E_2			翼板全开	0.2~0.5
		急速		2.3~2.8
		3000r/min		0.3~1.0

(2) 电阻测量。

空气流量传感器电阻测量可分静态检测,如图 2-41 所示,测量空气流量传感器各个位置的电阻值;动态检测如图 2-42 所示,一边测量,一边转动翼板。也可在车下或车上检测电阻值,各端子间的标准电阻值见表 2-10,只要电阻值不符合规定,就应更换叶片式空气流量计,并重新连接好导线连接器。注意:不管是静态检测还是动态检测,在拔下空气流量计线束连接器时都需要关闭点火开关。

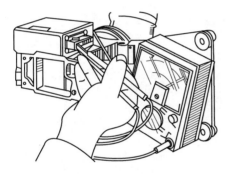

图 2-41　静态电阻值的检测

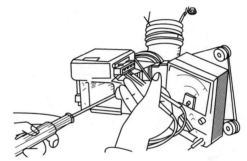

图 2-42　动态电阻值的检测

丰田 2JZ – FE 发动机翼板式空气流量传感器检测电阻标准值　　　　表 2-10

名　称	测量端子	测量条件	电阻值(kΩ)
油泵开关	F_C—E_1	翼板完全关闭	∞
		翼板任何开度	0
空气流量计	V_S—E_2	20℃	0.20~0.40
	V_C—E_2	20℃	0.10~0.30
	V_S—E_2	翼板完全关闭	0.02~0.10
		翼板任何开度	0.02~1.00
进气温度传感器	THA—E_2	−20℃	10.00~20.00
		0℃	4.00~7.00
		+20℃	2.00~3.00
		+40℃	0.90~1.30
		+60℃	0.40~0.70

(3)波形分析:检测空气流量传感器波形、电压输出信号。

①关闭所有附属电气设备,起动发动机,并使其怠速运转,当怠速稳定后,检查怠速时空气流量传感器电压输出信号(图2-43),输出电压约为1V,否则应更换。

②做加速和减速试验应有如图2-43所示的波形。否则应更换。

③将发动机转速从怠速加至节气门全开(加速时不宜太急),节气门全开后持续2s,但不要使发动机超速运转。节气门全开时应超过4V。否则空气流量传感器有故障。

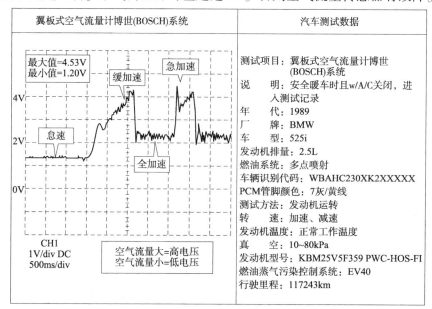

图2-43 翼板式空气流量传感器波形

注意事项:

①发动机降至怠速运转时,应保持2s。

②图2-44中在急加速时波形中出现的小尖峰,它是由于翼板过量摆动造成。而ECU恰恰正是根据这一点来判定加速加浓信号。

③在测试前应检查发动机的真空度及发动机达到正常温度时测试。

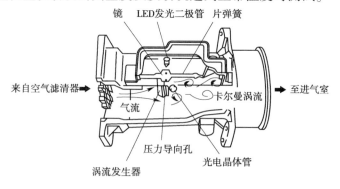

图2-44 卡门涡旋式空气流量传感器结构

2)卡门涡旋式空气流量计的检测

图2-44所示为丰田雷克萨斯LS400轿车1UZ-FE发动机采用的卡门涡旋式空气流量

计结构图,图2-45所示为与电脑的连接电路图。自诊断故障码为"31"空气流量计信号不良。

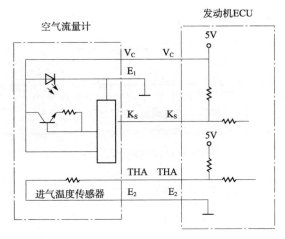

图2-45　卡门涡旋式空气流量传感器电路图

(1)电阻检测。

如图2-46所示,测量THA与E2端子之间的电阻值,结果应符合表2-11规定值,如果不符合,则应更换空气流量计。

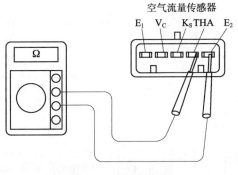

图2-46　电阻的检测

(2)电压检测。

如图2-47所示,测量THA与E_2、V_C与E_1、K_S与E_1端之间的电压值,结果应符合表2-11规定值,如果不符合,则应更换空气流量传感器。

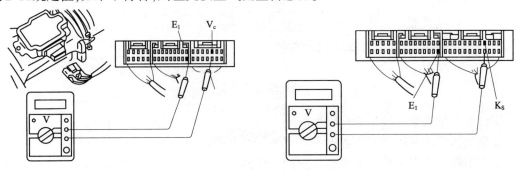

图2-47　电压检测

卡门涡旋式空气流量传感器检测标准值   表 2-11

名　称	检测端子	检测条件	标　准　值	备　注
进气温度传感器	THA—E₂	-20℃	10.00～20.00kΩ	
		0℃	4.00～7.00 kΩ	
		+20℃	2.00～3.00 kΩ	
		+40℃	0.9～1.3 kΩ	
		+60℃	0.40～0.70 kΩ	
进气温度传感器	THA—E₂	急速、20℃	0.5～3.4V	
空气流量计	V_C～E_1	点火开关在 ON	4.5～5.5V	检查电源电压
	K_S～E_1	点火开关在 ON	4.5～5.5V	
		急速	2.0～4.0V	信号电压跳跃变化

（3）波形分析。

图 2-48 所示为卡门涡旋式空气流量传感器标准波形图,它的输出方式是数字式的。卡门涡旋式空气流量传感器的输出信号加速时不但频率增加,它的脉冲宽度也同时改变。

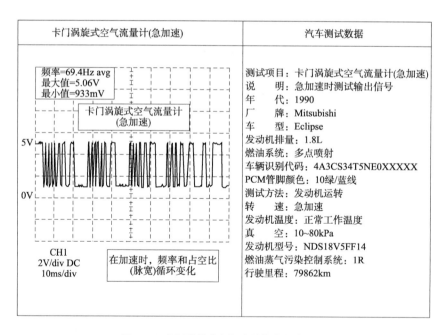

图 2-48　卡门涡旋式空气流量传感器波形图

①检查发动机真空度是否符合标准。

②发动机怠速到正常工作温度。

③在不同转速下试车。如果出现脉冲宽度伸长或缩短,不应该有的峰尖以及圆角,都会影响发动机的性能和造成排放超标。因此,空气流量传感器有故障。

3）热线式空气流量传感器的检测

图 2-49 所示为日产 MAX1MA 轿车 VG30E 发动机热线式空气流量传感器与 ECU 连接电路。（故障码为"12"）

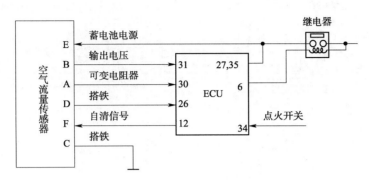

图 2-49　热线式空气流量传感器电路图

（1）检查输出信号电压。

①拔下空气流量传感器的连接器插头。

②拆下空气流量传感器,按图 2-50 所示内容,将空气流量传感器的 D 和 E 端子间施加蓄电池电压,然后用万用表测量空气流量传感器 B 和 D 端子间的电压。其标准电压值应为 1.6V±0.5V,如果电压不在规定范围,则应更换空气流量传感器。

③经上述检查之后,按图 2-51 所示内容,给空气流量传感器的进气口吹风,同时测量 B 和 D 端子间电压。在吹风时电压应上升到 2~4V。如果电压不符合规定,则应更换空气流量传感器。

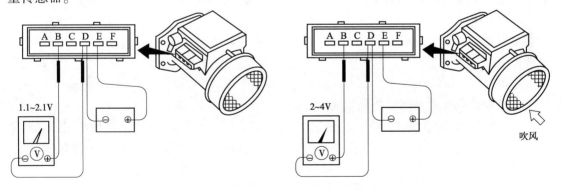

图 2-50　静态输出信号的检测　　　　　　图 2-51　动态输出信号的检测

（2）自洁功能的检查。

安装好空气流量传感器,拆下空气流量传感器的防尘网,起动发动机并加速到 2500r/min 以上。当发动机停转 5s 后,从空气流量传感器进口处可以看到热线发出亮光（加热温度 1000℃ 左右）约 1s。如果铂热线不发光,则应检查空气流量传感器的自洁信号或更换空气流量传感器。

（3）波形分析。

如图 2-52 所示热线式空气流量传感器是模拟输出电压信号传感器,空气流量增大时,输出电压也随之升高。

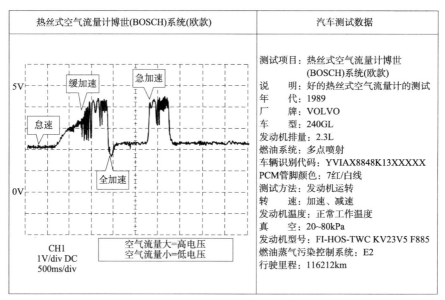

图 2-52 热线式空气流量传感器波形

① 检查发动机真空度应在规定的范围。

② 关闭所有附属电气设备。

③ 起动发动机,并使其怠速运转。

④ 怠速稳定后,测量空气流量传感器输出电压信号。

⑤ 从怠速时超过 0.2V 升至节气门全开时 4V 以上,当全减速时输出电压应比怠速时的电压稍低些。如图 2-52 所示,如果有差异,空气流量传感器有故障。

注意事项:

不同的车型输出电压将有很大的差异,在怠速时输出电压是否为 0.25V 也是判断空气流量传感器好坏的办法。许多坏的空气流量计在怠速时输出电压太高,而节气门全开时又达不到 4V。

4) 热膜式空气流量传感器的检测

图 2-53 所示为桑塔纳 2000Gsi、捷达 GT、GTX 轿车帕萨特 B5 轿车发动机使用的热膜式空气流量传感器(G70)外形及结构图;图 2-54 所示为该传感器的连接器插头各端子情况。图 2-55 所示为该传感器与 ECU 的连接电路。

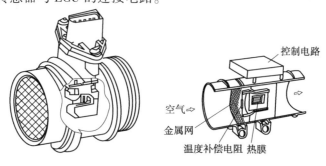

a) 结构　　　　　　　　　b) 剖视图

图 2-53 热膜式空气流量传感器外形结构

单元二 汽车发动机故障诊断与排除

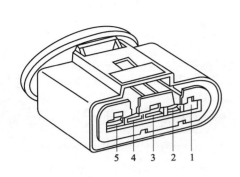

图 2-54　热膜式空气流量传感器插头端子排列
1、2、3、4、5—插头端子

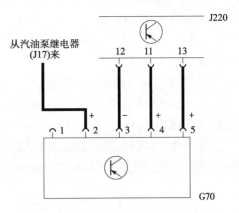

图 2-55　热膜式空气流量传感器电路连接图

（1）用发光二极管连接空气流量传感器连接器插头 2 端子和发动机搭铁点，起动发动机，发光二极管应当亮。如果不亮，则应检查熔断器 S 与插头 2 端子之间是否存在断路；如果正常，则应检查燃油泵继电器。

（2）空气流量传感器供电电压的检查必须在燃油泵继电器和熔断器正常情况下，用万用表测量空气流量传感器插头 4 端子与搭铁之间的电压，电压值应为 5V。如果电压不正常，则应检查发动机 ECU（J220）至空气流量传感器线路有无断路或短路存在。

（3）用吹风机向空气流量计内吹风，用万用表测量插座端子 5 与端子 3 之间的电压。改变距离，电压表读数应平稳缓慢变化，距离接近时电压值升高；距离远时电压值下降。否则应更换空气流量传感器。

（4）热膜式空气流量传感器输出信号是数字式，其脉冲应为 5V，频率信号一般随着空气流量的增加，频率也增加。

2. 进气压力传感器的检测

图 2-56 所示为丰田 4A-FE 发动机进气压力传感器外形图和电路连接图。

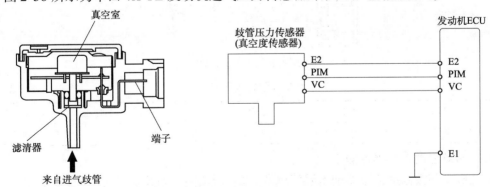

图 2-56　进气压力传感器外形图和电路连接图

（1）检查歧管压力传感器的电源电压。
①脱开歧管压力传感器的连接器。
②接通点火开关。
③用万用表电压挡测量歧管压力传感器连接器端子 VC 与 E2 之间的电压。

51

④电压应为 4～6V。

（2）检查歧管压力传感器的功率输出。

①接通点火开关。

②脱开进气室一侧的真空软管。

③如图 2-57 所示,用万用表电压挡与 ECU 的端子 PIM 和 E2 连接,测量并记录在车外大气压下的输出电压。

④如图 2-58 所示,用便携式真空泵将负压施加在歧管压力传感器上,每次增量 13.3kPa (100mmHg),直至负压达到 66.7kPa(500mmHg)。

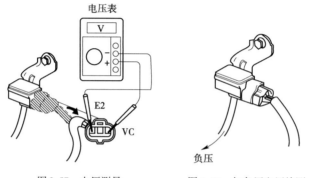

图 2-57 电压测量　　图 2-58 加负压电压检测

⑤如图 2-59 所示,测量每次的增量导致的电压降,电压降见表 2-12。

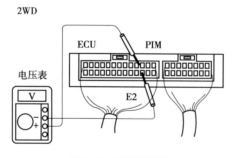

图 2-59 电压降检测

负压导致的电压降表　　　　　　　　　　　　　表 2-12

负压(kPa)	13.3	26.7	40.0	53.3	66.7
电压降(V)	0.3～0.5	0.7～0.9	1.1～1.3	1.5～1.7	1.9～2.1

3. 冷却液温度传感器检测

发动机冷却液温度传感器即水温传感器,大多用负温度系数热敏电阻制成,它具有负温度系数,冷却液温度低时,电阻值大或冷却液温度高时,电阻值小。作用是为发动机的燃油喷射、自动变速器的换挡、离合器锁定、油压控制以及空调自动控制提供依据。冷却液温度传感器出现故障,发动机故障有排放超标、冷热车起动困难、运转不稳定等现象。

图 2-60 所示为丰田皇冠 3.0 轿车冷却液温度传感器的结构和特性图。图 2-61 所示为冷却液温度传感器电路连接图。

单元二 汽车发动机故障诊断与排除

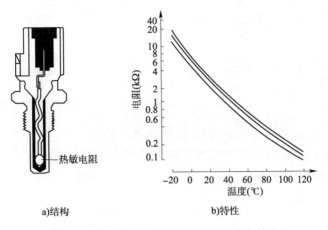

a) 结构　　　　　　　　b) 特性

图 2-60　发动机冷却液温度传感器的结构与特性

1) 冷却液温度传感器电阻检查

(1) 关闭点火开关,拔下冷却液温度传感器连接头。

(2) 用高阻抗数字万用表电阻挡就车检查传感器接头两端子间电阻,如图 2-62 所示,其电阻值在温度低时大,在温度高时小,在热机状态时电阻应小于 1kΩ。

(3) 从发动机上拆下冷却液温度传感器,将传感器放到烧杯里的水中,如图 2-63 所示,加热杯中的水,用万用表测量在不同温度下两端子间电阻,其电阻值应符合表 2-13 规定值。如果相差大,则应更换冷却液温度传感器。

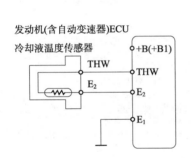

图 2-61　冷却液温度传感器与 ECU 的连接电路图

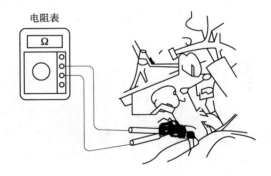

图 2-62　冷却液温度传感器就车测量电阻

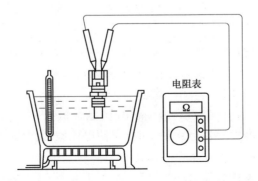

图 2-63　冷却液温度传感器在不同温度下电阻值测量

丰田汽车用冷却液温度/进气温度传感器的电阻值   表2-13

温度(℃)	电阻(kΩ)	温度(℃)	电阻(kΩ)
0	6	60	0.6
20	2.2	80	0.25
40	1.1		

2)电压检查

(1)拔下冷却液温度传感器导线连接器,打开点火开关。

(2)用万用表电压挡测量冷却液温度传感器导线连接器内的电压,该电压应为5V。

(3)如不符,应检查冷却液温度传感器导线连接器与ECU的连接导线之间是否有断路、短路。如正常,更换ECU。

3)波形分析

当发动机冷却液温度冷时(冷车时),其电阻值及输出电压值高,反之当发动机热车以后,冷却液温度上升,冷却液温度传感器内的电阻值下降,输出电压亦下降。试验方法如下:

(1)除了与某些特定的温度有关的故障以外,在测试冷却液温度传感器时应从发动机冷态开始,但如果知道某故障与某特定的温度有关时,从被怀疑的故障温度范围开始进行测量将是比较好的方法。

(2)起动发动机加速至2500r/min,稳定转速,示波器显示如图2-64所示。冷车时传感器的电压应在3~5V(完全冷车状态)之间。发动机运行到正常温度时的电压在1V左右。这个直流信号的判定关键是电压幅度。如不符合,应考虑传感器是否有故障。

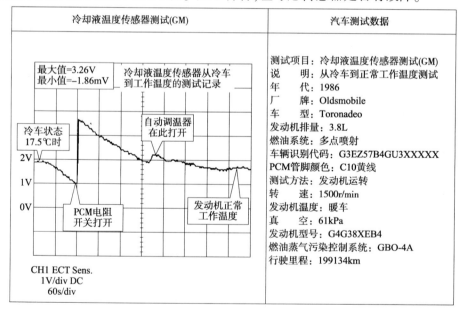

图2-64 冷却液温度传感器波形图

(3)发动机冷却液温度传感器电路断路时,将使电压波形出现向上直到参考电压值的尖峰(5V)。

(4)发动机冷却液温度传感器对地短路时,将产生向下直到搭铁电压值的尖峰(0V)。

4. 进气温度传感器检测

进气温度传感器的结构、特性图及故障现象与冷却液温度传感器基本相同。作用是用来测量进气温度,向 ECU 输入进气温度信号,为燃油喷射量和点火正时提供依据。图 2-65 所示为丰田皇冠 3.0 轿车温度传感器与 ECU 的连接电路图。

1)进气温度传感器电阻检测

就车检测如图 2-66 所示,从发动机上拆下检测如图 2-67 所示,其电阻值与冷却液温度传感器相同。进气温度传感器的线束电阻不大于 1Ω。

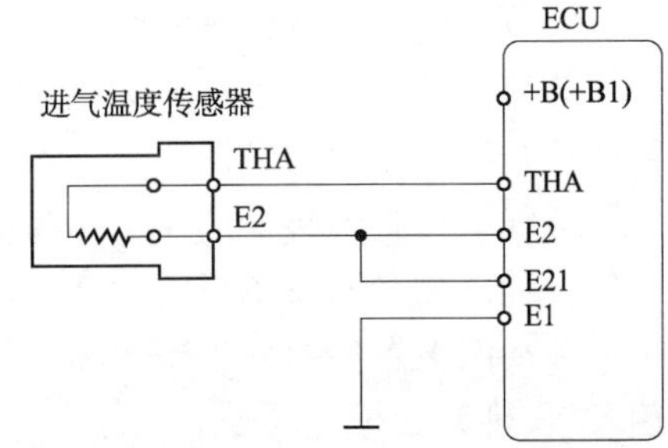

图 2-65 进气温度传感器与 ECU 的连接电路

图 2-66 进气温度传感器就车检测   图 2-67 进气温度传感器的检测

2)进气温度传感器的电压检测

点火开关在 ON 时,用万用表的电压挡测量图中 ECU 的 THA 与 E2 间电压,应在 0.5～3.4V(20℃)范围,若不在规定范围,则应进一步检测进气温度传感器连接线路是否接触不良,或断路、短路故障。

3)波形分析

图 2-68 所示为进气温度传感器标准波形图,试验方法与冷却液温度传感器的一样。

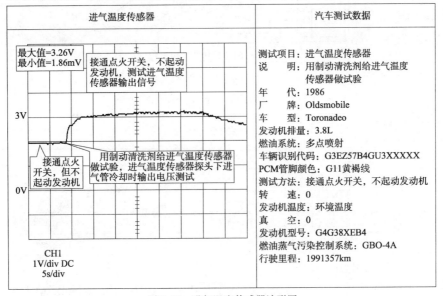

图 2-68 进气温度传感器波形图

5. 节气门位置传感器检测

节气门位置传感器有开关型、线性电位计型和综合型(怠速开关、节气门位置电位计),目前综合型使用最为广泛。

节气门位置传感器的作用是将节气门开度的大小转变成电信号输入 ECU,ECU 根据节气门位置信号判断发动机的运转工况,并根据发动机的不同工况控制喷油脉冲宽度。

节气门位置传感器出现故障,发动机故障有发动机怠速过高或过低、发动机无怠速或怠速发抖、排放超标等现象。

图 2-69 所示为丰田 4A-FE 发动机节气门位置传感器结构及插座头端子图。

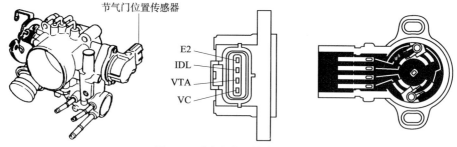

图 2-69 节气门位置传感器结构

1)节气门位置传感器检测

(1)脱开传感器连接器。

(2)如图 2-70 所示,用万用表电阻挡测量每个端子之间的电阻。

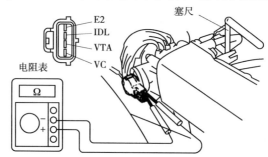

图 2-70 节气门位置传感器电阻检测

(3)如电阻与规定(表 2-14)不符,调节或更换节气门位置传感器。

节气门位置传感器上各端子间电阻值　　　　表 2-14

定位杆与限位螺钉之间的间隙(mm)	端子之间	电阻(Ω)
0	VTA—E2	200~800
0.35	IDL—E2	≤2300
0.59	IDL—E2	无穷大
节气门全开	VTA—E2	3300~10000
	VC—E2	3000~7000

2)节气门位置传感器电压检测

插好节气门位置传感器的连接器,打开点火开关。用万用表测量节气门位置传感器

IDL、VC、VTA 与 E2 之间的电压。其电压值应符合表 2-15 的要求范围。

节气门位置传感器上各端子间电阻值　　　　表 2-15

端子	条件	标准电压(V)	异常
IDL-E2	节气门开	9～14	更换节气门位置传感器
VC-E2	节气门任何位置	4.0～5.5	检查线路或 ECU
VAT-E2	节气门全闭	0.3～0.8	更换节气门位置传感器
VAT-E2	节气门全开	3.2～4.9	更换节气门位置传感器

6. 氧传感器检测

氧传感器作用是通过检测排放气体中氧的含量来获得混合气的空燃比浓稀信号,并将检测结果转变成电压信号输入 ECU,ECU 根据氧传感器输入的信号,不断地对喷油脉宽进行修正,能使过量空气系数控制在 0.98～1.02,实现空燃比的反馈控制,即闭环控制。氧传感器不是在任何时刻或任何工况下,氧传感器和反馈控制系统都起作用,只有在高温下(一般在 390℃)才投入工作,产生可靠信号。图 2-71 所示为本田雅阁氧传感器(故障码为 1)。

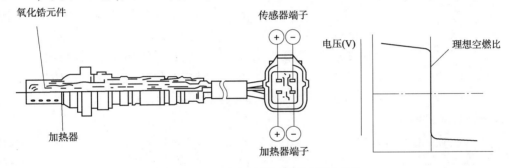

图 2-71　氧传感器的结构和其信号输出特性

氧传感器的种类有二氧化锆及二氧化钛式;氧化锆式氧传感器可分为加热型(3 线或 4 线)和非加热型(1 线或 2 线)两种。氧化钛式氧传感器本身带有一个电加热器。当故障码显示为 1 时,说明氧传感器有故障,应按以下步骤进行检测,以确定故障原因。

(1)检查燃油系统燃油压力。如果燃油压力不正常,则应检查燃油泵、燃油管路、燃油压力调节器、喷油器以及 PGM-F1 主继电器等工作电路是否正常。如果燃油压力正常,则清除故障码,并再次起动发动机重新读取故障码,以便验证故障。

(2)如果故障指示灯不再闪现故障码 1,说明加热氧传感器只是间歇性故障,此时应检查氧传感器与 ECM/PCM 之间的连接线路是否存在连接不良现象。

(3)如果故障指示灯仍闪现故障码 1,在发动机起动后,通过完全踩下加速踏板并迅速放松加速踏板的方法来检测 ECM/PCM 端子 B20 与 C16 之间的电压值,如图 2-72 所示。

(4)如果完全踩下加速踏板,发动机转速升至 4500r/min 时,测量电压≥0.6V,并在该转速下迅速放松加速踏板时测量电压＜0.4V,说明 ECM/PCM 可能有故障。此时应使用一个无故障的 ECM/PCM 进行替换检查。如果此时故障指示灯不再闪现故障码,说明原车的 ECM/PCM 存在故障,应当更换。

(5)如果完全踩下加速踏板并迅速放松加速踏板,测量端子 B20 与 C16 之间电压不符合步骤(4)中规定,则应进行下列检测:

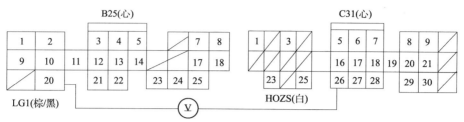

图2-72　测量ECM/PCM端子B20与C16之间的电压

①关闭点火开关。

②拔下氧传感器4芯连接器插头。

③在氧传感器的插座导线侧,把蓄电池正、负极分别与4芯插头的3端子、4端子相连接,如图2-73所示。

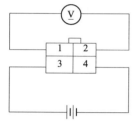

图2-73　检查氧传感器电压插座端子

④起动发动机,测量插头的1与2端子间电压。

⑤完全踩下加速踏板并迅速放松加速踏板,如果1与2端子间电压不符合步骤(4)中的规定说明氧传感器有故障,应当更换;如果电压符合步骤(4)中的规定,说明ECM/PCM的端子C16与氧传感器之间的连接导线存在断路或短路故障,应当予以排除。

注意:使用氧传感器的发动机必须使用无铅汽油;汽油和润滑油中含有硅化合物,燃烧后生成二氧化硅,硅橡胶密封圈使用不当散发出的有机硅气体,都会使氧传感器中毒。

7. 爆震传感器的检测

爆震传感器的作用是点火时刻闭环控制系统必不可少的部件,它的功能是将发动机爆震信号转变成电信号输入ECU,ECU根据爆震信号对点火提前角进行修正,从而使点火提前角在任何工况下都保持最佳值。如图2-74所示为桑塔纳2000Gli、2000Gsi、捷达GT、GTX型等轿车压电式爆震传感器的安装位置图及外形图。图2-75所示为电路连接图。

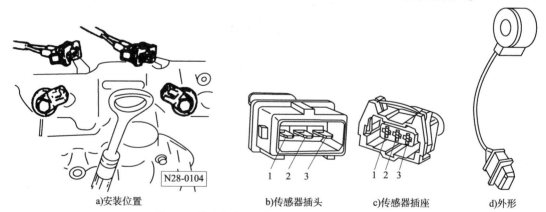

图2-74　爆震传感器安装位置、连接器端子及外形图

1)爆震传感器电阻的检测

(1)关闭点火开关,拔下传感器导线连接器。

(2)用万用表电阻挡检测传感器插座(图2-74)上端子1与2、1与3、2与3之间的电阻值均应大于1MΩ,否则应更换爆震传感器。

(3)拔下 ECU、传感器插头,检测 1、2 端子与 ECU 连接线的电阻应小于 0.5Ω;3 端子与搭铁间的电阻应小于 0.5Ω,否则应更换。

2)爆震传感器输出信号的检测

(1)拔下传感器导线连接器,进行输出信号的检测。

(2)在不同的转速下,用示波器检测传感器插座上端子 1 与 2 间应有脉冲波形输出,如图 2-76 所示。

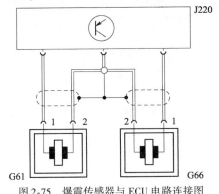

图 2-75　爆震传感器与 ECU 电路连接图　　　图 2-76　爆震传感器波形图

(3)如果没有脉冲波形输出或输出脉冲波形不随发动机工作情况的变化而变化,则说明爆震传感器有故障,应更换。

8. 曲轴位置传感器的检测

曲轴位置传感器的作用:曲轴位置传感器是发动机电子控制系统的主要部件,它是控制发动机点火正时,确认曲轴位置的信号源;是用于检测活塞上止点信号和曲轴转角信号,它也是测量发动机转速的信号源。

曲轴位置传感器有磁脉冲式、光电式、霍尔式三种。它们安装在曲轴前端、凸轮轴前端、分电器内或飞轮上。

1)磁脉冲式曲轴位置传感器的检测

图 2-77 所示为皇冠 3.0 轿车 2JZ-GE 型发动机曲轴位置传感器与 ECU 的电路连接图。

(1)曲轴位置传感器的电阻检测。

①关闭点火开关,拔下曲轴位置传感器连接器插头。

②用万用表的电阻挡测量同轴位置传感器上各端子间电阻,如图 2-78 所示,其电阻值应符合表 2-16 的规定。如果电阻值不在规定范围内,必须更换曲轴位置传感器。

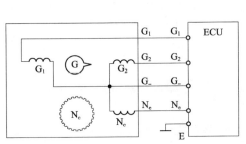

图 2-77　曲轴位置传感器与 ECU 电路连接图

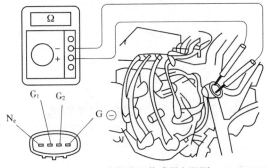

图 2-78　曲轴位置传感器电阻测

曲轴位置传感器各端子间电阻 表2-16

端　子	测量条件	电阻值（Ω）	端　子	测量条件	电阻值（Ω）
G_1—G_-	冷态	125~200	N_e—G_-	冷态	155~250
	热态	160~235		热态	190~290
G_2—G_-	冷态	125~200			
	热态	160~235			

（2）曲轴位置传感器输出信号的检查。

①拔下曲轴位置传感器上的连接器。

②当发动机运转时,用万用表的电压挡检测曲轴位置传感器上 G_1—G_-、G_2—G_-、N_e—G_- 端子间是否有电压脉冲信号输出。如果没有电压脉冲信输出,则应更换曲轴位置传感器。

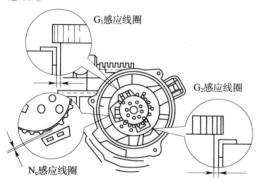

图2-79　感应线圈与正时转子的间隙检查

（3）感应线圈与正时转子的间隙检查。

如图2-79所示,用塞尺片测量正时转子与感应线圈凸出部分的空气间隙,其标准间隙为0.2~0.4mm。若间隙不在规定范围,则应调整或更换分电器总成。

捷达GT、GTX、桑塔纳2000Gsi型轿车使用的也是磁脉冲式曲轴位置传感器,如图2-80所示。

如图2-81所示为曲轴位置传感器与ECU的电路图,检查传感器的电阻值时,1与2端子之间的电阻应为450~1000Ω。若电阻为无穷大,说明信号线圈存在断路,应更换传感器。检查传感器上1或2端子与屏蔽线端子3之间的电阻,阻值应为无穷大,如果电阻不是无穷大,则应更换传感器。连接线束不超1.5Ω。如果电阻为无穷大,说明存在导线断路或接触不良,需进行维修。

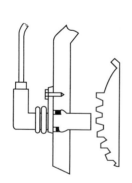

图2-80　曲轴位置传感器的结构

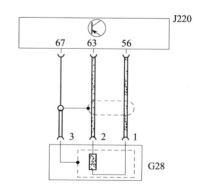

图2-81　曲轴位置传感器与ECU的连接关系

2）光电式曲轴位置传感器的检测

图2-82所示为现代(SONATA)汽车曲轴位置传感器与ECU的连接电路图。图2-83所示为现代(SONATA)汽车曲轴位置传感器连接器插头的端子位置。

单元二　汽车发动机故障诊断与排除

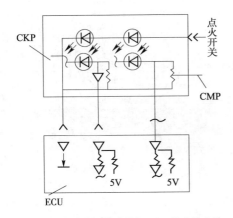

图2-82　曲轴位置传感器与ECU的连接电路　　图2-83　曲轴位置传感器连接器插头的端子位置

(1) 曲轴位置传感器连接线束的检查。

①脱开曲轴位置传感器连接器插头。

②打开点火开关,但不起动发动机。

③用万用表测量线束侧4端子与搭铁间电压,应为12V。

④测量线束侧2端子和3端子与搭铁间电压,应为4.8～5.2V。

⑤用万用表的电阻挡测量线束侧1端子与搭铁间电阻,应为0Ω。传感器各端子之间电压与电阻检查如图2-84所示。

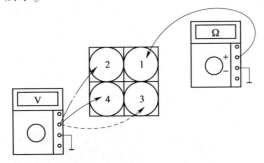

图2-84　曲轴位置传感器各端子间电压与电阻检查

(2) 传感器输出信号的检查。

①将万用表电压挡连接在传感器侧3端子和1端子上。

②发动机起动后,电压应为0.2～1.2V。

③用万用表电压挡测量传感器侧2端子和1端子间电压应为1.8～2.5V。

④若电压不在规定范围,则应更换曲轴位置传感器。

3) 霍尔式曲轴位置传感器的检测

图2-85所示为北京切诺基汽车霍尔式曲轴位置传感器与ECU的连接电路以及该传感器的三个端子A、B、C的位置图。

(1) 传感器电源电压的检测。

打开点火开关,用万用表测量ECU侧7端子与4端子间电压,应为8V;测量A端子与C端子间电压,也应为8V,否则说明电源线断路或接头处接触不良。

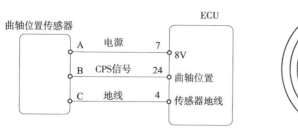
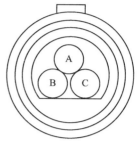

图 2-85　曲轴位置传感器与 ECU 的连接电路

（2）传感器输出的信号电压检测。

①用万用表对传感器的三个端子 A、B、C 间进行电压检测。

②打开点火开关，A-C 间电压应为 8V 电源电压。

③在发动机运转时，测量 B-C 间电压，应在 0.3～0.5 间变化，电压呈脉冲变化，最高为 5V，最低为 0.3V，该脉冲电压为传感器的信号电压。如果无脉冲电压输出，说明传感器损坏，则应更换。

（3）电阻的检测。

①关闭点火开关，拔下曲轴位置传感器导线连接器。

②用万用表电阻挡测量传感器的 A-B 或 A-C 间电阻，应为无穷大，如果不是无穷大，则应更换曲轴位置传感器。

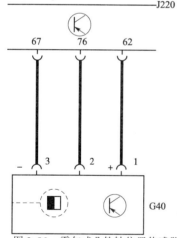

图 2-86　霍尔式凸轮轴位置传感器与 ECU 的连接电路

9. 凸轮轴位置传感器的检测

捷达 GT、GTX、桑塔纳 2000Gsi 型轿车采用霍尔式凸轮轴位置传感器，霍尔式凸轮轴位置传感器与 ECU 的连接电路如图 2-86 所示。

（1）传感器电源电压的检测。

①断开点火开关，拔下传感器导线连接器插头。

②用万用表的正负表笔分别与连接器 1 与 3 端子相连接，接通点火开关时，电压应为 4.5V 以上。如果电压为零，说明线束存在断路、短路，或 ECU 有故障。

当断开点火开关后，应继续检查导线是否存在断路或短路。

（2）导线电阻的检测。

①用万用表的电阻挡检查传感器的各端子与 ECU 的连接线，连接线束电阻不超 1.5Ω。如果电阻为无穷大，说明存在导线断路或接触不良，需进行维修。

②用万用表电阻挡继续检查传感器连接器端子 1 与 2 和 3 端子间电阻，或检查 ECU 的各端子间电阻，测得的电阻均应为无穷大。如果阻值不是无穷大，说明导线存在短路，应进行更换。

四、执行器、燃油系的故障检测与排除

1. 喷油器的检测

喷油器的检测可以就车检测，也可以拆下喷油器用喷油器清洗仪进行检测，由于喷油器

清洗仪根据说明书操作简单,本文主要介绍就车检测和自制喷油器清洗仪。

1)喷油器的就车检测

(1)起动发动机,怠速运转。

(2)用听诊器测听各缸喷油器工作声音,如图2-87所示。在发动机运转时,应能听到喷油器有节奏的"嗒嗒"声。或用手指接触喷油器,应能感觉到喷油的脉动。

①若某缸喷油器的声音很小,则说明该喷油器工作不正常,应检查喷油器针阀是否卡滞。

②若听不见某缸喷油器的工作声音,说明该喷油器不工作。对此,应检查喷油控制线路和检测喷油器电磁线圈的电阻。若控制线路和喷油器电磁线圈正常,则说明喷油器针阀已完全卡死,应更换。

2)喷油器电磁线圈电阻的检测

(1)关闭点开关。

(2)拔下喷油器线束连接器。

图2-87 喷油器工作的测听

(3)用万用表测量喷油器两接线柱的电阻值,如图2-88所示。其电阻值(20℃)应在13～18Ω(高阻抗型)或3～5Ω(低阻抗型)之间。若不符合,则应更换。

3)喷油器控制线路的检测

(1)关闭点开关。

(2)拔下喷油器上的线束连接器。

(3)将检测灯连接到连接器插头1、2端子上。

(4)起动发动机检测灯应闪亮。

4)拆下喷油器的检查

拆下喷油器,如果有喷油器清洗仪,可把喷油器装入喷油器清洗仪直接进行喷油量试验、泄漏试验、雾化试验。如果没有,可进行如下检测:

(1)拆下喷油器,当通入12V电压时,可听到接通和断开的"哒哒"的声音。注意:做此项试验时,通电时间不得超过4s,再次试验需间隔30s,防止喷油器损坏。

(2)喷油器泄漏的检查。

①将喷油器装在分配油管上,用一根油管将车上汽油滤清器出口与分配油管进口连接;另一根油管接回油管,如图2-89所示。

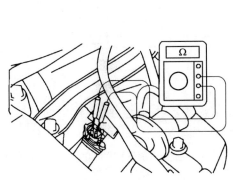

图2-88 喷油器电阻值的检测

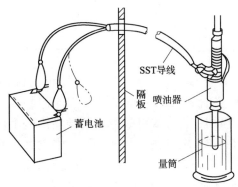

图2-89 喷油器的检测

②让燃油泵运转。用一根导线将故障诊断插座内两个燃油泵检测插孔短接(丰田轿车燃油泵检测插孔为 FP 和 +B,如图 2-90 所示)。将点火开关置 ON 但不起动发动机,油泵将运转。

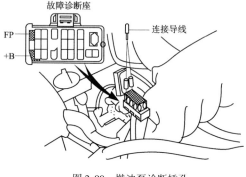

图 2-90 燃油泵诊断插孔

③观察喷油器喷口有无漏油。允许每个喷油器在 1min 内漏 1 滴或少于 1 滴。若漏油量超过标准值,应更换喷油器。

④用量杯测量一定时间内的喷油量。相互间的喷油量差值应小于其喷油时的 7%,否则应加以清洗或更换。赛车发动机或其他特殊情况,仅允许 1% 的偏差。

注意:

①有些车型可用解码仪接通燃油泵电路。

②不同车型的喷油器的喷油量各不相同,一般为 50~70mL/15s。

③每个喷油器应测试 2~3 次,同时检查喷油雾化情况,要求雾化良好。如喷油量不符合标准值或雾化不良,应清洗或更换喷油器。

④低阻抗的喷油器不可直接与蓄电池相连。以免烧坏喷油器。应在连接线上串联一个适当阻抗(8~10Ω)的降压电阻。

2. 燃油泵的检测

LX400 轿车燃油泵控制电路如图 2-91 所示。

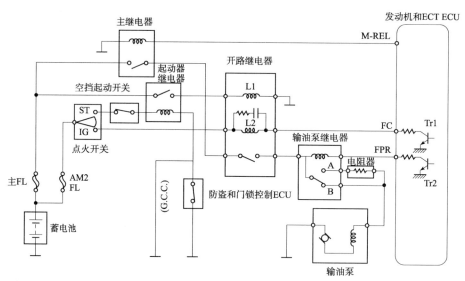

图 2-91 LX400 燃油泵控制电路图

1) 燃油泵工作情况的检测

(1) 用一根导线将故障诊断插座内两个燃油泵检测插孔短接(丰田轿车燃油泵检测插孔为 FP 和 +B,如图 2-90 所示)。将点火开关置 ON 但不起动发动机,油泵将运转。

(2) 打开燃油箱盖,仔细听有无燃油泵的运转声音或燃油流回油箱的声音,也可用手检查进油软管有无压力,如图 2-92 所示。

(3)若听不见燃油泵的运转声音,也感觉不到进油管的压力,说明燃油泵不工作。对此应检查其电源与控制线路、EFI 主继电器。如果都正常。则应拆下燃油泵检查。

2)燃油压力的检测

(1)泄放燃油压力,在进油管接头下垫一块毛巾或棉纱,慢慢松开进油管接头,让流出的燃油被毛巾或棉纱吸干,如图 2-93 所示。

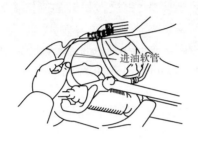

图 2-92 用手检查油管压力

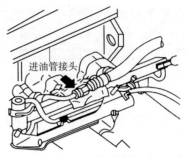

图 2-93 松开油管

(2)将燃油压力表串接在进油管中,如图 2-94 所示。

(3)让燃油泵运转。

(4)打开燃油压力表开关,标准油压应为 300kPa 左右。

①油压过高:应检查油压调节器。

②油压过低:应检查油管有无弯拆或堵塞,燃油泵、油压调节器工作是否正常,燃油滤清器是否堵塞。

(5)燃油泵停止运转 10min 后,燃油保持压力不应低于 150kPa。

3.燃油压力调节器的检测

(1)泄放燃油压力。

(2)将燃油压力表串接在进油管中(图 2-94)。

(3)打开燃油压力表开关,起动发动机。

①怠速运转时:标准油压为 250kPa ± 20kPa。拔下油压调节器下的真空管,如图 2-95 所示,这时油压应升高到 300kPa ± 20kPa。

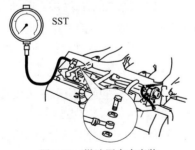

图 2-94 燃油压力表安装

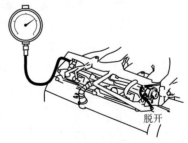

图 2-95 怠速运转燃油压力检测

②加速时:油压应在 280 ~ 300kPa。

(4)发动机熄火 10min 后,燃油保持压力应不小于 150kPa。

(5)如果燃油保持压力小于 150kPa,起动发动机并怠速运转。

(6)关闭点火开关和燃油压力表开关,观看压力表。

①若压力仍然下降:应检查油压调节器阀是否密封,喷油器是否滴油,进油端之后的管路有无渗漏。

②若压力不下降:应检查进油端之间的管路有无渗漏,燃油泵止回阀是否密封。

注意事项:

①在拆卸燃油管道时,首先应泄压,防止大量汽油喷出。可采用拔下燃油泵熔断丝、断开燃油泵导线插头的方法,再起动发动机直至发动机熄火,再慢慢松开油管接头。或将油盆放在油管接头下面,并包上干毛巾缓慢松动油管接头。

②拆卸喷油器时,操作过程必须严格保持清洁,防止脏物、油垢掉入油管或进气歧管中。切勿重复使用O形密封圈。安装前,用汽油润滑O形密封圈,切不可使用机油、齿轮油或其他润滑油。

③燃油软管夹头不可重复使用。

④安装在油箱中的燃油泵在油箱无油或拆离油管后,不得开动燃油泵,防止烧毁燃油泵。

⑤检修后,应检查油路是否有漏油现象。

4. 怠速控制装置的检测

丰田轿车 2JZ-GE 发动机怠速控制装置的电路如图 2-96 所示。

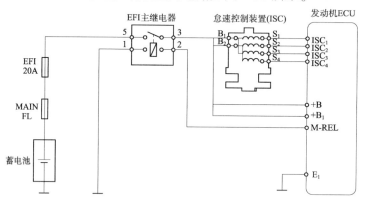

图 2-96 怠速控制装置电路图

(1)怠速控制装置的就车检查。

①起动发动机,并以怠速运转。

②在发动机熄火后的一瞬间,怠速控制装置应发出"嗡嗡"的工作声(此时怠速控制装置打开至最大位置,以便发动机起动)。如有"嗡嗡"声,说明怠速控制装置良好。也可以拔下怠速控制装置的线束插头,待发动机起动后再插上。如果此时发动机转速有变化,说明怠速控制装置工作正常。以上检查如有异常,则说明怠速控制装置或控制电路有故障。

③打开点火开关,用电压表测量 ECU 的端子 ISC_1、ISC_2、ISC_3、ISC_4 与端子 E_1 之间的电压值(图 2-96),应为 9~14V。若无电压,则应检查 EFI 熔断丝、EFI 主继电器及怠速控制装置是否有故障。若检查都正常,则应更换 ECU。

(2)怠速控制装置步进电动机的检测。

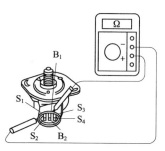

图 2-97 电阻测量

①电阻值的检测。拆下怠速控制装置,检测怠速控制装置插座端子 B_1 与 S_1、S_3,B_2 与 S_2、S_4 间步进电动机线圈的电阻值,如图 2-97 所示。电阻值应为 10~30Ω。若不符合,则应更换怠

速控制装置。

②步进电动机性能的检测。将步进电动机插座端子 B_1 和 B_2 与蓄电池的正极相连,负极按 S_1、S_2、S_3、S_4 的顺序依次接触各绕组接线端。此时随步进电动机的转动,阀芯将向外伸出,如图 2-98a)所示;若按 S_4、S_3、S_2、S_1 的顺序依次使蓄电池的负极和各绕接线端接触,此时步进电动机将朝相反的方向转动,阀芯将向内缩入,如图 2-98b)所示。

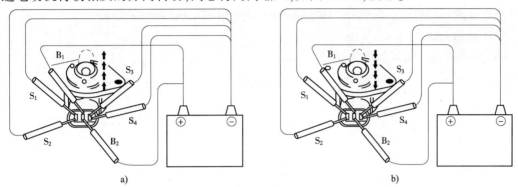

图 2-98　步进电动机性能检测

五、电喷发动机燃油系故障检测与排除

1. 发动机电脑处于备用功能控制时的故障现象

在现代汽车中当电脑内 CPU 或 ROM 发生故障时,电脑自动将备用集成电路启动,用固定的信号控制发动机进入强制运转,以便驾驶人能将车辆开到维修厂修理。备用系统只能维持发动机的基本功能。本课题以发动机电脑损坏,而导致发动机运转不正常的故障现象,诊断发动机控制单元损坏的故障。

1)公爵王轿车的故障现象

当发动机电脑损坏,发动机处于备用功能控制时,冷车发动机起动正常,怠速基本稳定,缓慢加速,发动机最高转速为 2300r/min 左右,急加速,则发动机熄火,热车起动困难,同时电脑无故障码输出。

2)宝马轿车的故障现象

当发动机电脑损坏,发动处于备用功能控制时,冷车发动机起动基本正常,怠速基本稳定,发动机最高转速为 1500r/min,热车后发动机有自动熄火现象,并且热车发动机不能起动,同时故障指示灯不停地闪烁。

3)丰田轿车的故障现象

当发动机电脑损坏,发动机处于备用功能控制时,发动机起动正常,运转基本可行,缓慢加速,发动机转速可达 5000r/min,但急加速性能不良,并且排气管明显冒黑烟,故障指示灯不能读取故障码。发动机起动后,风扇同时运转。

不同轿车故障现象略有不同,但共同的故障现象有:热车起动困难,发动机功率偏低,急加速不良,同时故障指示系统不能输出故障码。

2. 维修案例 1

(1)故障现象:一辆 1997 款丰田佳美轿车在放车库一年后,出现发动机不能起动,勉强能起动,但发动机不能正常运行的现象(已装新的蓄电池和加满了汽油)。

（2）故障原因：

①油管堵塞、老化或接头松动漏油。

②汽车空气滤清器堵塞。

③燃油泵、燃油泵继电器不工作，燃油泵熔断丝烧断或线路断路、短路。

④燃油压力调节器损坏，造成系统燃油压力过低，导致喷油器喷油量严重不足。

⑤空气阀不能打开。歧管压力传感器电压或电阻不正确，断路或短路。

⑥ECU故障。

（3）故障检测的流程如图2-99所示。

图2-99 发动机难以起动或不能起动故障诊断与排除流程图

3. 维修案例2

（1）故障现象：一辆1999款上海别克发动机转速忽高忽低，加速无力。

（2）故障原因：

①进气管漏气。

②燃油管路泄漏变形。

③燃油压力调节器损坏。

④喷油器雾化不良。

⑤空气流量传感器或进气歧管压力传感器工作失常。

⑥冷却液温度传感器、进气温度传感器工作失常。

⑦传感器的线路连接断路、短路或松动。

⑧ECU 内部损坏。

（3）故障检测的流程如图 2-100 所示。

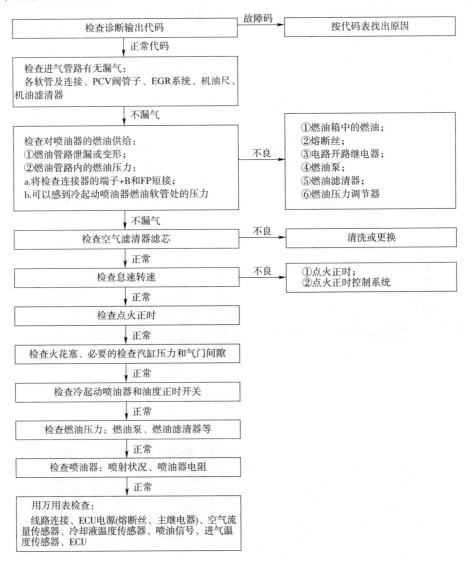

图 2-100　发动机经常失速（转速忽高忽低）故障诊断与排除流程图

4. 维修案例3

（1）故障现象：一辆LX400轿车发动机起动正常，但不论冷车或热车，怠速均不稳定，怠速转速过低，易熄火。

（2）故障原因：

①进气系统漏气。

②燃油压力过低。

③空气滤清器堵塞。

④喷油器雾化不良、漏油或堵塞。

⑤怠速调整不当。

⑥怠速控制装置工作不良。

⑦汽缸压缩压力过低。

（3）故障检测的流程如图2-101所示。

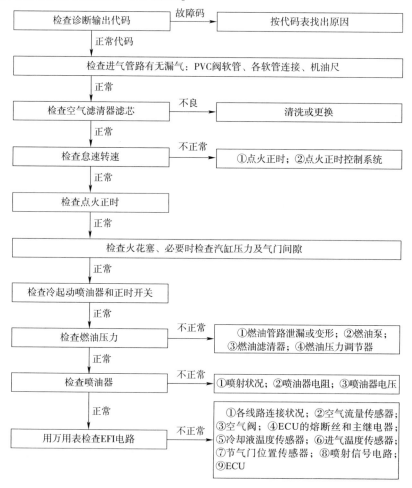

图2-101 发动机怠速不良或熄火故障诊断与排除流程图

5. 维修案例4

（1）故障现象：一辆1998年款奔驰S320轿车，装有直列6缸电控发动机，该车的故障现象为加速不良、易回火、燃油消耗较大。

(2) 故障原因：

①冷却液温度传感器工作失常。

②空气流量计或进气压力传感器工作失常。

③节气门位置传感器工作失常。

④燃油压力过低。

⑤进气系统漏气。喷油器堵塞或雾化不良。

⑥氧传感器失效。

(3) 故障检测的流程如图 2-102 所示。

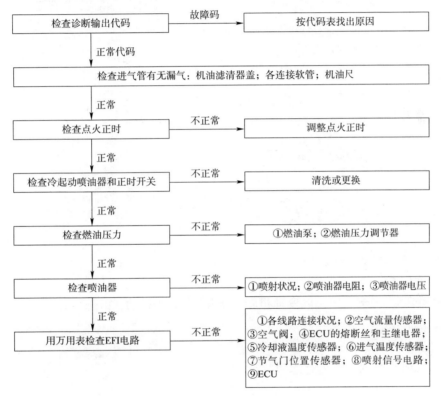

图 2-102　发动机回火故障诊断与排除流程图

6. 维修案例 5

(1) 故障现象：一辆 2000Gsi 时超人轿车发动机怠速不稳，排气冒黑烟且伴有"突、突、突"的放炮声。

(2) 故障原因：

①冷却液温度传感器工作失常。

②空气流量传感器或进气压力传感器工作失常。

③冷起动喷油器漏油或冷起动控制失常。

④节气门位置传感器工作失常。

⑤燃油压力过高。

⑥喷油器漏油。

⑦氧传感器失效。

⑧个别喷油器连续喷油。

(3)故障检测的流程如图2-103所示。

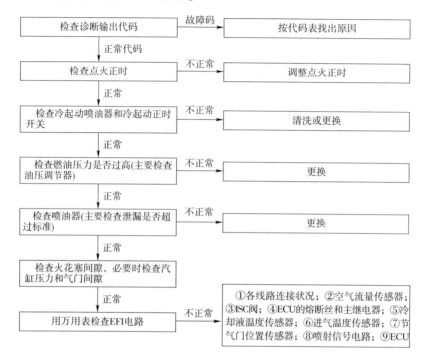

图2-103　发动机消声器放炮故障诊断与排除流程图

7. 维修案例6

(1)故障现象:一辆本田雅阁发动机转速不稳,发动机抖动,加速无力。

(2)故障原因:

①进气管漏气。

②点火正时不对或高压火花太弱。

③燃油压力太低。

④喷油器雾化不良。

⑤汽缸压力太低。

⑥空气流量传感器或进气压力传感器有故障。

⑦节气门位置传感器调整不当。

⑧怠速控制装置或怠速自动控制电路有故障。

⑨冷却液温度传感器信号不正确。

⑩氧传感器失效或反馈控制电路有故障。

(3)故障检测的流程如图2-104所示。

8. 维修案例7

(1)故障现象:一辆1993年款别克轿车,装有3.3L电控发动机,该车的故障现象为怠速过高（1500r/min左右，而正常的怠速转速约为800r/min）。

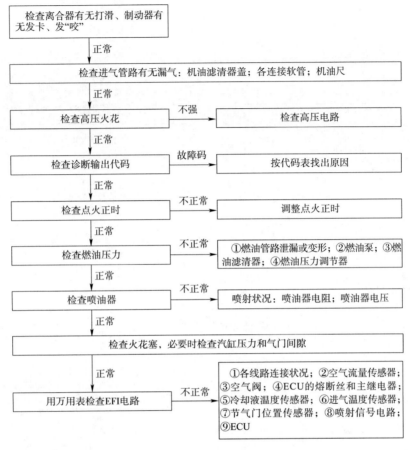

图 2-104　发动机喘振或加速不良故障诊断与排除流程图

（2）故障原因：

①点火正时不对。

②ISC 总是打开。

③节气门位置传感器工作不良。

④空调怠速 VSV 阀漏气。

⑤燃油压力过高。

⑥喷油器泄漏。

⑦空气流量传感器或进气压力传感器工作不良。

⑧冷却液温度传感器工作不良。

⑨进气温度传感器工作不良。

⑩ECU 故障。

（3）故障检测的流程如图 2-105 所示。

注意事项：

（1）当发动机运转时，或者用起动机带动发动机运转时，不要接触或者拔下点火线圈。

（2）拆装燃油喷射和点火系统的连接（包括测试线）前，必须关掉点火开关。

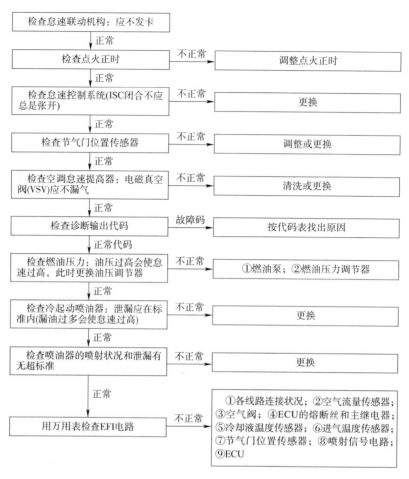

图 2-105　发动机怠速高的故障诊断与排除流程图

(3) 用起动机带动发动机运转(例如,作汽缸压缩试验)时,应拔下点火线圈输出端插头和喷油器插头。

(4) 只能在点火开关断开时,装拆蓄电池线,否则发动机控制单元可能损坏。

(5) 燃油系统是有压力的,松开管路接头时应用软布垫在接头下,然后小心地松开接头,渗出的燃油被抹布吸干。

课题四　汽油机传统点火系故障诊断与排除

点火系故障是汽油发动机最常见故障之一,点火系故障可以直接导致汽油发动机不能工作或工作不正常,严重的影响车辆的正常运行。常见的故障现象有:发动机不能起动、怠速不良、动力不足、过热、油耗增大和异响等。只有及时诊断、检测和排除点火系故障,才能确保汽车的动力性、经济性和可靠性。传统点火系是一种带有分电器的点火系,它的点火信号由分电器的凸轮和断电器的触点所产生并使点火线圈触发高压电,然后利用分电器分配到各个汽缸的火花塞,利用高压产生火化进行工作。汽油机传统点火系主要分为触点式点火系和普通电子(晶体管)式点火系。

一、传统点火系电路故障的常用诊断方法

在对传统点火系电路进行诊断时,通常可采用以下诊断方法。

(1)现象观察法:电路产生故障时,可以通过各种异响、导线和元件产生高温、导线与元件冒烟、产生电火花、焦臭气味和元件损坏等异常现象进行观察。

(2)试灯检查法:用试灯将已出现或有问题的电路连接起来,通过试灯亮或不亮来判断电路故障部位。

(3)短路试验法:怀疑低压开关电器或电路出故障时,可以用导线将开关两接柱短接,看开关控制元件是否能工作,判断开关的好坏与否。

(4)通路试验法:判断点火线低压电路是否畅通时,可拆下点火线圈"开关"接线柱导线头,在接线柱上划火。通过有无火花,来判断电路的畅通和短路搭铁与否。

(5)搭铁试火法:怀疑低压电器的连线有断路时,可拆下电器元件上的线头在发动机缸体或车架上进行瞬时划火,通过火花强、火花弱、无火花这3种情况来判定电路正常、电路接触不良、电路断路与否。

(6)隔除试验法:将某段线路暂时隔除的方法来确定故障的范围。如电流表指示不充电时,用一根导线将调节器短接,若电流表指示灯不亮,可直接从蓄电池引一根导线与指示灯连接,若灯亮,则说明开关至灯的线路发生了故障。

(7)换件判断法:将怀疑有问题的电器换用新的配件,确定故障部位。如怀疑点火线圈有问题,可换用一个新的点火线圈进行运转试验,若故障消失,说明点火线圈有故障,否则发生在其他部位。

(8)高压试火法:取下分电器盖,拔下分火头,拔下分电器盖下的中央高压线,距缸体3~6mm处,用螺丝刀拨动白金活动触点臂。通过高压线头与缸体之间的连续的火花强、火花弱、无火花3种情况来判定点火系是工作正常、不正常或不工作。

(9)就车电流表法:利用汽车上电流表指示数值,推断出故障发生的原因及部位的方法。

(10)仪表检测法:采用万用表对汽车电路中的电流、电压及电阻进行检测,从而诊断电路的故障。

二、传统点火系常见故障的类型

传统点火系常见故障主要分为:

(1)低压电路故障。
(2)高压电路故障。
(3)点火不正时故障。

其故障部位及现象如图2-106所示。

三、传统点火系常见故障的诊断与排除

传统点火系电路如图2-107所示。电路划分如下。

低压电路:蓄电池—电流表—点火开关—初级线圈—断电器。
高压电路:次级线圈—中心高压线—配电器—分缸高压线—火花塞。

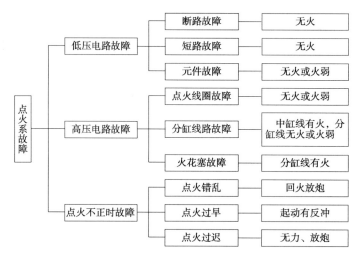

图 2-106　点火系故障

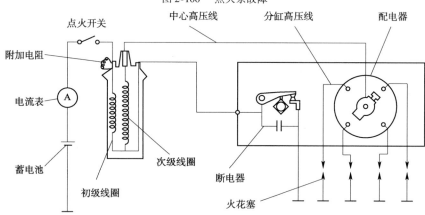

图 2-107　点火系电路

在进行传统点火系故障诊断时,通常可采用搭铁试火法对分缸线和中央高压线进行高压试火,以确定故障所在区域。若分缸线试火正常,则为火花塞故障或点火不正时;若异常,则进行中央高压线试火。若中央高压线试火正常,则为高压电路故障;异常则为低压电路故障。

(一)低压电路故障

低压电路故障主要是由低压电路断路、短路和元件损坏所引发的。

1. 低压电路断路和元件损坏故障

1)故障现象

(1)发动机不起动且无火或火弱。

(2)接通点火开关,摇转曲轴,若电流表指示针指示为 0 或 2~3A。且不作间歇摆动。

2)故障原因

主要是因为低压电路断路和元件损坏故障所引起。

(1)蓄电池到分电器之间的低压线路有断路或接触不良。

(2)元件故障:

①蓄电池故障(蓄电池不存电或存电不足)。
②点火开关损坏。
③附加电阻烧断或电阻过大。
④点火线圈损坏。
⑤断电器触点污蚀、间隙过大而不能闭合(点火控制器损坏,点火信号发生器失效)。
3)故障诊断与排除
(1)接通点火开关,电流表指示针指示 0 位置不动。则故障应在蓄电池至点火开关部分。
①检查蓄电池是否不存电或存电不足。如图 2-108 所示,用万用表检测蓄电池的电压值,是否达到 12V 的标准电压值。若不符合,则需对蓄电池进行充电或更换。
②检查蓄电池至点火开关线路是否有松脱、断路。
③检查点火开关是否损坏。
(2)接通点火开关,电流表指示针指示 2~3A 位置,转动曲轴,电流表指示针不摆动。则故障应在点火开关至断电器(点火控制器)部分。可用搭铁试火法进行检查,如图 2-109 所示。

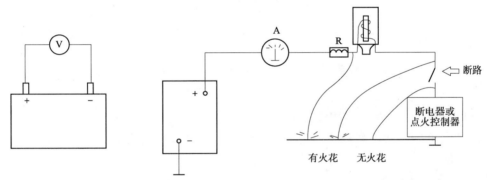

图 2-108 蓄电池检查　　　　图 2-109 搭铁试火法

①拆下断电器(点火控制器)输入线进行试火,若有火花,则故障应在断电器(点火控制器)处。应对断电器(点火控制器)进行检查。断电器主要检查断电器触点是否有污损烧蚀、触点间隙是否过大而不能闭合(间隙值应在 0.35~0.45mm)如图 2-110 所示。点火控制器可用换件比较法进行检测。
②若断电器(点火控制器)输入线无火花,则故障应在断电器(点火控制器)输入线与点火开关之间。
③对点火线圈进行试火。若点火线圈低压输入端有火花,输出端无火花,则点火线圈中的初级线圈断路。可用仪表法对初级线圈进行检测,如图 2-111 所示。
④若点火线圈低压输入端无火花,则故障应在点火线圈输入线与点火开关之间。
⑤对附加电阻进行试火。若附加电阻输入端有火花,输出端无火花,则为附加电阻断路或损坏。可用仪表法对附加电阻进行检测,如图 2-112 所示。
⑥若附加电阻输入端无火花,则故障应在附加电阻输入端与点火开关之间,可用仪表法对附加电阻输入端与点火开关之间线路进行检测,查看该线路是否有断路或松脱现象。

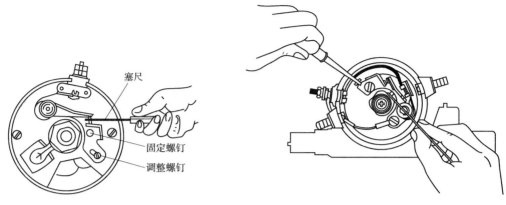

图 2-110 分电器触点的检查和调整

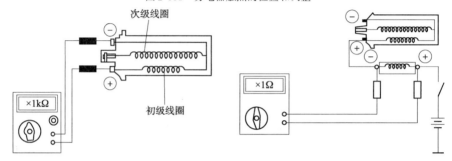

图 2-111 初级线圈的检测　　　　图 2-112 附加电阻的检测

4）注意事项

（1）该测试方法也可采用试灯法进行。

（2）电子（晶体管）式点火系建议采用仪表法进行测试，以免将电子元件烧坏。

（3）触点式点火系可采用搭铁试火法，但应注意操作安全。

2. 低压电路短路故障

1）小电流放电

（1）故障现象。

故障现象为：接通点火开关，电流表指示针指示放电 3～5A 的位置不动，打开起动机开关时，由于附加电阻短路，电流表略有增加。

（2）故障原因。

①点火线圈"开关"接线柱至断电器触点间有搭铁现象。

②电容器断路。

③触点不能张开。

（3）故障诊断与排除。

小电流放电现象故障诊断程序如图 2-113 所示。故障排除如下：

①电容器短路可进行换件处理。

②各部位短路应进行检查排除。

2）大电流放电

（1）故障现象。

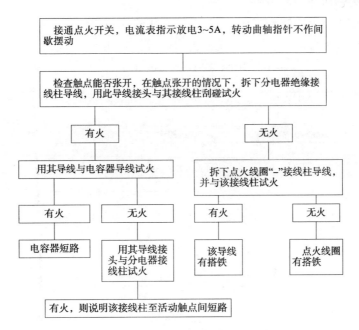

图 2-113 小电流放电现象故障诊断及排除

故障现象为：接通点火开关，电流表指针 10A 以上放电，接通起动机时，电流表指示大电流放电。

（2）故障原因。

①点火线圈"开关"内部搭铁。

②点火开关至组合继电器的导线或接线柱搭铁。

③点火开关至点火线圈电源接线柱间的导线或接线柱搭铁。

（3）故障诊断与排除。

大电流放电现象故障诊断程序如图 2-114 所示。

（二）高压电路故障

1. 高压无火

1）故障现象

（1）低压电路正常，中央高压线无火或火弱。

（2）中央高压线火花正常，而分缸线无火。

（3）分缸线火花均正常，却难以起动。

2）故障原因

（1）点火线圈次级线路断路、插孔脏污、潮湿有水、漏电以及升压性能下降等。

（2）高压线及插头不良，阻尼式高压线端头烧损或防干扰插头损坏。

（3）分电器盖漏电、窜电、电极烧蚀、中心炭棒卡滞、脱落和裂纹等。

（4）分火头漏电、烧蚀、有裂纹。

（5）火花塞工作不良，如烧蚀（图 2-115）、积炭、油污、裂损、漏电以及间隙不当、型号不符等。

3）故障诊断排除

利用中央高压线和分缸线试火，如图 2-116 所示；若低压电路正常，中央高压线无火或火弱,则故障主要在点火线圈和高压线;若中央高压线火花正常,而分缸线无火,则故障主要在分电器盖、分火头和分缸线;若分缸线火花均正常,则故障在火花塞。

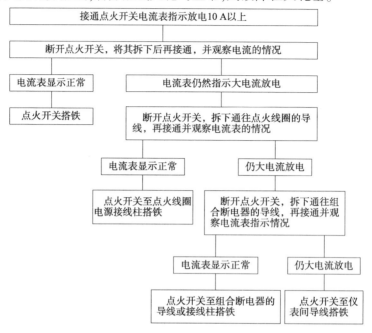

图2-114 大电流放电现象故障诊断及排除

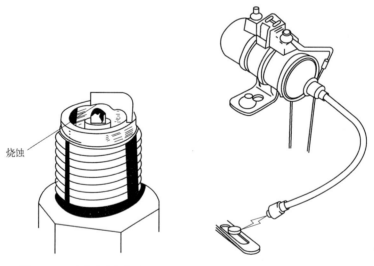

图2-115 火花塞电极烧蚀　　　图2-116 中心高压线试火法

(1)检测点火线圈(次级)的阻值和性能。可采用试火法和测阻值法进行检测。

(2)检查高压导线。检查高压导线外表绝缘层是否破损漏电,测量每根高压线的电阻,如图2-117所示。

(3)检查分火头。检查分火头是否有裂纹、漏电等,观察其插孔内有无明显烧蚀痕迹。并检测分火头电阻,应符合规定。对于桑塔纳分电器分火头阻值,有触点的为5kΩ±1kΩ;无触点的为1kΩ±0.4kΩ,如图2-118所示。

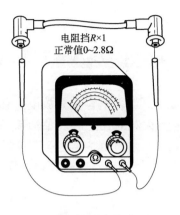
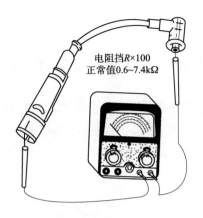

a)中心高压线的检测　　　　　　　b)分缸高压线的检测

图 2-117　高压线的检测

（4）检查分电器盖。检查分电器盖是否有裂纹,内部电极是否烧蚀、磨损,中心炭棒是否卡滞、脱落或磨损严重,并检验是否漏电、窜电。

（5）拆检火花塞,并注意其电极间隙、型号是否不符,是否未定期更换等,如图 2-119 所示。

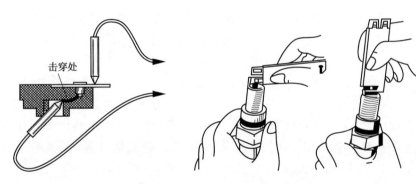

图 2-118　分火头的检测　　　　　图 2-119　火花塞间隙的检查与调整

2. 高压火弱

1）故障现象

（1）发动机不易起动,起动后发动机运转不均匀,沉闷且无力。

（2）发动机工作温度高,怠速不稳且易熄火。

（3）发动机的排气管有冒黑烟现象,并响声沉闷。

2）故障原因

以上故障现象皆因火花能量过弱使混合气不能完全燃烧而引起的。造成高压火弱的原因主要有：

（1）分电器断电器触点接触不良或搭铁不良。

（2）电容器工作不良或容量过小。

（3）点火线圈初级线圈有短路。

(4)高压线或分电器盖、分火头有漏电现象。

(5)火花塞工作不良或漏电。

3)故障诊断与排除

(1)拔出中心高压线进行试火,若火花细、短、红,则应检查断电器触点、电容器及点火线圈等。

(2)电容器可采用充放电试火法进行检验(图2-120),若电容在充放电过程中有火花,则电容工作正常,反之,则损坏。或换用新电容器进行火花对比。若现象消除,则故障应在电容器。

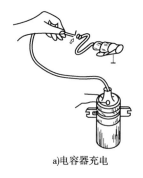

a)电容器充电　　　　　　　　b)电容器放电

图2-120　电容器的检验

(3)中心高压线试火正常,应再检查各高压分线的火花质量,若火花正常,表明故障在火花塞,检视火花塞有无积炭,电极有无油污,绝缘有无破损,若有,则应进行清除或更换火花塞;若火花弱,则应检查分火头、高压分线等是否漏电。

(4)分电器盖的漏电、窜电检查,可如图2-121a)所示进行,将分电器盖悬空,拔出火花塞端所有分线距离缸体5mm左右,拨动触点,若某根高压分线跳火,表明该缸插孔与中央插孔窜电。图2-121b)所示方法可检查旁插孔间是否互窜电。检验时将中央高压线与高压分线分别插入两相邻的旁插孔内,拨动触点,若高压分线距缸体端跳火,表明被测两插孔间窜电。

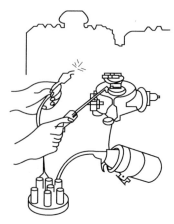

a)中央插孔与旁插孔检验　　　　　b)旁插孔间窜电检验

图2-121　分电器盖窜电检验

3. 发动机缺缸

1) 故障现象

(1) 发动机运转不平稳,有抖动现象。

(2) 时有"回火"和"放炮"现象,排气管有黑烟排出。

(3) 动力下降,急速不稳且易熄火。

2) 故障原因

该故障原因主要由个别缸不工作所引起。

(1) 个别缸火花塞不工作。

(2) 个别缸高压分线漏电或脱落。

(3) 分电器凸轮个别凸角磨损过甚,分电器轴有偏摆、松动。

(4) 分电器盖上的个别高压分线插孔漏电或窜电。

(5) 高压分线插错。

3) 故障诊断与排除

(1) 察看各高压分线有无脱落、漏电或插错。

(2) 若无,则应进行逐缸断火法进行测试,如图 2-122 所示;或将各缸火花塞拆出,起动发动机,对各缸火花塞及火花进行检查,如图 2-123 所示。

(3) 若某缸火花塞工作不良,则为中心高压线到该缸火花塞的高压线路有故障或分电器凸轮有故障。

(4) 若工作正常,则为该缸内部存在机械故障。

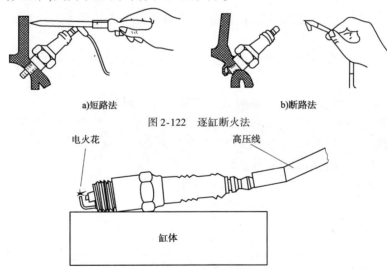

a) 短路法　　　b) 断路法

图 2-122　逐缸断火法

图 2-123　火花塞的检验

4. 高速断火

1) 故障现象

(1) 发动机中低速正常,但高速抖动,排气管伴有无节奏的"突突"声,甚至有放炮现象。

(2) 发动机温度升高后,进行急加速会断火,且出现"失速"现象。

2) 故障原因

(1) 火花塞间隙过大。

(2)断电器触点间隙过大,触点臂弹簧弹力过小。
(3)活动触点及销套松动。
(4)高压线路部分老化,受热后绝缘不良。
3)故障诊断与排除
(1)急加速断火一般为点火线圈或分火头绝缘失效所引起,应予以检查。
(2)出现高速断火现象可将高压分线取出对火花塞顶部进行跳火,火花线应有断线现象,若改对缸体跳火,火花线连续,则为火花塞间隙过大所造成。若火花线仍不连续,则应查触点间隙、触点臂弹簧弹力、轴销套等。

(三)点火不正时故障

点火不正时故障主要为点火错乱、点火过早或过迟。

1. 点火过早

1)故障现象
(1)发动机不易起动,并有反冲现象。
(2)在发动机加速运行时有明显的爆震声,并伴有敲缸声响。
(3)急速不稳,易熄火,熄火时发动机有反转趋势。

2)故障原因
(1)分电器沿分火头旋转的反方向转动过多。
(2)断电器触点间隙过大。

3)故障诊断与排除
(1)松开分电器外壳压板紧固螺钉,将分电器沿分火头旋转的方向稍稍转动,并起动发动机直至能正常起动并工作正常。
(2)若故障仍未排除,则一般是断电器触点间隙过大所致,应对触点间隙进行调整至标准值为止。
(3)有条件时,可用点火正时设备对点火提前角进行调校。

2. 点火过迟

1)故障现象
(1)发动机不易起动,但起动轻快。
(2)在发动机加速运行时沉闷无力,动力下降。
(3)发动机声响较沉重,时有"回火""放炮"现象。
(4)发动机温度过高。

2)故障原因
(1)分电器沿分火头旋转的方向转动过多。
(2)断电器触点间隙过小。
(3)点火提前装置工作不良。
(4)分电器壳的紧固螺钉松脱。

3)故障诊断与排除
(1)松开分电器外壳压板紧固螺钉,将分电器沿分火头旋转的反方向稍稍转动,并起动发动机直至能正常起动并工作正常。

(2)若故障仍未排除,则一般是断电器触点间隙过小所致,应对触点间隙进行调整至标准值为止。

(3)检查点火提前装置是否工作正常。离心式调节器应检查分电器轴与离心调节板过盈配合是否松动过甚,如图2-124所示;真空式调节器则应检查真空膜片是否破裂或真空管漏气,如图2-125所示。

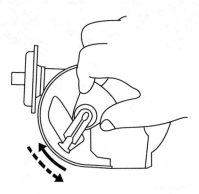

图2-124 离心提前机构的检查   图2-125 真空提前机构的检查

3. 点火错乱

1)故障现象

(1)发动机不易起动,起动时有严重的无规则"回火""放炮"现象。

(2)加速时现象尤甚。

(3)急速不稳,易熄火。

(4)发动机各项性能指标严重下降。

2)故障原因

(1)分缸线错乱。

(2)分电器盖或高压分线窜电。

(3)分电器凸轮轴或分电器盖错位180°。

3)故障诊断与排除

(1)检查高压分线排序是否符合要求。

(2)检查分电器盖或高压分线是否窜电。

(3)检查分电器是否安装正确。

(4)重新对发动机点火正时进行调校。

4. 点火正时的校正

1)无正时设备调整点火提前角

(1)摇转曲轴,使断电器触点完全张开,检查并调整断电器触点间隙,触点间隙应为0.35~0.45mm,如图2-126所示。

(2)找到一缸压缩上止点,对正上止点标记,如图2-127所示。

(3)有辛烷值调节器的应将其调整在0位。

(4)顺分火头转动方向转动分电器壳,使触点闭合,然后再逆分火头转动方向转动一个角度,使触点微微打开,分火头指向的插孔即为一缸分缸线插孔。

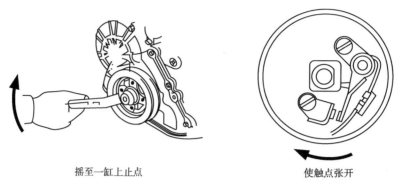

图 2-126　摇转曲轴,使断电器触点张开

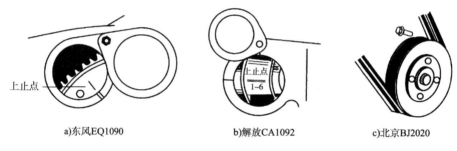

图 2-127　正时标记

(5)固定分电器,安装分电器盖,按点火次序,顺着分火头转动方向,插上各缸分缸线。

(6)起动发动机并热车,进行无负荷加速试验。突然打开节气门时,发动机应加速良好。如果加速不良且有突爆声,则为点火过早;如果加速不良且发闷,排气管有"突突"声,则为点火过迟。顺分火头转动方向转动分电器壳,点火推迟。反之则点火提前。

(7)路试检查。发动机热车后,在平坦、坚硬的路面上以最高挡最低稳定车速行驶,急加速时,若听到轻微的突爆声且瞬间消失(装有爆震限制器的发动机没有突爆声),车速迅速提高,则为点火正时正确;若突爆声强烈且长时间不消失,则为点火过早;若听不到突爆声,且加速缓慢,排气管有"突突"声,则为点火过迟。

2)正时灯调整法

(1)起动发动机暖机达到正常工作温度。

图 2-128　正时灯

(2)将点火正时灯两个夹头按要求分别接于蓄电池正、负极接线柱上,信号线夹在 1 缸高压线上,如图 2-128 所示。

(3)调整发动机转速至正常怠速状态下,利用点火正时灯照射于正时皮带轮上,查看皮带轮上记号是否为厂家规定角度。

(4)若不符合标准值,需进行调整,松开分电器壳固定螺钉,利用点火正时灯对准正时皮带轮,左右转动分电器壳直至刻度记号在规定值为止,最后锁紧分电器壳固定螺钉即可。

课题五　电子点火系故障诊断与排除

电子点火系故障的常用诊断方法除传统点火系故障的常用诊断方法外,还有搭铁跳火法、干电池检查法、模拟信号法、示波器法及故障诊断仪法。在故障诊断过程中,低压电路故障的诊断方法的电子点火系与传统点火系是完全不同的;高压电路故障的诊断方法与传统点火系基本相同,如高压火弱、分火头击穿、点火不正时等。本课题将不再过多地重复这些内容,主要讲述利用各种诊断方法检测传感器、点火控制器及 ECU 控制系统的故障诊断与排除的方法。

一、普通电子点火系故障的诊断与排除

普通电子点火系主要由电源、点火开关、带电子点火器(点火模块)、点火线圈、带感应式点火信号传感器的分电器总成及火花塞等组成。上海桑塔纳 LX 轿车电子点火系为普通的电子点火系,采用了霍尔效应式点火信号传感器。线路连接关系如图 2-129 所示。

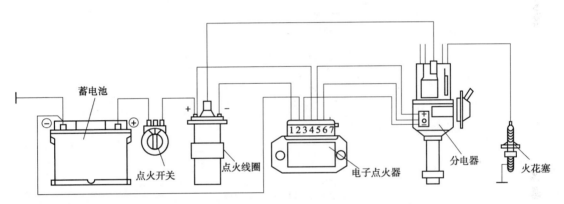

图 2-129　线路连接关系

1. 故障现象

一辆上海桑塔纳 LX 轿车发动机不能起动,且无着火征兆。

2. 故障原因

引起发动机不能起动且无着火征兆的原因有可能是油路或电路问题。油路问题已在课题三讲解,电路问题根据上海桑塔纳 LX 轿车的结构可知故障原因有:

(1)点火信号传感器损坏。

(2)电子点火器损坏。

(3)连接线路故障。

3. 故障诊断与排除

1)霍尔式信号发生器的检查

(1)霍尔信号电压检测。

①打开点火开关,转动分电器转子,用万用表电压挡检测点火控制器 3、6 端子上的电压,如图 2-130 所示。

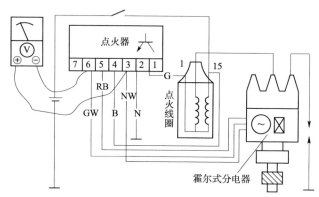

图 2-130 测量霍尔电压信号

②接通点火开关,摇转曲轴,仪表指示值应在 0～2V 之间变动。否则,表明点火信号发生器有故障,应予更换。

(2)模拟信号法检测。

①在点火线圈 1 端子与搭铁之间连一试灯。从分电器上拔下连接器,如图 2-131 所示。

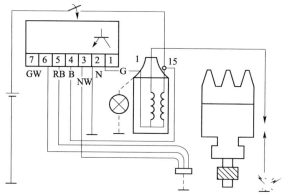

图 2-131 模拟信号检测法

②打开点火开关,将插接绿色线作短路搭铁,同时取点火线圈中心线距缸体 3～5mm 进行跳火。

③若试灯暗亮变化、中心跳火强烈,说明传感器正常。

④若试灯亮度不变,说明电子点火器损坏或信号线断路。

2)电子点火器的检测

(1)信号线检测。

①打开点火开关,用万用表电压挡测量电子点火器 2 与 4 或 3 与 5 端子电压应为 12V,否则说明电子点火器已坏,应予更换。

②测量分电器信号插接器红黑与棕白线头应为 12V,否则,说明线路有断路。

(2)点火线圈初级线圈接柱电压测量。

①拔出分电器信号线连接器。

②用万用表电阻挡的正表笔与点火线圈 15 端子相连,负表笔与 1 端子相连。

③打开点火开关,万用表读数应不小于 2V,并在 2s 左右时间内降到零。否则说明电子点火器已损坏,应予更换。

二、电控电子点火系故障的诊断与排除

电子控制电子点火系主要由内装磁感应式点火信号发生器的分电器、点火控制器、点火线圈、火花塞和相关配线等组成。图 2-132 所示为带分电器的电子控制电子点火系，图 2-133 所示为不带分电器的电子控制电子点火系。

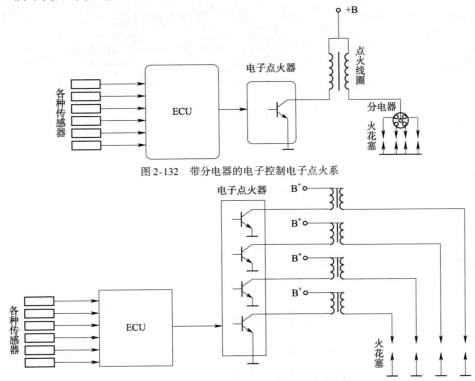

图 2-132 带分电器的电子控制电子点火系

图 2-133 不带分电器的电子控制电子点火系

（一）丰田皇冠 3.0 2JZ-GE 发动机点火系故障的诊断与排除

丰田皇冠 3.0 2JZ-GE 发动机点火系属于分电器点火系中的电脑控制点火系中的电脑控制点火器、点火器控制点火线圈的类型，图 2-134 所示为其点火系原理图。

1. 故障现象

丰田皇冠 3.0 2JZ-GE 发动机不能起动，且无着火征兆。

2. 故障原因

（1）曲轴位置传感器 Ne 信号及凸轮轴位置传感器 G1、G2 信号丢失或信号不良。

（2）电子点火器内部损坏。

（3）无 IGt 信号或 IGf 反馈信号。

（4）连接线路断路、短路。

（5）ECU 故障。

3. 故障诊断与排除

故障诊断流程如图 2-135 所示，首先进行故障自诊断，检查有无故障码。如有，则按显示的故障码查找故障原因。否则，应按图示步骤进行排查。

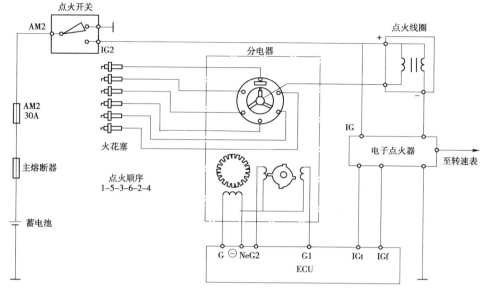

图 2-134 丰田皇冠 3.0JZ-GE 发动机点火系统原理图

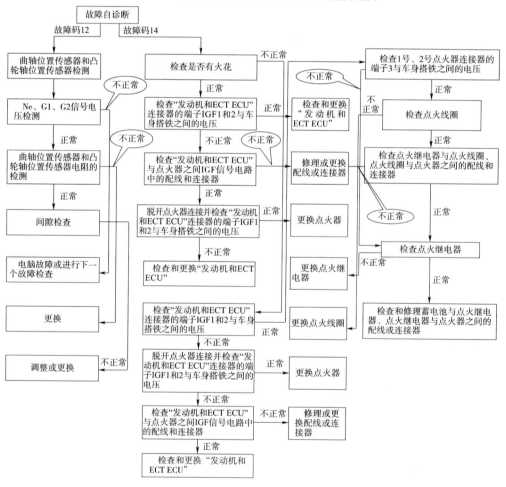

图 2-135 发动机不能起动,且无着火征兆故障诊断流程图

1) 若显示故障码 12

若显示故障码 12(起动时无 Ne 信号或 G 信号 2s 以上),应对曲轴位置传感器和凸轮轴位置传感器进行检测。

(1) 曲轴位置传感器和凸轮轴位置传感器输出信号的检测:

①拆下分电器连接器插头。

②用示波器检测 Ne、G1、G2 的信号电压。

③起动发动机时,其信号输出的脉冲波形如图 2-136 所示。

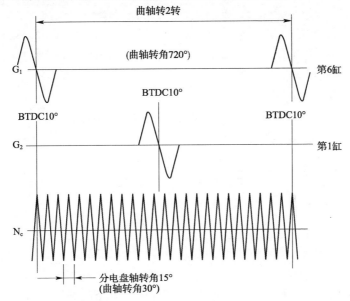

图 2-136 脉冲波形

④若检测到的脉冲波形有异常或无脉冲波形,则应做进一步的检测。

(2) 曲轴位置传感器和凸轮轴位置传感器的检测。

①传感器电阻的检查。拔开传感器的导线连接器,用万用表电阻挡测量传感器上各端子间的电阻,若不符合要求,则须更换曲轴位置传感器。

②传感线圈与信号转子的间隙检查。用塞尺测量信号转子与传感线圈出部分的空气间隙,如图 2-137 所示。其间隙应为 0.2~0.4mm。若间隙不符合要求,可旋松螺钉 A、B,转动螺钉 B 进行调整使其符合规定或更换分电器总成。

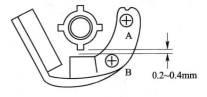

图 2-137 分电器转子与线圈之间的间隙

③检查齿盘应不缺齿。如有缺齿应予以更换。

2) 若显示故障码 14

若显示故障码 14(点火系 IGt 或 IGf 信号不良),应对电子点火器、ECU 及 ECU 与电子点火器的连接线路进行检测。

从分电器上拔下中央高压线,距离搭铁部位 5~6mm,或插上跳火器,起动发动机,检查跳火情况。

(1) 若跳火检查火花正常:

①检查 ECU 与电子点火器之间 IGf 信号电路是否短路或断路,如有异常,予以修理或更换配线或连接器。

②如检查线路情况正常,则拔下电子点火器线束连接器,打开点火开关,检查 IGf 端子的搭铁电压,标准值为 4.5~5V。若不符合,检查或更换 ECU。

③若上述检查都正常,则故障在电子点火器,应予以更换。

(2) 若跳火检查无火花:

检测 IGt 端子的搭铁电压。打开点火开关时,其标准值为 9~14V;起动发动机时,其标准值应为 0.5~1.0V。

①若检查符合标准值:

a. 打开点火开关,检查电子点火器 IG 端子的电压,其值应等于蓄电池电压,若不符,应检查点火开关、电源熔断丝。

b. 检查点火线圈连接电路。

c. 拔下点火线圈的线束连接器,用万用表检测点火线圈的电阻值,其值应符合表 2-17 的电阻值。如不符合,则须更换点火线圈。

点 火 线 圈 电 阻   表 2-17

点火线圈	条件	阻值(Ω)	点火线圈	条件	阻值(kΩ)
初级线圈	冷态	0.36~0.55	次级线圈	冷态	9.0~15.4
	热态	0.45~0.65		热态	11.4~18

d. 若上述检查都正常,则故障在电子点火器,应予以更换。

②若检查不符合标准值:

a. 检查 ECU 与电子点火器之间 IGt 信号电路有无短路或断路。若有异常,修理或更换连线或连接器。

b. 检查或更换 ECU。

3) 点火控制器的检测

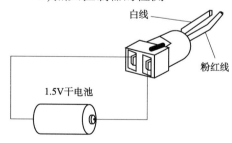

图 2-138 点火控制器的检测

(1) 断开点火开关,从分电器上拔开信号发生器线束连接器。

(2) 接通点火开关,如图 2-138 所示,用导线将 1.5V 干电池正极与线束连接器粉红线端子相连,负极与白线端子相连,用万用表电压挡检查,点火线圈"-"接柱与搭铁的电压应为 1~2V。

(3) 调换 1.5V 干电池极性,用导线将负极与线束连接器粉红线端子相连,正极与白线端子相连,用万用表电压挡检查,点火线圈"-"接柱与搭铁的电压应为 12V。如果测得值与规定值不符,表明点火控制器有故障,应予更换。

注意:如没有示波器可用万用表或二极管检查,标准如下:

(1) 检查 ECU 给点火器的触发脉冲信号(IGt)。

①拔下点火器的线束插头。

②用万用表电压挡测量 IGt 端子的信号电压(也可用二极管试灯)。

③起动发动机时,电压表的读数应为 0.5～1V,这是一个脉冲信号。
④如果有脉冲信号,则说明电脑和传感器是完好的,故障在点火器的点火线圈。
⑤如果无脉冲信号,说明可能是传感器或电脑的故障。
(2)检查点火控制器。
①点火器的 6 根线中有一个是 12V 电压,一个是搭铁。
②用一个二极管试灯接至点火点器到点火线圈之间线上,起动发动机时试灯变闪亮。

(二)福特天霸 2.3L 发动机点火系故障的诊断与排除

福特天霸 2.3L 发动机点火系属于分电器点火系中电脑控制点火器、点火器控制点火线圈式点火系,图 2-139 所示为其电路图。

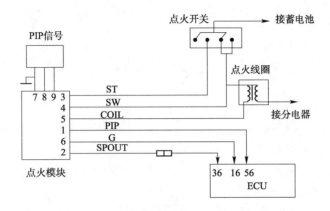

图 2-139 福特天霸 2.3L 发动机点火系电路

点火模块上的 6 条接线说明如下:①点火脉冲信号输出(PIP)作为 ECU 确定发动机各种工况状态下的点火提前角度的参数;②点火信号输出(SPOUT);③起动信号(ST);④点火开关电源(SW);⑤点火线圈负极(COIL);⑥搭铁(G)。

它们之间的关系是:先有起动信号(ST),再有点火脉冲信(PIP),才会有点火信号输出(SPOUT)。

1. 故障现象

一辆福特天霸 2.3L 发动机不能起动,且无着火征兆。

2. 故障原因

(1)点火模块内部损坏。
(2)信号发生器内部损坏。
(3)连接线路断路、短路。

3. 故障诊断与排除

进行故障自诊断,检查有无故障码。如有,则按显示的故障码查找故障原因。

1)检修点火模块

(1)点火模块阻值的检测。
①关闭点火开关,拔下点火模块线束插头。
②用万用电阻挡测量各接线的电阻,正常值见表 2-18。

各接线电阻正常值 表2-18

端　子	电　阻	端　子	电　阻	端　子	电　阻
9-7	500Ω以上	8-4	200Ω以下	9-1	200Ω以下
8-9	2kΩ以下	6与车身	1Ω以下		

如果测得电阻值异常,可能点火模块内部已损坏,需更换点火模块。

(2)电压的检测。

用电压表测发动机怠速时点火模块各接线端子的电压参数,正常值如下:PIP信号的平均电压应为3~6V,SPOUT信号的平均电压应为3~6V,起动信号(START)电压为8~10V,点火模块电源电压为12V(为电源电压),搭铁端电压为0V。如果测得电压值低或无,应检查与之相连的线路和连接器。

2)信号发生器的检测

霍尔式信号发生器有三根线,其中一个电源为12V,一个为搭铁,另一个为给点火器的信号,在发动机起动时中间的信号应有3~6V的电压,否则需检查电源和搭铁,或者更换信号发生器。

如果以上检查都正常,则故障在点火线圈。

(1)检查初级绕组:拆下点火线圈低压线接头,用万用表欧姆挡测量点火线圈低压接头之间的电阻,正常的电阻值应在0.3~1Ω的范围内。

(2)检查次级绕组:拔出点火线圈上的高压线,用万用表欧姆挡测量点火线圈高压端与低压端之间的电阻,正常的电阻值应为8~11.5Ω。

注意:福特天霸2.3L发动机ECU根据各传感器的信号所确定的点火信号,由36号脚输出送入点火模块,控制点火线圈负极的功率晶体管,当没有这一信号时,其点火正时角度即由模块信号控制,此时的点火提前角也就成为基本点火提前角(不受电脑控制)。

(三) 韩国现代 SONATA 点火系故障的诊断与排除

现代SONATA3.0发动机点火系属于功率晶体管外接式点火系,图2-140所示为其电路图,其特点是:这种点火系将功率晶体管装在电脑的外部,这样便于更换。

1. 故障现象

一辆现代SONATA发动机不能起动,且无着火征兆。

2. 故障原因

(1)功率晶体管损坏。

(2)上止点和曲轴位置传感器及其他传感器无信号。

(3)连接线路断路、短路。

(4)ECU故障。

3. 故障诊断与排除

进行故障自诊断,检查有无故障码。如有,则按显示的故障码查找故障原因。

(1)检查ECU的输出信号。

①拆下功率晶体管的线束插头。

②鉴别出其3个管脚的极性,用万用表电压挡测量其基极(管脚18)的电压。

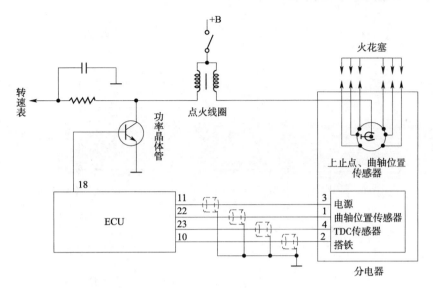

图 2-140　现代 SONATA 发动机点火电路

③发动机起动时万用表的读数应有 1~2V 的电压。

a. 若有此电压,说明 ECU 和传感器是完好的,故障在功率晶体管和点火线圈。

b. 若无此电压,说明 ECU 和传感器有故障。

(2)检查功率晶体管。

①检查功率晶体管的线束侧,搭铁线是否良好。

②检查功率晶体管的线束侧,电源线是否良好。

③按电工学的方法检查功率晶体管。

(3)检查分电器上的上止点和曲轴位置 传感器及其他传感器。

此传感器安装在分电器上,一个传感器可发出两个电信号,其中接头 3 是电脑提供的电源,接头 2 是搭铁线,接头 1 是传感器给电脑的曲轴位置信号,接头 4 是传感器给电脑的上止点信号。检测时可用示波器测量 1 和 4 的波形,其波形是位置信号,用电压表测量,应有一定的电压值。

(4)采用更换电脑试验的方法。

(5)检测点火线圈及其电源:在点火 OFF 的情况下,拔下点火线圈的电气插头,用万用表的电压挡测量其端子,当点火 ON 时应有一个 12V 电压,若无此电压,需检查继电器和熔断丝。初级电阻为 0.8~12Ω,次级电阻为 10~13kΩ。

(四)时代超人 AJR 发动机点火系故障的诊断与排除

时代超人 AJR 发动机点火系属于无分电器系统,也就是说每个缸共用一个点火线圈。图 2-141 所示是其电路图,这种点火系的原理与有分电器的不太相同,若有四个缸就是两个点火线圈,若有六个缸就有三个点火线圈,依此类推。以四缸为例,电脑直接发出控制信号给点火组件功率晶体管,一个功率晶体管控制一个点火线圈,因而其控制线有两条,所以这种点火系就必须有曲轴位置转角及 TDC 信号,时代超人 AJR 发动机使用霍尔传感器(G40)和磁感式转速传感器(G28),同时电脑要接收其他各种传感器的信息来确定点火时刻,其检修方法与分电器点火系不同。

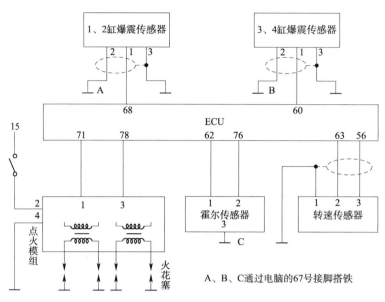

图 2-141 时代超人 AJR 发动机点火系电路

1. 故障现象

时代超人 AJR 发动机不能起动,且无着火征兆。

2. 故障原因

(1)发动机转速传感器信号丢失或信号不良。

(2)点火组件损坏。

(3)点火线圈损坏。

(4)连接线路断路、短路。

(5)ECU 故障。

3. 故障诊断与排除

进行故障自诊断,检查有无故障码。如有,则按显示的故障码查找故障原因。

(1)判断故障部位。这种点火系无高压火花,要首先判断是点火组件的故障还是 ECU 和传感器的故障。

(2)检查点火组件。

①点火组件电源电压的检测。

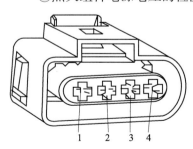

图 2-142 控制组件连接插头
1~4-端子

a. 拔下点火组件上的线束连接器插头。

b. 打开点火开关。

c. 用万用表检测连接器插头 2 和 4 端子电压,插头排列如图 2-142 所示。其值为蓄电池电压。若不符合,应检查点火线圈到 15 号电源线是否有断路现象。

②点火线圈次级电阻的检测。

用万用表电阻挡检测 A、D(次级)端子电阻和 B、C(次级)端子电阻(图 2-143、图 2-144),应为 4~6 kΩ。若所测量结果不符合标准,应更换点火组件。

单元二　汽车发动机故障诊断与排除

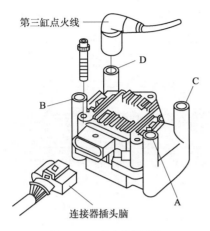
图2-143　点火控制组件

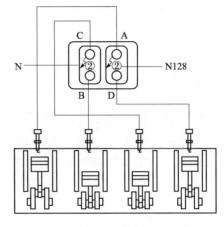
图2-144　点火线圈

(3)检查电脑给点火组件脉冲信号。

①点火OFF后,拔下燃油泵继电器,拔下点火组件的线束插头。

②自制一个二极管试灯串一个330Ω的电阻,当起动发动机时用二极管试灯测71-1和78-3有否脉冲电压,也就是说二极管试灯的正极接到1或3上,试灯负极接搭铁,起动发动机时试灯应闪亮。若试灯闪亮,说明ECU和传感器是完好的,故障在点火组件或继电器和熔断丝;若试灯不闪亮,说明是ECU、连接线束和传感器的故障。

(4)检查传感器。检查霍尔传感器和转速传感器,方法见课题三。

(5)做更换电脑试验。

(五)尼桑阳光点火系故障的诊断与排除检测

Nissan阳光发动机点火系属于直接点火系,这种点火系的控制原理与双缸点火式的相同,其特点不是一个点火线圈供两个缸,而是一个缸用一个点火线圈,每一个点火线圈都由一个功率晶体管控制,有几个缸就有几条从电脑来的控制线,因而它也需要两个传感器,即曲轴位置传感器和凸轮轴位置传感器来确定点火时刻。图2-145所示为其电路图。

1. 故障现象

Nissan阳光发动机不能起动,且无着火征兆。

2. 故障原因

(1)曲轴位置位置传感器或凸轮轴位置传感器无信号或信号不良。

(2)点火控制组件损坏。

(3)连接线路短路、断路。

(4)ECU故障。

3. 故障诊断与排除

(1)进行故障自诊断,检查有无故障码。如有,则按显示的故障码查找故障原因。

(2)判断故障部位。这种点火系如果无高压火花,要首先判断是点火组件的故障还是ECU和传感器故障。

(3)点火组件的检测。其点火组件里包括点火线圈和功率晶体管,首先用万用表的电阻挡检查点火线圈的次极电阻,点火组件的接脚1和高压线火花塞插孔之间阻值应为6kΩ。

其次检查点火线圈电源电压,即点火控制器端子1与搭铁的电压应为蓄电池电压。若电源不正常则检查继电器和熔断丝;最后检查功率晶体管的搭铁是否正常。

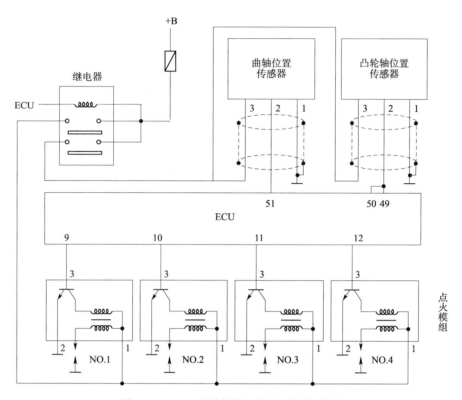

图 2-145　Nissan 阳光轿车发动机点火系电路图

(4) 检查电脑给点火组件的脉冲信号。

① 点火 OFF 后,拔下点火组件的线束插头。

② 用示波器或自制一个二极管试灯串一个 330Ω 的电阻,当起动发动机时用二极管试灯测电脑端子9、10、11、12有无控制脉冲给点火组件,也就是说,二极管试灯的正极测接到点火模组的3上,试灯负极接搭铁,起动发动机时试灯应闪亮。若试灯闪亮说明 ECU 和传感器是完好的,故障在点火组件或继电器和熔断丝,若试灯不闪亮说明是 ECU、连接导线和传感器的故障。

三、高压电路故障的诊断与排除

高压电路出现的故障现象有:发动机无法起动、发动机不易起动,起动后发动机沉闷无力、运转不稳定、有时有"回火""放炮"现象、怠速不稳易熄火、发动机运转不稳、抖动、排放超标、排气管冒黑烟并伴有"突、突"声、动力下降、汽车不能跑高速挡。引起这些故障的原因有:高压无火、高压火弱、个别缸不工作或工作不良。由于高压电路故障的诊断方法与传统点火系统基本相同,本课题仅仅讲解高压无火的故障诊断与排除的方法。

1. 故障现象

发动机不能起动,无着火征兆。

带有电流表的汽车,起动发动机,电流表指示正常。

2. 故障原因

(1)点火线圈次级线圈断路或短路。

(2)分火头击穿。

(3)分电器盖漏电或中心炭极脱落。

(4)高压线断路。

(5)火花塞失效或"淹死"。

3. 故障诊断与排除

1)中央高压线是否跳火的检查

(1)从分电器上拔下中央高压线(捏住高压线橡胶套沿分电器轴线方向拔出)。

(2)将高压线端接在备用火花塞上,将火花塞抵在缸体上,或者将高压线插好用正时灯夹子夹在高压线上。

(3)起动发动机,看是否跳火(注意:每次用起动机转动发动机不要超过1~2s,以防止喷油器喷油,或者可以将喷油器线束拔下)。

2)若中央高压线无火

检查点火线圈次级绕组的电阻:拔出点火线圈上的高压线,用万用表欧姆挡测量点火线圈高压端与负低压端之间的电阻,若电阻值不符合规定值,更换点火线圈。

检查中央高压线是否断路。如有异常,应更换。

3)若中央高压线有火

(1)检查分火头是否击穿。

(2)捏住高压线橡胶套,小心地将高压线从火花塞上拔出(注意:不要直接拉拔高压线和弯曲导线,以免造成高压线内部损伤)。

(3)从分电器和点火线圈上拆下高压导线(用螺丝刀松开锁钩,并从分电器上拆下导线夹持器,然后在高压线接头处拔下高压线)。

(4)用欧姆表测量每根高压导线的电阻,每根高压线的电阻值如果过大,应检查高压线接头和线本身,必要时予更换。

(5)检查分电器盖中心炭极是不完好,盖体是否裂损或窜电及分电器的接触情况。

(6)检查火花塞是否漏电,电极是否潮湿或积炭过多,间隙是否符合标准。若不符合,应调整或更换。

课题六 汽油机油电路综合故障诊断与排除

汽油发动机出现不能起动、难以起动、发动机运转不正常故障,是汽油发动机燃料供给系故障、机械部分故障与点火系故障综合作用所致,诊断此类故障时,对各种车型的结构都要熟悉和了解,根据发动机的故障特征,遵循先电后油、先简后繁、先外后内、先检后拆的判断原则。这样才能通过诊断分析最终排除故障。

现代汽车微机控制系统是一个很复杂的机电一体化综合控制系统,在诊断故障时,需要系统全面地掌握整个系统的结构、原理和电气线路,并要掌握诊断的基本方法和步骤。一般说来，如果要诊断排除一个可能涉及电控系统的发动机故障，应先按发动机没有电控系统那样，检查可能引起该种故障的各种原因，如果仪表板上的故障警告灯亮，则应按厂家规定的程序调取故障码，进行检查。

如果发现发动机有故障，而故障警告灯未点亮或故障码未显示，就应该像发动机没装电控系统那样，按照基本诊断程序进行检查，否则，遇到一个本来与电控系统无关的简单故障，却检查电控系统的传感器、执行器和控制电路，走不必要的弯路，就不能及时排除故障。

电子控制燃油喷射式汽油发动机要使发动机能正常工作，必须满足以下几个条件。

(1) 有足够的点火电压与能量。

(2) 恰当的混合气空燃比。

(3) 正确的点火正时。

(4) 正常的汽缸压缩压力。

如果有一个条件不满足，发动机将运行不良。电控燃油喷射式汽油发动机的常见油电路综合故障有发动机不能起动、起动困难、怠速不良、加速不良、燃油消耗异常、动力不足等几种。

故障诊断的基本流程如下。

(1) 向用户询问：故障现象、条件，如何发生，是否检修、检修过哪些部位。

(2) 直观检查：接插件是否未接、松动，导线是否断路，真空管有无接错，高压导线是否接好，分缸高压线有无插错，蓄电池极柱是否松动，燃油表指示是否正常。

(3) 起动后"检查发动机"警告灯是否常亮：若灯亮，则读取故障码，根据故障码内容检查排除故障，否则，灯不亮，用诊断仪、示波器、万用表读取有关发动机数据，进行数值、波形分析。

1. 发动机不能起动，且无起动征兆

接通起动开关，发动机不能转动或转动缓慢，应检查蓄电池、极柱夹及熔断丝，若正常，应检查点火开关、起动系统故障及防盗系统故障，对安装自动变速器的汽车，应检查空挡起动开关线路及连接情况，在检查发动机电控汽油喷射系统与电控点火系统故障正常后应检查发动机机械故障。若转动轻快，按如下步骤检查。

1) 故障现象

接通起动开关，起动机能带动发动机轻快转动，但发动机不能起动，且无起动征兆。

2) 故障原因

应考虑是燃油系统、点火系统或控制系统三者之中的一个或一个以上的系统完全丧失了功能，故应考虑以下几种情况。

(1) 油箱中无油。

(2) 电动燃油泵不工作。

(3) 供油系统或油压调压器故障，使燃油压力过低。

(4) 喷油器不工作。

(5) 点火系统故障，无高压火产生。

(6) 发动机 ECU 故障或起动时，节气门全开。

(7) 曲轴位置传感器或凸轮轴位置传感器信号故障。使发动机 ECU 不能发出点火和喷油的信号。

(8) 发动机 ECU 电源电路故障或防盗系统锁住。

(9) 汽缸压力过低或发动机机械系统故障。

3) 故障诊断与排除

(1) 故障诊断时,先检查油箱中的存油情况。打开点火开关,若燃油表指针在红线位置不动或油量警告灯亮,说明油箱内无油,应加足燃油后再起动,再询问有无防盗系统,检查防盗系统是否起作用,检查前应先解除防盗作用,如果在起动时将加速踏板完全踩下或反复踩加速踏板以求增加供油量,往往会使控制系统的溢油消除功能起作用,从而导致喷油器不喷油,造成不能起动。

(2) 目视检查:线束接头松动、脱落、仪表指示情况、真空管连接情况。

(3) 读取故障码,观察、分析起动时的发动机 ECU 数据流,在查找故障部位之前,可先进行发动机故障自诊断,检查有无故障码,起动时的数据流是否存在明显的异常情况。有故障码或数据流异常的,按故障码或数据流提示检查。

(4) 检查点火系统:导致发动机不能起动的常见原因之一是点火系统不能点火。如果没有高压火花或火花弱,则应分别检查点火系统中的高压线、高压线圈、各缸火花塞、点火器、曲轴位置传感器及点火控制系统的电脑。

没有高压火的另一个原因是发动机正时带断裂或轮齿滑脱,导致凸轮轴不转动,曲轴位置传感器无输出信号。

(5) 检查电动燃油泵工作是否正常:很多车型,在第一次打开点火开关时,燃油泵自动运转 1~3s,此时应能从油箱口处听到燃油泵运转的声音,或用手捏住进油管时能感觉到进油管的脉动。如果电动油泵不工作,应检查燃油泵、熔断丝、继电器及电动燃油泵控制电路等。如果电路正常,应检查电动燃油泵,有故障应更换。

(6) 检查点火正时:如果点火提前角与标准相差太大,则也会出现起动时无起动征兆的故障现象,应检查调整点火正时,找出点火不正时的原因。

(7) 检查喷油器是否喷油:检查喷油控制线路和检测喷油器电磁线圈的电阻,若控制线路和喷油器电磁线圈正常,则说明喷油器针阀已完全卡死,应更换。

(8) 检查燃油系统压力:

① 释放燃油压。

② 将燃油压力表串接在进油管中。

③ 打开燃油压力表开关,在电动燃油泵运转时检查燃油系统油压,油压应升高到 300kPa±20kPa。若油压过低,会造成喷油量过少,也会导致发动机不能起动故障。

(9) 检查汽缸压缩压力:若上述检查正常,应检查汽缸压缩压力,若汽缸压缩压力过低,应检查发动机的机械部分。

2. 有起动征兆,但发动机不能起动

1) 故障现象

起动发动机时,起动机能带动发动机正常转动,有轻微起动征兆,但不能起动。

2) 故障原因

有起动征兆但不能起动,说明有油进入汽缸,有高压火产生,应考虑混合气过浓过稀,点火时间过早过迟,高压火花弱、多数缸不工作等。

具体原因有:

(1)采用空气流量计的发动机,有进气管漏气,使空气流量计与实际不符,导致喷油量过小。

(2)点火不正时:点火过早会使发动机难以起动、冒黑烟;点火过迟,会使发动机旋转轻快、放炮、冒黑烟,但难以起动。

(3)高压火花弱:高压火花弱会造成发动机冒黑烟,排气管声音沉闷,发动机难以起动。

(4)多缸火花塞工作不良,多缸喷油器故障。

(5)燃油压力太低:电动燃油泵或油压调节器不良,汽油滤清器堵塞等。

(6)冷却液温度传感器故障:该故障会造成混合气过浓或过稀。

(7)空气滤清器堵塞:空气滤清器堵塞会使进入汽缸的混合气过浓;排气管堵塞。

(8)空气流量计有故障:该故障会造成混合气过浓或过稀。

(9)喷油器漏油:喷油器漏油会使混合气过浓,或喷油器控制系统出现故障。

(10)汽缸压力太低:汽缸压力太低会使混合气燃烧时的压力和温度不足,使发动机难以起动。

3)故障诊断与排除

对于有起动征兆而不能起动的故障,说明点火系统、燃油系统和控制系统虽然工作失常,但并没有完全丧失功能。一般应先检查点火系统,然后再检查进气系统、燃油系统、控制系统,检查排气管堵塞,最后检查发动机汽缸压力。

(1)目视检查:发动机各线束接头是否松动、脱落,各仪表指示情况,真空管、软管连接情况。

(2)进行故障自诊断,检查有无故障码。如有故障码,则可按显示的故障码查找相应的故障原因,有些代码不一定影响起动性能,会影响起动性能的部件有曲轴位置传感器、凸轮轴位置传感器、冷却液温度传感器、电子节气门、空气流量传感器等。

(3)检查高压火花:先检查分电器高压总线上的高压火花。若不正常,按高压火花弱检查,若火花正常,检查各分缸线高压火花,火花较弱或断火,说明分电器盖或分火头漏电或接触不良,应更换。

(4)检查空气滤清器:可拆掉空气滤清器后再起动发动机,如能正常起动则应更换滤芯。

(5)检查进气系统有无漏气:采用空气流量传感器测量进气量的汽油喷射系统,只要在空气流量传感器之后的进气管道有漏气,就会影响进气量计量的准确性,使混合气变稀,应仔细查看空气流量计之后的进气软管、各处接头卡箍、谐振腔、曲轴箱强制通风软管有无破裂漏气,还应检查燃油蒸发回收软管或废气再循环管道是否被堵塞住,再起动发动机,检查该系统有否失效。

(6)检查火花塞:火花塞电极间隙太大或太小都影响起动性能,火花塞正常间隙一般为0.8mm,也有些高能量的电子点火系统火花塞间隙较大,可达1.2mm,应按该车型《维修手册》所示标准值进行调整,发现积炭就应清除。

如果火花塞电极表面有大量潮湿的汽油,说明汽缸中已出现呛油现象,应将全部火花塞拆下,断开喷油器电源电路,用起动机带动发动机旋转,排净汽缸内的全部汽油,然后装上已烤干的火花塞,起动发动机,若还出现呛油现象,说明混合气过浓,应检查喷油器密封性和燃油系统的压力是否过高。

(7) 检查喷油器及燃油压力:如果火花塞电极表面干燥或只有少量潮湿的汽油,说明喷油器喷油量过少,应按电子控制燃油喷射式发动机燃油供给系不来油或来油不畅故障进行诊断与排除。

(8) 检查空气流量计和温冷却液温度传感器:喷油量过大或过小均可能是空气流量计或冷却液温度传感器故障所致,应对照该车型的《维修手册》中的有关数据测量这两个传感器。

(9) 检查与调整点火正时:根据发动机旋转情况,调节点火位置,如果通过调大调小点火位置就能起动,则说明点火正时不对。

(10) 检查排气管是否堵塞:拆下某一缸或两个缸的火花塞,同时将这一缸或这两缸喷油器插头拔下,不让其喷油,再起动发动机,如能起动,说明排气管堵塞。也可拆下排气管起动,如能起动,则排气管堵塞。

(11) 检查汽缸压缩压力、气门间隙、配气相位记号及可变配气机构是否正常。若汽缸压缩压力低于 0.8MPa,说明汽缸压力过低,应检查发动机汽缸,检修部件。

3. 发动机起动困难

1) 故障现象

起动机带动发动机按正常速度转动,有明显着车征兆,但不能起动,或需要连续多次或长时间转动起动机才能起动,对于起动困难故障,应分清冷车时出现还是热车时出现,或者是冷、热车都出现。

2) 故障原因

造成发动机起动困难的故障原因主要应考虑起动时的混合气浓度,过浓或过稀都将使发动机起动困难,另外应考虑点火正时、汽缸压力过低、积炭过多等。

(1) 采用空气流量传感器的电喷发动机在进气系统中有漏气处。使空气流量传感器的进气信号与实际进气量不符,导致喷油量过少。

(2) 燃油压力太低或油路中进入空气:使起动时的混合气太稀。

(3) 空气滤清器滤芯堵塞,使进气量太少。

(4) 冷却液温度传感器故障:导致混合气太稀或太浓。

(5) 空气流量传感器故障:导致起动时的混合气浓度不正常。

(6) 怠速控制阀或附加空气阀故障,在起动时如果没有踩加速踏板,会出现进气量太小而发动机不能顺利起动。

(7) 喷油器工作不良(漏油、积炭、胶质堵塞),在气温较低的条件下起动时混合气太稀。

(8) 进气管和进排气门积炭过多。

(9) 点火不正时或高压火花弱、缺火。

(10) 排气管堵塞。

(11) 喷油器、油压调节器的回油阀口或电动汽油泵的止回阀处漏油,使工作油压较长时间才能建立。

(12) 点火开关的起动挡接线柱至电脑的接线断路,使发动机电脑在起动时没有起动信号,从而没有进行起动加浓混合气控制。

(13)汽缸压缩压力过低:起动时汽缸内的可燃混合气燃烧条件差,不易着火。

(14)发动机 ECU 故障。

3)故障诊断与排除

如果只出现冷车起动困难,就应该先查起动时混合气过稀,只出现热车起动困难,就应该先查起动时混合气过浓。

(1)进行故障自诊断:如有故障码,则按故障码查找相应的故障原因。

(2)检查空气滤清器与排气管是否堵塞:拆掉空气滤清器,起动发动机检查,如果好转,为空气滤清器堵塞。拆下排气管,起动发动机检查,如果好转,为排气管堵塞,应更换。

(3)查怠速控制阀:如果节气门在 1/4 开度时发动机能正常起动,而节气门全关时起动困难,应检查怠速控制阀及附加空气阀是否工作正常。在冷车怠速运转中,拔下怠速控制阀线束插头,或者在冷车怠速运转时,将附加空气阀进气软管用夹子夹住,如果发动机转速没有下降,说明怠速控制阀工作不正常,应检查怠速控制阀及其电路。

(4)用真空表检查怠速时进气管的真空度:怠速时若进气管的真空度小于 66.7kPa,说明进气系统中有空气泄漏,应检查进气管各个管接头、衬垫、真空软管等处以及废气再循环系统、燃油蒸发回收系统是否漏气。

(5)检查燃油压力:用一根导线将电动汽油泵的两个检测插孔短接,然后打开点火开关,让电动汽油泵运转,在这种状态下,燃油压力应达到 300kPa 左右,如果压力过低,应检查油压调压器有无漏油,汽油滤清器有否堵塞,汽油泵泵油压力是否正常。

(6)检查冷却液温度传感器和空气流量计:拔下冷却液温度传感器和空气流量计线束插头,用万用表测量冷却液温度传感器和空气流量传感器各接线端之间的电阻,如果阻值不符合标准,应更换。

(7)若冷车起动正常,而热车起动困难,应检查点火线圈、点火器、高压线圈,如无异常,还因检查活性炭罐电磁阀的工作情况,若电磁阀内部有卡滞现象,使阀芯断电时不能正常回位,会造成混合气过浓。

(8)检查点火正时:用点火正时灯在适当的转速下检查点火正时,如不符合标准,应调整。

(9)检查汽缸压力:用气压表检测汽缸压力,如压力过低,应拆检发动机,汽缸压力的大小和各缸之间的压力差可以查《维修手册》。

(10)检查起动开关至 ECU 的起动信号是否正常:如果 ECU 接收不到起动开关的起动信号,就不能在起动时有起动开关的信号传至 ECU,如无信号,应检查起动开关和线路。

(11)检查 ECU:如果上述检查均正常,可换一个新的 ECU 试试,如果有好转,则说明 ECU 有故障,应更换。

4. 怠速不良

怠速转速与发动机温度、负荷有关。冷车时怠速低,热车时怠速高,怠速时接通空调开关、打转向(动力转向开关接通),换挡杆从 P 位或 N 位挂入 D 位,怠速必须提高。如果怠速太低,或上述开关接通时怠速下降,造成怠速不稳甚至熄火,说明怠速控制系统有故障。怠速不良是电喷发动机的最常见故障。它有多种表现形式,包括怠速不稳、怠速熄火、冷车怠速不良、热车怠速不良、转向或开空调时怠速不良、怠速上下波动等,现针对冷车或热车怠速均不稳定且易熄火的故障进行分析。

1）故障现象

发动机起动时正常,但不论冷车或热车,怠速均不稳定,怠速转速过低,易熄火。

2）故障原因

(1) 进气系统有漏气处:怠速时因节气门开度很小,节气门后方的真空度最大,如果节气门后方漏气,将严重影响混合气的浓度。

(2) 燃油压力太低:使喷入汽缸中的混合气数量大大减少。

(3) 空气滤清器堵塞,使吸入的汽油增多,引起怠速混合气过浓。

(4) 喷油器雾化不良、漏油或堵塞,使喷入汽缸的汽油减少,混合气变稀。

(5) 怠速调整不当:使混合气过浓或过稀。

(6) 怠速控制阀或电子节气门及其控制电路有故障,使混合气过稀或过浓。

(7) 火花塞工作不良使发动机工作不稳定,容易熄火。

(8) 空气流量计有故障:使 ECU 获取的信号不准确,导致怠速供油过多或过少。

(9) 点火不正时:使发动机转速降低,容易熄火。

(10) 少数缸不工作或工作不良,使发动机转速降低及不稳定,容易熄火。

(11) 汽缸压缩压力过低、不均,使发动机工作时,部分汽缸不工作或运转不稳定,容易熄火。

3）故障诊断与排除

(1) 先进行故障自诊断:检查有无故障码出现,如果有,则按所显示的故障码内容诊断。

(2) 检查怠速控制阀的工作是否正常,拔下怠速控制阀接线插头,如果发动机转速无变化,说明怠速控制阀或控制电路有故障,应检修电路、清洗插头、清洗或更换怠速控制阀。

(3) 检查进气系统各管接头,并用真空表检查怠速时进气管的真空度:若过小应加以排除。

(4) 在怠速条件下,用点火正时灯检查发动机点火正时,若不正时,应修正。

(5) 怠速时逐个短路各缸高压线,检查发动机转速的下降值是否相等,如果某缸在短路高压线时,发动机转速基本不变,说明该缸工作不良或不工作,应检查该缸火花塞或喷油器是否有故障、喷油器控制电路是否正常、该缸压力是否过低。

(6) 仔细察听各缸喷油器在怠速时的工作声音,如果各缸喷油器工作声音有差异,说明各缸喷油量不相等,应清洗、拆检或更换喷油器。

(7) 检查各缸的高压火花:如某缸火花太弱或断火,应检测分火头、分电器盖、高压分线、点火器、发动机转速传感器及连线、插头等。

(8) 拆检火花塞:检查电极是否烧蚀或积炭,火花塞间隙是否正常。

(9) 检查燃油压力:怠速时的燃油压力应为 250kPa 左右,如果压力过低,应检修供油系统。

(10) 在换用新的电控单元、节流阀体或更换或拆装进气道后,都应按规定的程序,调整发动机怠速。

(11) 检查翼板式或量芯式空气流量传感器是否卡滞,如果不良,应清洁或更换。

(12) 检查汽缸压缩压力：如压力低于 0.8MPa，应拆检发动机。

(13) 故障排除后，清除故障码。

5. 加速不良故障

1) 故障现象

踏下加速踏板后发动机转速不能迅速提高，加速反应迟缓，有时有轻微抖动现象。

2) 故障原因

加速时点火过早或过迟，混合气过稀，汽缸密封性差，使发动机加速不良。

(1) 点火提前角不正确，点火过早引起突爆，造成发动机动力下降；点火过迟，使加速时排气管放炮，节气门回火，加速不良。

(2) 燃油压力过低，使供入汽缸的混合气过稀。

(3) 进气系统中有漏气，使混合气变稀。

(4) 废气再循环系统工作不正常，在加速时废气量大，造成混合气过稀。

(5) 节气门位置传感器、加速踏板位置传感器或空气流量传感器故障，使 ECU 接收到的信号有误，造成供入的混合气过稀。

(6) 喷油器工作不良，喷油器有堵塞或部分堵塞，使得喷油量过少，造成混合气过稀。

(7) 空气滤清器堵塞或排气管堵塞，在加速需加大混合气数量时，因进入汽缸的空气数量过少或废气排不出而造成加速不良。

3) 故障诊断与排除

(1) 进行故障自诊断：检查有无故障码，加速踏板位置传感器、节气门位置传感器、空气流量传感器等故障都会影响汽车的加速性能，按显示的故障码检查故障原因。

(2) 检查点火正时：怠速时，点火提前角应为 10°～15°，加速时，点火提前角应能自动加大到 20°～30°，如怠速时的点火提前角不正确，应调整初始点火提前角，如果加速时点火提前角不正确，应检查点火提前控制线路及曲轴位置传感器、点火控制器、ECU 等。

(3) 用真空表检查进气系统有无漏气：如有漏气，应排除。

(4) 检查空气滤清器与排气系统有否堵塞：检查时可拆下测试。

(5) 检查各高压线电阻并拆检各缸火花塞，若大于 25kΩ 或高压线外表面有漏电现象，应更换。观察火花塞间隙和颜色，调整间隙或更换火花塞。

(6) 检查燃油压力：怠速时燃油压力应为 250kPa 左右，加速时应上升到 300kPa 左右，如果油压过低，应检查供油系统。

(7) 清洗各喷油器：检查喷油器在加速工况下的喷油是否正常，如有异常，应更换。

(8) 用示波器检测空气流量传感器、节气门位置传感器、加速踏板位置传感器的输出波形：如有异常，应更换。

(9) 对于有废气再循环系统的发动机，可以拔下废气再循环阀上的真空软管（图 2-146），并将其塞住，然后再检查发动机的加速性能，如果此时加速性能恢复正常，则说明废气再循环系统工作不正常，再循环的废气量过大，影响了发动机的加速性能，为此，还应检查废气调整

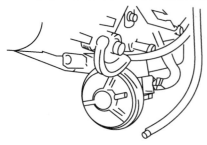

图 2-146　拔下废气再循环阀上的真空软管

阀、三通电磁阀等是否正常。

6. 动力不足

1) 故障现象

发动机无负荷运转时基本正常,但带负荷运转时加速缓慢,上坡无力,加速踏板踩到底时,仍感到动力不足,转速提不高,达不到最高转速。

2) 故障原因

首先应考虑混合气数量不足,再考虑混合气过稀造成的动力不足,还有点火正时不准、高压火花弱、汽缸压力低等引起的动力不足。

(1) 空气滤清器堵塞或排气管有堵塞,使进入汽缸的混合气数量减少。

(2) 节气门调整不当、不能全开或电子节气门故障,使混合气不足。

(3) 燃油压力过低,使混合气过稀,造成动力不足。

(4) 喷油器堵塞或雾化不良,造成混合气过稀。

(5) 冷却液温度传感器、节气门位置传感器或空气流量传感器故障造成信号不良,使混合气过稀或过浓。

(6) 废气再循环装置工作不良。

(7) 点火正时不当或高压火花太弱,造成不正常燃烧。

(8) 发动机压缩压力过低或配气相位失准,使发动机燃烧不完全。

3) 故障诊断与排除

(1) 将加速踏板踩到底时,检查节气门是否全开,如果不能全开,应调整节气门拉索或踏板,或节气门控制装置。

(2) 进行故障自诊断,如果有故障码出现,先按故障码检查。影响动力性的传感器和执行器有:冷却液温度传感器、空气流量传感器或进气压力传感器、点火器和喷油器、电子节气门等,可用专用诊断仪读取数据流诊断。

(3) 检查空气滤清器有无堵塞、排气系统有无堵塞。

(4) 检查节气门位置传感器的怠速开关和全负荷开关是否调整正确。

(5) 用点火正时灯检查怠速和加速工况点火正时。

(6) 检查废气再循环装置工作是否正常。

(7) 检测空气流量传感器或进气压力传感器、冷却液温度传感器、氧传感器、爆震传感器等信号。

(8) 检查高压火花及火花塞。

(9) 检查燃油压力,如压力过低,应检查燃油泵、油压调节器、汽油滤清器等。

(10) 拆卸喷油器,检查喷油器的喷油量。

(11) 测量汽缸压缩压力。

7. 电喷发动机燃油消耗异常

1) 故障现象

发动机动力良好,但燃油消耗明显过高,加速时排气管排黑烟。

2) 故障原因

油耗异常应首先考虑底盘部分(轮胎气压过低、制动拖滞、轴承过紧、自动变速器打滑、前轮定位不准等)的故障,排除驾驶人的操作习惯(空调常开、挡位不佳、经常制动)、道路情况等外在因素,然后再考虑发动机的内在因素,其次考虑发动机混合气过浓、漏油、工作不良造成的燃料消耗异常。

(1)驾驶人操作不当。

(2)燃油泄漏。

(3)高压火花弱或断火。

(4)冷却液温度传感器失常。

(5)空气流量传感器或进气管压力传感器失常。

(6)节气门位置传感器失常、氧传感器失常。

(7)燃油压力过高。

(8)喷油器漏油。

(9)ECU故障。

3)故障诊断与排除

(1)首先检查汽车的滑行性能:如果滑行性能差,应检查制动发咬、轴承过紧、转向轮定位不准确等底盘故障,然后检查驾驶人的操作习惯,空调是否一直打开,轮胎气压是否正确,车辆是否经常超载,加速踏板或制动踏板是否踩得过快、过于频繁,自动变速器经常处于非经济挡行驶、自动变速器故障等,最后检查发动机故障。

(2)读取故障码:根据故障码内容检查故障原因和部位。

(3)判断高压火花是否过弱或断火,检查点火系点火正时。

(4)测量冷却液温度传感器:其不同温度下的电阻值应符合标准。

(5)检测空气流量传感器或进气压力传感器,其数值应符合标准。

(6)检查节气门位置传感器。

(7)测量燃油压力。

(8)检查、清洗喷油器。

(9)检查汽缸压缩压力及机械部分产生的故障。

(10)故障排除后,清除故障码。

8. 发动机经常失速

1)故障现象

发动机在运转时转速忽高忽低不稳定。

2)故障原因

要考虑喷油器有时供油,有时不供油或有时过少。点火信号有时有,有时没有或有时过迟。

(1)节气门后方管路漏气。

(2)喷油器故障。

(3)电子控制燃油喷射系统相关线路插接器松动。

(4)燃油压力不稳定。

(5)EFI 主继电器、燃油器触点接触不良。

(6)活性炭罐电磁阀故障。

(7)节气门位置传感器故障。

(8)空气流量传感器(或进气压力传感器)及其线路故障。

(9)冷却液温度传感器故障。

(10)曲轴位置传感器信号不良。

(11)火花塞工作不良。

(12)点火正时不准。

(13)点火系统高压断火。

(14)发动机 ECU 故障。

3)故障诊断与排除

(1)影响发动机正常运转的传感器有空气流量传感器(或进气压力传感器)、冷却液温度传感器、节气门位置传感器、曲轴位置传感器等,应读取故障码并按读取到的故障码查找故障原因及排除故障,无故障码时,应对数据流进行分析。

(2)检查进气系统是否有漏气现象,活性炭罐电磁阀是否工作正常。

(3)检查发动机各分缸高压电火花情况,若有个别汽缸的火花较弱或有断火现象,应按电子点火系高压火弱或高压断火故障进行诊断与排除。

(4)用点火正时灯检查点火正时,若点火不正时应进行调整。

(5)拆下火花塞,检测其跳火性能,若不符合要求,应给予更换。

(6)检测燃油系统的压力,若检测时发现压力波动较大(超过 50kPa),应检查油泵继电器、燃油压力调节器、电动燃油泵、燃油滤清器、油泵线束插接器等。

(7)拆下喷油器,检测各喷油器的密封、雾化性能,若不符合要求,应给予更换。

(8)检查电控燃油喷射系统各插接器、断电器、熔断器是否都连接牢固,若有松动或发热现象,应进行更换或修理。

(9)若故障仍然存在,换上新的发动机 ECU 再试。

(10)故障排除后,清除故障码。

9. 发动机自动熄火故障

1)故障现象

运转中发动机突然熄火,过后会自动着火(或可以起动)正常运转,又会不定时突然自行熄火。

2)故障原因

(1)空气流量传感器信号不连续。

(2)急速调整不当、节气门体过脏。

(3)节气门位置传感器不良。

(4)曲轴位置传感器信号时通时断。

(5)EFI 主断电器、燃油泵继电器触点接触不良。

(6)电控燃油喷射系统相关线路插接器松动。

(7)点火系统相关线路插接器松动或工作不良。

(8)发动机 ECU 工作不良。

3)故障诊断与排除

(1)发动机出现故障后,应先读取故障码(影响发动机间歇熄火的有空气流量计、节气门位置传感器、曲轴位置传感器、凸轮轴位置传感器等),然后读出故障码查找故障原因并排除故障。

（2）如熄火仅发生在怠速工况时，其他工况工作正常，应按怠速过低故障进行检查。

（3）检查 EFI 主继电器、燃油泵继电器是否能正常工作。

（4）电控燃油喷射系统、点火系统相关线路插接器是否有松动现象，在发动机转动时，用人工依次晃动各插接器，观察故障是否还会出现，当晃动到某插接器时故障出现，说明该插接器松动，应进行修理。

（5）人工晃动发动机 ECU 的搭铁线，同时使用万用表电阻挡检测发动机 ECU 搭铁是否良好，若电阻在"0"至无穷大间摆动，说明 ECU 搭铁不良，应予以修理。

（6）试车时，接上故障诊断仪，读取故障出现时的数据与正常时的数据进行对比，找出故障点。

10. 电喷发动机排气管烧红

1）故障现象

汽车在行驶一段时间后，出现排气管烧红的现象。

2）故障原因

造成排气管烧红的原因主要是因为混合气在排气管中燃烧，其原因包括以下几方面：

（1）少数缸不工作或工作不良，致使汽缸中未燃烧或未完全燃烧的可燃混合气被排入排气管中，在排气管中被燃烧而使排气管烧红。

（2）点火过迟，使可燃混合气在做功行程结束时还没有完全燃烧就排入排气管中，继续燃烧使排气管烧红。

（3）混合气过稀，使燃烧速度减慢，在做功行程结束后还没有完全燃烧就排入排气管中，继续燃烧使排气管烧红。

（4）排气管堵塞，燃烧后的炽热气体不能及时排出，使排气管烧红。

3）故障诊断与排除

（1）首先应判断发动机在运转中是否有个别汽缸不工作或工作不良的现象，采用断缸检查方法查出不工作或工作不良的汽缸，并判断这些缸的喷油器工作情况和火花塞工作情况，高压火是否正常并检查汽缸压力。

（2）用示波器检查各工况下发动机是否出现断火现象。

（3）用点火正时灯检查各工况点火提前角是否过小。

（4）如果燃油系统工作正常，应进一步拆检排气管，检查排气管有无堵塞，特别要注意检查三元催化反应器有无堵塞现象，如有堵塞应更换。

11. 电喷发动机排放超标

为达到低排放的目的，在电喷发动机上设置了许多专门用于降低排放污染的装置，当这些装置出现故障时，不但会导致发动机的排放超标，使仪表板上的发动机故障指示灯或排放指示灯点亮，还可能会引起发动机工作不正常。

1）故障现象

发动机的排放经检测超过规定的标准。

2）故障原因

（1）发动机控制系统的喷油量控制失常，使混合气过浓或过稀，导致发动机排气中的一氧化碳、碳氢化合物和氮氧化合物的量超过标准。

(2) 点火系统不正常,点火不正时或火花弱、断火、缺火等,导致发动机燃烧不完全,造成排放的一氧化碳、碳氢化合物的量超过标准。

(3) 发动机内积炭、密封性变差。

(4) 电喷发动机上用于降低排放污染的装置工作失常而导致排放超过标准。

3) 故障诊断与排除

(1) 先进行故障自诊断,检查有无故障码,如果有故障码,则可按显示的故障码内容查找相应的故障部位,有些机械故障不一定在故障码上显示出来,所以还应对各部分进行检测。

(2) 用五气分析仪检测发动机尾气,初步分析排放超标的故障原因。

(3) 检查发动机的点火正时。

(4) 调整怠速转速,调整怠速 CO 浓度。

(5) 检查燃油压力是否过高,主要检查燃油压力调节器是否正常。

(6) 检查喷油器的泄漏是否超过标准。

(7) 检查火花塞间隙,高压火是否符合要求。

(8) 检查节气门开度传感器、喷油信号电路、氧传感器是否正常。

(9) 检查冷却液温度传感器、进气管压力传感器、空气流量传感器是否正常。

(10) 检查燃油蒸气回收装置是否工作正常。

(11) 检查废气再循环装置是否工作正常。有二次空气喷射装置的还要检查是否工作正常。

(12) 检测发动机的汽缸压力、检查气门间隙等机械故障。

12. 主要组成部件故障对发动机工作的影响

电控系统各组成零部件、传感器本身故障及配线出现故障是造成电控系统故障的主要原因,因此,掌握各组成部分及配线故障对发动机故障的影响,对于在诊断故障时迅速找出故障原因,开阔思路极为重要。表 2-19 所示为电控系统主要组成部件及配线故障对发动机的影响。

主要组成部件及配线故障对发动机工作的影响　　　　表 2-19

序　号	电子表元器件名称	故　障　现　象
1	主电脑(ECU)	(1) 发动机不能起动; (2) 发动机性能失常
2	点火线圈	(1) 发动机不能起动; (2) 无高压火花; (3) 次级电压过低
3	磁感应式点火信号发生器 霍尔式点火信号发生器	(1) 发动机不能起动; (2) 发动机工作不稳; (3) 怠速不稳; (4) 间歇性熄火

续上表

序　号	电子表元器件名称	故　障　现　象
4	点火信号发生器	(1) 发动机不能起动； (2) 发动机工作不稳； (3) 急速不稳； (4) 容易熄火
5	点火控制器(电子开关)	(1) 发动机不能起动； (2) 无高压火花； (3) 次级电压过低； (4) 急速时闭合角乱变
6	燃油泵	(1) 发动机不能起动； (2) 运转中熄火
7	燃油滤清器	(1) 发动机不能起动； (2) 发动机运转不稳； (3) 喷油器堵塞
8	燃油压力调节器	(1) 发动机起动困难； (2) 发动机性能变坏； (3) 急速不稳容易熄火
9	喷油器	(1) 发动机起动困难； (2) 发动机工作不稳； (3) 容易熄火； (4) 急速不稳
10	曲轴位置传感器	(1) 发动机不能起动； (2) 加速不良； (3) 急速不稳； (4) 间歇熄火
11	可变凸轮轴电磁阀	(1) 发动机抖动； (2) 产生爆震； (3) 急速不稳； (4) 三元催化器易损坏； (5) 发动机动力下降,性能变坏
12	空气流量传感器(L型)	(1) 发动机起动困难； (2) 发动机性能失常； (3) 急速不稳； (4) 加速时回火、放炮； (5) 油耗增大； (6) 易爆震
13	进气压力传感器(D型)	(1) 发动机起动困难； (2) 发动机性能失常； (3) 急速不稳； (4) 油耗增大

续上表

序　号	电子表元器件名称	故　障　现　象
14	空气压力传感器	(1)发动机性能不佳； (2)怠速不稳
15	节气门	(1)发动机不能起动或起动困难； (2)发动机性能不佳
16	节气门位置传感器	(1)发动机起动困难； (2)发动机性能不佳； (3)怠速不稳； (4)容易熄火
17	进气温度传感器	(1)油耗增大； (2)发动机性能不佳； (3)怠速不稳； (4)容易熄火
18	冷却液温度传感器	(1)发动机起动困难； (2)发动机性能不佳； (3)怠速不稳； (4)容易熄火
19	怠速控制电动机	(1)发动机起动困难； (2)怠速不稳； (3)容易熄火； (4)发动机失速
20	怠速电动机位置传感器	(1)发动机怠速不稳； (2)容易熄火； (3)加速困难
21	氧传感器	(1)发动机性能不佳； (2)怠速不稳； (3)发动机油耗增大； (4)排气污染增大
22	爆震传感器	(1)发动机工作不稳； (2)加速时产生爆震； (3)点火正时不准
23	P/N、P/s、a/C 开关	(1)发动机不能起动； (2)怠速不稳； (3)发动机怠速时无法补偿； (4)怠速时易熄火

续上表

序　号	电子表元器件名称	故障现象
24	曲轴箱通风阀(PCV)	(1) 发动机不能起动或起动困难； (2) 怠速不稳或无怠速； (3) 加速困难； (4) 油耗增大
25	EGR 阀	(1) 发动机不能起动或起动困难； (2) 发动机无力； (3) 发动机温度过高； (4) 减速熄火； (5) 爆震； (6) 油耗增大
26	EGR 阀位置传感器	(1) 发动机性能不佳； (2) 怠速不稳； (3) 容易熄火； (4) 排气污染增大
27	炭罐电磁阀	(1) 发动机性能不佳； (2) 怠速不稳； (3) 空燃比不正确

13. 发动机微机控制系统故障诊断注意事项

(1) 对发动机微机控制系统故障诊断时应注意：

①在拆卸电喷系统各导线接头时，首先要关掉点火开关，然后拆下蓄电池负极接线柱上的桩夹，如果只检查电控系统，则仅关闭点火开关即可，应当注意的是：拆下搭铁线后，微机储存的所有诊断代码都会被清除，因此如有必要应在拆下搭铁线前读取诊断代码；对于带有安全气囊系统的汽车，应在拆下搭铁线 120s 或更长一些时间后，才能开始诊断工作，否则可能会使气囊意外胀开而造成事故。

②安装蓄电池时，要特别注意正、负极不可接反。如果接反将造成电控元件中的二极管、三极管等很多元件的损坏，所以应特别注意。

③拆装时，注意不要将零部件弄混，并要严防产生火花。

④用测量电压的方法来检查线路时，要使用高阻抗万用表，防止大电流烧坏元件。

⑤不可在拔下微机插头的情况下直接测量微机各端子的电阻，否则可能会损坏微机。

⑥不可用试灯测试与微机相连的电气装置。

⑦需要在车身上进行电弧焊时，应先断开微机电源。

⑧汽车需要烤漆时，应先拆下微机以防受高温损坏。

⑨需要用电烙铁焊接微机时，应先断开微机电源。

⑩安装微机时，应戴上金属环带以防受静电损坏微机。

⑪电控汽车上不宜安装功率超过 8W 的无线电台，若必须安装时，电台天线应尽量远离

微机,否则会对微机的工作产生影响。

(2)燃油系统检修时应注意:

①ECU是通过对进气系统空气流量来检测控制喷油量的,因此对密封性的要求比化油器系统的要高,发动机机油量尺、机油加油口以及乙烯塑料软管等脱落均会引起发动机失调,当空气流量计与汽缸盖之间的进气系统零件脱开、松动或裂开时均会吸入空气导致发动机失调。

②在拆卸油管时,为防止大量汽油漏出,应先释放油路高压,其方法是:先拔下电动汽油泵导线插头,再起动发动机,直到发动机自然停机,然后松开油管接头,或将一油盆放在油管接头下面,并用毛巾导引进去,缓慢放松接头,将汽油管内的汽油放净。

③装喷油器时每次必须更换O形圈,安装前,要用汽油润滑O形圈。

④对燃油系统检修后,应确认无漏油现象后方可使用,漏汽油特别容易引发火灾。

(3)检修电子控制系统传感器、ECU、执行器及其有关的线路应注意:

①雨天检修及清洗发动机时,注意不要将水溅到电子线路上,如果电器元件受潮,可切断电源,用电吹风吹干,但要控制好温度。

②拆出导线插接器时,要先松开锁紧弹簧或按下锁扣,在装插接器时,应插到底并锁上。

③元件应随总成一起更换。

④在用万用表检查插接器时应按图2-147所示方法进行操作,检查导通时,应将表笔轻轻插入,不可用力过大,对于防水型连接器,应小心取下皮套,以免损坏。

⑤测试表笔的插入方向如图2-147所示,图2-147a)表示从带有配线的后端插入表笔,图2-147b)表示从没有配线的前端用表笔进行检查。

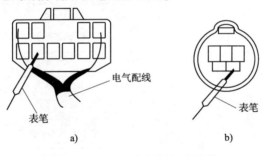

图2-147 用万用表表笔插入插接器

课题七 柴油机燃料系故障诊断与排除

柴油发动机因为在经济性、适应性、安全可靠性等方面与汽油发动机相比有着明显的优势,所以在汽车上的应用也越来越广泛。与汽油机相比,柴油机在混合气的形成、着火及燃烧方式、燃烧的过程等方面均有不同,两者常见的故障现象、故障原因及故障诊断与排除方面有明显的差别,柴油发动机的故障主要出在燃料供给系,柴油机燃油供给系油路如图2-148所示。

柴油发动机燃料系故障主要由压缩终了时的汽缸压力、缸内温度、喷油量及雾化质量、喷油正时等因素所决定。因此,在故障诊断与排除过程中,应注意以上几个因素。柴油机燃料系的常见故障,按其外部症状不同可分为起动困难、动力不足、工作粗暴、飞车、转速不稳等。因各种机型的结构特点不同,故障原因也有所差别。总之,柴油机燃料系故障其常见故障部位如图2-149所示。

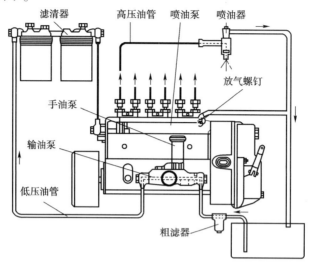

图2-148　柴油机燃油供给系油路

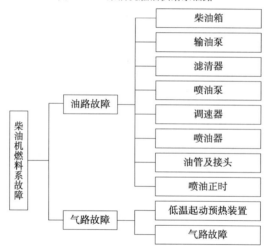

图2-149　柴油机燃油系故障其常见故障部位

一、柴油发动机燃油供给系统常见故障的诊断方法

柴油发动机燃油供给系统常见故障的诊断方法如下。

1. 诊断柴油发动机各缸工作是否正常的方法

当发动机运转不平稳、动力不足、个别缸工作不正常时,可在发动机怠速运转下,采用下述方法诊断。

1)听诊方法

在发动机怠速运转时,借助金属棒或听诊器等工具触及在喷油器体上,监听各缸燃油燃烧时的爆发声音。正常燃油燃烧的爆发声音为连续清脆的响声,并有类似金属的敲击回音;

若敲击声很大,表明该缸供油量过大或喷油时间过早;若只有连续不清脆的声音,而无敲击声时,则表明该缸供油量过小或点火燃烧过迟,或没有完全燃烧,或没有点火燃烧。

2)脉动方法

发动机怠速运转时,用手指触摸高压油管,感觉高压油管内的柴油在喷油泵工作(压油)时的脉动状况,以判断各缸的工作情况。在采用此法诊断时,可结合上述方法综合分析以确定故障所在缸及其故障原因。若脉动性大、爆发声音强时,表明该缸供油量偏大;若脉动性小、爆发声音弱,则表明该缸供油量偏小;若脉动大,但爆发声音弱时,则可能是由于喷油器喷孔堵塞或针阀卡滞,致使高压油管内油压很高,但喷油很少或不能喷油,因而爆发声音弱。

3)观察排气颜色方法

在发动机运转时,观察排气管排出的废气颜色,以诊断各缸的工作情况。正常的废气颜色为淡灰色,负荷略大时为深灰色。若排黑烟,表明可燃气体燃烧不完全;而排白烟,表明发动机过冷,柴油中有水或可燃气体没有燃烧;排蓝烟,表明机油进入汽缸并被燃烧。

4)断油方法

逐个切断高压油管到喷油器的油路,同时观察发动机的转速变化。若断开某缸油路时,发动机转速和声音有变化,表明该缸工作正常;发动机转速和声音无变化,表明该缸有故障。

5)比较方法

在确诊某缸不工作的情况下,为进一步判定故障是在喷油泵还是在喷油器,可从喷油泵的高压油管接头上各拆下一个有故障缸和一个无故障缸的高压油管,然后起动发动机并使其在500~600r/min下运转,观察喷油泵的喷油柱高度。若拆下的两缸高压油管接口的喷油高度一致,表明喷油器有故障,反之,喷油泵有故障。

另外,也可将一个无故障缸的喷油器和一个有故障缸的喷油器拆下,并装在该缸的高压油管上,然后起动发动机并使其在500~600r/min之间运转,观察两喷油器的喷射质量。若两者的喷射质量均良好,表明喷油泵和喷油器均良好,反之喷油器有故障。

2. 柴油管路渗入空气的部位及诊断方法

(1)在起动前因油路渗入空气而发动机不能起动时,其渗气部位一般是在输油泵至喷油泵的管路上。例如油管接头、排气螺塞等处不密封致使空气渗入。

(2)发动机在运转中因油路中渗入空气而自行熄火时,其渗气部位一般在柴油箱至输油泵之间的管路上。因为此时该段管路内的压力低于大气压力,空气便从该管路损坏处渗入。

(3)空气渗入油路中的另一原因是某缸喷油器和出油阀同时不密封,使汽缸内的气体经喷油器、高压油管和出油阀渗入喷油泵油道内,致使发动机自行熄火。

3. 诊断柴油管路堵塞的方法

诊断柴油管路是否堵塞时,应拧松喷油泵上的放气螺塞,然后用手油泵泵油,观察放气螺塞处流油情况。若柴油随着手油泵的压动而喷出,表明油路畅通;若流油不畅,同时压动手油泵阻力很大(很费力),则表明油路堵塞或柴油滤清器过脏。

4. 输油泵工作不良的诊断方法

诊断输油泵工作是否正常,应在油路畅通、密封无空气的情况下进行。其诊断方法如下:拧松放气螺塞,起动发动机并使其空转,观察放气螺塞处的出油情况。若柴油向外喷出,表明输油泵工作正常;若不喷油或喷油不畅,则表明输油泵不工作或工作不正常。

5. 诊断喷油泵出油阀和喷油器是否密封的方法

（1）诊断喷油泵出油阀是否密封时，将供油控制齿条处在停止供油位置，并从喷油泵上拆下高压油管，然后用手油泵泵油，观察各油管接头是否有柴油流出。若有柴油流出，表明该出油阀密封不良，或出油阀弹簧折断。

（2）诊断喷油器是否密封的方法是，将上述从喷油泵上拆下的高压油管的端头放入盛有柴油的杯中，起动发动机并使之空转，观察油管是否有气泡从油杯中冒出。若有气泡冒出，则表明喷油器不密封。有条件的，可将喷油器拆下，用喷油压力试验器检查其密封性。

6. 用对比法就车诊断喷油器开启喷油压力

（1）在没有检查仪器的情况下，可采用对比法对喷油器开启喷油压力进行诊断。

（2）将自制的三通接头装在喷油泵的任一高压油管接头上，再将标准喷油器和被查喷油器分别装在三通接头的另外两个接头上，然后起动发动机并使其怠速运转，观察两喷油器的喷油情况是否一致。若喷油相同（即同时开始喷油且形状也相同），则证明被查喷油器和开启喷油压力正常；否则为不正常。

7. 就车诊断个别缸供油量不正常的方法

若怀疑发动机运转不平稳是由个别缸供油量过小或过大引起时，可将可疑的某缸和供油正常缸的高压油管从喷油器一端拆下，并分别插入一量杯内。然后起动发动机，使量杯内装有一定油量后，将两量杯内的油量进行比较，即可判定供油量是否过小或过大。若无量杯，可用小瓶等代替，但需将两瓶内的油量测量后进行比较。

二、柴油机燃料系常见故障的诊断与排除

柴油机燃料系常见故障主要有柴油发动机起动困难、柴油机动力不足、怠速转速不稳、柴油发动机"飞车"及柴油发动机工作粗暴等故障。

1. 柴油发动机起动困难

起动机能够带动发动机以正常转速运转，但发动机不能起动。应先打开电源开关，检查仪表指示是否正常，油箱存油是否充足；然后，在起动发动机的同时注意听响声、嗅排气的气味和看排烟颜色。排气管的排烟会有3种情况，如图2-150所示。

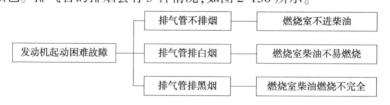

图2-150 柴油发动机起动困难故障

（1）起动时无爆发声，排气管口没有柴油味和烟雾排出。

（2）起动时，排气管口有柴油味、白烟。柴油机排白烟的原因，主要是柴油蒸气未燃烧或柴油中有水。当汽缸内的柴油经过雾化、蒸发未能燃烧时，蒸发的燃油形成乳白色烟雾，水蒸气为白色；当汽缸内燃烧不良，有部分燃油蒸气未能燃烧而另有部分燃油蒸气燃烧不完全时，排出的废气为灰白色。

（3）起动时可听到连续的爆燃声，排气管口有柴油味、少量黑烟。柴油机排黑烟的原因

是因为柴油的主要化学元素是碳和氢,在氧气充足的条件下燃烧,会生成无色的二氧化碳及水蒸气;如果在缺氧的条件下燃烧,会造成燃烧不完全,使混合气体燃烧生成一氧化碳及黑色的炭微粒,形成黑烟。

1)起动时排气管不排烟

(1)故障现象。

发动机在起动机带动下,转动正常,但不能着火,排气管不排烟。

(2)故障原因。

该故障实质是柴油没有进入汽缸,应按不来油进行检查,而柴油不进缸的原因主要为低压油路(油箱、输油泵、柴油滤清器及低压油管)故障和高压油路(喷油泵、高压油管、喷油器)故障,从而导致柴油机不能起动。

①油箱内无油或油箱开关未打开、加油口盖通气阀失灵。

②油路中有空气、滤清器堵塞、油管扭曲或弯折、输油泵进油口的滤网堵塞。

③油路中有水,冬季结冰;柴油牌号不对,冬季使用夏季油,柴油会冷凝析出石蜡而堵塞油路。

④喷油器针阀堵塞或卡住不喷油。

⑤熄火拉钮未退回、喷油泵油量调节拉杆卡住。

(3)故障诊断与排除。

柴油不进缸故障,可分为低压油路故障和高压油路故障,应进行如下检查:

①低压油路故障。

将放气螺塞旋松,如图2-151所示,进行手动泵油,若放气螺塞处无柴油溢出,则说明故障出自低压油路。此时应进行如下操作:

a.检查油箱内存油量,如果不足应添加。检查油箱开关是否已打开,加油口盖通气阀是否畅通,发动机熄火拉钮是否退回。

b.如果开关已打开,熄火拉钮已推回,则应检查油箱至输油泵间油管有无破裂、漏油。

c.若低压油管无破裂、漏油,则应检查输油泵的工作情况,进行手动泵油测试。

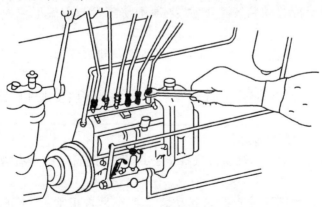

图2-151 旋松柴油机放气螺塞

- 若泵油的过程中没有压、吸油感,则故障应为手动泵油装置损坏,应更换。
- 在泵油过程中,若有明显的压油感,但无油溢出,则故障为输油泵内严重堵塞。

·在泵油过程中,若有明显的吸油感,但只有空气溢出,或带有少许油泡,则故障为油管严重漏气。

d.拆下输油泵进油管接头,关上油箱开关,往油箱方向吹气,依次用肥皂水抹在各油管接头上。若有气泡,说明油管接头漏气。

e.拆下输油泵按图2-152所示检测油泵的吸油能力、供油压力、供油量、密封性等工作性能。若油泵性能较差应更换。

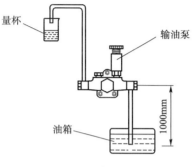

图2-152 输油泵的检测

②高压油路故障。

将放气螺塞旋松,进行手动泵油,若放气螺塞处出油正常,但喷油器无油喷出,则说明故障出自高压油路。此时应进行如下操作:

a.检查高压油管的连接是否可靠。

b.检查高压油管内是否有空气,将齿杆置于最大供油位置,用螺丝刀撬动喷油泵柱塞弹簧座,做喷油动作,检查高压油路中是否有空气。当柴油从出油阀喷出不带有气泡时,旋紧高压油管,再撬动几次,使喷油器喷油。

c.若故障依旧,应对喷油泵的柱塞偶件、出油阀偶件和喷油器密封性进行检修。

d.若发现问题,应调试或更换喷油泵或喷油器。

2)起动时排气管排白烟

(1)故障现象。

发动机在起动机带动下,转动正常,但不能着火,排气管排白烟。

(2)故障原因。

该故障的实质是柴油进入汽缸,但未能正常燃烧。柴油进燃烧室后,不能正常燃烧的原因如下。

①燃烧室内因密封性差,有水分渗入。

②柴油里含有水分,水在汽缸内形成蒸汽,从排气管排出。

③温度过低,或是冷起动装置不正常,柴油不易蒸发与空气形成混合气体,影响燃烧质量。

④喷油时刻过迟,使未燃烧的柴油形成白色油雾从排气管排出。

(3)故障诊断与排除。

①观察放气螺塞处流出的柴油内是否有水珠,或将纸张挡在排气口处,看纸张上是否有水汽。

②若有水分,则应对柴油质量进行检查。

③若柴油质量良好,则说明发动机汽缸垫密封不严或缸体、缸盖有裂纹,使水套中的冷却液渗入。

④若柴油中无水分,则应检查低温起动装置工作是否正常,若不正常,应进行检修或更换。

⑤将喷油泵供油提前角(联轴器主动盘与主动盘凸缘、喷油泵固定凸缘盘与起动机机体)的紧固螺钉旋松,对喷油时刻进行调整,若故障好转,则应检查联轴器主动盘与主动凸缘

之间固定螺栓是否松动,喷油泵凸轮轴键槽或半圆键是否损坏等,从而引起供油时间过迟。

⑥若故障依旧,则应对喷油泵及喷油器进行检修调试。

3)起动时排气管排黑烟

(1)故障现象。

发动机在起动机带动下,转动正常,但不能着火,排气管排黑烟。

(2)故障原因。

①柴油质量差。

②进气不充分,混合气体过浓。

③喷油时刻调整不当,过早。

④柴油发动机有个别缸不工作或工作不良。

⑤汽缸密封性差,汽缸压力低,雾化不良。

⑥调速器调整不当。

⑦喷油器损坏引起针阀关闭不严或输出喷油压力过低。

⑧喷油泵联轴器固定螺栓松旷。

⑨喷油泵柱塞或挺杆、凸轮磨损过量。

(3)故障诊断与排除。

①检查柴油质量是否符合要求。

②检查进排气管是否畅通,空气滤清器是否阻塞,排气制动阀是否阻塞。

③如果发动机在冒黑烟的同时伴有敲击声,则说明是由于喷油时间过早所造成的,应检查喷油泵的联轴器固定螺栓是否过松,喷油记号是否对上。

④若以上检查无误,则应对喷油器工作情况进行检查。可拆下喷油器,在喷油器调试台上检查其喷油雾化情况、喷油压力大小、喷雾锥角大小及射程是否符合生产厂家标准,如图2-153所示。若不符合标准,则应对喷油器进行更换。

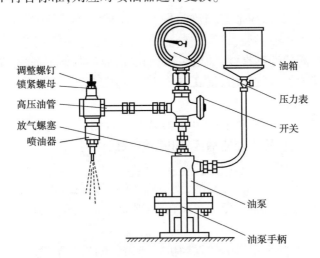

图2-153 喷油器的检测

⑤对喷油泵进行调校。

⑥若以上检查均正常,但故障依旧,则应检查发动机的汽缸压力。压力值过低,应对发

动机进行检修。

2. 柴油机动力不足

柴油机动力不足是指柴油发动机在加速时,转速上不去,达不到额定功率。其故障现象主要有柴油机运转均匀,但转速提不高,排烟少;柴油机运转无力,断续排黑烟;柴油机运转无力,连续排黑烟;柴油机"游车",如图2-154所示。

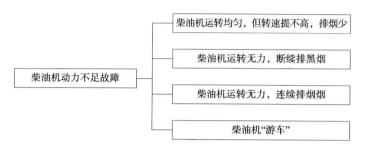

图2-154 柴油机动力不足故障

1)柴油机运转均匀,但转速提不高,排烟少

(1)故障现象。

发动机运转平稳、排烟正常,但运转无力;急加速时有少量黑烟排出,发动机达不到最高转速。

(2)故障原因。

该故障的原因是各缸喷油量均匀和燃烧完全,但最大供油量达不到要求,导致发动机不能输出最大功率。

①操纵机构不能将喷油泵负荷操纵臂推到最大供油位置,如加速踏板销松旷、加速踏板拉杆长度不合适等。

②低压油路阻力过大、低压油路回流阀失效、输油泵工作不良等,造成低压油路供油压力过低。

③柱塞偶件和针阀偶件磨损,漏油增多;喷油泵供油量调整不当,全负荷油量不足,调速器因调整不当或高速弹簧变软,导致最高空转转速下降。

(3)故障诊断与排除。

①将加速踏板踩到底时,看喷油泵负荷操纵臂是否到达最大供油位置。如果负荷操纵臂到不了最大供油位置,应检查加速踏板轴和调整拉杆长度。

②松开喷油泵的放气螺塞,先用电动燃油泵(或手油泵)泵油,检查低压油路是否畅通。如果喷油泵出油不畅,或者油中含有气泡,则应查明堵塞部位或进气部位。

如果出油正常,用起动机带动发动机运转,看喷油泵放气螺塞处的出油情况,出油正常,说明输油泵工作良好。

③将加速踏板踩到底,观察车上的发动机转速表。如果低于发动机的最高空转转速,则说明调速器有故障,应拆下喷油泵进行检查和调整。车上无发动机转速表时,可进行下一步检查。

④拆下喷油器,检查各喷油器针阀的密封性和喷油压力。

⑤经上述检查和必要的检修后，故障仍不能排除，则故障在喷油泵，应对喷油泵进行检修。

2）柴油发动机运转无力，断续排黑烟。

（1）故障现象。

发动机运转不平稳，断续排黑烟，加速时可听到敲击声。

（2）故障原因。

该故障原因是个别缸燃烧不完全或供油量不均匀。

①个别缸喷油压力过低或喷雾质量太差。

②个别缸压力过低。

③个别缸供油时间过迟等。

（3）故障诊断与排除。

①在发动机运转中，运用单缸断油法、脉动法、听音法、观色法和观察发动机转速的变化，找出故障缸。

②拆下故障缸的喷油器，就车检查和调整喷油压力和喷雾质量。

③检查并调整故障缸的气门间隙。

④打开喷油泵检视窗盖板，比较其他缸挺杆上升到最高位置时，柱塞顶部的余隙（用螺丝刀撬动检查）与故障缸柱塞顶部余隙的差值。如果差值较大，可能是调整螺钉调整不当或松动，而引起挺杆升程变小，使个别缸供油时间过迟。应拆下喷油泵，在试验台上进行调试。

⑤如果以上均正常，但故障缸仍燃烧不良，则故障是因汽缸密封性差和压力低造成的。

3）柴油机运转不均匀，连续排黑烟

（1）故障现象。

①发动机运转较平稳，但运转无力，排黑烟。

②有时还出现过热现象。

（2）故障原因。

该故障原因是全部或大部分汽缸内的柴油燃烧不完全。

①空气滤清器过脏。

②进、排气通道不畅通。

③喷油泵柱塞偶件磨损严重，使供油持续角加大。

④喷油泵调整不当或驱动装置松动，使喷油时间过迟。

⑤喷油器雾化不良，或喷油器型号不对。

⑥汽缸密封性差，气门间隙过大，造成气门的迟开早闭。

（3）故障诊断与排除。

①踩下加速踏板，使发动机以低、中、高转速运转，并观察排烟变化。若在任何转速下都排烟，说明喷油泵供油量调整不当；若只在高速时排烟严重，可以取出空气滤清器滤芯观察，如果排烟正常，说明空气滤清器过脏；若排烟不变，应检查供油提前角。

②松开喷油泵供油提前角（联轴器主动盘与主动盘凸缘、喷油泵固定凸缘盘与起动机机体）的紧固螺钉，适当增大供油提前角。如果起动后烟色变淡，说明原来的供油时间偏晚。

③检查调整气门间隙。气门间隙过大时,气门迟开早闭,使进气不足或排气不完全,从而造成燃烧不完全;气门间隙过小时,机温升高后,可能造成气门关闭不严,使汽缸密封性变坏,空气漏失增加,汽缸压力下降,导致燃烧不完全。

(4)在运转状态下,观察曲轴箱通风口是否大量排烟,如果排烟量较大,说明活塞与汽缸密封不严。

(5)检查喷油器的喷油压力和喷雾质量,进行必要的检修,然后进行运转试验。

(6)上述各项检查均正常但故障仍不能消除时,说明喷油泵有故障,应拆下喷油泵,在试验台上对其检查、调试。着重检查柱塞偶件的密封性和喷油泵的供油起始角是否正确。

4)柴油机"游车"

(1)故障现象。

①发动机在运转时,加速踏板停留在一定位置不动,而发动机的转速在较大范围内周期性地忽快忽慢地变化。

②加、减速时,发动机转速变化不及时,反应迟钝。

③发动机运转无力。

(2)故障原因。

"游车"故障的实质是调速器的正常调速功能被破坏,喷油泵和调速器内运动零件运动阻力过大,使调速器的灵敏度下降;内部零件配合间隙过大,使供油量的改变滞后于转速变化;喷油器驱动装置松动等。

①喷油泵拉杆移动不灵活:

a.齿圈与齿条或调节叉与调节臂之间运动不灵活。

b.凸轮轴轴向间隙过大。

c.喷油泵柱塞密封性下降。

②调速器机件运动失常:

a.调速器内部机件配合过紧,或调速器内部机油太脏、过稠等。

b.飞块组合件与保持架之间运动不灵活。

c.调速器内部机件因磨损或油量调节机构配合松旷。

d.调速器飞块收张距离不一致。

e.调速弹簧变形或断裂。

(3)故障诊断与排除。

①检查调速器内的机油是否过脏或过稠(黏度过大)。

②拆下喷油泵检视窗盖板,用手捏住供油拉杆(或齿圈),使齿杆轻轻移动。如果移动阻力较大,应拆下调速器盖,使供油拉杆与调速器脱开,然后分别检查供油拉杆的移动阻力和调速器各活动部位的配合松紧度。并检查调速器内部零件是否完好,如果供油拉杆移动阻力还过大,则应进一步分解检验,查明原因予以排除。如果是调速器内部零件配合不当,应逐一检查各活动部位,查明原因予以排除。

如果供油拉杆移动阻力很小,那么故障是由松旷引起的。应在脱开供油拉杆与调速器的连接后,检查配合松旷的部位,一手捏住齿圈,一手拉动齿杆,如果移动间隙超过规定,应查出故障并将间隙调整适当。检查调速器各活动部位是否松旷,必要时检修调速器,恢复各活动部位的正常配合间隙。

③检查喷油泵凸轮轴轴向间隙,如果超过规定范围,应进行调整。

④检查调速器飞块行程和调速弹簧的预紧度,使两飞块的行程和两组调速弹簧的预紧度相同。

⑤正确调整调速弹簧的预紧力,使调速器的调速率满足规定的要求。

3. 急速转速不稳

1)故障现象

柴油发动机不论是在冷机或热机条件下,急速转速都不稳定。机体严重抖动,转速时高时低,甚至不能维持正常运转而熄火。

2)故障原因

(1)急速转速太低。

(2)燃油系统中有空气。

(3)喷油泵工作不正常。

(4)喷油不正时。

(5)喷油器堵塞或工作不正常。

(6)发动机支承座胶垫松动、断裂。

3)故障诊断与排除

(1)检查发动机支承座胶垫是否断裂、松动而引起发动机抖动。如果是,则加以紧固或更换。

(2)起动发动机并观察发动机转速表。若转速表指示的转速值较低并伴有机体抖动现象。应检查急速限位螺钉是否松动失调。否则,使发动机转速提升到规定急速转速,若发动机能稳定均匀运转无抖动现象,说明故障为急速调整不当。

(3)发动机急速运转时,观察高压油管接头处是否有燃油泄漏现象。若有泄漏,则该缸工作不良会导致急速不稳,应修复或更换高压油管。

(4)发动机急速运转时,松开放气螺塞观察出油情况。如果有很多气泡自放气螺塞孔冒出,说明燃油中有空气。检查输油泵至油箱之间各接头是否有漏气现象,如果有,则予以排除。

(5)若急速仍然不稳,可在急速时用手分别触摸各缸高压油管,感觉各缸喷油脉冲强弱。如果个别汽缸喷油脉冲很弱,应进一步对该缸做人工断油。若断油时发动机转速无多大变化,说明该缸工作不良,应将该缸喷油器拆下校验。

(6)急加速时,若发动机有明显的金属敲击声,说明喷油时刻可能过早;若发动机转速迟滞一下后才缓慢提高,说明喷油过迟;喷油不正时,均应重新调整。

(7)以上检查均正常,检测发动机各缸的汽缸压力,各缸压力差不应大于规定值。

4. 柴油发动机"飞车"故障

1)故障现象

发动机转速突然升高并超过允许的最高转速,同时伴有巨大响声,这种现象称为"飞车"。对于柴油发动机"飞车",如果不及时加以控制,短时间内就会造成柴油发动机事故性损坏,甚至会造成人员伤亡。

2) 故障原因

产生"飞车"故障的主要原因有三点:一是调速器本身的故障,从而失去了正常的调速功能;二是喷油泵柱塞卡在供油位置;三是因为额外的柴油、机油进入汽缸燃烧。

(1) 喷油泵和调速器故障。

①供油拉杆或齿杆被卡在某一供油位置。

②某一缸的柱塞与柱塞套卡在供油位置不能相对转动。

③供油拉杆与调速拉杆(或导动杠杆)之间的联系中断。

④飞球式调速器的飞球组合件锈住。

⑤调速弹簧折断并被卡住,或飞块(飞锤)连接销折断或脱出。

⑥调速器滑动销轴与轴套之间被卡住。

⑦调速器总成从凸轮轴上脱落,造成调速器不转动。

⑧飞球与斜盘或推力盘之间滑动阻力过大,使飞球无法甩开。

⑨调速器内的机油数量太多、太稠或过脏,使飞块(飞球)不能甩开。

以上原因使调速器无法根据柴油机转速的变化及时地加、减油,在喷油泵速度特性影响下,转速升高,供油量增大,供油量增大又使转速进一步升高,导致"飞车"。

(2) 额外的柴油或机油进入汽缸燃烧。

①装有火炬式低温起动装置的发动机燃油供给系统,当其低温起动装置的电磁阀关闭不严时,低压油路的柴油经电磁阀进入进气歧管,再进入汽缸燃烧。

②空气滤清器的滤芯清洗后,滤芯上的洗油没有吹干而被吸入汽缸;油浴式空气滤清器的机油过多而被吸入汽缸。

③气门室内的气门机构润滑油道的堵头脱落、油管破裂等,使气门室充满机油,机油经进气门导管被吸入汽缸燃烧。

(3) 应急措施。

遇到柴油发动机"飞车"故障,应迅速采取必要的应急措施迫使发动机熄火。

①抬起加速踏板,有熄火拉钮的发动机应拉出熄火拉钮,有减压杆的发动机应提起减压杆,有排气制动阀的发动机则踩下(或按下)排气制动开关,迫使发动机熄火。

②如果抬起加速踏板,拉出熄火拉钮(或根本拉不动)仍不能熄火,或者柴油发动机上没有减压装置和排气制动阀时,则应挂上高速挡,踩住制动踏板,慢抬离合器,强制发动机熄火。

③堵塞进气口,切断进气通道。

④松开全部高压油路,切断供油。

应根据具体情况和条件灵活运用熄火方法。如果在车上发生"飞车",应采取前两种办法;如果发动机还没有装车时发生"飞车",则采用后两种方法。

(4) 故障诊断。

发动机熄火后,可按下述步骤查出故障原因:

①如果抬加速踏板后,发动机转速随之降低或者熄火,说明故障是因机油过稠或调速器总成从凸轮上脱落引起的。

②如果抬起加速踏板后,发动机转速继续升高,则故障可能是供油拉杆卡死、柱塞与柱

塞套卡死、调速器内部机件卡死或供油拉杆与调速器脱开等原因造成的。

如果拉出熄火拉钮后,发动机能熄火,则说明供油拉杆和柱塞均未被卡死。应检查调速器与供油拉杆的连接是否可靠,调速器飞块销是否脱落,调速器总成与凸轮轴之间是否松脱。

如果熄火拉钮拉不动,柴油发动机转速仍继续升高,说明故障是由供油拉杆被卡在供油位置引起的。应拆下喷油泵检视窗盖板,用手扳动齿圈或供油拉杆,若扳不动,说明供油拉杆与泵体座孔或柱塞与柱塞套筒卡住。

③若在"飞车"的同时,排气管冒蓝烟,说明机油进入汽缸燃烧。可打开气门室罩上的加机油盖,看气门室内是否充满机油。

④检查空气滤清器的机油数量,使机油平面与油池的刻线平齐。

⑤检查低温起动装置的电磁阀是否漏油。

5. 柴油发动机工作粗暴

1) 故障现象

发动机运转不稳,并排黑烟,低速时出现敲击声,急加速时敲击声加剧,高速时敲击声减弱或消失。

2) 故障原因

(1) 调整不当,使供油时间过早。

(2) 供油量不均匀,个别缸供油量过大。

(3) 喷油器不密封,出现滴漏现象,造成喷油雾化不良。

(4) 活塞、气门等磨损,使汽缸不密封。

(5) 进气阻力过大,造成进气不足。

(6) 发动机温度过高,燃烧室内积炭过多。

3) 故障诊断与排除

(1) 如果敲击声比较均匀,说明各缸的工作情况比较接近,应按如下方法检查:

①取下空气滤清器滤芯,监听柴油发动机敲击声有何变化。如果敲击声减弱或消失,则表明空气滤清器过脏,进气不足,汽缸压力下降,引起着火后燃期延长,就会导致发动机排黑烟和产生敲击。如果敲击声和排气烟色无明显变化,说明空气滤清器良好,应检查进气管是否有异物而导致堵塞。

②适当减小供油提前角,观察发动机运转时的排烟和敲击声的变化。若排烟和敲击声都减弱或消失,则表明供油过早,应调整供油提前角。

(2) 如果敲击声不均匀,说明供油量过大且不均匀。可采用"感温方法""脉动方法""听音方法"和观察排烟颜色方法找出故障缸。

①如果用"感温方法"找到某缸排气歧管在起动初期较其他缸热得快,则表明该缸的供油量大;反之,表明该缸供油量小或喷油器工作不良。

②用长柄螺丝刀抵在缸体上,仔细监听并比较响声及振动的大小,响声和振动大的为供油量过大;反之,供油量过小。

③拆下故障缸喷油器,检查其密封性和喷油雾化质量。必要时进行检修和调整。若喷油器良好,应拆下喷油泵,在试验台上检查并比较各缸的供油量。

④如果以上检查均正常，则应检查汽缸密封性。

6. 柴油发动机燃油供给系统使用检修注意事项

为了减少柴油发动机燃料系统故障和在排除其故障时不扩大故障，在平时和排除故障时，应注意以下几点：

（1）使用经过 48h 以上时间沉淀和严格过滤的优质柴油。若加注劣质不清洁的柴油，会加速喷油泵和输油泵等精密偶件的磨损或导致油路堵塞。

（2）若发现柴油粗滤器的沉淀杯（该杯为透明体）内有污物堵塞或积水现象时，应拆下沉淀杯进行清除，其滤芯可用清洁的柴油予以清洗。

（3）定期更换柴油细滤器滤芯，换下的滤芯不可再用。

（4）拆下的细滤器的各零件，必须用清洁的柴油清洗后，严格按装配顺序组装，防止装错而使细滤器失去过滤效果。

（5）当柴油发动机燃料系统出现故障后，在没有确诊故障部位和原因之前，不要盲目拆卸机件。

（6）在拆卸喷油器、喷油泵等部件时，由于出油阀偶件、喷油嘴偶件和柱塞副偶件为 3 对精密偶件，且各自不能互换。因此，拆下的零件应放置有序，并防止丢失机件和损坏精密件表面，或相互装错。

（7）拆卸高压喷油泵时，为使拆装前后的提前角保持不变，应记清原来的调整位置，例如，拆卸前在提前器与泵体上的指示刻线相对应的位置画一条线，且在拆下喷油泵后不要转动发动机曲轴，安装喷油泵时，注意使上述画线对齐后紧固螺栓即可。

课题八　冷却系故障诊断与排除

冷却系技术状况的好坏，直接对发动机的动力性、经济性、耐久性以及安全可靠性均能产生直接的影响。发动机冷却系的主要功能是使发动机温度维持在正常工作温度，发动机冷却系一旦出现故障，会使发动机无法正常工作甚至严重损坏。冷却系常见故障有温度过高、温度过低、冷却液消耗异常等。

一、冷却系温度过高

1. 故障现象

（1）冷却液温度警报灯闪烁或冷却液温度表指针长时间在红区，冷却液沸腾出现蒸汽。

（2）发动机在加速时，出现动力不足，并伴有明显的金属敲击声。

2. 故障原因

（1）冷却液量不足。

（2）水泵损坏，冷却系堵塞或损坏。

（3）百叶窗关闭或开度不足。

（4）温控风扇不能正常工作。

（5）节温器失效、卡死或堵塞，使冷却液不能流过散热器，节温器不能正常开启。

(6)散热器或缸体内水套结垢多、堵塞,使冷却液冷却效果降低。

(7)散热器双温热敏开关出现故障。

(8)缸体密封不严,使高温气体进入冷却系。

(9)超负荷、低速挡行驶时间过长。

(10)点火过早过晚(配气相位不正确)。

(11)混合气过浓或过稀。

(12)燃烧室积炭过多。

(13)机油不足或黏度过大。

3. 故障诊断与排除

(1)检查冷却液量是否不足。

(2)检查百叶窗是否关闭或开度不足。

(3)检查水泵、风扇及散热片。

①水泵(风扇)皮带是否过松、打滑或断裂。

②使用硅油离合器的风扇,热机后将发动机熄火,用手转动风扇叶片,若无阻力或阻力很小,说明硅油离合器有故障,应进行检修或更换。

③装用电动风扇的发动机,发动机冷却液温度高于规定数值时风扇不转,应检查熔断丝是否良好。若熔断丝正常,拔下热敏开关插头,将两插片直接接通,若风扇仍不转,表明电扇损坏或电扇到温控开关的电路有故障。若电扇转动,表明温控开关有故障。

④散热片是否折断或弯折过多。

⑤检查发动机机体内有无冷却液渗漏。

(4)检查机油油量及黏度。若油量过少,应及时添加;若机油黏度过大,应更换机油。

(5)发动机冷车情况下运转,可将散热器盖打开(高温时不得打开,以免烫伤),操纵加速踏板,变换发动机转速,从加水口观察冷却液液面的变化。若无搅动现象,则为水泵工作不正常(或拆下水泵出水管,用手堵住出水胶管,发动机从怠速逐渐升到高速,如手感到压力很大或用手堵不住水管,说明水泵工作正常。若无感觉,说明水泵内部有故障),应对水泵进行检查。

(6)分别在怠速、中、高速条件下观察排气的颜色。若排出的是黑烟,说明混合气过浓,应进行调整或维修。怠速时急加速,如果发动机转速有短时失速或回火现象,说明发动机混合气过稀。

(7)检查喷油正时(柴油机)或点火正时(汽油机),必要时予以调整。

(8)拆下节温器,如图 2-155 所示,将节温器浸入水中加热检查节温器阀门开启温度。当水温达到规定数值时,节温器应开始打开,水沸腾时节温器阀门升程应达到要求的高度。若不正常,应更换新件。

(9)拆下散热器盖并加满水,让发动机运行几分钟后,观察散热器盖处是否有很多水泡冒出甚至喷水。若有,说明发动机汽缸垫已被冲坏。

(10)拆下火花塞(汽油机)或喷油器(柴油机)用工业用内窥镜观察发动机燃烧室内积炭情况。若积炭过多,应加以清除,防止发动机早燃或爆燃。

(11)以上检查均正常,则应检查发动机排气门间隙。若间隙过大应进行调整。若间隙正常,检查发动机排气系统是否畅通,再对发动机配气相位进行检查和调整。

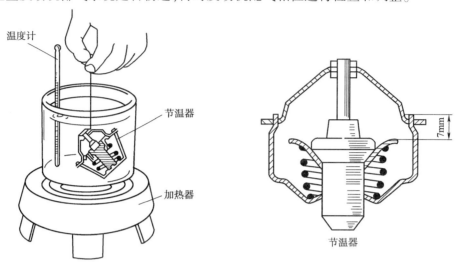

图 2-155 节温器性能的检验

二、冷却系温度过低

1. 故障现象

(1) 冷却液温度表指示值达不到正常工作温度范围。

(2) 发动机动力不足,排气管伴有放炮声,发动机油耗增加。

(3) 该故障现象多发生在高寒地区或冬季行驶。

2. 故障原因

(1) 节温器不起作用,主阀门常开。没有形成小循环。

(2) 百叶窗、挡风帘关闭不严。

(3) 电动冷却风扇常开。

(4) 温控开关故障。

(5) 冷却液温度传感器出现故障。

(6) 冷却液温度表及其线路有故障。

(7) 大气压力过低。

3. 故障诊断与排除

(1) 周围大气压力是否过低。在高原地带,大气压低时,冷却液温度不能上升。

(2) 检查百叶窗、挡风帘是否未能关闭或未装保温罩(在冬季环境温度较低时)。

(3) 冷车起动后打开散热器盖,使发动机加速。观察水流速度及流量。若水流速度很快、流量大,说明节温器常开或未装节温器,应更换或加装节温器。

(4) 若冷却液温度表指示温度偏低,而用手触试散热器时感觉很烫,用温度计测量冷却液温度却正常,说明冷却液温度传感器或冷却液温度表有故障。

(5) 若冷却液温度表测量冷却液温度过高,则说明冷却液温度表或线路损坏。

(6) 冷车起动发动机,此时电动风扇不应运转(装用电动风扇的车辆)。若此时电动风扇运转,说明温控开关失灵,应予以更换。

三、冷却液消耗异常

1. 故障现象

一般发动机的冷却系是全封闭的,在正常情况下,冷却液不需经常添加。如果冷却液液面下降很快,即表明冷却系有泄漏故障。

2. 故障原因

(1)外漏,通常是散热器、进出水管或水泵向外泄漏;汽缸垫损坏。

(2)内漏,主要是水套漏水,汽缸套漏水等,散热器的冷却液流入油底壳或燃烧室而不见外流。

3. 故障诊断与排除

(1)若为外漏,可直观检查冷却系的外置管道和水泵、散热器等有无冷却液渗漏;若难以判断,可对冷却系进行加压检查。

(2)若发动机运行无力,且排气管冒白烟(有水蒸气),或是检查发现机油中有水的,则可判定为内漏。应对发动机拆卸进行检修。

课题九　润滑系故障诊断与排除

发动机润滑系对发动机的正常工作起着至关重要的作用,润滑系故障会加速零件的磨损,影响发动机的正常工作,导致发动机使用寿命降低。发动机润滑系常见故障为机油压力过低、机油压力过高、机油消耗异常及机油变质等。

一、机油压力过低

1. 故障现象

(1)发动机在正常温度和怠速运转下,机油压力表读数始终低于标准值或机油警示灯亮。

(2)当发动机运行时,报警灯闪亮或报警器发出蜂鸣报警声。

2. 故障原因

(1)机油油面过低、黏度过小。

(2)机油变质或混入燃油、冷却液等。

(3)机油型号配置不合理。

(4)机油温度过高。

(5)机油压力指示有误。如油压表、传感器、油压开关、油压指示灯、油压报警器失效等。

(6)油底壳漏油,放油螺塞漏油,机油管道、接头漏油、堵塞等。

(7)机油限压阀调整不当、卡滞或限压阀弹簧过软、折断。

(8)机油泵工作不良,机油泵进油滤网堵塞等。

(9)机油集滤器、滤清器堵塞,密封衬垫损坏漏油,旁通阀堵塞等。

(10)发动机各轴承轴颈配合间隙过大,轴承盖松动,造成泄油量过大,导致机油压力过低。

3. 故障诊断

（1）在冷车的情况下确保汽车平稳停放，检查机油油面。如图 2-156 所示，若油面过低，应补足机油。

（2）将机油滴到干净的纸张上，观察机油的黏度和油质。若不符合要求，应予以更换。

（3）检查报警灯或报警器有无损坏。

（4）若无损坏，拆下机油压力传感器，装上机油压力检测表，当机油压力检测表达到规定值，而机油压力表指示的油压过低，说明机油压力传感器或机油压力表故障。换上新的机油压力传感器，起动发动机怠速运行，机油压力表指示正常，则为机油压力传感器故障。如果故障现象依旧，表明机油压力表故障。

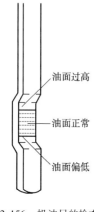

图 2-156　机油尺的检查

（5）当机油压力检测表指示的机油压力低于规定值，则为主油道或机油泵故障。应将检测表安装在汽缸体主油道机油压力传感器位置上，起动发动机，检测机油压力，如果压力仍高于规定值，说明滤清器至主油道间有堵塞或限压阀故障。当压力无多大变化且较低，拆下限压阀清洗，在弹簧后端面加装垫片后重新进行压力检测。如果机油压力明显提高，说明限压阀故障。

（6）加装垫片后压力仍偏低，应拆下油底壳，检查集滤器是否堵塞、曲轴轴承和连杆轴承配合间隙是否过大。间隙过大时，应加以修复。

（7）上述检查均正常，说明故障为机油泵磨损过多。

二、机油压力过高

1. 故障现象

(1)检查机油压力表读数始终高于规定值。

(2)机油警报灯闪亮且蜂鸣器响。

2. 故障原因

(1)机油黏度过大，机油量过多。

(2)机油滤清器滤芯堵塞，且旁通阀开启困难。

(3)机油压力限压阀调整不当或卡滞。

(4)油压表、传感器及油压指示装置失效。

(5)润滑油道、汽缸体主油道堵塞、积垢过多。

(6)发动机各轴承间隙过小。

3. 故障诊断与排除

(1)试车检查，根据故障症状进行分析和诊断。

(2)检查油面高度，若油面正常，应检查机油黏度、牌号是否符合要求。

(3)检查油压指示装置。若接通点火开关就有压力指示，则说明油压表或传感器有故障，检查方法同前。

(4)检查、调整限压阀，对于与机油泵一体的限压阀，则应拆检机油泵。

(5)拆检发动机，检查、清洗润滑油道，并用压缩空气吹通；同时检查曲轴主轴承、连杆轴承、凸轮轴轴承等各配合间隙是否过小。

三、发动机润滑油消耗异常

1. 故障现象

(1) 机油消耗超过 0.1~0.5L/100km。

(2) 发动机工作时,排气管大量排蓝烟。

(3) 积炭增加,火花塞油污现象严重等。

2. 故障原因

(1) 气门与气门导管间隙过大、气门油封失效或脱落。

(2) 机油滤清器、空气压缩机及汽油泵等各部位的油封或密封垫损坏导致漏油。

(3) 活塞环密封不良、活塞环与汽缸壁严重磨损间隙过大而窜油。

(4) 活塞环装配不正确(活塞环的开口没有错位,或错位不当)、活塞环错装。

(5) 曲轴箱通风阀失效,导致曲轴箱内温度过高。

(6) 气门室盖、油底壳、放油螺塞、正时齿轮(链轮、带轮)、曲轴前后油封、凸轮轴油堵。

3. 故障诊断与排除

(1) 试车检查,让发动机加速运转,查看排气有无冒蓝烟。

(2) 若无,则为发动机外部机油泄漏所致。检查发动机前、后、上、下及侧部有无明显漏油痕迹,如果发现油痕,在清洁好发动机外部油污之后,起动发动机,观察泄漏情况,或往发动机润滑油中加入荧光检漏剂,起动发动机后用荧光检漏仪检查机油泄漏部位,如有泄漏应予以修复。

(3) 当排气管冒蓝烟,说明机油被吸入燃烧室,应根据故障现象确定具体故障部位。

① 检测缸压,若缸压过低,同时加机油口也脉动冒烟,说明汽缸活塞组磨损过大、密封不良而导致汽缸窜油,应对发动机进行维修。

② 当排气管排蓝烟而缸压正常,说明故障在气门导管处,应检查气门与气门导管间隙是否过大、气门油封是否失效等。应对气门、气门导管及气门油封进行检查并更换。

③ 检查曲轴箱通风阀是否黏结而不能工作正常,如有黏结,发动机可能会有冒烟现象。

四、机油变质

1. 故障现象

(1) 将机油滴在白纸上或目测,机油呈黑色,且用手指捻试无黏性,并有杂质感。

(2) 机油高度增加,且呈浑浊乳白色,伴有发动机过热或个别缸不工作现象。

(3) 机油变稀,高度增加,且有汽油味,并伴有混合气过稀或不来油现象。

2. 故障原因

机油变质主要是高温氧化或混入冷却液、汽油及其他杂质所致。

(1) 加注不同型号机油,未进行彻底清洗。

(2) 机油使用时间过长,未定期更换,高温氧化而变质。

(3) 汽油泵膜片破裂,汽油漏入油底壳稀释机油。

(4) 燃烧炭渣、金属屑或其他杂质过多,落入油底壳使机油变质。

(5)汽缸活塞组漏气、曲轴箱通风不良,机油受燃烧废气污染而变质。

(6)汽缸垫损坏、汽缸体或汽缸盖破裂,冷却液漏入油底壳使机油变为乳白色。

(7)机油散热器不良、发动机过热,使机油温度超过正常工作温度,加速机油高温氧化。

3. 故障诊断与排除

(1)根据机油颜色和症状特征判断机油是否变质(经验法),也可利用机油清净性分析仪、机油黏度检测仪测定机油的黏度、颜色,有无汽油、水分和其他杂质等。

(2)根据机油变质后的症状,确定故障原因和故障部位。例如,机油呈浑浊乳白色且油面增高,说明汽缸内进水;机油中掺有汽油且油面增高,说明汽油泵膜片破裂漏油。

(3)检查机油是否使用时间过长,未定期更换。

(4)检查机油滤清器滤清效果是否良好。

(5)检查曲轴箱通风阀是否失效。

(6)检测缸压,判断汽缸活塞组是否漏气窜油。

单元三
汽车底盘故障诊断与排除

课题一 传动系故障诊断与排除

汽车传动系是由离合器、变速器、万向传动装置和驱动桥等组成,是汽车底盘的重要组成部分。传动系技术状况的好坏不仅直接关系到发动机的动力传递,而且对汽车的操纵性和燃料经济性产生较大的影响。因此,对汽车传动系的故障应及时诊断并排除,确保传动系具有良好的技术状况。

一、传动系常见故障诊断与排除

1. 离合器故障诊断与排除

离合器结构与组成如图 3-1 所示。

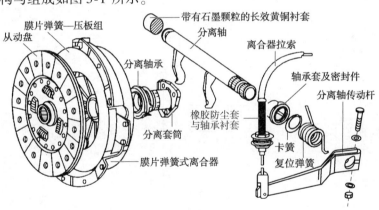

图 3-1 轿车离合器的组成

汽车在使用过程中,经常需要踩下和松开离合器踏板,使离合器分离与接合,因此离合器的技术状况会随着汽车的行驶里程的增加而变坏,严重时会造成离合器分离不彻底、打滑、起步发抖和异响等故障,使离合器不能正常工作。为保证发动机与传动装置平稳接合与分离,应及时对离合器进行故障诊断与排除。

1)离合器分离不彻底

(1)故障现象。

离合器分离不彻底是指离合器踏板踩到底时,离合器处于半接合状态,其从动盘没有完全与主动盘分离的现象。离合器分离不彻底表现在发动机怠速运转时,踩下离合器踏板换挡困难,甚至挂低速挡时,离合器踏板尚未完全放松,而汽车就开始起步或发动机熄火的现象。

(2)故障原因。

离合器分离不彻底的根本原因是:离合器踏板踩到底时,其压盘离开从动盘的移动量过小,或离合器主从动件变形导致压盘与从动盘摩擦片有所接触不能分离。其具体原因如下:

①离合器踏板自由行程过大。

②分离杠杆弯曲变形。

③分离杠杆调整不当,其内端不在同一平面内或内端高度太低。

④从动盘钢片翘曲。

⑤新换的摩擦片太厚或从动盘正反面装错。

⑥液压传动离合器液压系统漏油,有空气或油量不足。

(3)故障诊断。

先将变速器处于空挡位,使发动机运转,再踩下离合器踏板,将变速器挂入倒挡或一挡,看接合是否平稳。若换挡困难并伴有齿轮撞击声,强行挂入挡位后汽车前冲,发动机熄火,则说明离合器分离不彻底,当离合器分离不彻底时,可按图3-2流程图诊断故障。

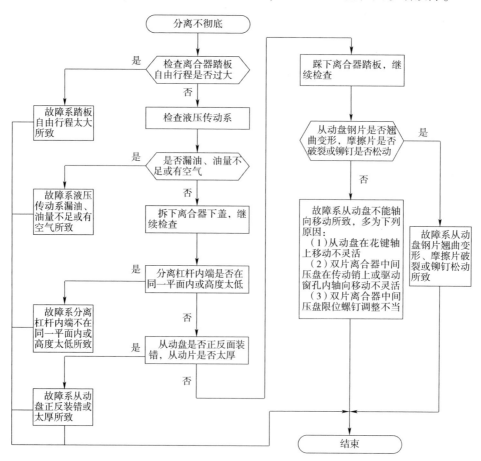

图3-2 离合器分离不彻底诊断流程图

2）离合器打滑

（1）故障现象。

离合器打滑故障表现为：汽车起步困难；汽车在行驶中车速不能随发动机转速的提高而提高，感到行驶无力；可闻到离合器摩擦片的焦味。

（2）故障原因。

离合器传动打滑的根本原因是压盘不能牢固地压在从动盘摩擦片上，或摩擦片的摩擦系数过小，使离合器摩擦力矩严重不足。其具体原因如下：

①离合器踏板自由行程过小。

②从动盘摩擦片粘有油污。

③从动盘摩擦片烧蚀。

（3）故障诊断。

汽车静止时，分离离合器，起动发动机，拉紧驻车制动器操纵杆，把变速器换入一挡，缓抬离合器踏板使离合器逐渐接合，同时踩加速踏板，发动机无负荷感，汽车不能起步，发动机又不熄火说明离合器打滑；汽车在行驶中，当踩下加速踏板后，若发动机转速提高而车速不变，则表明离合器打滑，可按图3-3所示诊断流程诊断故障。

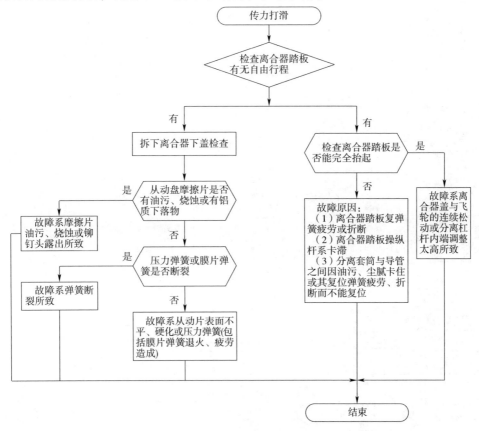

图3-3 离合器打滑诊断流程图

3）离合器起步发抖

（1）故障现象。

离合器起步发抖是指汽车在起步过程中,缓抬离合器踏板,轻踩加速踏板,离合器接合时出现的振抖现象,其表现是汽车不能平顺起步,起步伴有轻微冲撞,严重时车身明显抖动。

(2)故障原因。

离合器发抖的根本原因是从动盘摩擦片表面与压盘表面、飞轮接触表面之间正压力分布不均,在同一平面内接触时间不同,使得主、从动盘接触不平顺引起发抖,其具体原因如下:

①分离杠杆内端高度不处在同一平面内。

②从动盘或压盘翘曲变形。

③安装位置不在同一水平。

(3)故障诊断。

让发动机怠速运转,挂上低速挡,缓慢放松离合器踏板并加大节气门开度,使汽车起步有振动感即为离合器发抖。当离合器发抖时,可按图3-4所示诊断流程诊断故障。

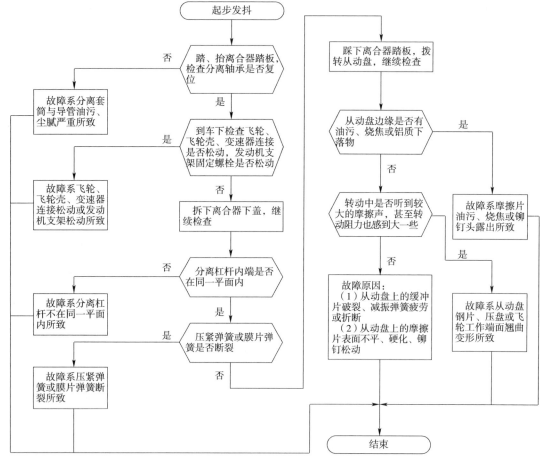

图3-4 离合器起步发抖诊断流程图

4)离合器异响

(1)故障现象。

离合器异响是指离合器分离或接合时发出不正常的响声,其表现是离合器变工况时出现连续或间断的比较清晰的响声。

单元三 汽车底盘故障诊断与排除

(2) 故障原因。

离合器异响产生的根本原因在于离合器部分零件严重磨损及主、从动件传力部位松旷，而当离合器主、从动件接合或松开的瞬间，由于惯性冲击的作用，在松旷处造成金属零件之间不正常摩擦或撞击而产生异响。其具体原因如下：

①离合器踏板自由行程不够。
②摩擦片上的减振弹簧折断。
③分离轴承缺油或损坏。
④压盘膜片弹簧不在同一水平位置上。
⑤摩擦片磨损严重。

(3) 故障诊断。

发动机怠速运转，变速器挂入空挡，控制离合器踏板，利用离合器分离与接合时发出的声音诊断其故障所在。具体诊断流程如图 3-5 所示。

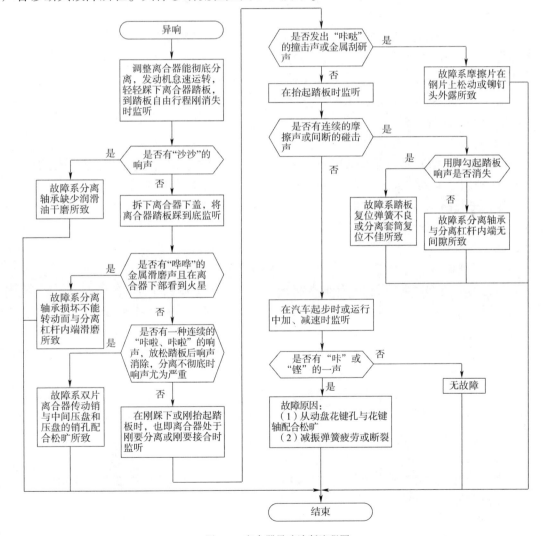

图 3-5 离合器异响诊断流程图

2. 手动变速器故障诊断与排除

变速器在工作中由于负荷的作用,随着汽车行驶里程的增加,内部零件的磨损、变形也随之加大,引起各零件间的配合关系变坏,从而引起一系列的故障,变速器常见的故障有跳挡、乱挡、异响及漏油等。

1）变速器跳挡

（1）故障现象。

汽车在行驶中,变速杆自动从某挡位跳回空挡,此现象多发生在重载加速或爬坡时。

（2）故障原因。

变速器跳挡的根本原因是换挡啮合副在动力传递时,产生较大的轴向作用力,使其啮合副脱离啮合位置,或变速器挂挡时,啮合副未能全齿长啮合,当汽车振动或变负荷行驶时,导致跳挡。其具体原因如下：

①操纵杆系磨损松旷或变速器内拨叉弯曲变形,止推垫片磨损,致使齿轮啮合达不到齿的全长。

②相啮合的齿轮或齿套,在啮合部位沿齿长方向磨损成锥形。

③自锁装置凹槽,钢球磨损严重或自锁弹簧疲劳、折断。

④轴、轴承磨损松旷,使两啮合的齿轮轴线不平行或一、二轴不平行。

⑤滑动齿轮与轴的花键连接磨损严重,配合间隙过大。

⑥变速器与离合器壳的固定螺栓松动。

（3）故障诊断。

汽车在中、高速行驶时,采用突然加、减速的方法,使齿轮承受较大的交变负荷,检查是否跳挡,或利用汽车上坡或平路高速行驶时的点制动,使变速器传递较大的负荷,检查是否跳挡。逐挡进行路试,若变速杆在某挡自动跳回空挡,即诊断该挡跳挡,当变速器某挡跳挡时,按图3-6所示方法诊断故障原因。

2）变速器乱挡

（1）故障现象。

在离合器分离彻底的情况下,汽车在起步挂挡或行驶中换挡时,挂不上所需挡位,挂挡后不能退回空挡挡位,车辆静止时同时挂上两个挡位,无法传递发动机动力,即是乱挡。

（2）故障原因。

变速器乱挡根本原因是由于变速器互锁装置磨损失效或操纵机构磨损而松旷,导致乱挡,其具体原因是：

①互锁装置的凹槽、锁销、钢球磨损严重。

②变速杆下端长度不足,下端工作面磨损过大或拨叉导块凹槽磨损过大。

③变速杆球头定位销磨损松旷、折断,或球头、球孔磨损过大。

（3）故障诊断。

变速器乱挡时,可按下列方法诊断故障的具体原因。其诊断流程如图3-7所示。

3）变速器异响

（1）故障现象。

变速器在工作过程中发出不正常的响声,如尖锐、清脆的金属撞击声。

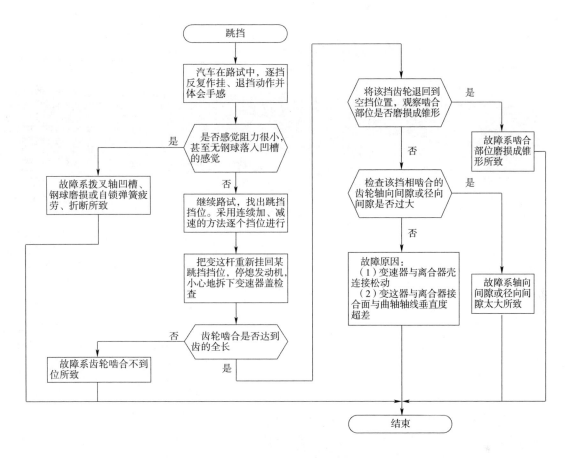

图 3-6 变速器跳挡诊断流程图

(2) 故障原因。

变速器异响产生的根本原因是由于轴承磨损松旷和齿轮啮合失常或润滑不良所致,其具体原因如下:

①滚动轴承缺油、轴承间隙太大、轴承滚珠或滚针磨损失圆、碎裂、折断、滚道表面烧蚀、剥落、出现麻点、伤痕或破裂、内外滚道在轴上或壳体内有相对转动。

②因加工精度低或热处理工艺不当等,造成齿轮端面圆跳动、径向圆跳动太大或齿形发生变化。

③花键连接磨损严重,使其配合间隙太大。

④齿面磕伤,个别轮齿折断或齿面剥落、脱层、缺损和过度磨损等。

⑤第一轴、第二轴或中间轴弯曲变形,使各轴轴线位置精度降低。

⑥修复后齿轮对齿面毛刺、凸起等未进行修整,换件时未成对更换齿轮。

⑦润滑油不足、太稀、变质、规格不符合要求或油中有杂物。

⑧变速拨叉弯度发生变化,磨损部位单边堆焊太厚或各轴承轴向定位失准。

⑨自锁装置凹槽、钢球磨损过大或自锁弹簧疲劳、折断,造成挂挡时不到位。

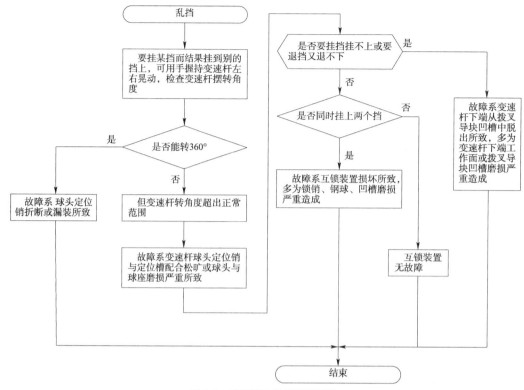

图 3-7　变速器乱挡诊断流程图

（3）故障诊断。

变速器内部运动机件较多,发出的声响比较复杂,因此在诊断变速器异响故障时,既要根据响声特征,又要根据异响出现的时机,来正确地判断、分析异响发出的部位及产生异响的原因。变速器产生异响时,可按图 3-8 所示诊断流程诊断故障。

4）变速器漏油

（1）故障现象。

变速器盖、侧盖、前后轴承盖、前后轴的回油螺纹或油封处有明显漏油痕迹。

（2）故障原因。

①接合平面变形或加工粗糙。

②接合平面处密封垫片太薄、硬化或损坏。

③变速器盖、侧盖、轴承盖等固定螺钉松动或拧紧顺序不符合要求。

④油封轴径与油封不同轴或轴径磨出沟槽。

⑤油封装反或磨损、硬化、弹簧失效。

⑥回油螺纹与轴径安装不同轴,回油螺纹沟槽污物沉积过多或有加工毛刺阻碍回油。

⑦加注润滑油过多或通气孔堵塞。

⑧加油口、放油口螺塞松动或螺纹损坏。

⑨变速器壳体有铸造缺陷或裂纹。

（3）故障诊断。

变速器漏油时,可按下列方法诊断故障的具体原因,其诊断流程如图 3-9 所示。

单元三　汽车底盘故障诊断与排除

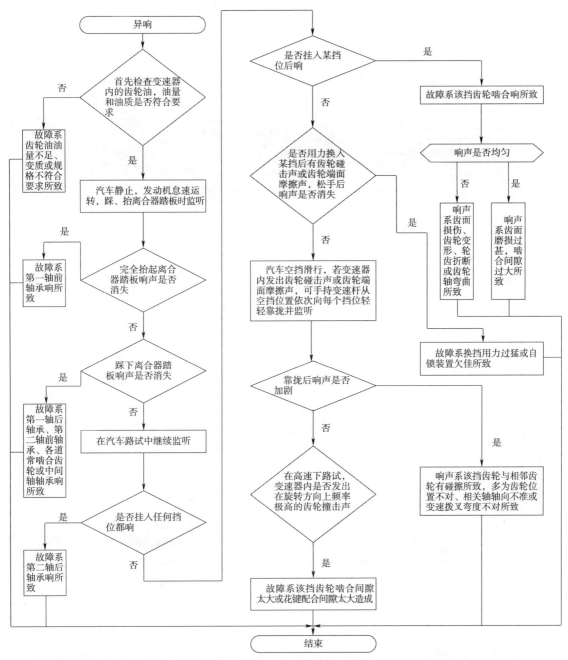

图 3-8　变速器异响诊断流程图

3. 万向传动装置故障诊断与排除

万向传动装置又称万向节传动轴,是将变速器输出的动力传递给距离较远的驱动桥,传动轴通常用无缝钢管制作,两端焊有万向节叉,有些动力传递系统有两根传动轴和 4 个万向节,中间采用一个中间支承,用作两部分之间的连接。车用万向传动装置的结构如图 3-10 所示。

1）传动轴动不平衡

（1）故障现象。

143

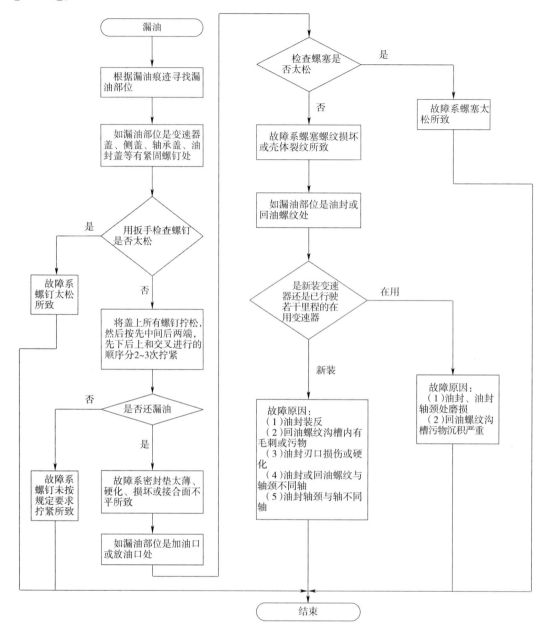

图3-9 变速器漏油诊断流程图

在万向节和伸缩叉技术状况良好时,汽车行驶中发出周期性的响声;速度越高响声越大,甚至伴随有车身振动,握转向盘的手感觉麻木。

(2)故障原因。

①传动轴上的平衡块脱落。

②传动轴弯曲或传动轴管凹陷。

③传动轴管与万向节叉焊接不正或传动轴未进行动平衡试验和校准。

④伸缩叉安装错位,造成传动轴两端的万向节叉不在同一平面内,不满足等速传动条件。

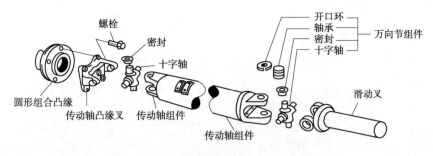

a)传动轴的组成

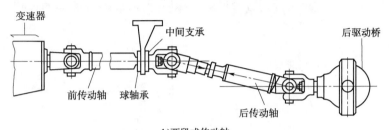

b)两段式传动轴

图 3-10 万向传动装置的结构

（3）故障诊断与排除方法。

①检查传动轴管是否凹陷。如有凹陷，则故障由此引起。

②检查传动轴管上的平衡片是否脱落，如有脱落，则故障由此引起。

③检查伸缩叉安装是否正确，如不正确，则故障由此引起。

④拆下传动轴检查有无弯曲，并进行动平衡试验。如有弯曲应校直。如有动不平衡，则应校准以消除故障。

2）万向节松旷、异响、严重磨损

（1）故障现象。

在汽车起步或突然改变车速时，传动轴发出"抗、抗"的响声；在汽车缓行时，发出"咣当、咣当"的响声。

（2）故障原因。

①凸缘盘连接螺栓松动。

②万向节主、从动部分游动角度太大。

③万向节十字轴磨损严重。

（3）故障诊断与排除方法。

①用锤子轻轻敲击各万向节凸缘盘连接处，检查其松紧度。太松旷则故障由连接螺栓松动引起，否则继续检查。

②用双手分别握住万向节主、从动部分转动，检查游动角度。游动角度太大，则故障由此引起。

3）中间支承松旷、磨损

（1）故障现象。

汽车运行中出现一种连续的"呜呜"响声，车速越高响声越大。

(2)故障原因。

①滚动轴承缺油烧蚀或磨损严重。

②中间支承安装方法不当,造成附加载荷而产生异常磨损。

③橡胶圆环损坏。

④车架变形,造成前后连接部分的轴线在水平面内的投影不同线而产生异常磨损。

(3)故障诊断与排除方法。

①给中间支承轴承加注润滑脂,响声消失,则故障由缺油引起;否则继续检查。

②松开夹紧橡胶圆环的所有螺钉,待传动轴转动数圈后再拧紧,若响声消失,则故障由中间支承安装方法不当引起。否则故障可能是橡胶圆环损坏;或滚动轴承技术状况不佳;或车架变形等引起。

4)传动轴异响

(1)故障现象。

汽车行驶中传动装置发出周期性的响声;车速越高响声越大,严重时伴随有车身振抖。

(2)故障原因。

主要原因是传动轴动不平衡;如传动轴变形或平衡块脱落、中间支承吊架固定螺栓松动或万向节凸缘盘连接螺栓松动,使传动轴偏斜。

(3)故障诊断与排除。

除"传动轴动不平衡"诊断方法外,再检查中间支承吊架固定螺栓和万向节凸缘盘连接螺栓是否松动,若有松动,则异响由此引起。

5)起动撞击和滑行异响

(1)故障现象。

汽车在起步有撞击响声,在滑行时也常有撞击异响。

(2)原因及排除方法。

①万向节产生磨损或损伤,应更换零件。

②变速器输出轴花键磨损,应修理或更换相关零件。

③滑动叉花键磨损、损伤,应更换零件。

④传动轴连接部位松动,拧紧螺栓即可消除故障。

4. 驱动桥故障诊断与排除

驱动桥的功用是将万向传动装置输入的动力经降速增矩,改变传动方向后,分配给左右驱动轮,且允许左右驱动轮以不同转速旋转,一般汽车用驱动桥主要由主减速器、差速器、驱动半轴及桥壳等组成,其结构如图 3-11 所示。

驱动桥的常见故障为异响、过热和漏油。

1)驱动桥异响

(1)故障现象。

汽车行驶时驱动桥发出较大响声,而当滑行或低速行驶时响声减弱或消失;汽车行驶、滑行时驱动桥均发出较大的响声;汽车转弯行驶时驱动桥发出较大的声音,而直线行驶时响声明显减弱或消失;汽车起步或突然改变车速时驱动桥发出"铿"的一声;汽车缓行时驱动桥发出撞击声。

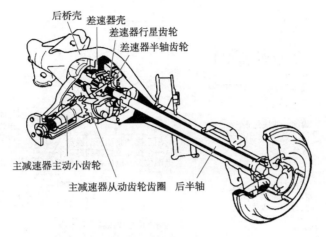

图 3-11　驱动桥的结构

(2) 故障原因。

驱动桥产生异响根本原因是驱动桥的传动部件磨损松旷、调整不当或润滑不良所致的。其具体原因如下：

①圆锥主、从动齿轮，圆柱主、从动齿轮，行星齿轮和半轴齿轮等啮合间隙过大或过小。

②半轴齿轮与半轴的花键配合松旷，差速器壳与十字轴配合松旷或行星齿轮孔与十字轴配合松旷。

③圆锥主、从动齿轮，圆柱主、从动齿轮啮合间隙不均匀。

④圆锥主、从动齿轮啮合印痕不符合要求。

⑤圆锥主、从动齿轮、行星齿轮和半轴齿轮的齿面磨损严重、轮齿折断变形或未成对更换。

⑥后桥壳内润滑油不足，牌号不符合要求，变质或有杂物。

⑦圆锥滚子轴承预紧度调整得太小或出现间隙。

⑧驱动桥壳或主减速器壳体变形。

⑨主减速器主动齿轮紧固螺母或从动齿轮连接螺钉松动。

(3) 故障诊断。

当驱动桥异响时，可根据汽车路试的行驶工况、驱动桥声响的特征及其变化情况诊断故障部位。其具体诊断故障流程如图 3-12 所示。

2) 驱动桥过热

(1) 故障现象。

汽车行驶一定里程后，用手触摸驱动桥壳中部，有非常烫手的感觉。

(2) 故障原因。

驱动桥过热的根本原因是驱动桥工作时其摩擦阻力过大，其具体原因如下：

①圆锥滚子轴承预紧度调整得过大。

②润滑油不足，变质或牌号不符合要求。

③圆锥主、从动齿轮，圆柱主、从动齿轮或差速器行星齿轮与半轴齿轮的啮合间隙太小。

④油封过紧。

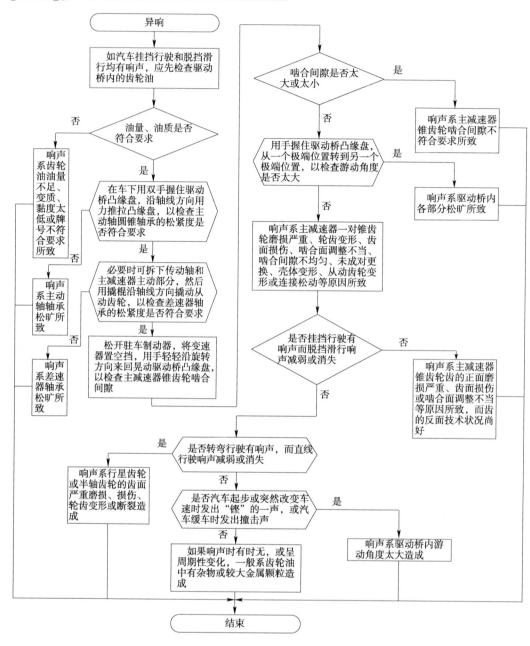

图 3-12 驱动桥异响诊断流程图

⑤止推垫片与主减速器从动齿轮背面间隙太小。

（3）故障诊断。

驱动桥过热时，可按下列方法诊断故障的具体原因，其诊断故障流程如图 3-13 所示。

3）驱动桥漏油

（1）故障现象。

在驱动桥加油螺塞、放油螺塞、油封处或各接合面衬垫处可见明显的漏油痕迹。

（2）故障原因。

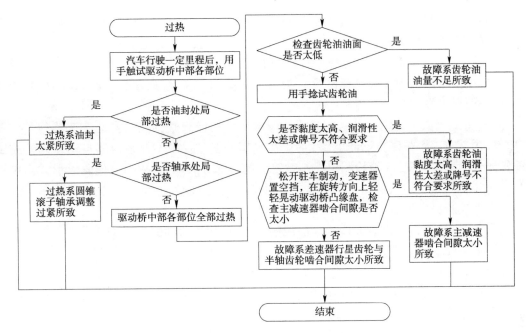

图 3-13 驱动桥过热诊断流程图

①油封与轴劲不同轴,油封装反,油封本身磨损、硬化、破裂或油封轴径磨出沟槽。
②接合面加工粗糙或变形。
③接合面处密封垫片太薄、硬化或损坏。
④两接合平面的紧固螺钉松动或螺钉拧紧方法不符合要求。
⑤通气孔堵塞或加油螺塞、放油螺塞松动。
⑥桥壳有铸造缺陷或裂纹。

(3) 故障诊断。

驱动桥漏油的诊断方法基本上同变速器漏油的诊断方法,可参看前述有关诊断故障的具体原因的内容。

二、电控液力自动变速器的检测与诊断

电控液力自动变速器通常由液力变矩器、齿轮变速系统、电子控制系统、液压控制系统和换挡执行器组成,结构较复杂。电控液力自动变速器一旦出现故障,其排除故障的效率取决于对故障特征的合理检测以及对故障部位的确切诊断。因此,自动变速器的检测与诊断是故障排除的关键。尽管自动变速器的型号各异、结构不同,但它们的工作原理基本相同,所以对各种电控液力自动变速器进行检测与诊断也是有规律可循的。

1. 电子控制自动变速器检测与诊断的原则

(1) 分清故障部位。分清故障是发动机微机控制系统还是自动变速器液压控制系统,只有分清了故障部位,才能有针对性地去查找故障根源,少走弯路。

(2) 坚持先易后难、逐步深入的原则。按故障的难易程度,先从最简单、最容易检查的部位入手,如开关、拉杆、自动变速器油状况等;从那些最易于接近的部位、易被忽视的部位和影响较大的因素开始,最后再深入到实质性故障。

(3)区分故障的性质。自动变速器故障是机械部分的,还是液压系统的,或微机控制系统的;是只需维护就可排除,还是需要拆卸自动变速器彻底修理才能排除的。

(4)充分利用自动变速器各检验项目(基础检验、手动换挡试验、液压试验、失速试验、时滞试验、电液控制系统工作过程检验),为查找故障提供思路和线索。通过这些检验项目的检测,一般可以发现自动变速器的故障所在。

(5)充分利用微机控制自动变速器的故障自诊断功能。微机控制自动变速器的电控单元(ECU)内部有一个故障自诊断电路,它能在汽车行驶过程中不断地监测自动变速器控制系统各部分的工作情况,并能检测出控制系统中的大部分故障,将故障以代码的形式记录在ECU中。维修人员可以按照特定的方法将故障码从ECU中读出,为自动变速器控制系统的检修和故障诊断提供依据。

(6)对于必须在拆检之后才能确诊的故障,应作为故障诊断的最后步骤。因为自动变速器结构复杂一般不要轻易分解。

(7)在进行检测与诊断前,应先阅读有关故障检测指南、使用说明书和该车型的《自动变速器维修手册》,掌握必要的结构原理图、油路图、微机控制系统电路图等有关技术资料。

2. 电子控制自动变速器检测与诊断程序

电子控制自动变速器故障检测与诊断基本程序如图3-14所示。

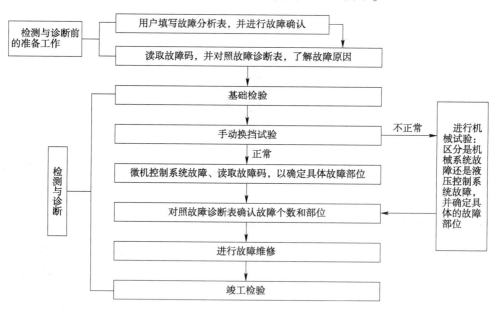

图3-14 自动变速器故障检测与诊断的基本程序

3. 电子控制自动变速器的性能检测

电子控制自动变速器的性能检测是判断微机控制自动变速器故障的基础。电子控制自变速器的故障往往可以通过相应的性能检测判断出故障类型和故障所在部位。

电子控制自动变速器的性能检测内容可分为基础检验、手动换挡试验和机械试验(机械试验又包括液压试验、失速试验、时滞试验、道路试验)等3个项目。电子控制自动变速器的性能检测的目的是发现故障的部位,以确定维修方法。

1)电子控制自动变速器的基础检验

自动变速器的油位不当、油质不佳、联动机构调节不当及发动机怠速不正常,是引起自动变速器故障的最常见原因。通常把对这些部件的检查与重新调整,称为自动变速器的基础检验。无论具体故障是什么,这种基础检验总是要进行,而且也是首先要进行的。电子控制自动变速器基础检验的目的是检验自动变速器是否具备正常工作的能力。基础检验中的检查和调整项目包括:油面检查、油质检查、液压控制系统漏油检查、节气门拉索检查和调整、换挡操纵手柄位置检查和调整、空挡起动开关检查、超速挡(O/D)开关的检查和发动机怠速检查等。基础检验的前提条件是:发动机工作正常、底盘性能良好,特别是汽车制动系统正常。

(1)自动变速器油面高度检查。

在做任何自动变速器检测或故障诊断前,要首先进行油面高度检查,其方法如下:

①将汽车停放在水平地面上,并拉紧驻车制动操纵杆,让发动机怠速运转(至少1min)。

②踩住制动踏板,将换挡操纵手柄拨至倒挡(R位)、前进挡(D位)、前进低挡(S、L或2、1位)等位置,并在每个挡位上停留数秒,使液力变矩器和所有换挡执行元件中都充满自动变速器油,最后将操纵手柄拨至停车挡(P位)位置。

③从加油管内拔出油尺,擦净后插入加油管内再拔出,检查油尺上的油面高度,如图3-15所示。

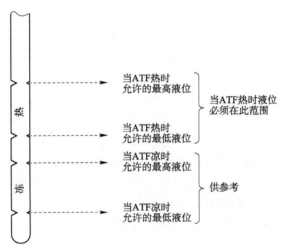

图3-15 自动变速器油面高度检查

如果自动变速器处于冷态(即冷车刚刚起动,自动变速器油的温度较低,为室温或低于25℃),油面高度应在油尺刻线的下限附近,如果自动变速器处于热态(如低速行驶5min以上,自动变速器油温度已达70~80℃),油面高度应在油尺刻线的上限附近。

若油面过低,应向加油管中补充自动变速器油,直至油面高度符合标准为止。继续运转发动机,检查自动变速器油底壳、油管接头等处有无漏油。如有漏油,应立即予以修复。

(2)自动变速器油品质检查。

自动变速器油的状态是自动变速器工作状态的集中反映,故应经常观察自动变速器油的颜色和气味的变化,并据此判断自动变速器油品质好坏和能否继续使用。在检查自动变速器油时,从油尺上闻一闻油液的气味,用手指蘸少许油液并在手指间互相摩擦看是否有渣粒。

自动变速器油的状态与常见故障原因见表 3-1。

自动变速器油的状态及常见故障原因   表 3-1

油 液 状 态	原因及处理方法
透明、呈粉红色	正常
颜色发白、浑浊	水分已进入油中,应检查密封性,特别是处于散热器下水室的油冷却器是否锈蚀腐烂
黑色、发稠,油尺上粘有胶质油膏	变速器油温过高
变成深褐色、棕色	(1)油液使用时间过长,应及时更换; (2)长期高负荷运转,或某些部件打滑、损坏,引起变速器过热
有金属屑或黑色颗粒	离合器片、制动带、单项离合器磨损严重
油液有烧焦味	(1)油温过高,油面过低; (2)油冷却器、滤清器或管路堵塞
油液从加油管溢出	(1)油面过高; (2)通气塞脏污、堵塞,需清洁、通气

(3)液压控制系统漏油检查。

液压控制系统的各连接处都有油封和密封垫,这些部位是经常发生漏油的地方。液压控制系统漏油会引起油路压力下降及油位下降(是换挡打滑和延迟的常见原因)。

(4)节气门拉索的检查与调整。

节气门开度影响着自动变速器的换挡时间,发动机熄火后,节气门应全闭,当加速踏板踩到底时,节气门应全开。节气门拉索的索芯不应松弛,索套端和索芯上限位杆之间的距离应在 0~1mm 之间(图 3-16)。检查与调整方法如下:

①推动加速踏板连杆,检查节气门是否全开,如果节气门不能全开,则应该调整加速踏板连杆。

②将加速踏板踩到底,将调整螺母拧松。

③调整节气门拉索,拧动调整螺母,使索套端和索芯上限位杆之间的距离为 0~1mm。

④拧紧调整螺母,重新检查调整情况。

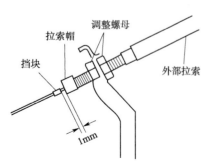

图 3-16 节气门拉索的检查与调整

(5)空挡起动开关的检查。

发动机应只能在空挡(N)和停车挡(P)时起动,其他挡位时不能起动。若有异常,应调节空挡起动开关螺栓和开关电路。其方法如下:

①松开空挡起动开关螺栓,将换挡操纵手柄放到 N 位置。

②将槽口对准空挡基准线,定住位置并拧紧空挡起动开关螺栓。

空挡起动开关的检查如图 3-17 所示。

(6)发动机怠速检查。

发动机怠速不正常,特别是怠速过高,会使自动变速器工作不正常,出现换挡冲击等现象。检查发动机怠速时应将自动变速器换挡操纵手柄置于停车挡(P)或空挡(N)位置。通常装有微机控制自动变速器的汽车发动机怠速为750r/min,怠速过高或过低均应调整。

(7)超速挡(O/D)控制开关的检查。

电子控制自动变速器的电子控制系统具有故障诊断功能,它可以通过超速挡指示灯"O/D OFF"予以警告。此项检查,必须在蓄电池电压正常时方可进行,否则将会引起故障自诊断系统误诊断。

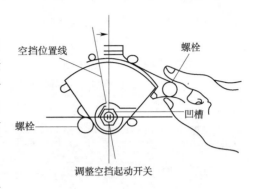

图3-17 空挡起动开关的检查

检查时首先将点火开关置于"ON"位置,同时接通超速挡(O/D)主开关,仪表板上的超速挡指示灯"O/D OFF"应熄灭。若超速挡指示灯"O/D OFF"闪烁则表明控制系统有故障。此时可根据维修手册中给出的方法读取故障码,并根据该车型的故障码表查出故障原因。

(8)汽车底盘综合性能的检查。

①汽车底盘综合性能的检查主要包括:轮胎气压的检查、车轮制动鼓间隙的检查、底盘滑行能力的检查等来判断汽车底盘综合性能的好坏。

②电子控制自动变速器的手动换挡试验为确定故障存在部位,区分故障是机械系统、液压控制系统还是电子控制系统引起的,应当进行手动换挡试验。这是在读取故障码和完成基础检验之后首先要进行的试验项目。

所谓手动换挡试验就是将电子控制自动变速器的所有换挡电磁阀的线束插头全部脱开,由测试人员手动进行各挡位的试验,此时ECU不能通过换挡电磁阀来控制换挡,自动变速器的挡位取决于换挡操纵手柄的位置。不同车型的微机控制自动变速器,在脱开换挡电磁阀线束插头后,挡位和换挡操纵手柄的关系都不完全相同。

手动换挡试验的步骤如下:

(1)脱开电子控制自动变速器的所有换挡电磁阀线束插头。

(2)起动发动机,将换挡操纵手柄拨至不同位置,然后做道路试验(也可以将驱动轮悬空进行台架试验)。

(3)观察发动机转速和车速的对应关系,以判断自动变速器所处的挡位。

(4)若换挡操纵手柄位于不同位置时自动变速器所处的挡位与规定挡位相同,则说明电子控制自动变速器的阀板及换挡执行元件基本上工作正常。否则说明阀板或换挡执行元件有故障。

(5)试验结束后,接上所有换挡电磁阀的线束插头。

(6)清除ECU中的故障码,防止因脱开换挡电磁阀线束插头而产生的故障码储存在ECU中,影响故障自诊断系统的工作。

若每一挡动作都正常,则说明故障出在电子控制系统;若有某一挡动作异常,则说明故障是机械或液压部分引起的,应进行机械试验。

2）自动变速器机械、液压试验

电子控制自动变速器的机械、液压试验内容包括液压试验、失速试验、时间滞后（时滞）试验、液力变矩器试验和道路试验等。

机械、液压试验是在进行基础检验、手动换挡试验后确认是机械系统和液压控制系统故障后进行的试验，目的是区分故障是机械系统引起的，还是液压系统引起的，并同时诊断出故障的具体部位。下面分别叙述机械试验中 5 个试验项目的作用、试验方法和试验结果分析。

（1）液压试验。

液压试验是在自动变速器工作时，通过测量液压控制系统各回路的压力来判断各元件的功能是否正常，目的是检查液压控制系统各管路及元件是否漏油及各元件（如液力变矩器、蓄压器等）是否工作正常，是判别故障在液压控制系统还是在机械系统的主要依据。

①液压试验前的准备：

a. 汽车行驶至发动机及自动变速器达到正常工作温度。

b. 将车辆停放在水平地面上，检查自动变速器的油面高度，如不正常，应予以调整。

c. 准备一个量程为 2MPa 的压力表。

d. 找出自动变速器各个油路的测压孔位置。通常在自动变速器外壳上有几个用方头螺塞堵住的测压孔《自动变速器维修手册》上标有测压孔的位置，若没有《自动变速器维修手册》作参考，可用举升器将汽车升起，在发动机运转时分别将各个测压孔螺塞松开少许，观察各测压孔在换挡操纵手柄位于不同挡位时是否有压力油流出，以此判断该测压孔与哪一油路相通从而找出各个油路测压孔的位置。具体方法如下：

· 不论换挡操纵手柄位于前进挡或倒挡时都有压力油流出的，则为主油路测压孔。

· 只有换挡操纵手柄位于前进挡时才有压力油流出的，则为前进挡油路测压孔。

· 只有换挡操纵手柄位于倒挡时才有压力油流出的，则为倒挡油路测压孔。

各车型自动变速器的油压测试点如图 3-18 ~ 图 3-20 所示。

②主油路油压测试方法：主油路油压测试方法如图 3-21 所示。

测试主油路油压时，应分别测出前进挡和倒挡的主油路油压。

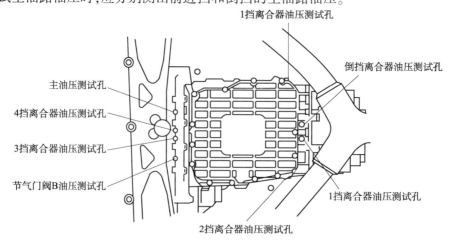

图 3-18　本田雅阁轿车

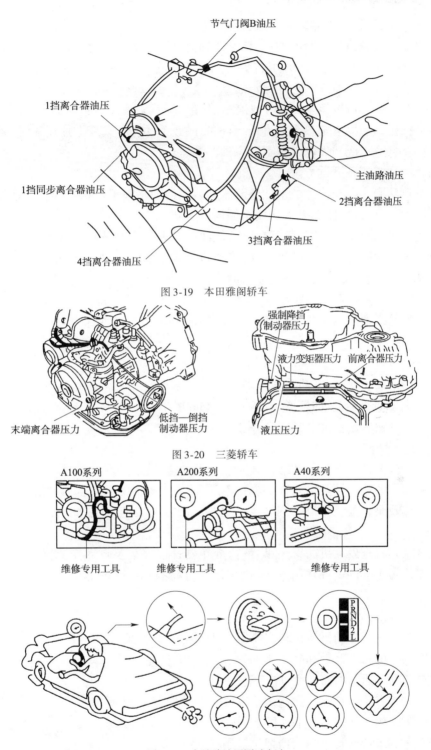

图 3-19　本田雅阁轿车

图 3-20　三菱轿车

图 3-21　主油路油压测试方法

a. 前进挡主油路油压测试方法：
- 拆下自动变速器壳体上的主油路测压孔或前进挡油路测压孔螺塞,接上油压表。

- 起动发动机,将换挡操纵手柄拨至前进挡(D)位置。
- 读出发动机怠速运转时的油压,该油压即为怠速工况下的前进挡主油路油压。
- 用左脚踩紧制动踏板,同时用右脚将加速踏板完全踩下,在失速工况下读取油压,该油压即为失速工况下的前进挡主油路油压。
- 将换挡操纵手柄拨至空挡(N)或停车挡(P)位置,让发动机怠速运转1min以上。
- 将换挡操纵手柄拨至各个前进低挡(S、L或2、1)位置,重复上述后3个步骤,读出各个前进低挡在怠速工况和失速工况下的主油路油压。

b.倒挡主油路油压测试方法:
- 拆下自动变速器壳体上的主油路测压孔或倒挡油路测压孔螺塞,接上油压表。
- 起动发动机,将换挡操纵手柄拨至倒挡(R)位置。
- 在发动机怠速运转工况下读取油压,该油压即为怠速工况下的倒挡主油路油压。
- 用左脚踩住制动踏板,同时用右脚将加速踏板完全踩下,在发动机失速工况下读取油压,该油压即为失速工况下的倒挡主油路油压。
- 将换挡操纵手柄拨至空挡(N)位置,让发动机怠速运转1min。
- 将测得的主油路油压与标准值进行比较,不同车型自动变速器的主油路油压不完全相同。

③结果分析:
a.所有挡位油压均高:主油路调压阀故障。
b.所有挡位油压均低:油泵或主油路调压阀故障。
c.某一挡位油压偏低:该挡油路堵塞或漏。

(2)失速试验。

在前进挡或倒挡中踩住制动踏板并完全踩下加速踏板时,发动机处于最大转矩工况,而此时自动变速器的输出轴及输入轴都静止不动,液力变矩器的涡轮也因此静止不动,只有液力变矩器壳体及泵轮随发动机一同转动。这种工况称为失速工况,此时的发动机转速称为失速转速。

失速试验是检查发动机功率大小、液力变矩器性能好坏及自动变速器中有关换挡执行元件的工作是否正常的一种常用方法,用来诊断可能的机械故障部位,如离合器、制动器的磨损情况等。

①失速试验前的准备工作。
a.让汽车行驶至发动机和自动变速器均达到正常工作温度。
b.检查汽车的行车制动和驻车制动,确认其性能良好。
c.检查自动变速器油面高度,应正常。

②失速试验方法和步骤。失速试验方法和步骤如图3-22所示。
a.将汽车停放在宽阔的水平地面上,前后车轮用三角木块塞。
b.用驻车制动器或行车制动器把车辆制动。
c.检查自动变速器的油温,应该在50~80℃,油面高度应该正常(冷车应在试验前使其升温)。
d.起动发动机,将换挡操纵手柄拨入前进挡(D)位置。

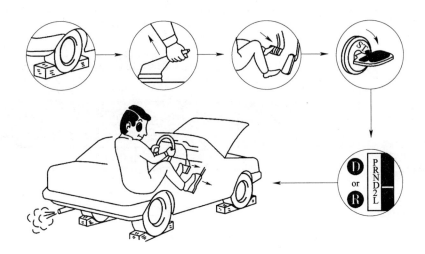

图 3-22 失速试验操作步骤

e. 在左脚踩紧制动踏板的同时,用右脚将加速踏板踩到底,在发动机转速不再升高时迅速读取此时的发动机转速,立即松开加速踏板。

f. 将换挡操纵手柄拨入停车挡(P)或空挡(N)位置,让发动机怠速运转 1min 以防止油温过高而变质。

g. 将换挡操纵手柄拨入其他挡位(R、S、L 或 2、1)作同样的试验。由于在失速工况下,发动机的动力全部消耗在液力变矩器内自动变速器油的内部摩擦损耗上,油温会急剧上升,因此在失速试验中,从加速踏板踩下到松开的整个过程的时间不得超过 5s,试验次数不得多于 3 次,否则会使自动变速器油因温度过高而变质,甚至损坏密封圈等零件。

h. 在一个挡位的试验完成之后,不要立即进行下一个挡位的试验,要等油温下降之后再进行。试验结束后不要立即熄灭发动机,应将换挡操纵手柄拨入空挡(N)或停车挡(P)位置,让发动机怠速运转数分钟,以便让自动变速器油温度降至正常,如果在试验中发现驱动轮因制力不足而转动,应立即松开加速踏板,停止试验。

③结果分析。不同车型的自动变速器都有其失速转速标准值,大部分自动变速器的失速转速标准值为 2300r/min 左右。若失速转速与标准值相符,说明自动变速器的油泵、主油路油压及各个换挡执行元件的工作基本正常;若失速转速高于标准值,说明主油路油压过低或换挡执行元件打滑;若失速转速低于标准值,则可能是发动机动力不足或液力变矩器有故障。例如当液力变矩器中的导轮单向超越离合器打滑时,液力变矩器在液力耦合的工况下工作,其变矩比下降,从而使发动机的负荷增大,转速下降,不同挡位失速转速不正常的原因见表 3-2。

(3)时滞试验。

时滞试验就是测出自动变速器的迟滞时间,根据迟滞时间的长短来判断主油路油压及换挡执行元件的工作是否正常。迟滞时间的大小取决于自动变速器油路油压、油路密封情况以及离合器和制动器的磨损情况。

①时滞试验的步骤和试验方法。时滞试验的步骤和试验方法如图 3-23 所示。

不同挡位失速转速不正常的原因　　　　　　　　　　　表 3-2

换挡操纵手柄位置	失速转速	故障原因
所有位置	过高	主油路油压过低
		前进挡和倒挡的换挡执行元件打滑
		低挡及倒挡制动器打滑
	过低	发动机动力不足
		液力变矩器导轮的单向超越离合器打滑
仅在 D 挡位	过高	前进挡油路油压过低
		前进离合器打滑
仅在 R 挡位	过高	倒挡油路油压过低
		倒挡及高挡离合器打滑

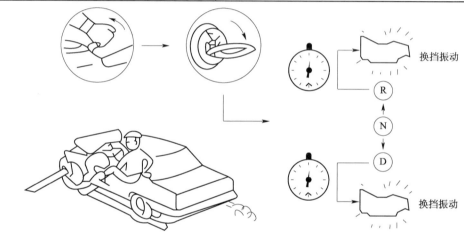

图 3-23　时滞试验

a. 让汽车行驶,使发动机和自动变速器达到正常工作温度。

b. 将汽车停放在水平地面上,拉紧驻车制动操纵杆。

c. 检查发动机怠速,如不正常,应按标准予以调整。

d. 将自动变速器换挡操纵手柄从空挡(N)位置拨至前进挡(D)位置,用秒表测量从拨动换挡操纵手柄开始到感觉到汽车振动为止所需的时间,称为 N→D 迟滞时间。

e. 将换挡操纵手柄拨至空挡(N)位置,让发动机怠速运转 1min 之后,再重复作一次同样的试验。

f. 作 3 次试验,取其平均值。

g. 按照上述方法,将换挡操纵手柄由空挡(N)位置拨至倒挡(R)位置,以测量 N→R 迟滞时间。

②结果分析。大部分自动变速器 N→D 迟滞时间小于 1.2s,N→R 迟滞时间小于 1.5s。

若 N→D 迟滞时间过长,则说明主油路油压过低、前进离合器摩擦片过度磨损或前进挡单向超越离合器工作不良。

若 N→R 迟滞时间过长,则说明倒挡主油路油压过低,倒挡离合器或倒挡制动器过度磨

(4) 道路试验。

道路试验用以检验各制动器、离合器是否打滑,并观察换挡情况。道路试验是诊断、分析电子控制自动变速器故障的最有效的手段之一。

此外,电子控制自动变速器在修复之后,也应进行道路试验,以检查其工作性能,检验自动变速器的维修质量。道路试验的内容主要有:检查换挡车速、换挡质量以及换挡执行元件有无打滑。在道路试验之前,应先让汽车以中低速行驶 5~10min,让发动机和自动变速器都达到正常工作温度。在道路试验中,如无特殊要求,通常应将超速挡开关置于"ON"位置(即超速挡指示灯"O/D OFF"熄灭)并将模式选择开关置于普通模式或经济模式位置,道路试验的方法如下。

①升挡检查。

a. 将换挡操纵手柄拨至前进挡(D)位置,踩下加速踏板,使节气门保持在 1/2 开度左右,让汽车起步加速,检查自动变速器的升挡情况。自动变速器在升挡时发动机会有瞬时的转速下降,同时车身有轻微的冲动。在正常情况下,汽车起步后随着车速的升高,试车者应该能感觉到自动变速器能顺利地由"1"挡升入"2"挡随后再由"2"挡升入"3"挡,最后升入超速挡。

b. 若自动变速器不能升入高挡("3"挡或超速挡),说明自动变速器电液控制系统或换挡执行元件有故障。

②升挡车速的检查。

a. 将换挡操纵手柄拨至前进挡(D)位置,踩下加速踏板,并使节气门保持在某一固定开度,让汽车起步加速。当察觉到自动变速器升挡时,记下升挡车速,一般 3 挡自动变速器在节气门开度保持在 1/2 开度时,由 1 挡升至 2 挡的升挡车速为 25~35km/h,由 2 挡升至 3 挡的升挡车速为 55~70km/h,由 3 挡至 4 挡(超速挡)的升挡车速为 90~120km/h。由于升挡车速和节气门开度有很大的关系,即节气门开度不同时,升挡车速也不同,而且不同车型自动变速器各挡位的传动比大小都不尽相同,其升挡车速也不完全一样,因此,只要升挡车速基本保持在上述范围内,而且汽车行驶中加速良好,无明显的换挡冲击,都可认为其升挡车速基本正常。

b. 若汽车行驶中加速无力,升挡车速明显低于上述范围,说明升挡车速过低(即过早升挡;若汽车行驶中有明显的换挡冲击,升挡车速明显高于上述范围,则说明升挡车速过高(即太迟升挡)。

c. 大部分《自动变速器维修手册》中都有该型自动变速器升挡(或降挡)车速标准值表,但表中通常只列出节气门全开或全关时的升挡(或降挡)车速。然而,在道路试验中,让汽车以节气门全开行驶往往因道路条件的限制而无法实施,而且以节气门全开行驶也容易加剧自动变速器内摩擦元件的磨损,一般不宜采用。因此表中的数据只能作为参考,有些《自动变速器维修手册》中给出了该自动变速器的换挡图,从这种换挡图中可以得出不同节气门开度下自动变速器的升挡车速,这可作为判断换挡车速是否正确的标准。

图 3-24 所示为丰田 A43D 和 A43DE 两种自动变速器的换挡图。图中实线为升挡曲线,虚线为降挡曲线。通常液力控制自动变速器的升挡车速和节气门开度的变化关系图呈曲线

状,如图 3-24a)所示,而微机控制自动变速器的升挡车速和节气门开度的变化曲线呈阶梯状折线,如图 3-24b)所示。

d. 由于降挡时刻在汽车行驶中不易察觉,因此在道路试验中一般无法检查自动变速器的降挡车速,只能通过检查升挡车速来判断自动变速器有无故障。如有必要,还可以检查在其他模式下或换挡操纵手柄位于前进低挡位置时的换挡车速,并与标准值进行比较,作为判断故障的参考依据。

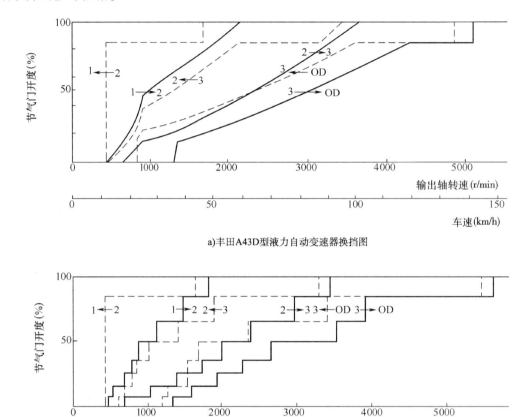

a)丰田A43D型液力自动变速器换挡图

b)A43DE型微机控制自动变速器经济模式换挡图

图 3-24 丰田 A43D 和 A43DE 自动变速器的换挡图

e. 升挡车速太低一般是控制系统的故障所致,升挡车速太高则除了可能是控制系统的故障外,也可能是换挡执行元件的故障所造成的。

③升挡时发动机转速的检查。

有发动机转速表的汽车在作道路试验时,应注意观察汽车行驶中发动机转速的变化情况它也是判断自动变速器工作是否正常的重要依据之一。

在正常情况下,若自动变速器处于经济模式或普通模式,节气门保持在低于 1/2 开度范围内,则在汽车由起步加速直至升入高速挡的整个行驶过程中,发动机转速都将低于 3000r/min。通常在加速至即将升挡时发动机转速可达到 2500~3000r/min,在刚刚升挡后的短时间内发动机转速将下降至2000r/min左右。如果在整个行驶过程中发动机转速始终过低,加速至升挡时仍低于2000r/min,则说明升挡时间过早或发动机动力不足;如果在行驶过程中发动机转速始终偏高,升挡前后的转速在2500~3000r/min,而且换挡冲击明显,说明升挡时间过迟;如果在行驶过程中发动机转速过高,经常高于3000r/min,在加速时达到4000~5000r/min,甚至更高,则说明自动变速器的换挡执行元件(离合器或制动器)打滑,应拆修自动变速器。

④换挡质量的检查。

换挡质量的检查内容主要是检查有无换挡冲击。正常的自动变速器只能有不太明显的换挡冲击,特别是微机控制自动变速器的换挡冲击应十分微弱。若换挡冲击太大,说明自动变速器的控制系统或换挡执行元件有故障,其原因可能是油路油压过高或换挡执行元件打滑,应做进一步检查。

⑤锁止离合器工作状况的检查。

自动变速器的液力变矩器中的锁止离合器工作是否正常也可以采用道路试验的方法检查。试验中,让汽车加速至超速挡,以高于80km/h的车速行驶,并让节气门开度保持在低于1/2开度的位置,使液力变矩器进入锁止状态。此时,快速将加速踏板踩下至2/3开度,同时检查发动机转速的变化情况,若发动机转速没有太大的变化,说明锁止离合器处于接合状态;反之,若发动机转速升高很多,则表明锁止离合器没有接合,其原因通常是锁止控制系统有故障存在。

⑥发动机制动作用的检查。

检查自动变速器有无发动机制动作用时,应将换挡操纵手柄拨至前进低挡(S、L或2、1)位置,在汽车以2挡或1挡行驶时,突然松开加速踏板,检查是否有发动机制动作用。若松开加速踏板后车速即随之下降,则说明有发动机制动作用;否则,说明控制系统或前进挡离合器有故障。

⑦强制降挡功能的检查。

检查自动变速器的强制降挡功能时,应将换挡操纵手柄拨至前进挡(D)位置,保持节气门开度为1/3左右,在以2挡、3挡或超速挡行驶时突然将加速踏板完全踩到底,检查自动变速器是否被强制降低一个挡位。

在强制降挡时,发动机转速会突然上升至4000r/min左右,并随着加速升挡,转速逐渐下降,若踩下加速踏板后没有出现强制降挡,则说明强制降挡功能失效;若在强制降挡时发动机转速升高反常,转速为5000~6000r/min,并在升挡时出现换挡冲击,则说明换挡执行元件打滑,应拆修自动变速器。

4. 电子控制自动变速器的故障诊断

1)自诊断使用方法

电子控制自动变速器内装有故障自诊断功能,如果系统内发生故障,电子控制系统中的ECU就将故障码存储到储存器中,超速挡开关断开(O/D OFF)指示灯闪烁,以警告驾驶人。按下列程序可读出存储器中的诊断代码,以丰田车系为例。

(1)O/D OFF指示灯检查。

①将点火开关转到ON。

②检查当O/D开关键处于关闭时O/D OFF指示灯是否亮(应只亮不闪),打开时是否

灭(应灭)。O/D 开关键如图 3-25 所示。

(2) 读取故障码。

① 将点火开关转到 ON 但不起动发动机。

② 将 O/D 开关键置于 ON。如果仅此时 O/D OFF 指示灯闪烁,说明 ECU 中存储故障码。

③ 用专用维修工具 SST 连接故障诊断通信连接器 TDCL 的 TE_1 和 E_1,如图 3-26 所示。

④ 由 O/D OFF 指示灯不同的闪烁方式(时间、次数)来显示自动变速器系统的技术状况。如果系统工作正常,指示灯闪 2 次/s;如果系统有故障,将显示故障码。正常码和故障码 42 如图 3-27 所示。当存储器中有两个以上故障码时,首先显示较低数码的故障码。丰田车系自动变速器故障码见表 3-3。

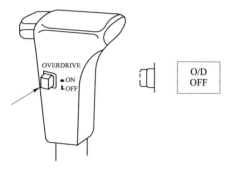

图 3-25　O/D 开关键

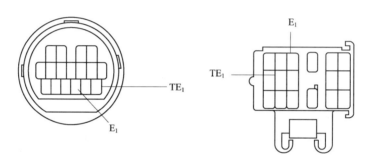

图 3-26　TDCL 故障诊断通信连接器

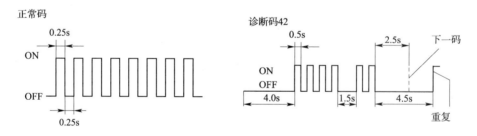

图 3-27　故障输出码

丰田车系自动变速器故障码　　　表 3-3

代码	诊　断	故障部位
42	1 号车速传感器故障	1 号车速传感器
		1 号车速传感器配线或连接器
		ECU
46	4 号电磁阀开路或短路	4 号电磁阀
		4 号电磁阀配线或连接器
		ECU

续上表

代码	诊断	故障部位
61	2号车速传感器信号故障	2号车速传感器
		2号车速传感器配线或连接器
		ECU
62	1号电磁阀开路或短路	1号或2号电磁阀
63	2号电磁阀开路或短路	1号或2号电磁阀配线或连接器
		ECU
64	3号电磁阀开路或短路	3号电磁阀
		3号电磁阀配线或连接器
		ECU
67	O/D直接挡转速传感器信号故障	O/D直接挡离合器转速传感器
		O/D直接挡转速传感器配线或连接器
		O/D配线或连接器
		ECU
68	自动跳合开关短路	自动跳合开关
		自动跳合开关配线或连接器
		ECU

(3) 故障码的清除。

故障排除后,在点火开关断开的情况下,拆下 EF1-15A 的熔断丝 10s 以上,即可清除故障码。

2) 根据故障码进行故障诊断

通过 O/D OFF 指示灯的闪烁读取故障码后,要根据车型在其维修手册中查出故障码代表的故障、故障部位和检查方法,然后进行故障诊断,主要是对电路进行检查。检查中,要严格按维修手册中的方法、步骤进行,举例如下:

如果故障码为 42 通过查其车型维修手册知:故障为 1 号车速传感器故障,需要查 1 号车速传感器电路。故障部位为:

(1) 1号车速传感器。

(2) 1号车速传感器配线或连接器。

(3) ECU。

(4) 组合仪表。

由于 1 号车速传感器是 2 号车速传感器故障时的备用传感器,所以当车辆在除 N 挡以外的任何挡位行驶时,2 号车速传感器都有信号输出,而 1 号车速传感器无信号输出,故障码 42 可按图 3-28 所示诊断流程进行检查和判断。

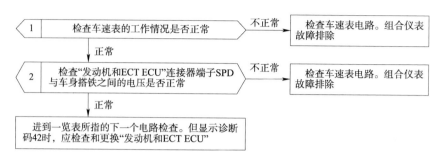

图 3-28 故障码 42 的诊断流程图

三、DSG 直接换挡变速器

DSG 是把手动变速器和自动变速器的优点结合到一起,研发出的新一代变速器,其换挡操作方法与自动变速器一样。DSG 实质上就是有两个离合器连接的两个 3 挡变速器,当车辆起动时 1 号变速器处于一挡,而 2 号变速器处于二挡,离合器啮合 1 号变速器接入一挡起动车辆。当需要换挡时 DSG 运用离合器交换变速器,啮合 2 号变速器并松开 1 号变速器,这个过程中两个离合器的动作是同时进行的,没有动力中断的感觉。此时 2 号变速器工作而 1 号变速器则迅速进入三挡,如果还有换挡那么就 1 号变速器工作而 2 号变速器马上进入四挡,两者交替换挡。

1. 工作原理

如图 3-29 所示,离合器 K1 负责 1 挡、3 挡、5 挡和倒挡,离合器 K2 负责 2 挡、4 挡和 6 挡;挂上奇数挡时,离合器 K1 接合,输入轴 1 工作,离合器 K2 分离,输入轴 2 不工作,即在 DSG 变速器的工作过程中总有 2 个挡位是接合的,一个正在工作,另一个则为下一步做好准备。由于使用 2 套离合器并且在换挡之前下一挡位已被预选啮合,因此 DSG 的换挡速度非常的快。

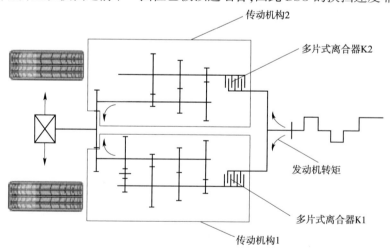

图 3-29 DSG 变速器工作原理

2. DSG 控制单元

由电子控制单元和电子—液压控制单元两部分构成,这两部分集成在一起连同阀体都位于滑阀箱内,浸于 DSG 变速器油内。

阀体上共有11个电磁阀和一个泄压阀,电磁阀分为两种类型。

开关阀:N88、N89、N91、N92。

调节阀:N215、N216、N217、N218、N233、N371。

(1) 多路控制阀N92。控制液压部分接通不同的油道,当该电磁阀未动作时,接通2,4,6挡供油油路,当该电磁阀动作时,接通1,3,5和倒挡供油油路。

(2) 换挡控制阀N88、N89、N90、N91。未通电情况下,换挡控制阀处于关闭状态,液压油无法到达换挡执行元件。

①N88控制1挡和5挡换挡油压。

②N89控制3挡和空挡换挡油压。

③N90控制2挡和6挡换挡油压。

④N91控制4挡和倒挡换挡油压。

(3) 压力控制阀N215、N216。分别控制多片式离合器K1、K2的压力,离合器压力控制的基础是发动机转矩,控制单元根据摩擦片的可变摩擦系数来对压力进行控制。

(4) 主油压控制阀N217。控制整个液压系统内的压力,其最重要的任务是根据发动机转矩来控制离合器油压。

(5) 离合器冷却压力控制阀N218。控制单元通过采集G519的信号来控制该阀,进而控制冷却油的流量。

(6) 安全阀N233、N371。安全阀使变速器的两个部分互相分离,N233控制变速器部分一,N371控制变速器部分二。

3. 油路控制

(1) 油泵(图3-30)。以发动机转速驱动,最大输出量为100L/min,最大共有压力为2MPa。

(2) 离合器冷却系统(图3-31)。离合器的机械摩擦会导致离合器温度上升,为防止离合器过热,必须对其进行冷却。

油温传感器直接测量出离合器出口的油温,控制单元根据油温来控制电磁阀,然后再由电磁阀通过滑阀来控制冷却油的流量及压力。

电磁阀N218及其滑阀为控制阀。

(3) 油路中的液压元件(图3-32)。

(4) 润滑油路(图3-33)。

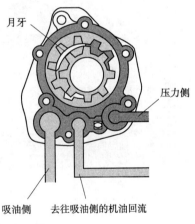

图3-30 油泵

4. 传感器

1) 变速器输入转速传感器G182

用于计算离合器的打滑率,为实现该功能,控制单元还必须采集G501和G502的信号,根据离合器的打滑情况,控制单元可以精确地进一步打开或关闭离合器。

2) 输入轴转速传感器1 G501和输入轴传感器2 G502

检测离合器K1和K2的输出转速,识别离合器的打滑率,与输出转速传感器配合,检测挡位上会否挂上正确挡位。

3）输出轴转速传感器 G195 和输出轴高转速传感器 G196 用于识别车速和车辆行驶方向。

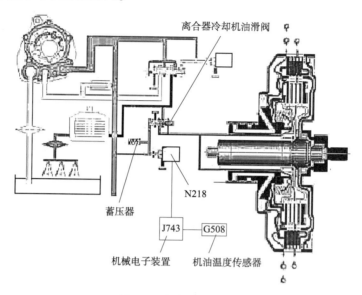

图 3-31 离合器冷却系统

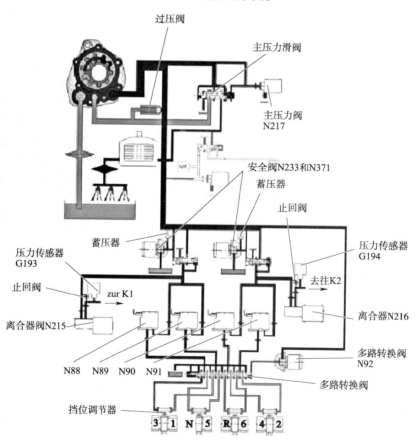

图 3-32 油路中的液压元件

单元三　汽车底盘故障诊断与排除

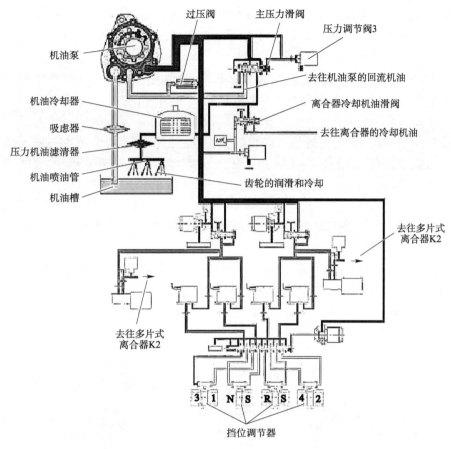

图 3-33　润滑油路

4）液压传感器 G193 和 G194

控制单元利用该传感器信号来识别作用于离合器 K1 和离合器 K2 的液压油压力。

5）离合器温度传感器 G509

其工作温度范围为 -55~180℃。

6）变速器油温传感器 G93 和变速器控制单元温度传感器 G510

监测滑阀温度,两个传感器互相监测。

7）换挡元件位置传感器

用于识别换挡拨叉的准确位置。

5. 故障检修

首先需确定故障是在电控系统还是在变速机构内。

确定故障是在变速器机械部分还是在电气元件或 ECU 的方法是通过诊断仪器和人工换挡试验两种方法来互补判断。

1）用智能诊断仪确认电气系统是否有故障

一般若是 DSG 变速器电气系统有故障,打开点火开关,仪表 DSG 故障指示灯会点亮,用诊断仪直接读取故障码,同时用诊断仪读取数据流、波形进一步分析,可以确定故障点及故障元件。

167

2) 人工换挡试验的方法来确定故障是在变速器机械部分还是在电气元件或 ECU 可断开变速器的电磁阀接线插头，支起驱动轮或行车路试，可参考下述方法进行：

(1) 发动机熄火，断开 ECU 或 ECU 熔断器。

(2) 把变速器换入每一个挡位，变速器操作应符合以下要求：在驻车挡锁上；在倒挡向后行驶；在空挡不移动；当变速杆在 1～2 位时换入 1 挡；当变速杆在 D 位时可以换入超速挡。

需要说明的问题是进行上述操作的目的是检查换挡位置及挡位是否一致，若变速器挡位与换挡位置不同，或在某挡位时变速器打滑，则故障出在变速器机械部分，否则，故障可能出在电控系统内部。

课题二　行驶系故障诊断与排除

汽车行驶系的功用是连接车身与车轮，以适当的刚度支承车轮；吸收来自路面的冲击；改善乘坐的舒适性；稳定行驶中的车身姿势，改善操作性。汽车行驶系一般分为非独立悬架和独立悬架两大类型。汽车行驶系的布置和结构组成如图 3-34 所示。

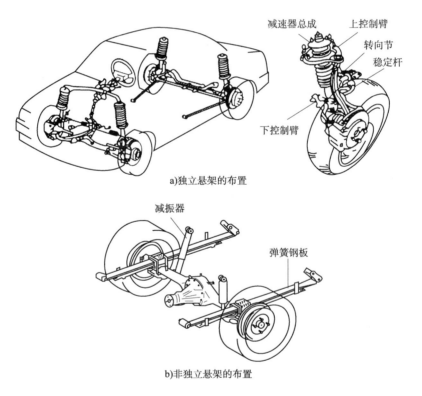

图 3-34　汽车行驶系统的布置和结构组成

汽车行驶系技术状况的好坏，不仅影响汽车乘坐的舒适性、汽车的操纵稳定性，而且还直接关系到汽车的行驶安全。因此，对行驶系的检测与诊断应给予足够的重视，行驶系检测与诊断的主要内容是车轮不平衡的检测和行驶系故障的诊断与排除。

一、车轮不平衡的检测

高速行驶的汽车,若车轮不平衡,则会引起车轮的跳动和摆振,这不仅影响汽车的行驶平顺性和操纵稳定性,而且还影响汽车行驶的安全性,同时也加剧了轮胎及有关机件的磨损和冲击,使汽车的有关机件容易受到损坏,缩短汽车的使用寿命。因此,必须对车轮的不平衡进行检测,并进行平衡工作。

1. 车轮不平衡的概念

1)车轮静不平衡

若车轮的质心与旋转中心不重合,则该车轮为静不平衡。静不平衡的车轮在旋转时,由于存在着不平衡质量,因而产生离心力,如图3-35所示。

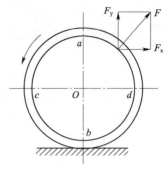

图3-35 车轮的静不平衡

该离心力 F 可分解为一个水平分力 F_x 和一个垂直分力 F_y。车轮每转动一周,当不平衡质点通过车轮旋转中心垂直线 a、b 两点时,F_y 达到最大值且方向相反易引起车轮的上下跳动;而当不平衡质点通过车轮旋转中心水平线的 c、d 两点时,则 F_x 达到最大值且方向相反,易引起车轮的前后窜动,对于转向轮,它将产生绕主销来回摆动的力矩,造成转向轮摆振。当左、右转向前轮的不平衡质量相互处于180°位置时前轮摆振将最为严重,从而影响汽车行驶的操纵稳定性。

2)车轮动不平衡

静平衡的车轮,若车轮的质量分布相对于车轮纵向中心面不对称,则会造成车轮的动不平衡,如图3-36所示。

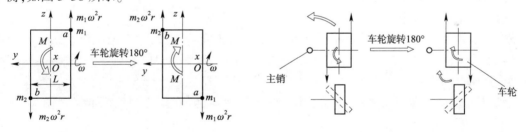

a)车轮动不平衡受力　　　　　　b)动不平衡引起转向摆振

图3-36 车轮动不平衡受力

假定 a 点和 b 点上分别具有两个质点 m_1 和 m_2,其质量相等方位相反,车轮质心与车轮旋转轴心重合,即车轮处于静平衡状态。当该车轮旋转时 m_1 和 m_2 将分别产生离心力,虽然其离心的静不平衡力的合力为零,但离心力位于不同平面内,二力构成的合力矩却不为零。因而,在车轮旋转动时,由离心力作用而产生的方向反复变动的力偶 M,使车轮处于动不平衡中。若转向轮动不平衡,则车轮转动时,由于 M 的作用,将造成车轮绕主销摆振。

3)车轮不平衡的检测方法

车轮不平衡的检测方法按车轮不平衡的性质可分为静不平衡检测和动不平衡检测。由于动平衡的车轮肯定是静平衡的,而静平衡的车轮却不能保证是动平衡,因此对于车轮平衡状况的检测,大多数是采用动不平衡检测方法,尤其是对转向轮,只有当车轮外径和轮宽之比大于或等于5时,才采用静不平衡检测方法。

车轮不平衡的检测方法按其检测方式可分为离车式和就车式两种。离车式检测方法就是将车轮从车上拆下后装在平衡机上进行检测。其特点是影响因素少,检测精度高,易于平衡,但其拆装麻烦;就车式检测方法是指在不拆卸车轮的情况下,直接在车上对车轮进行不平衡检测。就车式动不平衡检测实际上是对车轮以及其相连接的旋转元件的综合检测,它包括对制动鼓或制动盘的不平衡检测,是一种真正解决车轮实际使用状态的检测方法。同时,它不需拆装车轮,可提高检测效率,目前车轮不平衡的就车式检测方法得到了广泛的应用。

2. 车轮不平衡的就车检测

就车式车轮平衡机用于车轮的就车检测,图3-37所示为就车式车轮平衡机的组成示意图。它主要由驱动装置、测量装置、指示装置和制动装置组成。其中驱动装置由电动机和转轮组成,检测从动车轮时,将转轮直接贴靠于车轮的胎面,电动机通过转轮驱动车轮旋转,而检测驱动轮时,可直接由发动机经传动系驱动被测车轮;测量装置由传感磁头、可调支架、底座(内装传感器)等组成。检测时,将传感磁头吸附在振动信号较强部位,其传感磁头将振动信号传给底座内传感器,变成电信号输出;指示装置由频闪灯和不平衡度表组成,传感器信号送入指示装置,驱动频闪灯闪光,指示不平衡位置,其不平衡量由不平衡度表显示;制动装置为摩擦式制动器,用于使车轮停止转动,以便快速进行车轮平衡作业。

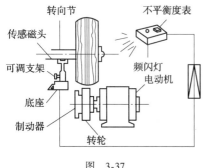

图 3-37

下面根据车轮不平衡就车检测的一般步骤和方法,以检测前从动轮为例进行说明。

1)检测前的预检查

由于轮胎和车轮总成在进行不平衡检测时需高速旋转,因此对安全性应特别注意。影响车轮不平衡的因素非常多,为了准确地检测车轮的平衡情况和快速地进行平衡作业,检测前应检查如下项目。

(1)检查胎冠里有无杂物。胎冠里的杂物若不清除,则在离心力作用下从外胎飞出,易造成人身伤害。

(2)检查轮胎内有无杂物。轮胎内的杂物如橡胶球,必然会使车轮不平衡,因而检测前应缓慢转动车轮,仔细听轮胎内是否有夹杂物响声。若有夹物,必须进行清除。

(3)检查胎冠和胎侧是否有缺陷。

(4)测量车轮跳动量,以确定轮辋有无变形。

(5)检查车轮轴承的安装情况。若轮毂轴承间隙不符合要求,则影响就车平衡的检测结果和平衡作业。

(6)检查车轮内有无污泥堆集。车轮不平衡检测前,应把车上所有的泥土、灰尘和沙砾都洗掉,并去掉旧平衡块。

2)准备工作

(1)支起车桥,使两侧车轮离地间隙相等。

(2)检查充气压力,视需要将轮胎气压充到规定值。

(3)用手转动轮胎,检查轮毂轴承是否松旷,视情况作适当调整或处理。

(4)在轮胎的胎侧上用粉笔做一个参考标记。

3)前从动轮静不平衡检测

(1)用三角垫木塞住要检测车轮对面的车轮和后桥车轮,将传感器磁头吸附在转向节下或悬架下,调节可调支杆高度并锁紧。

(2)使车轮平衡机转轮贴紧轮胎胎面,起动电动机带动车轮高速旋转至规定转速,其旋转方向应与汽车前进时车轮的旋转方向一致。

(3)用频闪灯观察轮胎标记位置,并从仪表上读取车轮的不平衡数值。

(4)制动车轮,使车轮停转。

(5)轻转车轮,使其轮胎标记位于频闪灯下观察的位置,此时轮辋的最上部即为加装平衡块的位置。

(6)按照不平衡量的要求,在轮辋的规定位置加装平衡块。

(7)重新驱动车轮进行复查检测,若车轮不平衡量仍不符合要求,则重复上述步骤,直至满足平衡要求。

4)前从动轮动不平衡检测

(1)将传感器磁头吸附在经过擦拭的制动底板边缘平整处,并尽量使磁头与车轮旋转中心处在同一水平位置。

(2)其他步骤与前从动轮静不平衡检测方法相同,但车轮平衡时,应根据观察到的不平衡点的部位在轮辋的两侧各安装一块平衡块,并使其相隔180°。平衡后,重新驱动车轮进行复查检测,若车轮不平衡量仍不符合要求,则重复上述步骤,直至满足平衡要求。

3. 检测结果分析

车轮不平衡检测时,若其不平衡量小于该车型的规定值,则对该车轮不必进行平衡;若其不平衡量超标,则应进行平衡作业。实际上往往通过平衡作业可使车轮平衡性满足要求,但当不平衡值过大时,或通过平衡作业难以达到要求时,应对车轮进行进一步的检查,以找出故障原因。车轮不平衡的主要原因有以下几项:

(1)轮辋、制动鼓严重变形。

(2)轮毂与轮辋加工质量不佳 例如中心不准、轮胎螺栓孔分布不均、螺栓质量不佳等。

(3)轮胎存在异常磨损、局部损坏或轮胎修补方法不当。

(4)轮胎本身质量分布不均匀,例如轮胎产品质量欠佳。

(5)安装位置不正确,例如内胎充气嘴位置不符合要求。

(6)车轮平衡块脱落。

二、汽车行驶系的故障诊断与排除

汽车行驶时,汽车行驶系工作条件恶劣,它既要传递驱动力、制动力及其力矩,又承受整车载荷及路面的冲击。因此,在汽车长时间工作后,行驶系容易出现一些较复杂的故障。其故障发生时还伴有异响、噪声、振动;其故障原因有时不仅在行驶系本身,而且还与转向、制动、传动系等有关。因此,在诊断行驶系故障时,应对其相关部位进行基本检查。汽车行驶系的常见故障有:汽车行驶跑偏、前轮摆振、前轮胎磨损不正常和乘坐舒适性不良。

1. 汽车行驶跑偏

1）故障现象

汽车行驶时,不能保持直线方向,而自动偏向一边。

2）故障原因

(1) 两前轮轮胎气压不等、轮胎直径不等。

(2) 前轮左右轮轴承松紧程度不一致。

(3) 前后桥两侧的车轮有单边制动或单边拖滞现象。

(4) 两前轮外倾角、主销后倾角、主销内倾角、前束角不等。

(5) 前梁、后桥轴管及车架变形。

(6) 左右悬架弹簧挠度或弹力不等。

(7) 左右轮轴距相差过大,推力角过大。

(8) 转向节弯曲变形。

3）故障诊断步骤与方法

(1) 首先检查两前轮轮胎磨损程度是否一致,再检查两侧轮胎气压是否相等,若左右轮的检查结果不同,则说明两前轮直径不等而导致汽车自动跑偏。

(2) 如左右轮直径相等,可进行路试。待汽车行驶一段时间后停车检查,用手触摸跑偏一边的制动鼓和轮毂轴承处,若感到温度过高,则说明故障由该轮制动拖滞或车轮轴承过紧引起。

(3) 若制动鼓和轮毂处的温度正常,则可检查车身两边车轮的轴距是否相等,推力角是否为零。若轴距不等,推力角过大,则说明前、后桥或车架在水平平面内有弯曲变形或悬架杆件、转向节有变形。

(4) 若轴距相等,可在规定条件下检查车身两侧参考点的高度值。若高度值不同,则说明两侧悬架弹簧的弹性不一致或有一侧的悬架杆件有变形现象。若高度值相同,则说明悬架正常。

(5) 若以上均属正常,则故障可能由两前轮的外倾角、主销后倾角、主销内倾角、前束角不等引起。通常,汽车可向前轮外倾角较大、前束角较小、主销后倾角较小的一侧自动跑偏。

2. 前轮摆振

1）故障现象

汽车在某一车速范围内行驶时,会出现两前轮各自围绕主销轴线摆振(俗称前轮摆头),此时会感到转向盘发抖、行驶不稳。

2）故障原因

(1) 车轮变形,前轮的径向圆跳动量和端面圆跳动量过大。

(2) 前轮动不平衡量严重超标。

(3) 前轮外倾角、前束值不符合标准。

(4) 主销后倾角、主销内倾角超标。

(5) 前轮轮毂轴承松旷。

(6) 转向节球销及纵横拉杆球销等连接处松旷。

(7) 转向器主、从动部分啮合间隙过大。

(8) 前梁或车架有弯、扭变形。

(9) 前悬架杆件及转向节变形。

3) 故障诊断步骤与方法

(1) 检查转向传动机构各连接部位是否松旷。连接部位松旷后会减少对前轮摆振的阻尼作用,因而加大了前轮的摆头。在进行检查时,先左右转动转向盘,检查转向盘的自由转动量是否过大。若过大,则应逐一检查各球头销等连接部位是否松旷,以确诊故障部位。

(2) 如上述连接部位正常,则检查轮毂轴承、转向节球销是否松旷。检查时,先支起汽车前部,使前轮处于卸载状态,然后在车轮的侧面用手上下摇动车轮。若有松旷感,则表明存在故障。

(3) 目检前轮胎花纹磨耗状况,并查看前轮是否装用了翻新胎。磨耗严重不均的轮胎及翻新质量差的翻新胎其动不平衡量会过大,易引起前轮摆头。

(4) 目检前轮后,还应对前轮的变形情况进行检查,可通过检测车轮轮辋的径向圆跳动量、端面圆跳动量来反映其变形情况。检查时,将汽车前部支起,转动车轮,用百分表测量轮辋的径向圆跳动量和端面圆跳动量。

通常轿车钢制轮辋其端面圆跳动量标准值为 $0\sim1.0$ mm,其维修极限为 2.0 mm;其径向圆跳动量标准值为 $0\sim1.0$ mm,其维修极限为 1.5 mm。变形量超标的车轮易发生摆头现象。

(5) 变形检查后,还应对前轮进行动平衡检查。检查方法是:支起汽车前部,用就车式车轮平衡进行就车检测。若前轮动不平衡量过大,则应对前轮进行配重平衡。难以动平衡的车轮应予以更换,其前轮过大的动不平衡量,易造成车轮在高速范围内的振动,是高速摆头的主要原因。

(6) 若上述情况均正常,则应检查前轮的前束值。其前束值过小或过大,易造成前轮摆头并使轮胎磨损异常。当前束值超标时,应予以调整,使其正常。

(7) 若前束值正常后其故障仍未消除,则进行前轮外倾角的检测。前轮外倾角过大或过小,均不可能与其前束良好地匹配,易造成前摆头并使轮胎磨损异常。前轮外倾角超标往往是因悬架杆件或转向节变形所致,因此当前轮外倾角超标时应查明原因,以消除外倾角不正常的故障。

(8) 若前轮外倾角与前束均正常,则故障可能是主销后倾、主销内倾角不正常。汽车在长期使用过程中,由于悬架或车身某些部件的变形和损坏,可能导致主销后倾、主销内倾角发生变化,其主销后倾角过大或左右两前轮的主销后倾角、主销内倾角不等都可能使前轮左右摆振。因此,应使用车轮定位仪检测前轮的主销后倾角和主销内倾角,以确诊故障。

(9) 若通过上述检查均无问题,则前轮摆头的原因就可能是车身或车架变形所致,应对其进行检查。

3. 前轮轮胎磨损不正常

1) 故障现象

前轮磨损速度加快,胎面磨损异常。

2) 故障原因

(1) 前轮胎气压过高或过低。

(2) 前轮定位不正确,尤其是前轮外倾和前束不正确。

(3) 前轮径向圆跳动量、端面圆跳动量过大以及车轮动不平衡。

(4) 前轮毂轴承松旷。

(5)转向节球头销及纵横拉杆球销等连接处松旷。

(6)前轮轮胎长期未换位。

(7)前梁弯、扭变形或前悬架杆件及转向节变形。

3)故障诊断步骤和方法

(1)查看前轮胎的胎面,如发现胎冠中部快速磨损,则为轮胎气压过高所致。其轮胎气压过高将增加单位接地面积的负荷,会加速胎冠中部的磨耗。此外帘布层帘线承受过大的拉伸应力,易导致轮胎的早期损坏。

(2)查看前轮胎的胎面,如发现胎冠两肩磨损过快,则为轮胎气压不足所致。其轮胎气压不足会使胎冠接地印迹增宽,并且由于胎冠中部略向内弯曲,因此招致胎冠两肩着地,引起两肩磨损加快,同时当高速行车时,还会引起胎面开裂。

(3)查看前轮胎的胎面,如发现轮胎外侧或内侧磨损过快,则说明前轮的外倾角不正常。若胎冠外侧偏磨损,说明车轮外倾角过大;若胎冠内侧偏磨损,说明车轮外倾角过小或存在负外倾。此时应使用车轮定位仪重点检查车轮外倾角的大小,以便确诊。

(4)查看前轮胎的胎面,如发现胎冠出现羽毛状磨损,则说明前轮的前束不正常。若左右前轮胎冠上羽毛的尖部指向汽车纵向中心线,则说明前束过大;若羽毛的尖部背离汽车纵向中心线,则说明前轮存在负前束。此时应重点检查前轮的前束值,必要时予以调整。

(5)查看前轮胎的胎面,如发现轮胎胎面局部出现磨光的斑点即秃点,则说明前轮不平衡。当前轮不平衡时,前轮的振动会引起轮胎的定向磨损,最终导致斑点磨损。此时应用车轮平衡机重点检测前轮的不平衡情况。

(6)查看前轮胎的胎面,如发现轮胎胎冠上一侧产生扇形磨损,则由于轮胎长期处于某一位置行驶而不换位或悬架位置不当所致。

(7)查看左右两前轮轮胎的胎面,如发现一侧轮胎磨损较小,而另一侧轮胎磨损异常严重,则说明磨损异常车轮的悬架系统及转向节部件、支承件变形,造成单个车轮定位失常及车轮负荷过大,导致车轮磨损异常。此时应重点检查磨损异常轮胎的悬架、车轮定位、轮毂轴承间隙、车轮的平衡及轮辋的变形情况,以找出单个车轮严重磨损的原因。若单个轮胎胎冠一侧的磨损过大,则说明该车轮外倾角不符合标准。

(8)支起前桥,面对轮胎侧面,用手沿汽车横向反复推、拉轮胎顶部,并用撬杠上下撬动前轮,以检查转向球销、主销、轮毂轴承的松旷情况。如果这些部位松旷严重,则会改变车轮前束和外倾角的大小,从而使轮胎磨损异常。

(9)支起前桥,转动前轮,用车轮跳动量测量仪检查轮辋与轮胎的径向圆跳动量和端面圆跳动量。若其跳动量值超标,则会造成前轮严重摆振,从而导致前轮不正常磨损。

(10)前梁弯、扭变形或前悬架杆件及转向节变形时,会引起前轮定位参数发生变化,从而导致前轮磨损异常。因此,当采用上述方法排除前轮异常磨损故障时,应检查前梁弯、扭变形或前悬架杆件及转向节变形情况,以便确诊故障。

4. 乘坐舒适性不良

1)故障现象

汽车在凹凸不平的路面行驶时,车身产生的振动不能迅速衰减,或汽车在高速行车时振动严重,使乘坐的舒适性能受到破坏。

2) 故障原因

(1) 减振器不良或损坏。

(2) 悬架系统弹性元件损坏。

(3) 轮胎气压不正常。

(4) 车轮动不平衡现象严重。

(5) 轮胎磨损过甚或磨损不均。

(6) 传动轴动不平衡。

3) 故障诊断步骤和方法

(1) 检查轮胎的磨损及充气情况,如轮胎磨损不均,则可导致轮胎高速时失去动平衡而引起振动;如轮胎严重磨损且气压过高或过低,则轮胎会失去其应有的缓冲和减振功能而导致汽车的乘坐舒适性破坏。

(2) 检查减振器。悬架的减振器多为不可拆卸式,系一次性部件。目检时,若减振器存在弯曲或严重的凹陷或刺孔,说明减振器损坏。正常情况下,只有在减振器泄漏严重并在外套能看到减振器油滴,车辆遇到路面冲击而车轮回跳过度时,才可确诊减振器损坏。

检查减振器的工作效能时,可不拆下减振器而实行就车检查,检查方法是:

① 停车时使减振器处于工作状态检查,用手把车辆压下,然后迅速地松手,此时若车辆的反弹次数超过两次,则说明减振器工作效能差,应更换减振器,该法适用于小型汽车。

② 在汽车运行后的触摸检查,让汽车运行一段时间停车后,迅速用手触摸减振器筒体,如果感到筒体发热、烫手,说明减振器工作正常,不缺油。若感觉筒体不发热或温度变化不大,则说明减振器失效或缺油。

减振器缺油时,往往导致减振器发响并使减振器失去减振功能。此时汽车在不平路面行驶,就会发出"咯噔、咯噔……"的撞击声,并使振动加剧。因此,一旦减振器有异常响声,并伴有车身振动严重现象,则应停车检查,用手触摸减振器筒体,并查看减振器筒体是否有漏油的痕迹,以此确诊减振器是否缺油或失效。

(3) 检查悬架弹簧。目检弹簧是否有折断或损伤缺陷,对于弹簧的弹力可用仪器或规定的自由高度来检查。

(4) 检查悬架杆件连接处橡胶衬套是否老化或损坏,其连接部位间隙是否过大。

(5) 检查车轮。先目检车轮是否有明显的变形,然后利用千分表对轮辋进行径向圆跳动量和端面圆跳动量检查,以确诊轮辋变形是否超标,必要时进行车轮动不平衡检查,以确诊故障所在。

(6) 检查传动轴是否弯曲变形、平衡块有无脱落,传动轴管是否凹陷,必要时可进行动平衡检验。

三、电子控制悬架系统的检测与故障诊断

1. 概述

电子控制的悬架系统在汽车上已得到了广泛的应用。电子控制悬架系统的弹簧刚度和减振器的阻尼力随汽车行驶状况的变化而适时调至最优状态,同时还可根据车辆负载情况及汽车运行工况自动调整车身高度,以保持汽车行驶所需要的高度及汽车行驶姿势的稳定。

图 3-38 所示为雷克萨斯 LS400 轿车电子控制空气悬架系统线路图。该控制系统主要由空气弹簧、阻尼力可调减振器、悬架电子控制单元(ECU)、高度传感器、转向盘转角传感器、节气门位置传感器、悬架控制执行器、高度控制阀、排气电磁阀、高度控制开关、悬架控制开关、空气压缩机等组成。

该悬架有两套控制系统,一是弹簧刚度和减振器阻尼力控制系统,它能根据轿车行驶状况,自动调整弹簧刚度和减振器的阻尼力,从而选择最佳的空气弹簧刚度和减振器阻尼特性的组合,以获得良好的舒适性和操纵稳定性。这套系统的 LRC 开关用于选择空气弹簧和减振器的工作模式:当 LRC 开关处于"STOP"位置时,系统进入"高速行驶自动控制";当 LRC 开关处于"NORM"位置时,系统对悬架的刚度、阻尼力进行"常规值自动控制"。二是汽车高度控制系统,它能根据轿车内乘员人数和装载质量多少以及车速的高低,自动调节车身高度。这套系统的高度控制开关和高度控制 ON/OFF 开关用于选择车身高度控制;当高度控制 ON/OFF 控制开关处于 OFF 位置,系统不执行车身高度控制;当高度控制 ON/OFF 控制开关处于"ON"位置,高度控制开关处于"HIGH"位置时,系统对车身高度进行"高度自动控制",而高度控制开关处于"NORM"位置时,车身高度则进入"常规值自动控制"状态。

电子控制悬架系统一般都具有故障自诊断功能,以监测、诊断系统的工作情况,诊断系统故障。当电控系统出现故障时,其电子控制单元则将其故障信息以故障码的形式储存于存储器内,并及时向驾驶人报警。对电子控制悬架系统进行故障检测和诊断时,应充分利用这一自诊断功能,并通过一定的程序将存储器内的故障码调出,以便快速确定故障部位及排除故障。

2. 电子控制悬架系统的检测与故障诊断

电子控制悬架系统的检测与诊断的一般步骤是:先对悬架系统进行初步检查,然后利用悬架系统 ECU 进行故障自诊断以确定故障部位,再就是针对故障部位,利用检测工具根据汽车制造商维修手册提供的诊断参数及推荐的步骤对故障进行诊断和排除。对于不同车型的电控悬架系统,由于其结构、控制方式的不同,其故障自诊断方法也略有差异。下面以雷克萨斯 LS400 轿车电子控制空气悬架系统为例介绍其故障的检测与诊断方法。

1) 利用指示灯对系统进行初步诊断

指示灯的状态(亮、熄、闪烁及其闪烁频率)与系统所处的工况有关。因此,利用指示灯对系统进行初步诊断效果较好。

(1) 当点火开关置于"ON"位置时,若高度控制"NORM"指示灯以 1s 的间隔闪烁,则表明悬架控制系统有故障。当故障出在 ECU 本身时,两个高度指示灯都熄灭。

(2) 当点火开关置于"ON"位置时,其"STOP""NORM""HI"指示灯不亮,说明故障可能在汽车高度控制供电电路、LRC 开关电路或指示灯电路。

(3) 当点火开关置于"ON"位置时,其"STOP""NORM""HI"指示灯亮 2s 然后全部熄灭,说明故障可能在悬架控制执行器供电电路。

(4) 当接通点火开关并 LRC 开关拨到"NORM"侧时,"STOP"指示灯仍然亮着,说明故障可能在 LRC 开关电路。

(5) 当发动机运转时,将高度控制开关拨到"NORM"侧,"HI"指示灯仍然亮着,说明故障可能在高度控制开关电路。

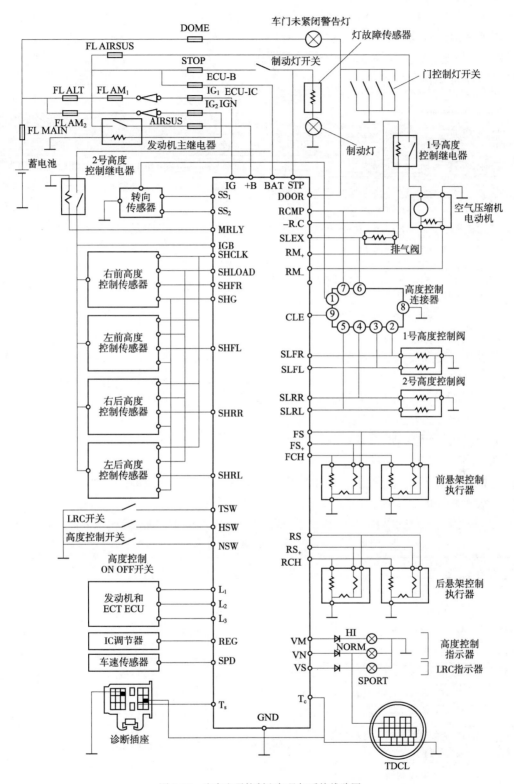

图 3-38 汽车电子控制空气悬架系统线路图

(6) 将点火开关转至"ON"位置,用跨接线连接 TDCL 连接器端子 T_s 和 E_1,按表 3-4 中检测项目和对应的操作方法,分别在发动机停转和运转状态下,观察高度控制"NORM"指示灯的状态,若观察结果与表 3-4 相同,则系统正常;若某项观察结果与表 3-4 不同,则该项目的控制电路可能存在故障。

检测项目及操作方法、指示灯状态　　　　表 3-4

检测项目	操作方法 1	NORM 指示灯		操作方法 2	NORM 指示灯	
		停机	运转		停机	运转
转向传感器	转向盘居中	闪烁	常亮	转向盘转角 45°以上	常亮	闪烁
制动灯开关	松开制动踏板	闪烁	常亮	踩下制动踏板	常亮	闪烁
门控灯开关	所有车门关闭	闪烁	常亮	所有车门打开	常亮	闪烁
节气门位置传感器	松开加速踏板	闪烁	常亮	加速踏板踩到底	常亮	闪烁
高度控制开关	置于"NORM"位	闪烁	常亮	置于"HIGH"位	常亮	闪烁
LRC 开关	置于"NORM"位	闪烁	常亮	置于"SPORT"位	常亮	闪烁
高度控制 ON/OFF 开关	置于"ON"位	闪烁	常亮	置于"OFF"位	常亮	闪烁

注:表中"NORM"指示灯的闪烁是指以 0.25s 的间隔方式闪烁。

2) 故障自诊断

在进行自诊断时,首先应通过一定的程序或利用解码器或利用人工方法使系统进入自诊断状态,然后读取故障码,待故障排除后,还应将其存储器内的故障码进行清除。

(1) 读取故障码。人工读取故障码的方法如下:

① 将点火开关转到"ON"位置。

② 用跨接线短接 TDCL 插座或检查连接器中的 T_C 端子和 E_1 端子。

③ 将高度控制 ON/OFF 开关置于"ON"位置。

④ 根据仪表板上高度控制"NORM"指示灯的闪烁情况读取故障码。

⑤ 故障码读取完毕后,脱开 T_C 端子和 E_1 端子之间的跨接线。

(2) 根据故障码诊断故障。读取故障码后,可根据表 3-5 所示的故障码含义诊断其故障。

故障码的含义表　　　　表 3-5

故障码	诊断系统	故障诊断	故障可能部位
11	右前高度控制传感器电路	车身高度控制传感器电路断路或短路	ECU 与高度控制传感器之间的配线或接线器故障;高度控制传感器故障;ECU 故障
12	左前高度控制传感器电路		
13	右后高度控制传感器电路		
14	左后高度控制传感器电路		
21	前悬架控制执行器电路	悬架控制执行器电路断路或短路	ECU 与悬架控制执行器之间的配线或接线器故障;悬架控制执行器故障;ECU 故障
22	后悬架控制执行器电路		
31	1 号高度控制阀电路	高度控制阀电路断路或短路	ECU 与高度控制阀之间的配线或接线器故障;高度控制阀故障;ECU 故障
33	2 号高度控制阀电路(用于右悬架)		
34	2 号高度控制阀电路(用于左悬架)		

续上表

故障码	诊断系统	故障诊断	故障可能部位
35	排气阀电路	排气阀电路断路或短路	ECU 与排气阀之间的配线或接线器故障；排气阀故障；ECU 故障
41	1 号高度控制继电器电路	1 号高度控制继电器电路断路或短路	ECU 与 1 号高度控制继电器之间的配线或接线器故障；1 号高度控制继电器故障；ECU 故障
42	压缩机电动机电路	压缩机电动机电路故障；压缩机电动机被锁住	ECU 与压缩机电动机之间的配线或接线器故障；压缩机电动机故障；ECU 故障
51	至 1 号高度控制继电器（控制压缩机电动机用）的持续电流	向 1 号高度控制继电器供电的持续时间超过 8.5min	压缩机电动机；压缩机；空气管；1 号、2 号高度控制阀；排气阀；高度控制传感器；高度控制传感器连接杆；溢流阀；ECU

（3）清除故障码。系统故障排除后应清除存储器内的故障码，清除方法有下列两种。

①在点火开关置于"OFF"的情况下，用跨接线将高度控制连接器端子 9 与 8（图 3-38）短接，同时使检查接线器的端子 T_s 与端子 E_1 短接。保持这一状态 10s 以上，然后将点火开关转至"ON"位置并脱开以上各端子。

②在点火开关置于"OFF"的情况下，拆下 1 号接线盒中的 ECU-B 熔断丝（图 3-38）10s 以上。

3）故障检测

对于初步诊断及自诊断确定的故障，还应进行详细的检测，以便查出故障的确切原因。其详细检测应使用推荐的检测工具按汽车制造商维修手册提供的方法和步骤进行。有时一个故障是由多个原因引起的，检测可根据维修手册中提供的故障症状一览表的顺序进行。对系统进行检查修理并清除故障码后，应对系统进行路试运行，然后再通过观察指示灯看是否还有故障存在，若系统还存在故障，应重新检修。

4）汽车高度调整功能的检测

先将汽车停在水平地面上，使轮胎气压正常，然后进行检测。其步骤如下。

(1)将汽车处于"NORM"高度调整的状态下。

(2)用专用工具检查汽车高度。

(3)起动发动机 将高度控制开关从"NORM"位置切换到"HIGH"位置。

(4)检测完成高度调整所需的时间和汽车高度变化量。其正常调整时间：从操作高度控制开关至压缩机起动约需 2s；从压缩机起动至高度调整完毕需 20~40s。汽车高度调整的变化量为 10~30mm。

(5)起动发动机，将高度控制开关从"HIGH"位置切换到"NORM"位置，并检测完成此次高度调整所需的时间和汽车高度变化量。其车身高度下降调整的正常时间及汽车高度调整的正常变化量与车身高度上升调整的情况大约相同。

课题三 转向系故障诊断与排除

汽车转向系的功用是改变或保持汽车的行驶方向。图 3-39 所示为转向系常见的结构形式。转向系性能的好坏直接关系到汽车行驶的稳定性和安全性,因此,在汽车使用过程中应加强对转向系的检测与诊断。

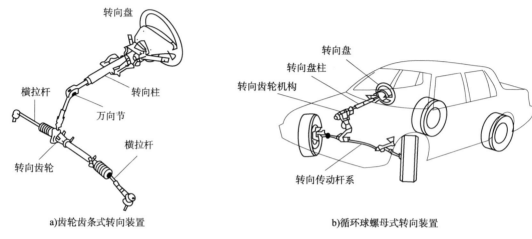

a)齿轮齿条式转向装置　　　　　　　　b)循环球螺母式转向装置

图 3-39 转向系的结构与配置

一、转向系常见故障的诊断与排除

转向系的常见故障主要有转向沉重和转向不灵敏。下面以轿车广泛采用的齿轮齿条式机械转向系统为例说明其常见故障诊断与排除的方法。

1. 转向沉重

1)故障现象

汽车转向时,转向盘感到沉重费力。

2)故障原因

(1)转向器齿轮与齿条啮合间隙过小或齿轮、齿条损坏。

(2)齿条顶块调节过紧。

(3)转向器齿条弯曲严重。

(4)转向器齿轮轴轴承发卡或损坏。

(5)转向器壳体严重变形。

(6)转向器、转向轴、万向联轴器、转向拉杆球头润滑不良或调节过紧。

(7)转向轴或转向柱管弯曲变形严重。

(8)转向节止推轴承缺油或损坏。

(9)主销内倾、后倾角变大或前束不符合要求。

(10)车架、前梁或前悬架变形而导致前轮定位失准。

(11)前轮胎气压不足,导致转向阻力过大。

3) 故障诊断方法与步骤

(1) 顶起汽车前部,使两前轮悬空,若感到转向轻便,则故障可能在前轮、前桥或前悬架。因为顶起前桥后,车轮与路面不在接触而无转向阻力。此时应仔细检查前轮气压是否过低,前轴有无变形,前悬架杆件是否变形,必要时还应检查前轮定位中的主销后倾、主销内倾与前轮前束值。

(2) 顶起汽车前部,如转向仍感到沉重,则说明故障在转向器和转向传动机构。此时,将转向横拉杆从转向节臂上拆下,转动转向盘。若用手指将转向盘从一个极限位置转到另一个极限位置,感到轻便灵活,则故障在横拉杆至前轮的连接及支承部位,应检查各球头销是否装配过紧或推力轴承是否缺油损坏。通常检查时,可用手扳动两前轮做左右转动作来感受其阻力的大小。

(3) 拆下拉杆后,若转向仍然沉重,则故障在转向器或转向柱管。此时,可检查转向器是否缺油,并转动转向盘倾听有无转向轴与主管的摩擦声以确定转向柱管是否弯曲;调整转向器齿条顶块,使转向齿条与转向齿具有合适的间隙,再转动转向盘,若轻便灵活,则说明转向器调整不当;若转向仍然沉重,则应拆下转向器进行检查。此时重点查看转向器齿轮与齿条是否损坏,转向器齿条是否弯曲严重,转向器齿轮轴轴承是否卡滞或损坏,转向器壳体是否严重变形。

2. 转向不灵敏

1) 故障现象

转向时感觉转向盘自由转动量大,需用较大的幅度转动转向盘,方能控制汽车的行驶方向,汽车在直线行驶时感到行驶不稳定。

2) 故障原因

(1) 转向器固定部位松动。

(2) 转向轴与转向盘配合松动。

(3) 转向器内齿轮与齿条的啮合间隙过大。

(4) 转向机构各连接部件间隙过大或连接松动。

(5) 转向节主销与衬套磨损松旷。

(6) 前轮毂轴承间隙过大。

3) 故障诊断方法与步骤

(1) 故障诊断时应先检查转向盘自由转动量,若转向盘自由转动的角度正常,则故障的原因可能是前轮毂轴承间隙过大、主销与转向节衬套间隙过大。此时则应架起前桥用手扳动前轮检查轮毂轴承间隙、转向节主销与衬套的配合间隙,以确诊故障部位。若转向盘自由转动的角度大(超标),则故障的原因在转向器内部或转向传动机构,此时应采取分段检查法以确定故障的具体位置。

(2) 分段检查时,先检查转向盘至转向器之间的连接是否松旷,若正常,再由一人抓紧转向横拉杆(即与转向齿条相连接的拉杆)固定不动,另一人转动转向盘试验。若感到自由转动量过大,则故障在转向器,说明其转向器内部间隙过大。若转向盘自由转动量不大,可放松转向横拉杆,仍以一人转动转向盘,另一人则观察各拉杆球头销是否松旷,此时若转向盘自由转动量过大,则故障在转向传动机构连接部件间隙过大或连接松动。

(3) 当汽车行驶不稳定并伴有前轮胎异常磨损时,还应检查前轮定位。

二、液压动力转向系的检测与故障诊断

为了汽车操纵轻便、转向灵敏和提高行车的安全性能,广泛采用了液压动力转向系。液压动力转向系主要由动力转向泵、动力油缸、转向控制阀、转向储油罐和油管等组成(图3-40)。

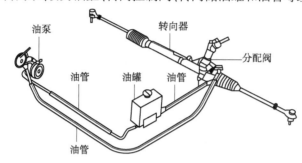

图3-40 液压动力转向系的组成

下面以齿轮齿条式液压动力转向系为例说明动力转向系的检测与诊断方法。

1. 动力转向系的检测

动力转向系是一个复杂精密的液压系统,当动力转向系出现故障时,要采用正确的方法对其进行检测与诊断。

(1)检查储液罐油液。

合理的液面高度和良好的油质是保证液压动力转向系正常工作的前提,因此应检查储液罐油液,其检查步骤如下:

①将汽车停放在平坦的地面上。

②在发动机怠速时,转动转向盘至左右极限位置数次,使转向液温度达到80℃左右。

③检查转向液是否起泡或乳化,如果转向液起泡或乳化,则表示转向液内已渗入空气,此时应进行排气操作。

④检查转向液油质,如转向液变质或使用期限已到,则应更换转向液。

⑤检查储液罐液位高度,确保液位在储液罐的液位上限和液位下限之间。当油液没有变质,油液中也没有渗入空气,而只是油面高度低于液位下限,此时可能有泄漏,应检查并修理泄漏部位,然后按需添加推荐使用的转向液,使液位在上限附近。

(2)更换转向液。

(3)检查动力转向系统是否有空气。

当汽车转向液压系统渗入空气后,由于空气的可压缩性,易引起转向系统内的油压波动从而造成汽车转向操作不稳、忽轻忽重,影响汽车的转向安全性。因此,对转向液压系统是否渗入空气应仔细检查。

具体操作方法为:发动机怠速运转,先查看转向盘居中时的转向储液罐液位,然后查看转向盘向左或向右转到极限位置时的储液罐液位有无变化。若系统内有空气,转向盘转动时 系统内油压升高,空气被压缩,则储液罐的液位将明显降低;若系统内无空气,由于液体不可压缩,则储液罐的液位变化很小。另外,若系统内有空气,当转向盘向左或向右转到极限位置时,泵内或转向器内有时会产生异常响声,当转向液压系统内有空气时,应将空气

排出。

(4) 检测动力转向泵传动带的松紧度。

汽车动力转向油泵工作的动力来自发动机,是通过传动带传递的。若传动带过松,则易打滑;若传动带过紧,会导致动力转向泵轴及轴承受力增加,从而影响机件及传动带的使用寿命。动力转向泵传动带的松紧度应适当。松紧度的检测方法与发电机皮带的检测方法相同。

(5) 检测动力转向泵输出压力。

检测动力转向泵输出油压,主要是为了确定动力转向泵或转向器是否有故障。为准确地测出动力转向泵的输出油压,检测前应使储液罐液位正常和动力转向泵传动带的张紧力符合标准。由于各车型动力转向系统的结构形式不同,因而检测动力转向泵输出压力时应采用厂家推荐的检测步骤,动力转向泵输出压力的一般检测方法如图3-41所示。

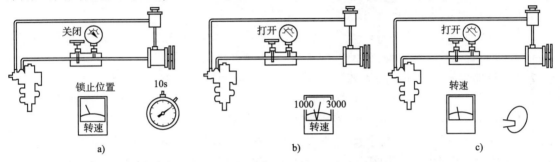

图3-41 动力转向泵输出压力的检测

①测压前的准备:先将压力表连接在动力转向泵与转向控制阀的压力管道之间,完全开启压力表阀门;然后起动发动机并使其怠速运转,将转向盘从左、右转动的极限位置之间连续转动3~4次,以提高转向液温度并排出系统内的空气,确保转向液温度升至80℃以上。

②检测发动机怠速时液压泵输出的最高压力。将发动机怠速运转,关闭压力表阀门(注意关闭时间不要超过10s),观察压力表读数[图3-41a)],压力值应不低于标准值。否则说明动力转向泵有故障。

③检测发动机转速变化时的压力表差。将压力表阀门全开,分别检测发动机在规定的低转速(例如1000r/min)和某一高转速(例如3000r/min)时动力转向泵的输出压力[图3-41b)],其两者的压力差应不超过规定值。否则,动力转向泵的流量控制阀有故障。

④检测转向盘至极限位置时转向泵的输出压力。使压力表阀门全开且发动机怠速运转,在转向盘转至左、右极限位置时,记下压力表的读数[图3-41c)],其压力值应不低于规定值。若压力太低,则意味着转向器有内部泄漏故障。

2. 动力转向系统的常见故障诊断与排除

液压动力转向系统的常见故障主要有液压助力系统因油液泄漏、渗入空气、动力转向泵失效、转向控制阀损坏和机械传动机构损坏而引起的转向沉重、车辆发飘和转向噪声等故障。故障诊断的重点为液压助力系统,机械转向系统的诊断可参照前述内容。

1) 转向沉重

(1) 故障现象。

汽车行驶中感到转向困难、转向沉重。

(2)故障原因。

①储液罐缺油或油液高度低于规定要求。

②各油管接头处密封不良,有泄漏现象。

③转向液压回路中渗入了空气。

④油管变形、油路堵塞。

⑤动力转向泵传动带张紧力不足,传动带打滑。

⑥动力转向泵内部磨损、泄漏严重,使动力转向泵输出压力达不到标准。

⑦动力转向泵内调压阀失效,使输出压力过低。

⑧转向控制阀、动力液压缸内部泄漏。

⑨转向齿轮机构损坏或调整不当。

(3)故障诊断方法与步骤。

①检查轮胎气压是否正常,按规定气压充气。

②检查转向液压系统油管接头是否泄漏,有无损坏、变形或裂纹。一旦发现油管有缺陷应予以更换;若油管接头泄漏,应予以拧紧,必要时更换油管重接。

③检查储液罐内的油液品质和液面高度。若油液变质则应重新更换规定油液;若液面低于规定高度,则应找出油液液面过低的原因,重新加油使液面达到规定的液面高度。

④检查油路中是否渗入空气,若发现储液罐中的油液有气泡时,说明油路中有空气渗入,此时应检查系统内进入空气的原因,检查有无油管接头松动、油管裂纹、密封件损坏、储液罐液面过低等情况并排除,然后对油压系统进行排气操作,最后加注转向液至规定的液面高度。

⑤检查动力转向泵传动带的张紧程度,查看传动带是否打滑或有无损坏。发现问题应按规定调整皮带松紧度或更换新传动带。

⑥就车重检。将转向盘向左、向右极限位置来回转动,如果转向轻便,说明故障通过上述步骤已经排除;如果左、右转向仍然沉重,则故障可能在动力转向泵、动力液压缸或传动机构;如果左、右转向助力不同,则故障可能在转向控制阀。

⑦检测动力转向泵输出油压以确诊故障所在部位。检测前将与规定油压相适应的压力表(带阀门)连接在动力转向泵压力输出口与转向控制阀压力输入油管之间(图3-41)。检测时打开压力表阀门至全开,起动发动机使其在急速运转,转动转向盘至左极限位置或右极限位置,测量动力转向泵的输出油压。这时,若油压达不到原厂规定的压力,且在逐步关闭压力表阀门时,油压也不能提高,则说明动力转向油泵有故障,若油压未达到原厂规定值,但在逐步关闭压力表阀门时油压有所提高,油压可达到规定值,则说明转向油泵良好,故障在转向控制阀或动力液压缸;若检测时油压正常,则故障在转向传动机构。

⑧检查转向传动机构。转动转向盘,查看与转向柱轴相关的元件是否转动灵活,查看转向万向联轴器、各传动杆件球头连接部位是否过紧,查看转向节推力轴承是否缺油或损坏,发现问题应予以调整或更换重装,检查转向齿轮齿条机构,调整齿条顶块的压紧力,使齿条与齿轮的侧向间隙合适,保证齿条移动自如,对于弯曲的齿条应予以更换。

2)车辆发飘

(1)故障现象。

车辆发飘是指转向盘居中时,汽车向前行驶过程中从一侧偏向另一侧的现象。发飘的汽车难以保证向正前方向行驶而总是跑偏。

(2) 故障原因。

① 转向控制阀扭力杆弹簧损坏或太软,难以克服转向器逆传动阻力,使控制阀不能及时复位。

② 因油液脏污使阀芯与阀套运动受到阻滞。

③ 转向控制阀阀芯偏离中间位置,或虽然在中间位置但与阀套槽肩的缝隙大小不一致。

④ 转向传动机构连接处间隙过大,或连接件松动,或磨损过度。

⑤ 车轮定位不当。

⑥ 轮胎压力或尺寸不正确。

(3) 故障诊断方法与步骤。

① 应当检查转向传动机构的连接件是否松动,各部间隙是否过大,传动机构是否松旷,排除转向传动机构的故障。

② 检查轮胎尺寸,调节轮胎气压。

③ 检查油液是否脏污。对于新车或大修后的车辆,由于不认真执行走合维护的换油规定往往易使油液脏污。对于脏污的油液应进行更换。

④ 检查转向控制阀。在不起动发动机的情况下转动转向盘,凭手感判断转向控制阀是否开启或运动自如,若有怀疑,一般应进行拆卸检查。

⑤ 经上述检查若车辆仍然发飘,则应检查悬架元件是否损坏、车轮定位是否正确、车轮转动是否阻滞,以确诊故障所在。

3) 转向噪声

(1) 故障现象。

汽车转向时出现过大的噪声。

(2) 故障原因。

汽车转向时,转向系统有不太大的噪声是正常现象,在冬天(-20℃ 或更冷)起动发动机后,开始 2~3min 转向泵有噪声也是正常现象,但当噪声过大或影响汽车转向性能时,就应视为故障,噪声故障的产生原因主要有如下几方面:

① 转向传动机构松动导致转向噪声过大。

② 动力转向泵损坏或磨损严重。

③ 动力转向泵带轮松动或打滑引起噪声过大。

④ 转向控制阀性能不良。

⑤ 油管接头松动或油管破裂,使液压系统渗入空气导致噪声过大。

⑥ 过滤器滤网堵塞,或液压回路中有过多的沉积物。

(3) 故障诊断方法与步骤。

① 转向时若发出"咔嗒"声,则可能是转向柱轴接头松动、横拉杆松动或球形接头松动,应检查上述部位,必要时进行紧固或更换损坏的部件;若转向柱轴摆动严重,则应更换转向柱总成,若转向器安装松动,则应进行紧固;对连接处的润滑部位进行必要的润滑。另外,转向泵带轮松动也会发出"咔嗒"声,所以还应检查转向泵带轮,必要时拧紧或更换带轮,以消除其噪声故障。

②转向时发出"嘎嘎"声,且转向盘从一端极限位置转到另一端极限位置时,噪声更大,则可能是动力转向泵传动带打滑所致。此时可检查传动带松紧度及磨损情况,视需要张紧或更换传动带。

③转向时若转向泵发出"咯咯"声,则可能是转向油液中有气泡,导致油液流动时产生气动噪声。此时首先应检查油面高度,若液位过低,则应向储液罐加油液到正确位置并检查、排除泄漏故障。然后检查软管是否破损或卡箍是否松开,必要时进行更换损坏的软管或卡箍。确认动力转向系统内液体有空气渗入后,应将空气从动力转向系统中排出,以消除气动噪声。若转向泵发出"嘶嘶"声或尖叫声,而液压系统无漏气现象,且传动带松紧度正常,则说明油路有堵塞处或转向泵严重磨损及损坏,应予以修复或更换。

④当转向盘处于极限位置或原地慢慢转动转向盘时转向器发出"嘶嘶"声,若这种异响严重则可能为转向控制阀性能不良,应更换控制阀进行对比检查,以确诊故障。

三、电子控制动力转向系的检测与故障诊断

电子控制动力转向系统,是在普通动力转向系统的基础上,以车载微机的应用为条件发展起来的。电子控制的动力转向系统,能随转向条件的不同来控制转向助力:在停车和低速行驶转向或快速转向时有较大的助力以保证转向轻便;在中高速转向时有较小的助力以提供路感。根据动力源的不同,电子控制动力转向系统常分为电动式和液压式两种。电动式电子控制动力转向系统通常由转矩传感器、车速传感器、电子控制单元、电动机和电磁离合器等组成,它利用直流电动机作为转向助力源,电子控制单元根据转向参数和转向力矩传感器、车速等信号控制电动机转矩的大小和方向,实现转向助力的调节;液压式电子控制动力转向系统通常由液压动力转向系统、电磁阀、车速传感器和电子控制单元组成,其电子控制单元根据检测到的车速信号,控制电磁阀以调节系统压力,使转向助力放大倍率连续可调,从而满足高、低速时的转向助力要求,另外不少动力转向系统还增设了转向盘角速度传感器,以满足快速转动转向盘时的增力要求。目前,液压式电子控制动力转向系统在汽车上得到广泛使用,下面以这种系统为例说明其故障的检测与诊断。

1. 液压式电子控制动力转向系的检测

液压式电子控制动力转向系统是通过控制系统的油压来控制转向助力的,因此可通过转向时的液压和转向盘转向力的检测来反映系统电控组件的工作性能和技术状况。不同形式的电子控制动力转向系统其检测方法和标准不尽相同,下面以丰田车系的皇冠轿车电子控制动力转向系统说明其检测方法。

1)检测转向盘转至极限位置时的油压

(1)测压前的准备。先将压力表连接在动力转向泵与转向控制阀的压力管道中(图3-42),完全开启压力表阀门,起动发动机并使其怠速运转,将转向盘从左、右转动的极限位置之间连续转动3～4次,以提高转向液温度并排除系统内的空气,使转向液温度升至80℃以上确保液面高度正常。

(2)检测发动机怠速时转向泵输出的最高压力,在确保动力转向泵输出油压正常时,进行下一步骤。

(3)将转向盘转至极限位置,拔下电磁阀插接器[图3-42a)],然后起动发动机,使其转

速稳定在1000r/min,测量动力转向泵的输出油压,其最低压力应为7355kPa。否则,转向器存在内部泄漏或电磁阀有故障。

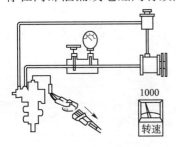 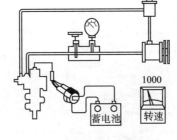 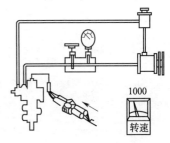

a)拔下电磁阀插接器测量油压　　b)给电磁阀通电测量油压　　c)装上电磁阀插接器测量油压

图3-42　电子控制动力转向系统的油压检测

（4）按图3-42b)所示的方法,给电磁阀加上蓄电池电压,再测量动力转向阀的输出油压,其最大油压约为3924kPa。若压力过高,则电磁阀有故障。

注意:给电磁阀线圈加上蓄电池电压的时间不要超过30s,以防烧毁电磁阀线圈;若要重测该项,则应等到电磁阀线圈不烫手时方可进行。

（5）按图3-42c)所示的方法插好电磁阀插接器,重新测量动力转向泵的输出油压,其最低压力应为7355kPa。若压力过低,则说明电子控制动力转向系统有故障。

2)检测转向盘转向力

（1）使转向盘处于汽车直线行驶位置,并使发动机怠速运转。

（2）给电磁阀线圈断电,用测力计测量转向盘沿两个方向转动时的转向阻力,最大转向阻力不应大于39N。

（3）给电磁阀线圈加上蓄电池电压,再用测力计重测两个方向的转向阻力,其最大的转向阻力约为118N(参考值)。

正常情况下,电磁阀线圈通电后,电磁阀动作会使阀的节流面积增大,使转向助力减少,因而导致转向盘转向力增大,若通电后转向阻力没有增大,则说明电磁阀存在故障。

2. 电子控制动力转向系的故障诊断

1)电控系统故障自诊断

电子控制动力转向系统一般具有故障自诊断功能,以监测、诊断系统的工作情况,诊断系统故障。当电控系统出现故障时,转向系统仍能正常工作,但电控系统将停止转向助力的控制。同时其电子控制单元则将其故障信息以故障码的形式储存于存储器内,以便备查。检修时,利用其故障自诊断功能快速准确地确定其故障类型和故障部位通常是通过专用解码器或人工方法读取故障码,然后根据故障码的相应内容快速诊断故障。不同的车型,其故障码的含义也各不相同。下面以东风日产轩逸轿车电子控制动力转向系统(EPS)作为案例,介绍其机构及故障诊断排除方法。

2)东风日产轩逸EPS系统结构(图3-43)。

东风日产轩逸EPS系统由组合仪表、ECM、EPS控制单元、EPS电动机等组成。

（1）EPS控制单元。

EPS控制单元安装在转向柱总成中,如图3-44所示。EPS控制单元对数据执行算数运算,如来自力矩传感器的转向盘转动力(传感器信号)、车速信号等。然后根据驾驶状况产生EPS电动机的最优辅助力矩信号。

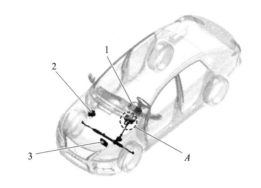

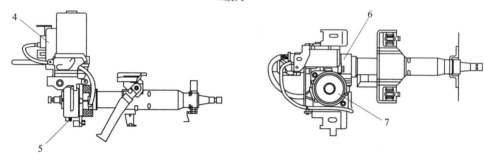

图 3-43　转向系统结构图
1-组合仪表;2-ABS;3-ECM;4-EPS 控制单元;5-减速齿轮;6-力矩传感器;7-EPS 电动机

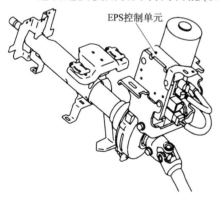

图 3-44　EPS 控制单元

连续过度使用动力转向功能(如全转向)时,EPS 控制单元减少输出到 EPS 电动机的信号,以保护 EPS 电动机和 EPS 控制单元(超载保护控制)。

停车/启动系统启动时,EPS 控制单元通过 CAN 通信从 ECM 接收停车/启动状态信号,使辅助控制失效(配备停车/启动系统的车型)。

驾驶人在停车/启动系统操作下转动转向盘时(力矩应超出规定力矩),EPS 控制单元通过 CAN 通信发送 EPS 力矩信号至 ECM,并且重新起动发动机(使停车/启动系统失效)(配备停车/启动系统的车型)。

(2)EPS 电动机。
EPS 电动机通过 EPS 控制单元的控制信号提供辅助力矩。

(3)力矩传感器。
力矩传感器会检测转向力矩,并发送信号至 EPS 控制单元。

(4)减速齿轮。
减速齿轮通过蜗轮增加由 EPS 电动机提供的辅助力矩,并输出至柱轴。转向系统主要包括:EPS 电动机、力矩传感器、减速齿轮,如图 3-45 所示。EPS 电动机通过 EPS 控制单元的控制信号提供辅助力矩。力矩传感器会检测转向力矩,并发送信号至 EPS 控制单元。减速齿轮通过蜗轮增加由 EPS 电动机提供的辅助力矩,并输出至柱轴。

EPS 系统工作情况如图 3-46 所示,ECM 向 EPS 电控单元提供发动机状态("停车/启动")信号,ABS 执行器和组合仪表向 EPS 电控单元提供车速信号,力矩传感器向 EPS 电控单元提供力矩信号。

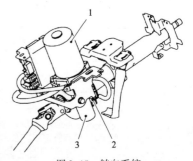

图 3-45 转向系统
1-EPS 电动机;2-力矩传感器;3-减速齿轮

EPS 控制单元共有 11 个端子,各端子布置如图 3-47 所示,其端子标准值见表 3-6。

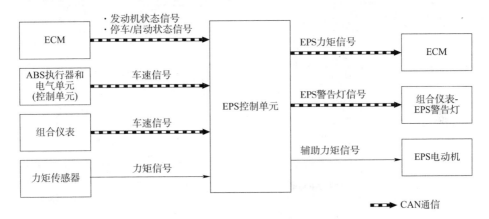

图 3-46 EPS 控制单元工作情况

EPS 控制单元端子标准值 表 3-6

端子号	说明		条件		标准值
	信号名称	输入/输出			
1	CAN-L	输入/输出	—		
2	CAN-H	输入/输出	—		
4	点火电源	输入	点火开关:ON		10~16V
			点火开关:OFF		0V
9	蓄电池电源	输入	—		10~16V
10	搭铁	—			0V
13	力矩传感器电源	输出	点火开关:ON		5V
14	分力矩传感器	输入	点火开关:ON	转向盘:无转动	2.5V
			发动机运转	转向盘:转动	1.6~3.4V(数值随转向盘的转动而变化)

续上表

端子号	说 明		条 件		标 准 值
	信号名称	输入/输出			
15	力矩传感器搭铁	—	—		0V
16	主力矩传感器	输入	点火开关:ON	转向盘:无转动	2.5V
			发动机运转	转向盘:转动	1.6~3.4V(数值随转向盘的转动而变化)
19	EPS电动机(+)	—	—		—
20	EPS电动机(-)	—	—		—

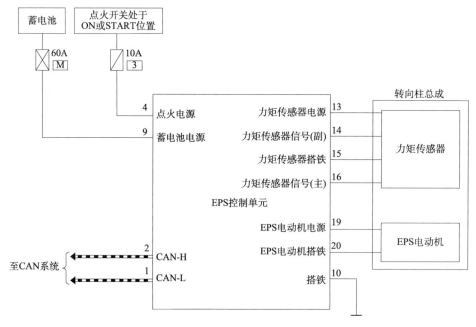

图3-47 EPS控制单元及端子布置图

3)日产轩逸EPS故障诊断与排除(表3-7)。

日产轩逸EPS故障诊断与排除　　　　　　　　　　表3-7

故障现象	故障说明	故障诊断及排除	备 注
EPS故障灯不点亮	将点火开关从OFF按至ON时,EPS警告灯不点亮	(1)执行自诊断:使用CONSULT,将点火开关从OFF按至ON位置,执行"EPS"自诊断; (2)检查EPS警告灯信号	使用CONSULT,注意:切勿起动发动机

续上表

故障现象	故障说明	故障诊断及排除	备注
EPS 故障灯不熄灭	发动机起动后几秒内，EPS 警告灯不熄灭	(1) 执行自诊断； (2) 检查 EPS 警告灯； (3) 检查 EPS 控制单元和搭铁电路	
转向盘转动力大或小	转向盘转动力过重或过轻	(1) 执行自诊断； (2) 检查 EPS 警告灯的点亮情况； (3) 检查 EPS 控制单元信号——起动发动机，使用 CONSULT 诊断 EPS 中的"数据监控"的"辅助水平"； (4) 检查 EPS 控制单元信号——使用 CONSULT 诊断 EPS 中的"数据监控"的"蓄电池电压"； (5) 使用 CONSULT 选择 EPS 中的"辅助水平"，停止 EPS 系统直到"数据监控"中的项目显示为 100%； (6) 起动发动机，使用 CONSULT 检查"数据监控"的"力矩传感器"； (7) 检查 EPS 电动机； (8) 起动发动机，使用 CONSULT 选择"数据监控"中的"自动停车启动标志"和"自动停车启动状态"； (9) 检查影响转向盘转动力的机械部件，如防尘套、转向机壳总成、外套筒和内套筒等	
转向盘转向力失衡并左右来回转动	转向盘左右转动力及复原力不平衡	(1) 检查 EPS 警告灯的点亮情况； (2) 检查车轮定位； (3) 检查 EPS 控制单元信号，起动发动机，使用 CONSULT 检查"数据监控"的"力矩传感器"； (4) 检查 EPS 电动机； (5) 检查转向盘转动力	

课题四 制动系故障诊断与排除

汽车制动系的功用是使汽车减速或在最短的距离内停车，保证行车的安全，并能使汽车可靠地停放在坡道上。汽车制动系一般可分为液压制动系和气压制动系两种。液压制动系的组成如图 3-48 所示，汽车的制动性能，直接关系到行车安全、动力性的充分发挥和运输效率。因此对汽车制动系的故障诊断尤为重要。

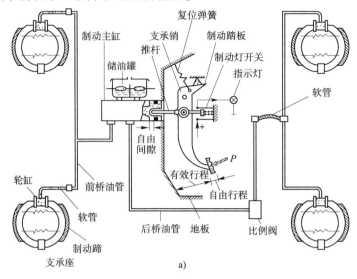

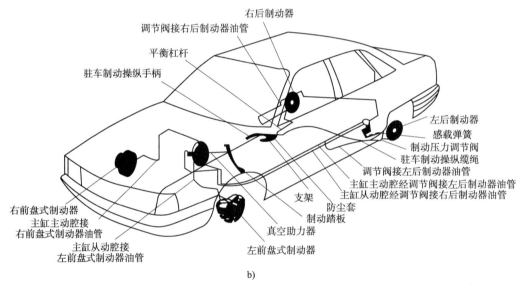

图 3-48 液压制动系的组成

一、汽车制动系的故障诊断与排除

在行车制动装置中,制动系的常见故障有制动失效、制动不灵、制动跑偏和制动拖滞,对于这些故障,通常应根据故障现象分析原因,按照一定的步骤进行故障诊断。

1. 液压制动系常见故障的诊断

1)制动失效

汽车行驶时,踩下制动踏板,汽车不能减速和停车称为制动失效。

(1)引起制动失效故障的原因。

①制动主缸内无制动液或制动液严重不足。

②制动主缸皮碗被踏翻或损坏。
③制动管路破裂或接头处严重泄漏。
④制动踏板至主缸的连接部位脱落。

(2)制动失效故障诊断方法与步骤。

①踩下制动踏板,如无连接感,则制动踏板至主缸之间的连接脱开,在车下检查,即可发现脱开部位。

②连续踩几下制动踏板,踏板不升高,同时又感到无阻力,应先检查制动主缸是否缺制动液,再检查前、后制动管路有无漏液和损坏部位,通常根据油迹可诊断故障所在。

③踩下制动踏板,稍有阻力感,则多为主缸无制动液或缺制动液所致。

④踩下制动踏板,有阻力感,但制动踏板位置保持不住,有明显的下沉现象,则多为主缸皮碗破裂所致。

⑤如上述情况良好,则故障可能是主缸皮碗被踏翻或损坏,可通过分解制动主缸确诊。

2)制动不灵

(1)制动不灵故障现象。

汽车行驶时,将制动踏板踩到底,汽车不能立即减速和停车,制动距离过长。

(2)制动不灵故障原因。

①制动踏板自由行程过大。
②制动管路和轮缸内有空气。
③制动管路或管路接头漏油。
④制动主缸、轮缸的皮碗、活塞、缸壁磨损过度。
⑤制动主缸、轮缸的皮碗老化、发黏、发胀 使制动时阻滞力变大。
⑥制动主缸阀门损坏或补偿孔、通气孔堵塞。
⑦制动摩擦片与制动鼓(盘)的间隙过大,或接触不良。
⑧制动摩擦片硬化、铆钉外露或有油污。
⑨制动鼓(盘)磨损过度或制动时变形严重。
⑩增压器、助力器效能不佳或失效。

(3)故障诊断方法与步骤。

①检查储液罐的制动液是否太少或无制动液,若制动液过少,说明制动系统内可能有漏液故障,可加满制动液后再诊断。

②连续踩几下制动踏板,制动踏板位置逐渐升高,但升高后不抬脚连续踩,感到有弹力,则说明制动液压系统内有空气。

③踩一下制动踏板制动不灵,连踩几下制动踏板,踏板位置逐渐升高并且效果良好,说明踏板自由行程过大或制动摩擦片与制动鼓(盘)的间隙过大。

④连续踩几下制动踏板,踏板位置逐渐升高,但升高后不抬脚连续踩,踏板无弹力感且下沉至很低位置,说明制动液压系统漏油,可能是制动主缸、轮缸、管路、管路接头漏油,或制动主缸、轮缸磨损严重、皮碗破裂损坏或密封不良。

⑤当踩下制动踏板时,制动踏板位置很低,再踩几下踏板,位置还不能升高,一般为主缸通气孔或补偿孔堵塞。

⑥当踩下制动踏板时,制动踏板高度合乎要求,也感到有力且不下沉,但制动效果不好,则为车轮制动器故障。这种故障多为摩擦片硬化、铆钉头外露、摩擦片油污、制动鼓(盘)磨损及变形所致;若踏板高度合适,但踩制动踏板时感到很硬,则故障可能是制动液太稠、管路内壁积垢太厚、油管凹瘪、软管内孔不畅通或增压器、助力器效能不佳所致。

3) 制动跑偏

(1) 故障现象。

汽车在平路上制动时,在转向盘居中情况下,自动向左或向右偏驶,紧急制动时尤为严重。

(2) 故障原因。

① 左、右轮制动摩擦片与制动鼓(盘)间隙不同。

② 左、右轮制动摩擦片与制动鼓(盘)接触面积相差过大。

③ 左、右轮制动摩擦片材质各异、新旧程度不同或安装修复质量不一样。

④ 左、右轮制动蹄复位弹簧拉力相差过大。

⑤ 左、右轮气压不一致、直径有差异、轮胎新旧不一及磨损程度不同。

⑥ 个别轮缸活塞运动不灵活、皮碗发胀、油管堵塞或有空气。

⑦ 个别车轮摩擦片油污、硬化或铆钉外露。

⑧ 车身变形以及前、后车轴不平行或两边钢板弹簧刚度不等。

(3) 故障诊断方法与步骤。

① 进行路试。先进行减速制动,若汽车向左跑偏,则说明右边车轮制动迟缓或制动力不足;若汽车向右跑偏,则说明右边车轮有故障。再进行紧急制动,并观察车轮抱死后在地面上的印迹。若同一轴两边车轮印迹不能同时发生,其中印迹短的车轮为制动迟缓,印迹轻的为制动动力不足。

② 找出制动迟缓或制动力不足的车轮后,应仔细检查该轮制动管路有无碰瘪、漏油的现象;检查该轮的轮胎气压是否正常;轮胎磨损是否严重。

③ 若上述目检正常,则可对该轮轮缸进行放气。放气时若发现有空气或放完后制动跑偏现象消除,则故障在该轮轮缸内或管路内有气阻。

④ 若无气阻现象,则检查并调整该轮制动摩擦片与制动鼓(盘)之间的间隙。调整后若制动跑偏现象消除,则说明故障在该轮的制动器间隙调整不当。

⑤ 若上述制动器间隙符合要求,则应分解制动器及轮缸,检查制动器的技术状况、轮缸活塞和皮碗的形态以及油管是否畅通,以确诊故障部位。

⑥ 若上述均正常,而故障现象依旧,则说明制动跑偏的故障不在制动系统本身,故障可能是由车身变形或其他系统(悬架系统、转向机构、行驶系)的工作条件恶化所致。

4) 制动拖滞

(1) 故障现象。

汽车制动后,抬起制动踏板时,全部或个别车轮的制动作用不能解除或解除缓慢,致使汽车起步困难或行驶无力、制动鼓发热。

(2) 故障原因。

① 制动踏板无自由行程。

②制动踏板复位弹簧脱落、拉断、过软或制动踏板轴锈蚀、卡住而使复位困难。
③制动主缸、轮缸皮碗发胀、发黏或活塞移动不灵活。
④主缸活塞复位弹簧折断、预紧力太小。
⑤制动鼓严重变形,制动摩擦片与制动鼓间隙太小,制动蹄复位弹簧过软。
⑥制动油管碰瘪、堵塞或制动液太脏、太稠而使回油困难。
⑦真空助力器的空气阀漏气。

(3)故障诊断方法与步骤。
①汽车行驶一段里程后,用手触摸各车轮制动鼓。若个别车轮制动鼓发热,则故障在车轮制动器,若全部车轮的制动鼓都发热,则进行下一步诊断。
②全部制动鼓发热时,应首先检查制动踏板自由行程。若自由行程符合要求,则检查制动主缸。可将主缸储液罐盖打开,并连续踩下和放松制动踏板,看其能否回液,若不能回液,说明回油孔堵塞;若回液缓慢,说明皮碗、皮圈发胀或复位弹簧无力,则故障在制动主缸,同时还应观察制动踏板的复位情况,若制动踏板不能迅速复位,说明复位弹簧过软或折断。若制动主缸回油正常,且制动踏板复位正常,则进行下一步诊断。
③做车轮转动试验。松开制动踏板,让各车轮悬空并用手转动车轮,若各轮的转动阻力很大,则说明故障在各轮制动摩擦片与制动鼓(盘)间隙过小或调整不当;若各轮的转动阻力较小处于正常,则对采用真空助力器的制动系统,可将汽车变速器置于空挡,使发动机处于急速运转,在松开制动踏板的情况下,再次用手转动车轮,若此时阻力增大,则说明汽车制动拖滞的故障是由真空助力器的空气阀漏气所致。
④若故障在单个车轮制动器,则应先拧松该制动器放气螺钉,若制动液急速喷出,制动蹄复位,则为油管堵塞致使轮缸不能回液所致。若制动蹄仍不能复位,则应调整摩擦片与制动鼓之间的间隙。
⑤经上述检查调整均无效,则应拆下制动器检查轮缸活塞、皮碗、复位弹簧、制动鼓、制动摩擦片状况以及制动蹄片支承销的活动情况。

2. 气压制动系统故障的诊断与排除
1)制动失效
(1)故障现象。
汽车行驶时,踩下制动踏板,汽车不能减速和停车。
(2)故障原因。
①储气筒内无压缩空气。
②制动控制阀的进气阀门打不开或排气阀门关闭不严。
③制动控制阀、制动气室膜片破裂或制动软管断裂。
④制动踏板至制动控制阀的连接脱开。
⑤气管堵塞。
(3)故障诊断方法与步骤。
①首先查看气压表有无气压。若气压正常,则检查制动踏板与制动阀之间的连接是否脱开,若连接正常,可进行下一步诊断。
②踩下制动踏板,是否有严重的漏气声。若有,则故障为制动系严重漏气所致。若无漏

气声,则抬起制动踏板,听听制动控制阀是否有排气声。若有排气声,但整车仍无制动效能,则故障在制动控制阀至车轮的管路被严重堵塞;若无排气声,则为储气筒至进气阀的管路堵塞或进气阀打不开。此时可通过调整制动控制阀的最大气压调整螺钉,在确保进气阀打开的情况下,重新踩下并抬起制动踏板,若仍然听不到排气声,则说明故障是由储气筒至进气阀之间的管路严重堵塞所致;若能听到排气声,则说明故障是由制动控制阀调整不当使进气阀打不开所致。

③若气压表不正常,压力为0,则起动发动机并运转几分钟。当气压表仍无压力指示时,可拆下空气压缩机的出气管,起动发动机,听听有无泵气声。若泵气声正常,应查明空气压缩机出气管经储气筒至气压表一段有无严重漏气;若无泵气声,且空气压缩机传动带性能正常,则故障在空气压缩机。

2)制动不灵

(1)故障现象。

汽车行驶时,将制动踏板踩到底,汽车不能立即减速和停车,制动距离过长。

(2)故障原因。

①空气压缩机工作不正常 储气筒内空气压力不足。

②制动管路及管接头漏气或不畅通。

③制动控制阀或制动气室膜片破裂以及排气阀关闭不严。

④踏板自由行程过大。

⑤制动臂调整不当,使制动气室推杆行程不合适。

⑥制动控制阀最大气压调整螺钉调整不当或平衡弹簧的预紧力过小。

⑦制动摩擦片与制动鼓间隙过大或接触面积过小。

⑧制动摩擦片质量差或使用中有表面硬化、油污、铆钉外露等现象。

⑨制动鼓磨损过大或变形严重。

⑩制动蹄与支承销或制动凸轮轴与其支承套锈蚀或卡滞。

(3)故障诊断方法与步骤。

①先让发动机中速运转数分钟,再观察驾驶室内气压表读数能否达到标准,如气压不足应检查空气压缩机传动带是否太松,空气压缩机排气阀关闭是否严密以及空气压缩机至储气筒之间的管道是否被堵塞或接头漏气。

②若气压表读数正常,但发动机熄火后,气压自动下降,应检查制动控制阀是否漏气,制动阀至空气压缩机之间的制动管路是否漏气。

③若气压表读数正常,发动机熄火后,气压也能保持正常,但踩下制动踏板后,气压不断下降,则为控制阀至各制动气室之间有漏气之处,如制动控制阀排气阀关闭不严、管路接头漏气、制动气室膜片破裂漏气等,可根据漏气声判断故障所在。

④若气压表读数正常,但将制动踏板踩到底时,气压表的指示气压下降太小,说明制动控制阀的进气阀打开程度太小或平衡弹簧预紧力太小。检查并调整制动控制阀的最大气压调整螺钉,调整后若情况有所好转,则故障在该调整螺钉调整不当,若气压下降还是太小,则故障在平衡弹簧预紧力太小。

⑤若上述检查调整均正常,但制动效果仍然不好,则应检查制动踏板自由行程是否过

大,检查气室推杆动作是否良好及制动器摩擦片与制动鼓之间间隙是否过大。经过这些检查及调整后,其车辆制动不灵现象依然存在,则故障是由车轮制动器内部所致,须解体后方能确诊故障部位。

二、电子控制制动防滑系统(ABS/ASR)的检测与故障诊断。

汽车电子控制防滑系统是电子控制防抱死制动系统(ABS)和驱动防滑转系统(ASR)的统称。汽车 ABS 和 ASR 都是通过控制车轮的滑移率来改善汽车行驶状况的。其中 ABS 是在汽车制动过程中,通过控制车轮的滑移率,防止车轮抱死滑移来提高汽车的制动效能及制动时的方向稳定性;而 ASR 是在汽车驱动过程中,通过控制驱动车轮的滑移率,防止驱动轮滑转,来提高汽车的动力性及行驶时的方向稳定性。可见,电子控制防滑系统对汽车的行驶安全以及汽车的转向操作特性都具有直接的影响,因而对现代汽车来说,电子控制防滑系统是检测与故障诊断的重点内容之一。

1. ABS/ASR 检测与故障诊断的一般程序

ABS/ASR 故障检测与诊断的一般程序为:初步检查→故障确认→读取故障码→检修电控单元及电路→故障排除→验证试验→结束。

2. ABS/ASR 检测与故障诊断的基本方法

1)初步检查

初步检查是在 ABS 和 ASR 出现明显故障或感觉系统工作不正常时首先采用的检测方法。初步检查的主要内容是直观检查和试车检查。其中直观检查就是检查容易触及的与故障内容有关的部件,以保证电子控制防滑系统有正常的工作条件;而试车检查就是在直观检查基础上,根据汽车制动或驱动工况,进一步检测防滑系统,以确认故障症状。通过初步检查,常常可以发现故障的原因,从而提高故障诊断的效率。

2)故障自诊断

在电子控制的 ABS 和 ASR 系统中,一般都具有故障自诊断功能,并提供某些自诊断方式。系统工作时,其电子控制单元(ECU)能对电控系统中的有关电器元件进行测试,当 ECU 发现系统存在故障时,一方面使 ABS 和 ASR 故障指示灯点亮,中断 ABS 或 ASR 工作,以保证汽车制动的常规工作条件,另一方面会将故障信息以故障码的形式存入存储器中。其故障码信息可由检测人员通过适当的方法使系统进入自诊断模式调出,进入自诊断模式读取故障码的方法大致可归纳为下面3种。

(1)借助专用诊断测试仪读取故障码。借助专用诊断测试仪(或解码器)与防滑系统故障诊断通信接口相连,按照一定的操作规程,通过与系统 ECU 双向通信从测试仪的显示器或指示灯上显示故障码或故障信息,检测人员可根据各种车型的故障码表,确定故障的基本情况。

(2)连接自诊断电路读取故障码。汽车电子控制防滑系统中设有自诊断插座,检测人员可按规定的操作,跨接诊断插座中的相应端子或其他方法,根据故障指示的闪烁规律,读取故障码。该方法根据车型的不同,其操作方法各有差异。故障码的含义随车型的不同而不同,一般能在相应维修手册中查到。

(3)利用汽车仪表板上的信息显示系统读取故障码。有的汽车仪表板上具有驾驶人信息系统,检测人员可按照一定的自诊断操作程序,从信息显示屏上显示电控防滑系统的故障码或故障信息。

3)故障指示灯诊断

故障指示灯诊断是通过观察电子控制防滑系统的故障指示灯,如 ABS 故障指示灯、ASR 故障指示灯的闪亮规律进行故障诊断的一种简单方法。汽车行驶时,驾驶人通过这种方法可对防抱死制动系统的故障进行粗略判断。

4)利用检测工具诊断

利用检测工具诊断是指利用专用仪器或万用表等工具,对防滑系统的电路和电控制元件进行测试,从而诊断故障的一种方法。是在自诊断及其他的粗略诊断基础上进行的,是确诊故障的最终方法。根据故障码及故障指示灯诊断,多数情况下只能了解故障大致范围和基本情况,有的还没有自诊断功能,不能读取故障码。但为了确诊故障的性质、原因和部位,必须利用合适的检测工具和采用一定的方法对电路或电控制元件进行深入的检测。常用的检测方法如下。

(1)利用专用仪器进行测试。

一般汽车生产厂家都为维修站推荐或配有相应的诊断测试仪。这种测试仪不仅能读出故障码,它还能与万用表配合,对防滑系统的电路参数、传感器和执行器等进行测量,其结果与标准参数比较进而确诊故障部位。

(2)利用万用表进行测试。

万用表是最基本的仪器,在没有专用检测仪时,可直接用高阻抗的万用表对防滑系统的 ECU 线束端子进行测试,并将测得的 ECU 端子电位参数及传感器、执行器的电阻参数与维修说明书上提供的标准参数进行比较,从而确诊故障。这种方法速度较慢,而且要求测试人员对 ECU 各端子的位置及名称都比较熟悉。为了提高测试效率,现在不少维修站采用专用的故障检测盒与万用表配套测量。使用时,拔开 ECU 插接器,将故障检测盒分别与 ECU 插接器插座(ECU 侧)和插接器线束侧插头相连。这样故障检测盒的检测插孔就与 ECU 各个端子相连接,其插孔号与 ECU 端子一一对应,通过万用表对故障检测盒相应插孔的检测,就可得到 ECU 端子及其连接部件的电路参数,无须直接测量有关端子,使测量变得方便、快捷。

3. ABS 故障的检测与诊断

1)ABS 故障检测与诊断的注意事项

(1)要确保常规制动系统工作正常。

(2)在点火开关处于"ON"位置时,不要拆装系统中的线束插头和电器元件,以免损坏 ABS/ECU。

(3)对于带有高压蓄能器的 ABS,维修之前,应首先泄压,使蓄能器中的高压制动液完全释放,以免高压制动液喷出伤人。释放蓄能器高压制动液的方法是:先将点火开关置于"OFF"位置,然后反复踩、放制动踏板,直至制动踏板变得硬为止。

(4)若拆下或更换任何一个制动系统的液压机件和油管,必须给液压系统放气,其放气方法及顺序一般与常规制动系统不同,可按照维修手册的规定的方法和顺序进行。

(5)制动液压系统没有完全装好时不能将点火开关置于"ON"位置以免电动泵通电泵油。

(6) ABS 电控元件和传感器损坏时,应予以更换。
2) 初步检查
(1) 直观检查。
①检查驻车制动是否完全释放。
②检查制动储液罐液面是否符合规定。
③检查所有的制动管路有无损坏变形和泄漏迹象。
④检查 ABS 的所有熔断丝是否完好,导线是否破损,插座是否牢固。
⑤检查蓄电池容量和电压是否符合规定,正负极导线的连接是否可靠。
⑥检查 ABS、ECU 插接器连接是否牢靠。
⑦检查电路连接处是否腐蚀、损坏、松脱或接触不良,ABS 的各搭铁线搭铁是否可靠。
⑧检查轮胎是否符合要求。
⑨检查车轮转动有无阻滞,轮毂轴承间隙是否正常。
上述检查正常或经调整正常后进入试车检查。
(2) 试车检查。
通过路试检查,评价汽车的制动性能及 ABS 的工作情况,并确认故障症状。试车检查的方法是先以 30km/h 左右的车速减速制动使其停车,然后以 40km/h 左右的车速紧急制动,观察制动过程中发生的现象。
①根据故障指示灯判断故障。正常情况下,当点火开关置于"ON"位置起动发动机时,两个灯均应亮,而起动完毕,制动指示灯应立即熄灭,而 ABS 故障指示灯应点亮 4s 左右后熄灭。在试车期间及停车过程中,两个灯均应保持熄灭。若任一指示灯亮,则应注意引起指示灯变亮的条件。若 ABS 故障指示灯点亮,则表明 ABS 有故障;若制动指示灯变亮,则表明常规制动系统存在故障,如液位过低等。
②根据制动的轮胎印迹判断故障。试车紧急制动时,若在路面上留下拖印痕迹,则说明 ABS 存在车轮抱死故障。
③根据制动时汽车的方向稳定性判断。试车时减速制动,汽车直线行驶,而紧急制动时有跑偏甚至侧滑现象,说明 ABS 存在故障;若试车时减速制动,有跑偏现象,多为常规制动系统故障。
④根据制动踏板的感觉判断故障。发动机起动后,踩下制动踏板,制动踏板有反弹现象,说明 ABS 在工作,其踏板反弹是因 ABS 油泵运转时,储液器油液被压抽到制动主缸引起;试车时,当踩下制动踏板时,感到有轻微的振动现象,表明 ABS 在工作,其踏板振动是因 ABS 工作时,制动系统轮缸的油压经历着"减压→保压→增压"的循环过程引起,当试车时,踩下制动踏板,若感觉不到制动踏板的连续振动,说明 ABS 发生了故障。
3) 读取故障码
对于具有自诊断功能的 ABS,当 ABS 出现故障时,都应利用其自诊断功能,采用一定的方法进入系统中的自诊断模式,读取故障码。下面以丰田雷克萨斯 LS400 轿车的 ABS 为例说明故障码的读取方法。
(1) 点火开关转至"ON",位置脱开维修接线器接头。
(2) 用跨接线连接 TDCL 或检查用接线器的端子 T_C 和 E_1,如图 3-49 所示。

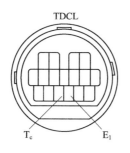
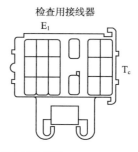

图 3-49 TDCL 检查用接线器

（3）ABS 故障指示灯则以闪烁的频率显示故障码。其正常代码及故障码的闪烁规律如图 3-50 所示，若有两个或更多故障码，则数字最小的故障码首先显示。ABS 故障码的含义见表 3-8。

（4）故障码读取完毕后，在端子 T_C 和 E_1 上取下跨接线，将点火开关置于 OFF 位置。

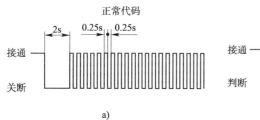
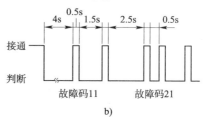

图 3-50 故障码显示

ABS 故障码的含义 表 3-8

故 障 码	ABS 指示灯	故 障 诊 断
11	闪烁	ABS 电磁继电器电路开路
12	闪烁	ABS 电磁继电器电路短路
13	闪烁	制动泵电动机继电器电路开路
14	闪烁	制动泵电动机继电器电路短路
21	闪烁	前右轮三位电磁阀电路开路或短路
22	闪烁	前左轮三位电磁阀电路开路或短路
23	闪烁	后右轮三位电磁阀电路①（或后轮电磁阀电路）开路或短路
24	闪烁	后左轮三位电磁阀电路开路或短路
31	闪烁	前右轮车速传感器信号出错
32	闪烁	前左轮车速传感器信号出错
33	闪烁	后右轮车速传感器信号出错
34	闪烁	后左轮车速传感器信号出错
35	闪烁	前左或后右车速传感器电路开路
36	闪烁	前右或后左车速传感器电路开路
37	闪烁	前车速传感器转子故障
41	闪烁	蓄电池电压过低或过高
43	闪烁	TRC 控制系统失灵②
51	闪烁	制动泵电动机闭锁
持续码	闪烁	ABS ECU 失灵

注：①仅指不带 ASR 的轿车。
②仅指带 ASR 的轿车。

4) ABS 故障诊断

各种车型甚至同一车型不同的生产年代,其 ABS 的结构、电路参数、故障码含义不尽相同。因此诊断 ABS 故障时,首先应熟悉被诊断车型的 ABS 结构及控制电路,掌握被诊断车型的 ABS 技术资料及诊断标准,利用必要的检测工具(如万用表、故障检测盒等)对 ABS 进行检查,确诊故障部位和故障原因。

(1) 根据故障码进行故障诊断。

当读取故障码后,先根据车型在维修手册中查出故障码所代表的故障现象和故障部位,然后根据各故障码对应故障的诊断工艺流程、检查方法进行诊断,主要是对电路及其电控元件进行检查。诊断时,要严格按照维修手册中的规定方法和步骤进行。故障排除后,应对内存储的诊断故障码进行清除。

(2) 根据故障症状表进行故障诊断。

当用 ABS 自诊断系统诊断时,ABS 故障指示灯显示正常代码,而故障依然存在,则说明故障出现在 ABS 自诊断系统检测的范围之外。此时,可按被诊断车型的 ABS 故障症状表提供的线索及故障诊断流程进行故障诊断。

(3) 根据 ABS 故障指示灯进行故障诊断。

当 ABS 不具备故障自诊断功能时,可利用 ABS 故障指示灯诊断。首先是根据路试时 ABS 故障指示灯的点亮情况及制动踏板动作反应等现象初步诊断故障。然后,依据该 ABS 维修手册中说明的故障指示灯亮、熄及相应的故障原因、检测部位、故障诊断表,通过检测工具对 ABS 电路及电控元件进行故障诊断。

(4) 根据 ABS ECU 端子及电路参数进行故障诊断。

ABS ECU 端子及电路都有规定的测量条件及相应的端子参数标准。当 ABS 出现故障时,其测量参数将发生变化。此时,可利用检测工具测量电路参数,与维修手册中的标准值比较进行故障诊断。诊断时,一般可通过插接器,检查 ABS 电控系统各有关电路的电压、电阻或导通情况,然后根据资料提供的故障诊断表诊断其故障部位。其常用的检查方法如下:

① 在 ABS ECU 插接器连接的状态下,按照规定的检测条件,用高阻抗电压表测量 ABS ECU 各端子的对搭铁电压,如图 3-51a)所示。所测的电压值应在标准范围内,否则说明 ABS ECU 或电路有故障。

② 断开 ABS ECU 插接器,在线束侧接头上检测有关端子之间的电阻值或导通情况,如图 3-51b)所示。若所测的电阻值或导通情况与规定的标准不符,则说明某电路或电控元件存在故障。

5) ABS 主要部件的故障诊断

(1) 轮速传感器的故障诊断。

常用轮速传感器的结构原理图如图 3-52 所示。轮速传感器分为电磁感应式和霍尔式。电磁感应式轮速传感器,当齿圈旋转时,齿顶与齿隙轮流交替对向铁芯,传感器头磁芯与齿圈之间的间隙最小,感应线圈周围的磁场就强;传感器头磁芯与齿圈之间的间隙最大,感应线圈周围的磁场就弱;此时,磁通信速交替变化,在感应线圈中产生交变电压,电子控制单元可以根据电压的脉冲频率进行处理来确定车轮转速。轮速传感器故障诊断步骤如下:

① 测量轮速传感器线圈的电阻。拆下轮速传感器的连接插头,用万用表电阻挡测量轮

速传感器两端子之间的电阻,其电阻值应符合该车规定的标准。若电阻太小,说明轮速传感器线圈有短路故障,若电阻值为∞,则说明轮速传感器线圈有断路故障。

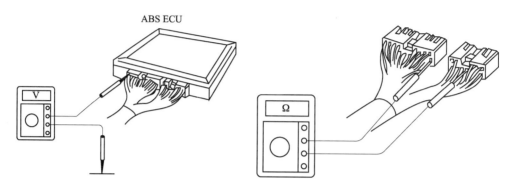

a)测量ABS ECU各端子对搭铁的电压　　b)测量各端子之间的电阻

图 3-51　检测 ABS 电路参数的方法

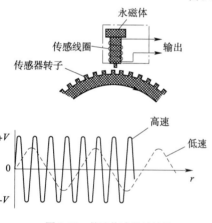

图 3-52　轮速传感器的结构

②检查轮速传感器端子与车身的导通状况。用万用表电阻挡测量每个端子与车身的导通情况,正常时电阻值为∞,不导通。若某端子与车身导通,说明轮速传感器线圈有搭铁故障。

③检查轮速传感器转子齿圈。检查轮速传感器与转子齿圈的技术情况和安装情况,转子齿圈不应有缺齿、裂纹现象,齿数应符合规定要求;轮速传感器与转子的安装位置应正确、牢靠;轮速传感器与齿顶应有合适的间隙,其标准间隙约为1mm,齿圈的齿与齿之间、齿顶与传感器之间不能被脏物或铁屑堵塞。

④检查轮速传感器输出信号。检查时,将示波器连接在轮速传感器端子上,用举升器将汽车顶起,起动发动机并带动车轮旋转或转动车轮,使轮速传感器转子以一定的速度旋转,检查轮速传感器的输出波形。若轮速传感器波形的波幅大于规定值,则说明轮速传感器无故障;若无输出信号或输出波幅太小,则说明轮速传感器存在着永久磁铁退磁或轮速传感器安装不当故障。

若上述检查均正常,而当轮速传感器工作时仍然不正常或无信号输出,则故障在 ABS ECU 与各轮速传感器之间的配线和插接器上。此时可用万用表检查其配线是否短路、断路或插接器松动、接触不良等故障。

⑤轮速传感器的调整。轮速传感器传感头脏污,轮速传感器的空气隙没有达到要求,都会引起轮速传感器工作不良,应对其进行调整,以恢复正常工作状态。轮速传感器的调整可用纸垫片贴紧传感头的端面来完成,当汽车运行时,随着传感器齿圈的旋转,纸垫片就会自然消失。

调整前轮轮速传感器(以坦孚式 ABS 为例):升举汽车,拆下相应的前轮轮胎和车轮装置,拧松(紧固传感头)螺栓,通过盘式制动器挡泥板孔拆下传感头,清除其表面的金属或脏物,并刮传感头端面,在传感头端面粘贴一新纸垫片(做"F"标记表示轮),纸垫片厚度为1.3mm,拧松轮速传感器支架固定衬套的螺栓,旋转衬套,给固定螺栓提供一个新的锁死凹痕面,通过盘式制动挡泥板孔,将传感头装进支架上的衬套,确认纸垫片贴在传感头端面上,并在整个安装中没有掉下来,装复后轮速传感器上连线接触良好。推动传感头向轮速传感器齿圈顶端移动,直到纸垫片与齿圈接触为止,用 2.4~4N·m 的力矩拧紧紧固螺栓,使传感头定位。重新装好轮胎和车轮,并放下汽车,起动发动机路试,ABS 故障指示灯不亮为系统正常,轮速传感器良好。否则,ABS 仍有故障,须进一步检修。

调整后轮轮速传感器:同前轮轮速传感器调整相同。举升汽车,拆下后轮、制动钳、传动装置及传感头,清洁其表面,在传感头端面贴纸垫片(标注 R),35 脚电脑 ABS 的纸垫片厚度为 0.65mm。装复传感头,拧紧紧固螺栓,推传感头向轮速传感器齿圈顶端移动,至纸垫片与齿圈接触为止,保持此状态用 2.4~4N·m 力矩拧紧紧固螺栓,使传感头定位。重新装复制动钳、车轮,放下汽车,最后进行路试。

若发现轮速传感器工作不良,应用数字万用表测量其线圈的电阻。电阻大为断路,电阻小为短路,均需要更换传感头。

(2)继电器的故障诊断。

ABS 继电器的连接控制情况如图3-53所示,其制动泵电动机继电器为动合继电器,当 ABS ECU 控制继电器使动合触点闭合时,制动泵电动机则高速运转,电磁阀继电器有一动断触点和一动合触点,当动合触点闭合时,则动断触点打开,此时给电磁阀提供电源。根据触点的闭合及打开情况可进行故障的诊断。

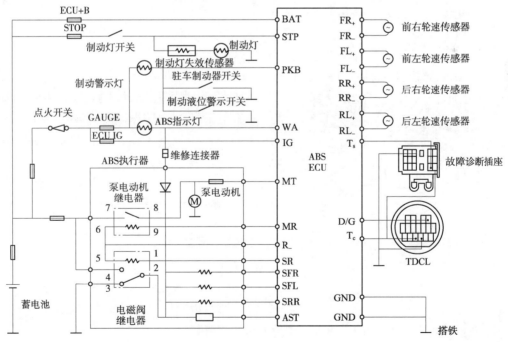

图 3-53　ABS 电路图

①制动泵电动机继电器故障诊断。

a.从 ABS 执行器上拆下制动泵电动机继电器,继电器端子编号如图 3-53 所示。

b.使用万用表电阻挡检查各对端子之间是否导通。正常时,端子 6 与 9 应导通,而触点端子 8 与 7 应不导通。

c.在电磁线圈端子 6 与 9 之间加蓄电池电压时,测量端子 8 与 7 的导通状况。正常时,端子 8 与 7 应导通,若不导通,则说明继电器存在故障,应予以更换。

② 电磁阀继电器故障诊断。

a.从 ABS 执行器上拆下电磁阀继电器,继电器端子编号如图 3-53 所示。

b.使用万用表电阻挡检查各端子间导通情况。正常时,电磁阀线圈端子 1 与 5 应导通,端子 2 与 3 导通,端子 2 与 4 不导通。

c.在电磁阀线圈端子 1 与 5 之间加蓄电池电压,再测量端子 2 与 4、端子 2 与 3 之间的导通状况。若端子 2 与 3 不导通且端子 2 与 4 导通,则表示继电器工作正常,否则继电器存在故障,应予以更换。

(3) ABS ECU 的故障诊断。

① 利用 ABS ECU 本身的故障自诊断功能进行诊断。

② 利用高阻抗万用表测量其插接器上相关端子的电位参数并与标准值比较进行诊断。

③ 利用代替法进行诊断。即拆下原 ABS ECU,换上工作正常的同型号的 ABS ECU 进行检查,此时若 ABS 工作恢复正常,则表明原 ABS ECU 有故障。

(4) ABS ECU 拆卸与安装。

① 拆卸。

a.关闭点火开关,拆下蓄电池及支架。

b.从 ECU 上拔下诊断插头。

c.踩下制动踏板,并用踏板架定位,如图 3-54 所示。

d.在 ABS 控制器下面垫一块布,用来吸干从开口处流出的制动液。

e.拆下制动主缸到液压控制单元的制动油管,并做上记号,立即用密封塞将开口封住。

f.拆下液压控制单元通往各制动轮缸的制动油管,并做上记号,立即用密封塞将开口封住。如图 3-55 所示。(注意:制动液会腐蚀触点,损坏系统,操作过程中不能使制动液渗到控制器中。)

② 安装。

a.将 ABS 控制器装到支架上,以 10N·m 的力矩紧固螺栓。

b.拆下液压控制单元密封塞,装上各制动油管(注意不能装错),以 20N·m 的力矩紧固螺栓。

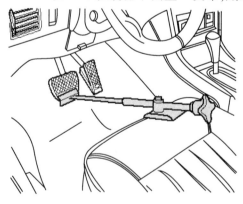

图 3-54 用踏板架固定制动踏板

c.装上主缸的制动油管,以 20N·m 的力矩拧紧管接头。

d.插上 ABS ECU 线束插头。

e.对 ABS 充液和放气。

f. 打开点火开关，ABS 警告灯必须亮 2s 后再熄灭。

g. 使用故障诊断仪，先清除故障存储，再查询故障码。

h. 试车检测 ABS 功能，须感到踏板有反弹。

4. ASR 故障的检测与诊断

ASR 是驱动轮防滑转系统的简称，有时也称为驱动力控制系统，其英文缩写为 TRC。由于 ASR 和 ABS 之间有许多共同之处，例如，都是对车轮的滑移率进行控制、都需轮速传感器信号等，因而一般常将 ASR 和 ABS 组合在一起，构成具有制动防抱死和驱动防滑转功能的防滑控制系统。

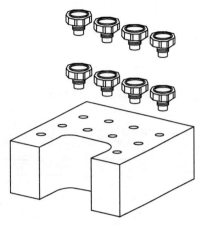

图 3-55　制动油管密封塞

雷克萨斯 LS400 车型的防滑系统习惯上称为 ABS/TRC 系统。图 3-56 所示为该车型 ABS/TRC 系统的电路图。

该 ABS/TRC 系统主要由 ABS/TRC ECU、ABS 执行器、TRC 制动执行器、轮速传感器、辅助节气门位置传感器、主节气门位置传感器等组成。该防滑系统采用控制发动机辅助节气门开度和对驱动轮进行制动的双重控制方法，控制驱动轮的输出转矩和转速。当驱动轮滑转时，非驱动轮轮速传感器输出的车身速度信号和驱动轮轮速传感器输出的轮速信号，经 ABS/TRC ECU 处理、运算后，获得驱动轮滑动率的信息。此时 ECU 则根据车速、驱动轮速、路面条件和驾驶人踩加速踏板的动作来实现其防滑转控制，使滑动率达到最佳状态。如当驱动轮滑转超过预定值时，一方面其 ECU 指令辅助节气门执行器逐渐关闭辅助节气门，减少发动机输出转矩，降低驱动轮的转速；另一方面若 ECU 判定需要制动介入时，则发出控制信号，使 TRC 制动执行器开始工作，对驱动轮施加制动，使驱动轮转速下降，从而防止驱动轮滑转。当汽车在混杂路段（一边车轮处于较好路面，一边车轮处于泥泞路面）行车时，若处于泥泞路面的驱动轮产生滑转，则 ABS/TRC ECU 控制 TRC 制动执行器对滑转驱动轮进行制动，此时需要较大的转矩克服施加制动的驱动轮，由于差速器具有平均分配转矩的功能，因而处于好路面的车轮便可获得较大的驱动转矩，使整车的驱动力达到最大值，从而提高汽车的通过性能。

经上所述，TRC 的基本功能是：防止驱动轮滑转，获得最大驱动力，从而提高汽车的起步加速能力以及提高汽车行驶的稳定性和通过性。一旦 TRC 出现故障，其 ECU 则起动 TRC 的失效保护功能，立即切断供给 TRC 节气门继电器电流，使辅助节气门执行器停止工作，并同时切断至 TRC 制动继电器电流，使 TRC 制动执行器失电，从而使 TRC 停止工作。此时汽车像没有 TRC 一样可以正常行驶，ABS 也可正常工作，但汽车丧失了 TRC 的基本功能。为了提高汽车的行驶性能，对于 TRC 的故障应及时诊断并加以排除，下面以雷克萨斯 LS400 为例，说明其 TRC 故障的检测与诊断方法。

1）TRC 故障自诊断

在 TRC 电子控制电路中，设有故障自诊断功能。出现故障时，自诊断系统对故障进行记忆，并点亮仪表板上的 TRC 故障指示灯，并可通过连接跨接线的方法，使系统进入故障自诊断模式。

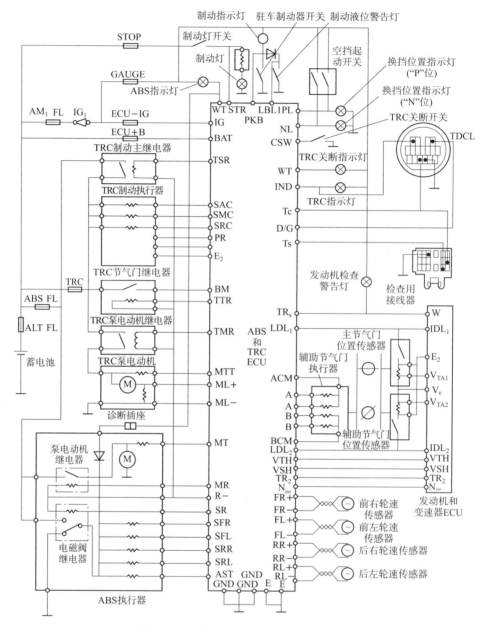

图 3-56 雷克萨斯 LS400 ABS/TRC 系统电路图

(1) TRC 故障码的读取。

①点火开关转至"ON"位置。

②用跨接线连接 TDCL 或检查用接线器的端子 T_c 和 E_1。

③按 TRC 故障指示灯的闪烁规律读取故障码。

④故障码读取完毕后,在端子 T_c 和 E_1 上取下跨接线,点火开关转至"OFF"位置。

(2) 故障码的清除。

当 TRC 系统故障排除后,或进行确认故障时,均应清除故障码。

①用跨接线连接 TDCL 或检查用接线器端子 T_C 和 E_1。

②在 3s 内踩下制动踏板 8 次或 8 次以上，储存在 ECU 中的故障即清除。

③检查 TRC 故障指示灯是否显示正常代码，若仍然显示故障码则表明该故障码所代表的故障是目前存在的故障。

④在 TDCL 或检查用接线器端子上拆下跨接线。

2) TRC 故障诊断

(1) 根据故障码表进行故障诊断。

当读取故障码后，先根据车型在维修手册中查出故障码所代表的故障现象和故障部位，然后根据各故障码对应故障的诊断工艺流程、检查方法进行诊断，主要是对电路及其电控元件进行检查。诊断时，要严格按照维修手册中规定方法和步骤进行。

(2) 根据故障症状表进行故障诊断。

当读取故障码时，显示正常代码，而 TRC 仍然工作不正常，则说明故障超出 ABS/TRC 自诊断的范围，此时应先根据维修手册中提供的故障症状表进行初步诊断（表 3-9），然后再根据其故障诊断流程进行故障的确诊。

TRC 故障症状与故障诊断　　　　　　　　　　　表 3-9

故 障 症 状	故 障 诊 断
TRC 工作不正常	(1) 检查故障码，再次确认输出的是正常代码； (2) IG 电源电路； (3) 检查液压系统是否漏电； (4) 检查车速传感器电路； (5) 空挡起动开关电路； (6) 如以上全检查均正常，而问题依然存在，则应更换 ABS/TRC ECU
TRC 指示故障灯	(1) TRC 指示灯电路； (2) ABS/TRC ECU 故障
TRC 关断指示故障灯	(1) TRC 关断指示灯电路； (2) ABS/TRC ECU 故障
不能进行故障码检查	(1) TRC 指示灯电路； (2) 诊断电路； (3) ABS/TRC ECU 故障
即使在"N"位或"P"位 TRC 泵电动机也工作	(1) 空挡起动开关电路； (2) ABS/TRC ECU 故障

(3) 根据 TRC 指示灯进行故障诊断。

在实际应用中，可根据 TRC 故障指示灯及 TRC 关断指示灯的点亮情况进行故障诊断。其故障诊断见表 3-10。

TRC 故障诊断　　　　　　　　　　　　　　表 3-10

故障现象	可能原因	
	故障部位	故障类型
点火开关置于"ON"位置后，TRC 故障指示灯亮不到 3s	TRC 故障指示灯或电路	短路或断路
TRC 关断指示灯一直亮	TRC 关断开关或电路	短路或断路
点火开关置于"ON"位置后，TRC 关断指示灯亮不到 3s	TRC 关断指示灯或电路	短路或断路

（4）根据 TRC ECU 端子及电路参数进行故障诊断。

TRC ECU 端子及电路都有规定的测量条件及相应端子参数标准，当 TRC 出现故障时，其测量参数将会发生变化。此时，可通过检测工具测量其端子及相应的电路参数，与维修手册中的标准值比较进行故障诊断。诊断时，一般可通过插接器，检查 TRC 电控系统各有关电路的电压、电阻或导通情况，然后根据资料提供的故障诊断表诊断其故障部位。

三、VDC 系统故障检测与诊断

1. 系统介绍

在光滑路面上驾驶或试图进行紧急防御性驾驶时可能会发生侧滑或甩尾。即将发生侧滑或车尾打滑时，VDC 功能使用各传感器检测侧滑状态，并在行驶过程中通过制动控制和发动机输出控制提高车辆稳定性。除 ABS 功能和 TRC 功能外，也根据来自转向角传感器的转向操作量计算目标侧滑量。通过将该信息与横摆角速度/侧向/减速 G 传感器和车轮传感器信息中计算的车辆侧滑量进行比较，从而判断车辆行驶状态（转向不足或转向过度的状态）并通过作用在所有 4 个车轮上的制动力控制和发动机输出控制提高车辆稳定性。其控制原理如图 3-57 所示。

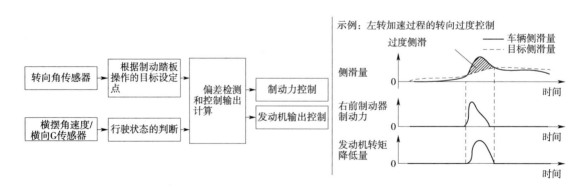

图 3-57　VDC 控制原理图

VDC 系统结构如图 3-58 所示，各单元之间信号通过 CAN 通信传输，各单元所传输的信号见表 3-11。

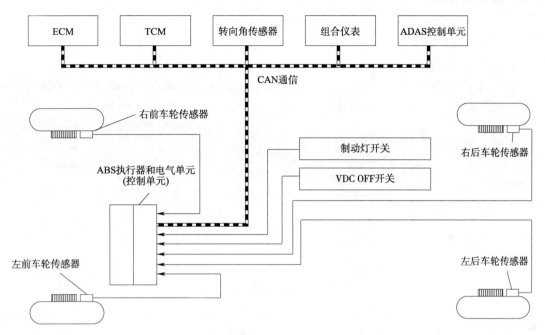

图 3-58 VDC 控制结构

TRC 故障诊断 表 3-11

单元名称	传输信号
转向角传感器	通过 CAN 向 ABS 控制单元传输以下信号： (1) 转向角传感器信号； (2) 转向角传感器故障信号
ECM	通过 CAN 向 ABS 控制单元传输以下信号： (1) 发动机状态信号； (2) 加速踏板位置信号； (3) 发动机转速信号
TCM	通过 CAN 向 ABS 控制单元传输以下信号： (1) 当前挡位信号； (2) N 挡信号； (3) P 挡信号； (4) R 挡信号
组合仪表	通过 CAN 向 ABS 控制单元传输以下信号： (1) 制动液位开关信号； (2) 驻车制动开关信号； (3) ABS 警告灯信号； (4) 制动警告灯信号； (5) VDC 警告灯信号； (6) VDC OFF 指示灯信号
ADAS 控制单元	通过 CAN 向 ABS 控制单元传输 ADAS 故障信号

2. VDC 操作特性

1）VDC 功能防止出现转向过度的趋势

(1) VDC 功能防止出现转向过度的趋势。转弯时,施加制动力（制动液压）于转向外侧的前轮和后轮上。产生指向转向外侧的运动,防止转向过度,如图 3-59 所示。

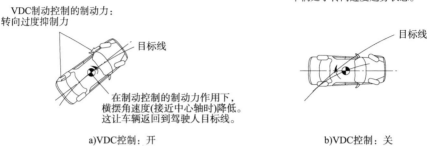

图 3-59 过度转向

(2) 在湿滑道路上变换车道时,如果判断到转向过度的趋势较大,则控制发动机输出和四个车轮的制动力（制动液液压）。转向过度的趋势降低,如图 3-60 所示。

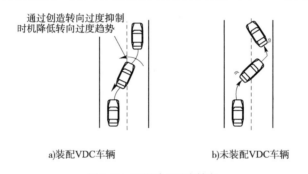

图 3-60 湿滑路面过度转向

2）VDC 功能防止出现转向不足的趋势

(1) 转弯时,施加制动力（制动液压）于转向内侧的前轮和后轮上,产生指向转向内侧的运动。防止转向不足,如图 3-61 所示。

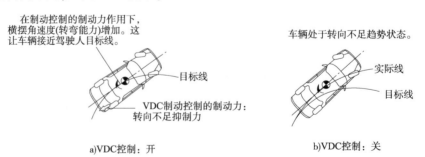

图 3-61 不足转向

(2) 在湿滑道路上转弯期间施加制动时,如果判断到转向不足的趋势较大,则控制发动机输出和四个车轮的制动力（制动液液压）,转向不足的趋势降低,如图 3-62 所示。

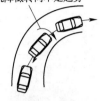

a) 装配VDC车辆　　　　b) 未装配VDC车辆

图 3-62　湿滑路面不足转向

3. 东风日产轩逸 VDC 常见故障诊断与排除（表 3-12）

日产轩逸 EPS 故障诊断与排除　　　　　表 3-12

故障现象	故障说明	故障诊断及排除
踩下制动踏板，感觉异常	踩下制动踏板时检测到动踏板感觉错误（高度或其他方面）	(1) 检查前后桥：检查前后桥是否无过度松动的现象； (2) 检查制动盘：检查制动盘跳动量； (3) 检查制动液是否泄漏； (4) 检查踏板：检查踏板高度、检查制动灯开关、检查制动踏板间隙； (5) 检查制动力：使用制动测试仪检查制动力； (6) 检查制动器性能：断开 ABS 执行器和电气单元（控制单元）接头以使 ABS 不操作。检查制动力在该状态下是否正常
制动距离过长	操作 ABS 功能时，制动距离较长	(1) 检查制动力：使用制动测试仪检查制动力； (2) 检查制动器性能：断开 ABS 执行器和电气单元（控制单元）接头以使 ABS 不操作。检查制动力在该状态下是否正常
制动踏板出现振动或有操作噪声	(1) 发动机起动时，制动踏板发生振动且 ABS 执行器和电气单元（控制单元）发出电动机声； (2) 在制动过程中制动踏板振动	(1) 检查发动机起动时踏板是否振动； (2) 确认发动机起动时 ABS 执行器和电气单元（控制单元）发出电动机运转噪声； (3) 检查 ABS 执行器和电气单元（控制单元）附近是否无收音机（包括电线）、天线和天线引入导线
当 VDC 功能工作时，车辆急停	当 VDC 功能工作时，车辆急停	(1) 使用 CONSULT 执行"ABS"的自诊断； (2) 检查接头： a. 将点火开关转至 OFF； b. 断开 ABS 执行器和电气单元（控制单元）线束接头； c. 检查接头端子是否变形、断开、松动等； d. 连接线束接头并重新对"ABS"进行自诊断； (3) 检查 ECM 和 TCM 自诊断结果：使用 CONSULT 执行"发动机"和"变速器"的自诊断

单元四
汽车一般电气设备故障诊断与排除

课题一 汽车一般电气设备常见故障与诊断

现代汽车上的电气设备包括电源系统、用电设备、电子控制系统、仪表检测系统、配电装置、信息传递设备等。电气设备常见故障与其使用零件的性能特点密切相关。例如电子元件一般对过电压和温度十分敏感,晶体管的 PN 结易过电压击穿,电解电容在温度升高时漏电亦增加,晶闸管元件则对过电流敏感等。根据电子电气设备的这些特点可以把电气设备故障归纳为几种类型。

一、汽车一般电气设备常见故障的类型

1. 元件击穿

击穿有过电压击穿和过电流、过热引起的热击穿。击穿形式常表现为短路。由电路故障引起的过电压、过电流击穿常常是不可恢复的。

据统计,汽车电容器的损坏大约85%是由于介质击穿造成的。而其中约有70%的击穿故障发生在新车上,即工作的头几百个小时之内,因为如果电容器有缺陷的话,在头几百个小时的使用中就会被击穿。电容器击穿时,又常常烧坏与其相连的电阻元件,晶体管 PN 结的击穿则是主要的故障现象。热稳定性差的故障,应视为元件质量问题。有些汽车上的电子元件,常常由于自身的热稳定性差而导致类似击穿的"热短路"(或称 热穿透)现象。

2. 元件老化或性能退化

元件老化或性能退化包括许多方面,例如电容器的容量减小、绝缘电阻下降、晶体管的漏电增加、电阻的阻值变化、可调电阻的阻值不能连续变化、继电器触点烧蚀等。像继电器这类元件,往往还存在由于绝缘老化、线圈烧断、匝间短路、触点抖动,甚至无法调整初始动作电流的故障。

3. 线路故障

这类故障包括接线松脱、接触不良、潮湿、腐蚀等导致的绝缘不良、短路、断路等。这类故障一般与元器件无关。

4. 多路传输系统故障

一般来说,引起汽车多路信息传输系统故障的原因有3种:

(1)汽车电源系统引起的故障,如交流发电机的输出波形若不正常将导致信号干扰等故障。

（2）汽车多路信息传输系统的链路故障。检查汽车多路信息传输系统的链路故障，主要采用替换法或跨线法进行检测。

（3）汽车多路信息传输系统的节点故障。节点故障只能采用替换法进行检测。

二、汽车一般电气设备常见故障诊断的基本步骤

汽车电气设备故障诊断与检修可以采用下面介绍的4个步骤进行。

第一步，验证用户的反映。

将有问题线路中的各个元件都通上电试一试，看用户的反映是否属实，同时注意观察通电后的各种现象。在动手拆卸或测试之前，应尽量缩小事故原因的设定范围。

第二步，分析线路原理图。

在线路图上画出有问题的线路，分析电流由电源到负载的路径，以及分析负载的控制线路为多路传输控制，还是传统的线路控制。对有问题的相关线路加以检查，特别是对于有多路传输系统结构的汽车，应明白相关系统中要互通哪些信息。一般汽车电路是实行单线制的并联电路，例如前照灯电路分为两路，一路是设备电源支路即熔断器（正极线）→前照灯继电器→前照灯→负极线，另一路是控制支路即熔断器→组合开关→前照灯继电器→负极线。熔断器、继电器和组合开关是3个重要的节点。

第三步，检查问题集中的线路及部件。

故障检修的快慢、成功与否关键在于排除故障的程序简单、明了而有条理，将系统故障诊断表中最有可能的原因突出出来，先加以测试，且先测试最容易测试的地方。如果故障是熔断丝熔断，应对使用该熔断丝的每一条线路都要测试。

第四步，验证系统是否恢复正常。

对线路和部件再进行一次系统检查，看问题是否已经解决。

课题二　充电系统故障诊断与排除

通常充电指示灯亮时，驾驶人会首先知道充电系统发生故障。另外，当发动机因蓄电池电力微弱而不能起动，或前照灯亮度变暗时，也会发现充电系统不正常。在任何情况下，只要怀疑充电系统有故障，就必须找到故障原因，修理或更换已坏元件。

蓄电池微弱（充电不足）常常是因为蓄电池自身有问题，例如蓄电池电解液不足或极板变质，或者是因为传动带张力不够，造成传动带打滑。然而，有些故障则是由于汽车使用不当引起的，而非蓄电池或者充电系统问题。例如，如果汽车仅作短行程就会引起蓄电池微弱这样的故障，在这种情况下，发动机频繁起动将蓄电池电流消耗了，而因为行驶距离太短，蓄电池来不及充分再充电。夜晚以这种方式使用汽车时，尤其会发生这种情况，因为此时交流发电机产生的所有电流都供给前照灯，就会造成蓄电池再充电不足。

对充电系统进行故障排除分析时，重要的是要对故障有全面了解和确定其症状。

一、充电系统故障分类

有充电指示灯的充电系统，其故障可分为以下4类。

1. 指示灯工作不正常

(1) 点火开关拧至"ON"位置时,灯不亮。

(2) 发动机起动后,灯不熄灭。

2. 蓄电池充不满电

(1) 不能用起动机起动发动机。

(2) 前照灯暗淡。

3. 蓄电池过量充电

其具体表现为蓄电池电解液被迅速用完。

4. 发电机异常噪声

(1) 发电机发出异常噪声。

(2) 无线电静电干扰。

二、充电系统故障排除的一般程序

一旦确定了故障的症状,就必须确定原因。按照正确顺序检查有关部位,非常重要。要找到症状原因,必须按照下列步骤检查。

卡罗拉发电机的接线图如图4-1所示。当发电机能够正常发电时,发动机总成通过LIN通信系统与ECM进行通信,ECM再通过CAN通信系统与组合仪表进行通信,发电机仪表指示灯就能正常工作。

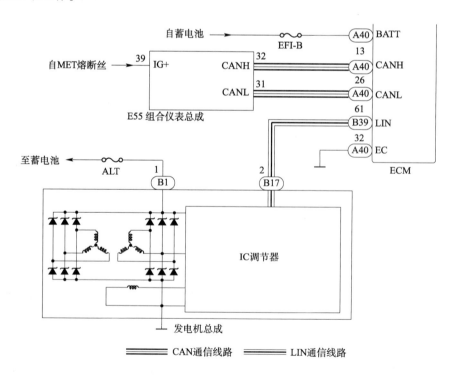

图4-1 卡罗拉充电系统电路图

三、充电系统的车上检查

1. 蓄电池状况、蓄电池端子和熔断丝的检查

(1)检查并确认蓄电池端子未松动或腐蚀,如果端子腐蚀,则清洁端子。

(2)测量熔断丝的电阻。标准电阻:小于 1 Ω,如果结果不符合规定,则更换熔断丝。

2. 多楔带的检查

检查多楔带有无磨损、破裂或其他损坏痕迹。如果发现缺陷,则更换多楔带,检查并确认多楔带正确安装在楔形槽中。

3. 发电机配线的检查

目视检查发电机配线,检查并确认配线状况良好。

4. 发动机异响的检查

检查发电机总成是否有异响,确认发动机运转时发电机总成未发出任何异响。

5. 充电只是灯电路的检查

(1)将点火开关置于 ON 位置。检查并确认充电指示灯点亮。

(2)起动发动机,检查并确认充电指示灯熄灭。如果充电指示灯的工作情况不符合规定,则对充电指示灯电路进行故障排除。起动发动机,检查并确认充电指示灯熄灭。如果充电指示灯的工作情况不符合规定,则对充电指示灯电路进行故障排除。

6. 无负载时的充电电路的检查

(1)如图 4-2 所示,将电压表和电流表连接到充电电路。

提示:如果蓄电池/发电机总成检测仪可用,则根据制造商说明将检测仪连接到充电电路。

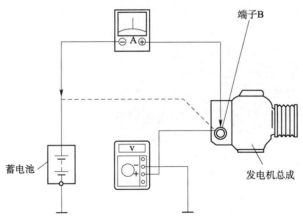

图 4-2 充电电路的检查

①断开发电机总成端子 B 的配线,并将其连接到电流表的负极(-)引线上。

②将电流表的正极(+)引线连接到发电机总成端子 B 上。

③将电压表的正极(+)引线连接到发电机总成端子 B 上。

④将电压表负极(-)引线搭铁。

(2)充电电路的检查。使发动机转速保持在 200r/min,检查电流表和电压表的读数。标准电流:10 A 或更大;标准电压:10.275 ~ 16.25V。如果结果不符合规定,则维修或更换发电机总成。

7. 带负载时的充电电路的检查

(1) 发动机转速为 2000r/min 时,打开远光灯并将加热器鼓风机开关转至"HI"位置。

(2) 检查电流表读数。标准电流:30A 或更大。

如果结果不符合规定,则维修或更换发电机总成。

提示:如果蓄电池已充满电,则电流表读数有时会小于标准电流。如果发生此种状况,则增大电气负载(使刮水器、后窗除雾器等工作)并再次检查电流表读数。

8. 充电系统的检查

线束和连接器的检查。断开 ECM 连接器 B39 和断开发电机总成连接器 B17,使用万用表的电阻挡测量电阻。标准电阻值见表 4-1。

表 4-1 标 准 电 阻 值

检测仪连接	条 件	标准电阻值
B39-61(LIN)—B17-2(LIN)	始终	小于 1Ω
B39-61(LIN)或 B17-2(LIN)—车身搭铁	发动机开关 OFF（LIN 通信停止时）	10kΩ 或更大

如果结果不符合规定,则维修或更换线束或连接器。

四、充电系常见故障的排除

1. 充电指示灯工作不正常

充电指示灯正常的工作状态:将点火开关置于 ON 位置,充电指示灯会点亮。起动发动机,发动机开始发电,充电指示灯熄灭。下面可以就这两种情况来检查充电指示灯工作是否正常。

(1) 将点火开关置于 ON 位置。检查并确认充电指示灯点亮。

(2) 起动发动机,检查并确认充电指示灯熄灭。如果充电指示灯的工作情况不符合规定,则对充电指示灯电路进行故障排除。

2. 充电系统无法充电

充电系统无法充电的检修流程如图 4-3 所示。

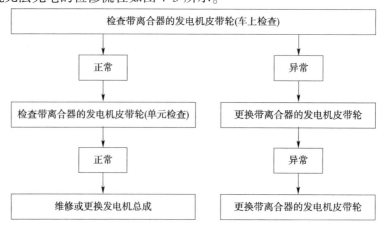

图 4-3 充电失败的检修流程

3. 多楔带或发电机总成发出噪声

(1) 检查多楔带是否磨损;

(2) 检查带离合器的发电机皮带轮是否磨损;

(3) 检查离合器皮带轮工作时是否发出噪声;

(4) 检查带离合器的发电机皮带轮;

(5) 检查除发电机总成皮带轮外的皮带轮;

(6) 检查转子自由转动时是否发出噪声;

(7) 检查带离合器的发电机皮带轮是否啮合。

五、发电机故障检测

以丰田卡罗拉为例子进行发电机故障检测。

1. 带离合器的发电机皮带轮的检测

固定带离合器的发电机皮带轮中心,如图4-4所示。确认外锁环只能逆时针转动而不能顺时针转动。正常情况外锁环只能逆时针转动而不能顺时针转动,如果结果不符合,则更换带离合器的发电机皮带轮。

2. 发电机电刷架总成的检测

使用游标卡尺,测量电刷的外露长度,如图4-5所示。电刷标准外露长度:9.5～11.5mm(0.374～0.453in.);电刷最小外露长度:4.5mm(0.177in.)。不同车型不一样,具体参数请查阅维修手册。

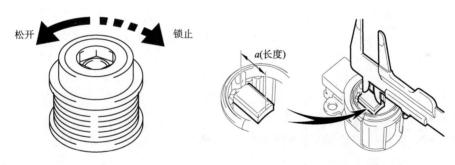

图4-4 检查带离合器的发电机皮带轮　　图4-5 检查发电机电刷架总成

如果电刷长度小于最小值,则更换发电机电刷架总成。

3. 发电机转子总成的检测

(1) 检查发电机转子总成是否开路,如图4-6所示。使用万用表的电阻挡检测集电环与集电环之间的电阻值,标准电阻值见表4-2。

集电环与集电环之间电阻　　表4-2

检测仪连接	条　件	规定状态
集电环-集电环	20℃（68℉）	1.55～1.95Ω

如果结果不符合规定,则更换发电机转子总成。

(2) 检查发电机转子总成是否对搭铁短路(图4-7)。

使用万用表的电阻挡测量集电环与转子之间的电阻值,标准电阻值见表4-3。

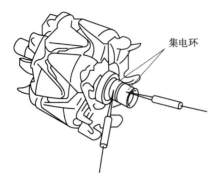

图4-6 查发电机转子总成是否开路

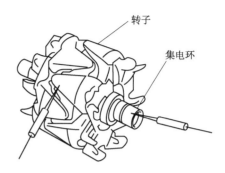

图4-7 检查发电机转子总成是否对搭铁短路

集电环与转子之间电阻　　　　　　　　　　　表4-3

检测仪连接	条　件	规　定　状　态
集电环-转子	始终	10MΩ 或更大

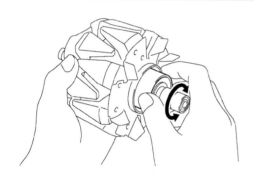

图4-8 检查发电机转子轴承

（3）检查并确认发电机转子轴承没有变粗糙或磨损且旋转平稳，如图4-8所示。如果发电机转子轴承变粗糙或磨损，或未平稳转动，则更换发电机转子总成。

（4）检查集电环。检查并确认集电环没有变粗糙或擦伤，如图4-9所示。如果集电环变粗糙或擦伤，则更换发电机转子总成。使用游标卡尺，测量集电环直径。

标准直径：14.2～14.8mm（0.559～0.583 in.）；最小直径：14.0mm（0.551 in）。

如果直径小于最小值，则更换发电机转子总成。

4. 发电机驱动端端盖轴承的检测

检查并确认发电机驱动端端盖轴承没有变粗糙或磨损且旋转平稳，如图4-10所示。如果发电机驱动端端盖轴承变粗糙或磨损，或未平稳转动，则更换发电机驱动端端盖轴承。

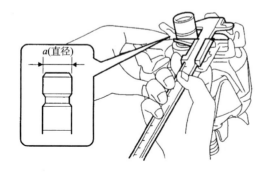

图4-9 测量集电环直径

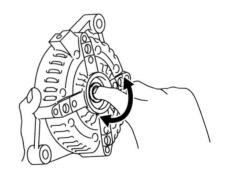

图4-10 检查发电机驱动端端盖轴承

课题三 起动系统故障诊断与排除

发动机起动时,起动电流很大,起动机在大负荷下工作易产生故障。常见的故障有:起动机不转、起动机运转无力、起动机空转、起动机异响等。

一、就车检查

如果故障在起动系统,而不是发动机故障,则应首先检查施加在起动机上的电压是否正常。检查时不必从车上拆下起动机。就车检查可检查出蓄电池电压、起动机与蓄电池连接导线是否老化、氧化、连接点是否连接好和起动机故障。

(1)使用万用表的电压挡测量蓄电池正负极两端的电压。

(2)起动发动机,发动机转动但不着车,如果蓄电池电压低于8V,对蓄电池充电或更换蓄电池。

(3)如果蓄电池电压高于8V,测量起动机与蓄电池连接导线两端电压。如果两端电压有差别,则连接导线老化、连接点连接不好或氧化。

(4)如果起动发动机时出现其他起动故障,则进行起动系故障诊断与排除。

以下3个项目的车上检查在起动系故障分析与排除中非常重要,在起动系的故障检测中会经常用到。起动机的30端子直接接蓄电池的正极。50端为起动机的控制端子,当点火开关打到起动挡(ST挡),蓄电池的正极经过起动机的起动挡接线端子,再连接到起动机50端子,50端子就与蓄电池正极相连。如图4-11所示,分别使用万用表的电压挡测量这3个端子的电压。

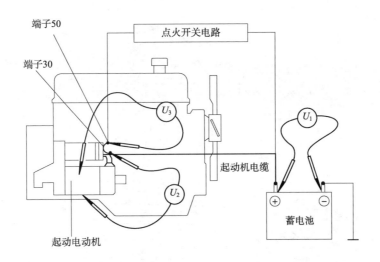

图4-11 起动电动机三相电压的检测

①蓄电池端子电压(U_1)。
②端子30的电压(U_2)。
③端子50的电压(U_3)。

二、起动系统故障分析与排除程序

虽然汽车上起动机的实际电路接法因车型而异。但可粗略地将其分成两类：一类不带起动机继电器，如图4-12所示；另一类带有起动机继电器，如图4-13所示。采用自动变速器车辆的起动机电路中还装有一个空挡起动开关。只有当换挡杆位于空挡(N)或者停车挡(P)时才能接通电路起动起动机。在装有离合器起动装置的车辆中则安装一个离合器起动机继电器和离合器起动开关(图4-12虚线电路所示)，以防止未踩下离合器踏板就起动起动机。

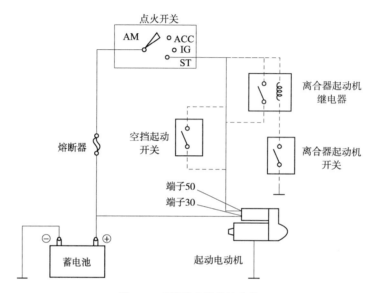

图4-12 不带继电器的起动系

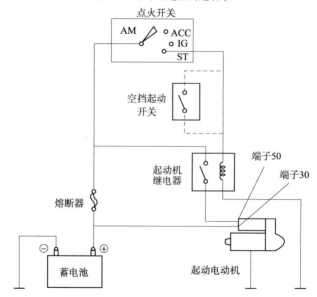

图4-13 带继电器的起动系

但是，两类起动机的端子 30 都一直接在蓄电池上。而端子 50 只是在点火开关拨至"START"位置时才与蓄电池相连。

起动系统的故障一般有以下 6 种症状：

(1)将点火开关拨至"START"位置。不能起动发动机(小齿轮不向外移动起动电动机不转动)。在这种情况下，故障可能源于端子 50 相关电路部分或源于起动机。其故障检查流程如图 4-14 所示。

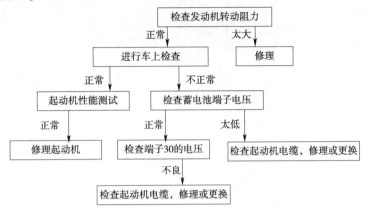

图 4-14　起动机"咔嗒"声故障检查流程图

检查流程：

①测量蓄电池端子电压：当点火开关位于"START"位置时，如图 4-11 端子电压 U_1 应不低于 9.6V。如测量结果低于上述值，则应将蓄电池重新充电或更换蓄电池，同时检查蓄电池端子有无锈蚀现象。

②测量起动机端子 50 与搭铁之间的电压即图 4-11 端子电压 U_3。当点火开关位于"START"位置时，电压应不低于 8V。如果测量结果低于上述值，则应逐个检查端子 50 与蓄电池之间线路中的零件，并对有故障的零件进行修理或更换。

③在分解起动机之前，应大致确定出故障的原因所在，以便更顺利地开展工作。(在这种情况下，故障可能由吸引线圈、保持线圈、端子 C 至起动机零件之间的配线损坏等原因造成的。)

(2)将点火开关拨至"START"位置时，小齿轮伴随"咔嗒"声向外移出，但起动机保持非起动状态或转速不能上升。在这种情况下，故障可能源于起动机、发动机本身或端子 30 之前的电气系统。故障检查流程如图 4-14 所示。

(3)将点火开关拨至"START"位置时，小齿轮反复移出移入。在这种情况下，故障可能由于端子 50 处的电压不够高，或起动机本身的原因所致。

①测量蓄电池接线柱电压：当点火开关位于"START"位置时，图 4-11 所示端子电压 U_1 应不低于 9.6V。如果测量结果低于上述值，则应将蓄电池重新充电，或更换蓄电池。同时检查蓄电池端子有无锈蚀现象。

②测量起动机端子 50 与搭铁之间的电压即图 4-11 端子电压 U_3。当点火开关位于"START"位置时，电压应不低于 8V，如果测量结果低于上述值，则应逐个检查端子 50 与蓄电池之间线路中的零件，并对有故障的零件进行修理或更换。

③在分解起动机之前,应大致确定出故障的原因所在,以便更顺利地开展工作。(在这种情况下,故障可能源于保持线圈损坏、保持线圈搭铁不正确原因造成的)

(4)点火开关从"START"位置拨回"ON"位置之后,起动机仍继续运转。在这种情况下,故障可能源于点火开关、起动继电器或发动机本身。故障检查流程如图4-15所示。

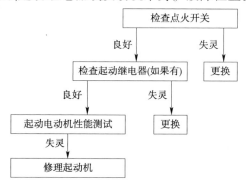

图4-15　起动机在点火开关"ON""ST"都运转故障检查流程图

①检查点火开关:点火开关回至"ON"位置时,点火开关与起动机之间的连接应断开。

②如果起动机中装有起动机继电器,继电器应处于正常工作状态。

③拆开起动机之前,应大致确定出故障的原因及所在故障点,以便顺利地开展工作(在这种情况下,故障可能是由于复位弹簧损坏或疲弱、可动铁芯卡住等原因造成的)。

(5)点火开关拨至"START"位置时,小齿轮外移动。小齿轮转动时,发出刺耳的异常噪声,却不能起动起动机。在这种情况下,故障可能是由于小齿轮或齿圈损坏造成的。如发现损坏,则应于更换。

(6)发动机不能起动后,立即将点火开关拨回"START"位置(即重复起动),但仍然无法起动发动机,而且小齿轮发出刺耳的异常噪声(只适用于常规式起动机)。在这种情况下,故障可能由于电枢制动装置。这时应进行起动空载测试,并观察小齿轮是否在切断电源后立即停止转动。如果小齿轮不能立即停止运动,则应修理制动装置。

三、丰田卡罗拉起动系统的电路、控制原理与检修

由于该检查中会有大电流经过电缆,必须使用粗电缆。否则,电缆可能会变得很烫并导致伤害。为避免线圈烧坏,以下各测试必须在3~5s内进行。丰田卡罗拉车的起动系统电路图如图4-16所示。

工作原理:当点火开关打到起动挡,蓄电池正极经过点火开关和驻车/空挡位置开关给1号ST继电器(起动继电器)线圈提供电压,1号ST继电器开关闭合,起动机控制端50端子得到供电,起动机开始运转。

1. 电磁开关吸引线圈的测试

如图4-17所示,将蓄电池连接到起动机电磁开关总成上。检查并确认离合器小齿轮向外移动。如果离合器小齿轮不向外移动,则更换起动机电磁开关总成。

2. 电磁开关吸引线圈返回的测试

图4-18所示为保持、吸引线圈测试中蓄电池连接的状态,从起动机机体上断开负极

(-)引线。检查并确认离合器小齿轮向内返回。如果离合器小齿轮不向内返回,则更换起动机电磁开关总成。

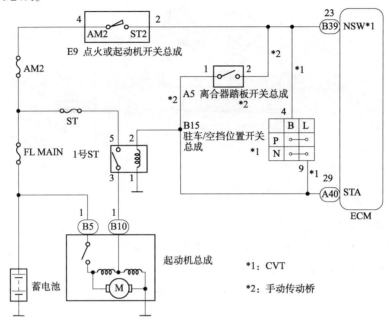

图 4-16 丰田卡罗拉车的起动系统电路图

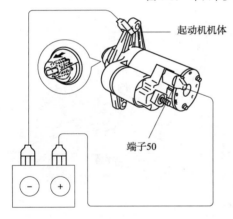

图 4-17 起动机吸引测试

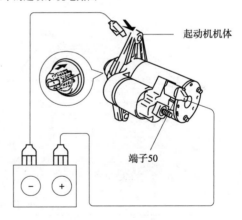

图 4-18 起动机返回测试

3. 起动机空载性能试验

将起动机总成固定到台虎钳的两个铝板之间,确保起动机总成牢固固定在台虎钳中以防止其掉落。如图 4-19 所示,将蓄电池和电流表连接到起动机总成上,离合器小齿轮旋转时不要卡住引线。离合器小齿轮向外移动时,检查并确认起动机总成工作平稳。使用万用表的电流挡测量电流,标准电流值见表 4-4。

标准电流值　　　　　　　　　　　　　　　　　　　　表 4-4

检测仪连接	条　件	规定状态
蓄电池正极(+)端子—端子 30—端子 50	11.5V	小于 90A

如果结果不符合规定,则维修或更换起动机总成。起动机空载试验如图4-19所示。

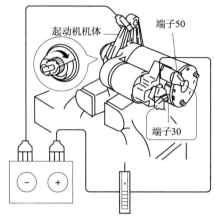

图4-19 起动机空载试验

4. 起动机电磁开关总成检查

(1)检查铁芯,如图4-20所示。推入铁芯,检查并确认其能够迅速回到初始位置。如果柱塞未返回,则更换磁力起动机开关总成。

(2)检查保持线圈是否开路,如图4-21所示。使用万用表的电阻挡测量保持线圈电阻,标准电阻值见表4-5。

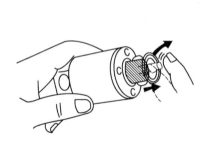

图4-20 磁力起动机开关总成铁芯检查

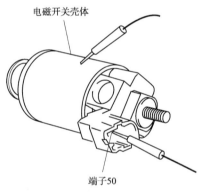

图4-21 保持线圈的检查

标 准 电 阻 值　　　　　　　　　　表4-5

检测仪连接	条　　件	规 定 状 态
端子50—电磁开关壳体	始终	小于2Ω

如果结果不符合规定,则更换磁力起动机开关总成。

5. 起动机电枢总成检查

(1)检查换向器外观。如果表面脏污或烧损,则用砂纸(400号)或在车床上进行恢复。

(2)检查换向器是否开路,如图4-22所示。使用万用表的电阻挡测量换向器电阻。标准电阻值见表4-6。

标 准 电 阻 值　　　　　　　　　　表4-6

检测仪连接	条　　件	规 定 状 态
整流子片—整流子片	始终	小于1Ω

如果结果不符合规定,则更换起动机电枢总成。

(3)检查换向器是否短路,如图 4-23 所示。使用万用表电阻挡测量换向器电阻值,标准电阻值见表 4-7。

标 准 电 阻 值　　　　　表 4-7

检测仪连接	条　件	规　定　状　态
整流子片—起动机电枢铁芯	始终	10kΩ 或更大

如果结果不符合规定,则更换起动机电枢总成。

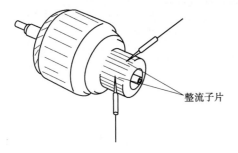
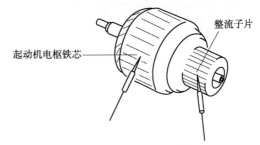

图 4-22　检查换向器是否开路　　　　　图 4-23　检查换向器是否短路

(4)检查换向器是否径向圆跳动,如图 4-24 所示。将电枢轴放在 V 形块上,使用百分表,测量径向圆跳动。最大径向圆跳动：0.05mm (0.00197in.) 如果径向圆跳动大于最大值,则更换起动机电枢总成。使用游标卡尺,测量换向器直径,如图 4-25 所示。标准直径：25.0mm (0.984 in.) 最小直径：24.0mm (0.945 in.)。如果直径小于最小值,则更换起动机电枢总成。

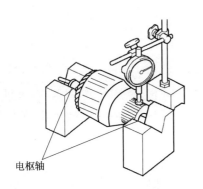
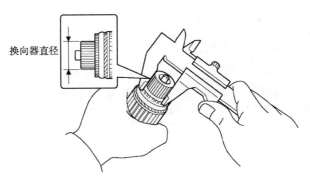

图 4-24　检查换向器径向圆跳动量　　　　　图 4-25　测量换向器直径

(5)检查并确认整流子片间的凹槽部位无异物,然后测量凹槽深度。

标准凹槽深度：0.7mm (0.0276 in)。

最小凹槽深度：0.2mm (0.00787 in)。

如果直径小于最小值,则更换起动机电枢总成。

6. 起动机电刷架总成检查

检查电刷长度,使用游标卡尺测量电刷长度,如图 4-26 所示。标准长度：11.6mm (0.457 in),最小长度：7.6mm (0.299 in)。如果长度小于最小值,则更换起动机电刷架总成。

7. 起动机中间轴承离合器分总成检查

固定起动机中间轴承离合器分总成并顺时针转动离合器小齿轮,检查并确认其自由转动,如图4-27所示。尝试逆时针转动离合器小齿轮,检查并确认其锁止。如果离合器小齿轮工作情况不符合规定,则更换起动机中间轴承离合器分总成。

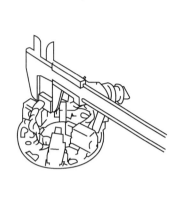

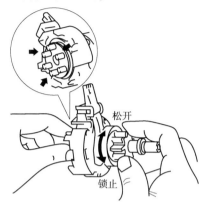

图4-26 检查电刷长度　　　　　图4-27 起动机中间轴承离合器

课题四　汽车照明与信号装置故障诊断与排除

一、故障诊断方法

汽车照明与信号装置主要由前照灯、雾灯、牌照灯、内部照明灯、制动灯、倒车灯、转向灯、危险警告灯、喇叭等组成。照明系统主要由蓄电池、发电机、熔断器、灯控开关、灯光继电器、变光器灯及其线路组成。汽车照明与信号装置故障诊断方法主要有以下几种。

1. 断路故障检查

1) 用试灯检查

将试灯的一端夹在发动机或车架上(即搭铁),接通灯开关,把试灯的另一端与蓄电池到该灯之间连线上的各接点相接触。如果灯亮,再与第二个点接触……直至试灯不亮为止。则断路处即在试灯亮时的测试点与试灯不亮时的测试点之间。

2) 用万用表直流电压挡检测

其方法与试灯相同,将万用表"-"表笔搭铁。"+"表笔分别与蓄电池到该灯之间连线上各接点相接触,检测其电源电压是否正常。如果不正常,则断路发生在有电压指示和无电压指示两个测试点之间的这段线路中。

2. 搭铁故障检查

当接通灯开关时,熔断器立即烧坏,说明开关接通的灯线路有短路搭铁故障,其搭铁部位在灯开关和灯之间。

1) 用试灯方法检查

首先断开导线与灯及灯开关连接处的导线,将试灯一端与蓄电池"+"极相连,另一端与接灯的线头相连接。如果试灯亮,说明有搭铁故障存在,此时逐个拆下从灯开关到灯之间导线上的各个接点。如果灯灭,则搭铁故障发生在灯灭时,拆开点与上一个拆开点之间的导线上。

2)用万用表电阻挡检查

将万用表一只表笔搭铁,另一只与接灯的导线接头相连,如果万用表读数为零,说明有搭铁故障存在。检查方法与试灯方法相同。

二、照明装置的故障诊断与排除

1. 近光灯的电路原理图、故障症状与排除

1)卡罗拉照明系统的近光灯电路与故障症状表

卡罗拉照明系统的近光灯电路图如图 4-28 所示。当前照灯(近光灯)开关闭合时,主车身 ECU 接收到开关信号,控制 H-LP 继电器(前照灯继电器)开关闭合,近光灯点亮。

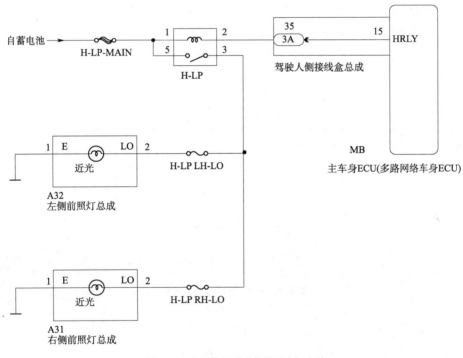

图 4-28　卡罗拉照明系统的近光灯电路

丰田卡罗拉近光灯故障症状以及对应可疑部位见表 4-8。使用表 4-8,有助于确定故障症状的原因。如果列出多个可疑部位,则在表 4-8"可疑部位"栏中,症状的可能原因按照可能性大小顺序列出。按照所列顺序检查可疑部位,以检查各症状,必要时更换零件。

故障症状及对应可疑部位　　　　　　　　　表 4-8

症　　状	可 疑 部 位
一个近光灯不亮或一个远光灯不亮	灯光熔断丝
	灯泡
	线束或连接器

续上表

症　　状	可 疑 部 位
左侧和右侧近光灯均不亮	H-LP-MAIN 熔断丝
	H-LP 继电器
	前照灯变光器开关
	线束或连接器

2）近光灯检修程序

当近光灯不亮，先检查与此系统相关电路的熔断丝和灯泡。如果熔断丝和灯泡是正常的，则要按以下程序进行故障的排除。先检查 H-LP 继电器（前照灯继电器）的电阻以及供电情况。如果继电器正常，则检查与此系统相关的线束和连接器之间的电阻以及电压，进一步确定是否是线束和连接器的故障。

(1) H-LP 继电器的检查。从发动机舱继电器盒和接线盒总成上拆下 H-LP 继电器，使用万用表电阻挡测量继电器电阻值。标准电阻值见表 4-9。

标准电阻值　　　　　　　　　　　　　　　　表 4-9

检测仪连接	条　　件	规 定 状 态
3—5	未在端子 1 和 2 之间施加电压	10kΩ 或更大
3—5	在端子 1 和 2 之间施加电压	小于 1Ω

图 4-29 所示为 H-LP 继电器端子定义。

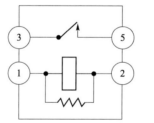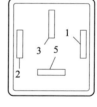

图 4-29　H-LP 继电器端子定义
1、2、3、5—端子

(2) 如果 H-LP 继电器正常，则需要使用万用表电压挡检查 H-LP-主熔断丝— H-LP 继电器的线束和连接器之间的电压值。标准电压见表 4-10。

标准电压值　　　　　　　　　　　　　　　　表 4-10

检测仪连接	条　　件	规 定 状 态
继电器端子 1—车身搭铁	始终	11～14V
继电器端子 5—车身搭铁	始终	11～14V

(3) 如果线束和连接器（H-LP-主熔断丝 —H-LP 继电器）正常，则需要使用万用表电阻挡检查 H-LP 继电器 — 左侧前照灯总成和右侧前照灯总成的线束和连接器之间的电阻值。标准电阻值见表 4-11。

断开左侧前照灯总成连接器 A32 和右侧前照灯总成连接器 A31，使用万用表电阻挡测量线束和连接器之间的电阻值，标准电阻值见表 4-11。

标 准 电 阻 值　　　　　　　　　　　　　　　　　　　　　　表 4-11

检测仪连接	条　件	规 定 状 态
继电器端子 3—A32-2（LO）	始终	小于 1Ω
继电器端子 3—A31-2（LO）	始终	小于 1Ω
继电器端子 3—车身搭铁	始终	10kΩ 或更大

（4）如果线束和连接器（H-LP 继电器—左侧前照灯总成和右侧前照灯总成）正常，则需要使用万用表电阻挡检查 H-LP 继电器—驾驶人侧接线盒总成的线束和连接器之间的电阻值。

断开驾驶人侧接线盒总成连接器 3A，使用万用表电阻挡测量线束和连接器之间的电阻值，标准电阻值见表 4-12。

标 准 电 阻 值　　　　　　　　　　　　　　　　　　　　　　表 4-12

检测仪连接	条　件	规 定 状 态
继电器端子 2—3A-35	始终	小于 1Ω
继电器端子 2—车身搭铁	始终	10kΩ 或更大

（5）如果线束和连接器（H-LP 继电器—驾驶人侧接线盒总成）正常，则需要使用万用表电阻挡检查驾驶人侧接线盒总成电阻值。

拆下驾驶人侧接线盒总成，从驾驶人侧接线盒总成上拆下主车身 ECU（多路网络车身 ECU）。图 4-30 所示为驾驶人侧接线盒总成端子定义。使用万用表电阻挡测量线束和连接器之间的电阻值，标准电阻值见表 4-13。

标 准 电 阻 值　　　　　　　　　　　　　　　　　　　　　　表 4-13

检测仪连接	条　件	规 定 状 态
3A-35—MB-15（HRLY）	始终	小于 1Ω

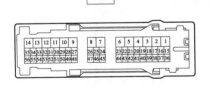
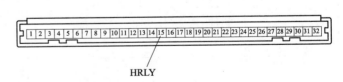

图 4-30　驾驶人侧接线盒总成端子定义

2. 远光灯的电路原理图、故障症状与排除

1）卡罗拉照明系统的远光灯电路与故障症状表

卡罗拉照明系统的远光灯电路如图 4-31 所示。当灯光变光器开关移到远光位置时，主车身 ECU 接收到变光器开关远光信号时，控制 DIM 继电器（变光继电器）开关闭合，远光灯点亮。

丰田卡罗拉远光灯故障症状以及对应可疑部位见表 4-14。

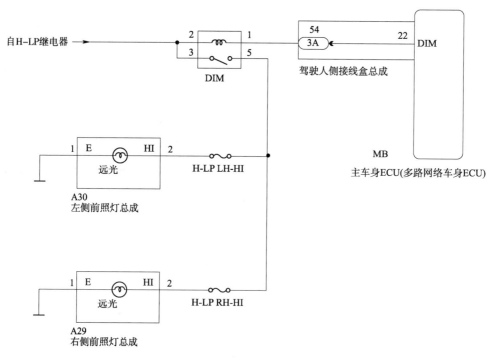

图 4-31 卡罗拉照明系统的远光灯电路

远光灯故障症状及对应可疑部位　　　　　　　　表 4-14

症　　状	可 疑 部 位
一个近光灯不亮或一个远光灯不亮	灯光熔断丝
	灯泡
	线束或连接器
	H-LP 继电器
	前照灯变光器开关
	线束或连接器
左侧和右侧远光灯均不亮	DIM 继电器
	前照灯变光器开关
	线束或连接器
"远光闪光"(超车功能)不工作(远光灯正常)	前照灯变光器开关
	线束或连接器
	前照灯导线
	线束或连接器

2) 远光灯检修程序

如果远光灯不亮,先检查与此系统相关电路的熔断丝和灯泡。如果熔断丝和灯泡是正常的,则要按以下程序进行故障的排除。先检查 DIM 继电器(变光继电器)的电阻以及供电情况。如果继电器正常,则检查与此系统相关的线束和连接器之间的电阻以及电压,进一步确定是否是线束和连接器的故障。

(1) DIM 继电器的检查。从发动机舱继电器盒和接线盒总成上拆下 DIM 继电器。使用万用表电阻挡测量继电器电阻值。标准电阻值见表 4-15。

标准电阻值　　　　　　　　　表 4-15

检测仪连接	条件	规定状态
3—5	未在端子 1 和 2 之间施加电压	10 kΩ 或更大
3—5	在端子 1 和 2 之间施加电压	小于 1Ω

图 4-32 所示为 DIM 继电器的端子定义。

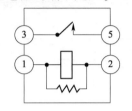

图 4-32　H-LP 继电器的端子定义
1、2、3、5-端子

(2) 如果 DIM 继电器正常,则需要使用万用表电压挡检查 DIM 继电器—蓄电池的线束和连接器的电压值。标准电压值见表 4-16。

标准电压值　　　　　　　　　表 4-16

检测仪连接	条件	规定状态
继电器端子 2—车身搭铁	近光灯点亮	11～14V
继电器端子 3—车身搭铁	近光灯点亮	11～14V

(3) 如果线束和连接器(DIM 继电器—蓄电池)正常,则需要检查 DIM 继电器—左侧前照灯总成和右侧前照灯总成的线束和连接器。

断开左侧前照灯总成连接器 A30 和右侧前照灯总成连接器 A29,使用万用表电阻挡测量线束和连接器之间的电阻值,标准电阻值见表 4-17。

标准电阻值　　　　　　　　　表 4-17

检测仪连接	条件	规定状态
继电器端子 5—A30-2（HI）	始终	小于 1Ω
继电器端子 5—A29-2（HI）	始终	小于 1Ω
继电器端子 5—车身搭铁	始终	10kΩ 或更大

(4) 如果线束和连接器(DIM 继电器—左侧前照灯总成和右侧前照灯总成)正常,则需要检查 DIM 继电器—驾驶人侧接线盒总成的线束和连接器。

断开驾驶人侧接线盒总成连接器 3A。使用万用表电阻挡测量线束和连接器之间的电阻值,标准电阻值见表 4-18。

标准电阻值　　　　　　　　　表 4-18

检测仪连接	条件	规定状态
继电器端子 1—3A-54	始终	小于 1Ω
继电器端子 1—车身搭铁	始终	10kΩ 或更大

(5) 如果线束和连接器(DIM 继电器—驾驶人侧接线盒总成)正常,则需要检查驾驶人

侧接线盒总成。

拆下驾驶人侧接线盒总成,从驾驶人侧接线盒总成上拆下主车身 ECU(多路网络车身 ECU)。图 4-33 所示为驾驶人侧接线盒总成端子定义。使用万用表电阻挡测量线束和连接器之间的电阻值,标准电阻见表 4-19。

标准电阻值　　　　　　　　　　　　　　　表 4-19

检测仪连接	条　件	规定状态
3A-54—MB-22（DIM）	始终	小于 1Ω

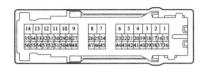

图 4-33　驾驶人侧接线盒总成端子定义

3. 示宽灯的电路原理图、故障症状与排除

1）卡罗拉照明系统的示宽灯电路与故障症状表

卡罗拉照明系统的示宽灯电路图如图 4-34 所示。当灯光变光器开关打到示宽灯位置时,主车身 ECU 接收到变光器开关示宽灯信号时,控制尾灯继电器开关闭合,示宽灯点亮。

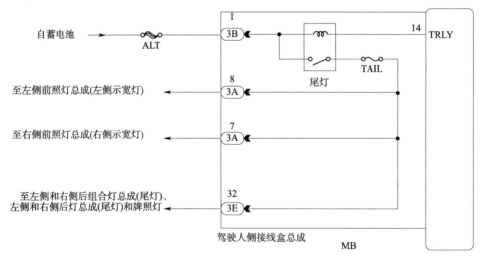

图 4-34　卡罗拉照明系统的示宽灯电路

丰田卡罗拉示宽灯故障症状以及对应可疑部位见表 4-20。

示宽灯故障症状及对应可疑部位　　　　　　　　表 4-20

症　状	可疑部位
一个示宽灯不亮(TFTM 制造,不带日间行车灯)	灯泡
	前照灯导线
	线束或连接器

续上表

症　状	可疑部位
一个示宽灯不亮（TFTM 制造，带日间行车灯）	前照灯单元
	线束或连接器
一个示宽灯不亮（GTMC 制造）	灯泡
	线束或连接器
左侧和右侧示宽灯均不亮	线束或连接器
	驾驶人侧接线盒总成

2）示宽灯故障诊断与排除

当示宽灯不亮时，先检查与此系统相关电路的熔断丝和灯泡。如果熔断丝和灯泡是正常的，则要按以下程序进行故障的排除。先检查 H-LP 示宽灯继电器的电阻以及供电情况。如果继电器正常，则检查与此系统相关的线束和连接器之间的电阻以及电压，进一步确定是否是线束和连接器的故障。

（1）检查蓄电池—驾驶人侧接线盒总成的线束和连接器。断开驾驶人侧接线盒总成连接器 3B，使用万用表的电压挡检查蓄电池—驾驶人侧接线盒总成的线束和连接器的电压。标准电压值见表 4-21。

标准电压值　　　　　　　　　　　　　　　表 4-21

检测仪连接	条　件	规 定 状 态
3B-1—车身搭铁	始终	11～14V

（2）如果线束和连接器（蓄电池—驾驶人侧接线盒总成）正常，则需要检查驾驶人侧接线盒总成。

拆下驾驶人侧接线盒总成，从驾驶人侧接线盒总成上拆下主车身 ECU（多路网络车身 ECU）。图 4-35 所示为驾驶人侧接线盒总成端子定义。使用万用表电阻挡测量线束和连接器之间的电阻值，标准电阻值见表 4-22。

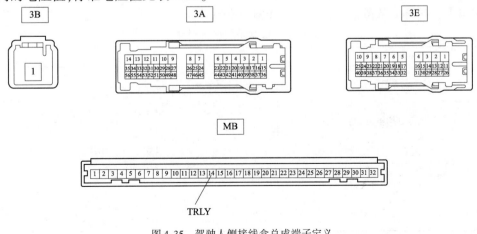

图 4-35　驾驶人侧接线盒总成端子定义

标 准 电 阻 值　　　　　　　　　　　　　表 4-22

检测仪连接	条　件	规定状态
3A-7—蓄电池负极（−）端子	蓄电池正极（+）→ 3B-1 蓄电池负极（−）→ MB-14（TRLY）	11～14V
3A-8—蓄电池负极（−）端子	蓄电池正极（+）→ 3B-1 蓄电池负极（−）→ MB-14（TRLY）	11～14V
3E-32—蓄电池负极（−）端子	蓄电池正极（+）→ 3B-1 蓄电池负极（−）→ MB-14（TRLY）	11～14V

4. 卡罗拉照明系统的雾灯电路与故障症状表

1）罗拉照明系统的雾灯电路与故障症状表

卡罗拉照明系统的前雾灯电路图如图 4-36 所示。当灯光变光器开关打到前雾灯位置时，主车身 ECU 接收到变光器开关前雾灯信号，控制 FOG FR 继电器（雾灯继电器）开关闭合，雾灯点亮。

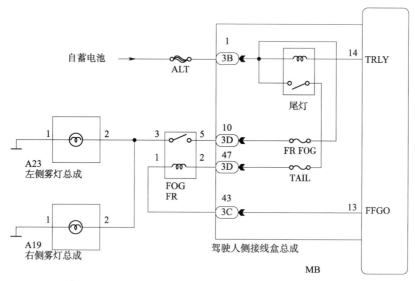

图 4-36　卡罗拉照明系统的前雾灯电路

丰田卡罗拉雾灯故障症状以及对应可疑部位见表 4-23。

雾灯故障症状及对应可疑部位　　　　　　　　表 4-23

症　状	可 疑 部 位
一个前雾灯不亮	灯泡
	线束或连接器
左侧和右侧前雾灯均不亮（尾灯正常）	FR FOG 熔断丝
	FOG FR 继电器
后雾灯不亮（尾灯正常）	RR FOG 熔断丝
	FOG RR 继电器
	灯泡
	前照灯变光器开关
	驾驶人侧接线盒总成

2) 前雾灯检修程序

当前雾灯不亮时,先检查与此系统相关电路的熔断丝和灯泡。如果熔断丝和灯泡是正常的,则要按以下程序进行故障的排除。先检查 FR FOG 继电器(雾灯继电器)的电阻以及供电情况。如果继电器正常,则检查与此系统相关的线束和连接器之间的电阻以及电压,进一步确定是否是线束和连接器的故障。

(1)检查线束和连接器的 FR FOG 继电器输入电压。从 4 号继电器盒总成上拆下 FR FOG 继电器。使用万用表的电压挡检查线束和连接器的电压。标准电压值见表 4-24。

标准电压值　　　　　　　　　　　　　　　　　　　　　表 4-24

检测仪连接	条件	规定状态
继电器端子 5—车身搭铁	始终	11～14V
继电器端子 2—车身搭铁	尾灯点亮	11～14V

(2)如果线束和连接器(FOG FR 继电器输入电压)正常,则需要检查 FOG FR 继电器。使用万用表电阻挡测量继电器电阻值。标准电阻值见表 4-25。

标准电阻值　　　　　　　　　　　　　　　　　　　　　表 4-25

检测仪连接	条件	规定状态
3—5	未在端子 1 和 2 之间施加电压	10kΩ 或更大
3—5	在端子 1 和 2 之间施加电压	小于 1Ω

图 4-37 所示为 FOG FR 继电器端子定义。

(3)如果 FOG FR 继电器正常,则需要检查线束和连接器(FOG FR 继电器—左侧雾灯总成和右侧雾灯总成)的电阻值。

断开左侧雾灯总成连接器 A23 和右侧雾灯总成连接器 A19。使用万用表的电阻挡检查线束和连接器的电阻值。标准电阻值见表 4-26。

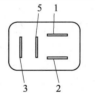

图 4-37　FOG FR 继电器端子定义
1、2、3、5-端子

标准电阻值　　　　　　　　　　　　　　　　　　　　　表 4-26

检测仪连接	条件	规定状态
继电器端子 3—A23-2	始终	小于 1Ω
继电器端子 3—A19-2	始终	小于 1Ω
继电器端子 3—车身搭铁	始终	10kΩ 或更大

(4)如果线束和连接器(FOG FR 继电器—左侧雾灯总成和右侧雾灯总成)正常,则需要检查线束和连接器(FOG FR 继电器—驾驶员侧接线盒总成)。

断开驾驶人侧接线盒总成 3C。使用万用表的电阻挡检查线束和连接器的电阻值。标准电阻值见表 4-27。

标准电阻值　　　　　　　　　　　　　　　　　　　　　表 4-27

检测仪连接	条件	规定状态
继电器端子 1—3C-43	始终	小于 1Ω
继电器端子 1—车身搭铁	始终	10kΩ 或更大

(5)如果线束和连接器(FOG FR 继电器—驾驶人侧接线盒总成)正常,则需要检查驾驶人侧接线盒总成。

拆下驾驶人侧接线盒总成，从驾驶人侧接线盒总成上拆下主车身 ECU（多路网络车身 ECU）。图 4-38 所示为驾驶人侧接线盒总成端子定义。使用万用表电阻挡测量线束和连接器之间的电阻值，标准电阻值见表 4-28。

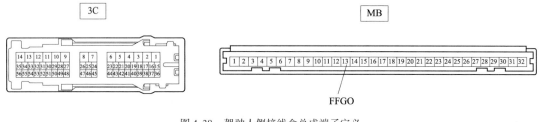

图 4-38 驾驶人侧接线盒总成端子定义

标准电阻值　　　　　　　　　　　　　　表 4-28

检测仪连接	条　件	规 定 状 态
3C-43—MB-13（FFGO）	始终	小于 1Ω

三、信号的故障诊断与排除

1. 转向信号灯的电路原理图、故障症状与排除

1）卡罗拉照明系统的转向信号灯电路与故障症状表

丰田卡罗拉转向信号开关电路如图 4-39 所示。当转向信号开关移到左转向灯位置（转向信号开关为"L"挡）时，转向信号开关的 EL 端子与 TL 端子接通，组合仪表总成 EL 端子接收转向信号开关信号 TL 端子的信号后，组合仪表内部的闪光继电器收到信号，控制左转向信号灯按一定的频率闪烁。

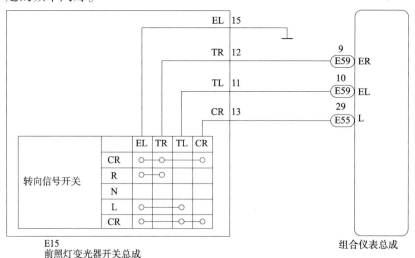

图 4-39 丰田卡罗拉转向信号开关电路

当转向信号开关移到右转向灯位置（转向信号开关为"R"挡）时，转向信号开关的 EL 端子与 TR 端子接通，组合仪表总成 ER 端子接收转向信号开关信号 TR 端子的信号后，组合仪表内部的闪光继电器收到信号，控制右转向信号灯按一定的频率闪烁。

丰田卡罗拉转向信号灯故障症状以及对应可疑部位见表 4-29。

转向信号灯故障症状及对应可疑部位　　　　　　　　表4-29

症　状	可疑部位
一个转向信号灯不工作（除侧转向信号灯外）	灯泡
	线束或连接器
侧转向信号灯不工作	侧转向信号灯总成
	车外后视镜总成
	线束或连接器
向某个方向转向时，转向信号灯不工作	转向信号开关电路
	仪表系统
所有转向信号灯不工作	转向信号开关电路
	组合仪表总成
所有转向信号灯不以正确的速度闪烁	组合仪表总成
危险警告灯不工作	危险警告开关电路
	组合仪表总成

2）转向信号灯故障的检修程序

当转向信号灯不亮时，先检查与此系统相关电路的熔断丝和灯泡。如果熔断丝和灯泡是正常的，则要按以下程序进行故障的排除。

（1）转向信号开关开关总成的检查。拆下转向信号开关总成，使用万用表电阻挡测量转向信号开关电阻值，标准电阻值见表4-30。

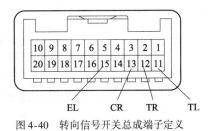

图4-40　转向信号开关总成端子定义

图4-40所示为前照灯变光器开关总成转向信号开关端子定义。

标　准　电　阻　值　　　　　　　　表4-30

检测仪连接	条　件	规　定　状　态
12（TR）—15（EL）	转向信号开关置于中立位置	10kΩ 或更大
11（TL）—15（EL）		
13（CR）—15（EL）		
12（TR）—15（EL）	转向信号开关置于右转向位置	小于1Ω
13（CR）—15（EL）	转向信号开关置于右转到底位置	小于1Ω
11（TL）—15（EL）	转向信号开关置于左转向位置	小于1Ω
13（CR）—15（EL）	转向信号开关置于左转到底位置	小于1Ω

（2）如果前照灯变光器开关总成正常，则需要使用万用表电阻挡检查前照灯变光器开关总成—组合仪表总成和车身搭铁的线束和连接器之间的电阻值。标准电阻值见表4-31。

标　准　电　阻　值　　　　　　　　表4-31

检测仪连接	条　件	规　定　状　态
E15-12（TR）—E59-9（ER）	始终	小于1Ω

237

续上表

检测仪连接	条 件	规 定 状 态
E15-11（TL）—E59-10（EL）	始终	小于1Ω
E15-13（CR）—E55-29（L）	始终	小于1Ω
E15-15（EL）—车身搭铁	始终	小于1Ω
E59-9（ER）—车身搭铁	始终	10kΩ 或更大
E59-10（EL）—车身搭铁	始终	10kΩ 或更大
E55-29（L）—车身搭铁	始终	10kΩ 或更大

2. 危险警告灯的电路原理图、故障症状与排除

1）卡罗拉照明系统的危险警告灯电路与故障症状表

丰田卡罗拉危险警告灯开关电路如图4-41所示。当危险警告灯开关打开时，组合仪表总成接收危险警告灯开关信号。组合仪表内部的闪光继电器收到信号后，控制左右危险警告灯按一定的频率闪烁。

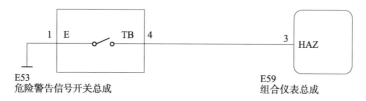

图4-41 丰田卡罗拉危险警告信号开关电路

丰田卡罗拉危险警告灯故障症状以及对应可疑部位见表4-32。

危险警告灯故障症状及对应可疑部位 表4-32

症 状	可疑部位
危险警告灯不工作	危险警告开关电路
	组合仪表总成

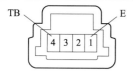

图4-42 危险警告信号开关总成端子定义
1、2、3、4-端子

2）危险警告灯故障的检修程序

当危险警告灯不亮时，先检查与此系统相关电路的熔断丝和灯泡。如果熔断丝和灯泡是正常的，则要按以下程序进行故障的排除。

（1）危险警告信号开关总成的检查。拆下危险警告信号开关总成，使用万用表电阻挡测量危险警告信号开关电阻值。标准电阻值见表4-33。图4-42所示为危险警告信号开关总成端子定义。

标 准 电 阻 值 表4-33

检测仪连接	条 件	规 定 状 态
4（TB）—1（E）	危险警告信号开关打开	小于1Ω
	危险警告信号开关关闭	10kΩ 或更大

（2）如果危险警告信号开关总成正常，则需要使用万用表电阻挡检查危险警告信号开关总成—组合仪表总成和车身搭铁的线束和连接器之间的电阻值。标准电阻值见表4-34。

标准电阻值　　　　　　　　　　　　表4-34

检测仪连接	条件	规定状态
E53-4（TB）—E59-3（HAZ）	始终	小于1Ω
E53-4（TB）—车身搭铁	始终	10kΩ 或更大
E53-1（E）—车身搭铁	始终	小于1Ω

3. 电喇叭的电路原理图、故障症状与排除

1）卡罗拉照明系统的电喇叭电路与故障症状表

丰田卡罗拉电喇叭的电路如图4-43所示。当按动喇叭按钮时，主车身ECU接收到喇叭按钮信号，控制喇叭继电器开关闭合，喇叭总成鸣响。

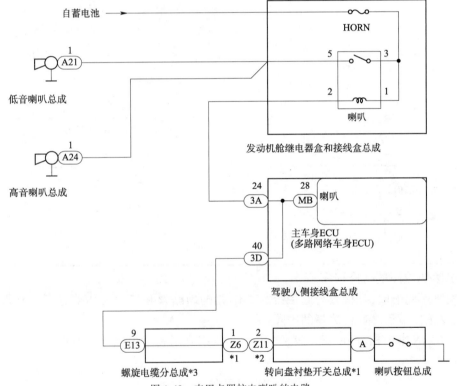

图4-43　丰田卡罗拉电喇叭的电路

丰田电喇叭故障症状以及对应可疑部位见表4-35。

电喇叭故障症状及对应可疑部位　　　　　　表4-35

症　状	可疑部位
喇叭不响	HORN 熔断丝
	HORN 继电器
	螺旋电缆分总成（不带 VSC）
	带传感器的螺旋电缆分总成（带 VSC）

续上表

症　　状	可 疑 部 位
喇叭不响	转向盘衬垫开关总成(带转向盘衬垫开关总成)
	喇叭按钮线束分总成(不带转向盘衬垫开关总成)
	喇叭按钮总成
	驾驶人侧接线盒总成
	主车身 ECU(多路网络车身 ECU)
	线束和连接器
喇叭一直鸣响	HORN 继电器
	螺旋电缆分总成(不带 VSC)
	带传感器的螺旋电缆分总成(带 VSC)
	转向盘衬垫开关总成(带转向盘衬垫开关总成)
	喇叭按钮线束分总成(不带转向盘衬垫开关总成)
	喇叭按钮总成
	驾驶人侧接线盒总成
	主车身 ECU(多路网络车身 ECU)
	线束和连接器
低音喇叭工作,但高音喇叭不工作	高音喇叭总成
	线束和连接器
高音喇叭工作,但低音喇叭不工作	低音喇叭总成
	线束和连接器

2)电喇叭故障的检修程序

当喇叭不鸣响时,先检查与此系统相关电路的熔断丝和灯泡。如果熔断丝和灯泡是正常的,则要按以下程序进行故障的排除。

(1) HORN 继电器(喇叭继电器)的检查。使用万用表电阻挡测量继电器电阻值。标准电阻值见表 4-36。

标准 电 阻 值　　　　　　　表 4-36

检测仪连接	条　　件	规 定 状 态
3—5	未在端子 1 和 2 之间施加电压	10kΩ 或更大
3—5	在端子 1 和 2 之间施加电压	小于 1Ω

图 4-44 所示为 HORN 继电器端子定义。

(2)高音喇叭总成 和低音喇叭总成。加蓄电池电压并检查高音喇叭总成的工作情况。蓄电池正极接喇叭端子 1,蓄电池负极接车身搭铁,喇叭鸣响,如图 4-45 所示。如果结果不符合规定,则更换高音喇叭总成。用同样的方法检查低音喇叭总成。

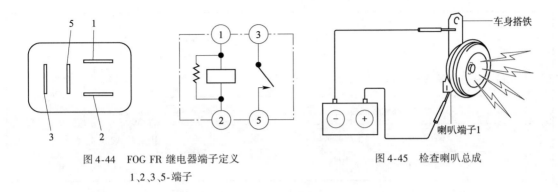

图 4-44　FOG FR 继电器端子定义
1、2、3、5-端子

图 4-45　检查喇叭总成

课题五　仪表故障诊断与排除

汽车仪表是用来监测汽车各个系统工作状况的装置。目前汽车装用的仪表主要有车速里程表、转速表、冷却液温度表、燃油表、机油压力报警、各种报警灯、指示灯以及维护提示器。现代汽车仪表一般由一台微处理机进行控制,并且具有一个内容丰富的自诊断系统。如果在受监控的传感器或部件中出现故障。那么这些带有故障类别说明的故障就以故障码的形式存储在存储器中。查询开始时,必须进行自诊断。汽车仪表故障主要有：

(1) 传感器故障。
(2) 仪表本身故障。
(3) 多路传输系统故障。

丰田卡罗拉的仪表如图 4-46 所示。

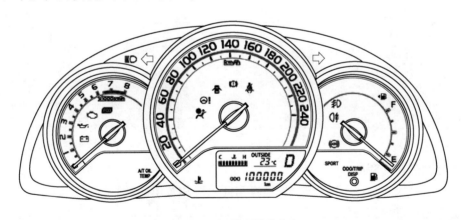

图 4-46　丰田卡罗拉的仪表

仪表的故障主要有组合仪表不工作、车速表故障、转速表故障、燃油表显示故障、发动机冷却液显示表故障。以下列出故障症状表,如果列出多个可疑部位,则在表中"可疑部位"栏中,症状的可能原因按照可能性大小顺序列出。按照所列顺序检查可疑部位,以检查各症状。必要时更换零件。检查下列可疑部位前,先检查与此系统相关的熔断丝和继电器。下面以丰田卡罗拉为例,对仪表的故障进行分析。仪表的故障症状见表 4-37。

241

仪表的故障症状及对应可疑部位　　　　　表4-37

症　状	可疑部位
整个组合仪表总成不工作	电源电路
车速表故障	车速表电路
转速表故障	转速表电路
燃油表显示故障(燃油表当前发生故障或以前发生过故障)	燃油表显示电路
发动机冷却液温度表故障	发动机冷却液温度表电路

以下按照这些给出的症状和可疑部位,对仪表系统进行故障分析与排除。

一、整个组合仪表总成不工作的检修

1. 卡罗拉照明组合仪表的电路原理与检修

此电路为组合仪表总成的电源电路。此电路提供两种电源类型：一种是稳压电源,另一种是IG电源。组合仪表总成的电源电路如图4-47所示。稳压电源从蓄电池正极经过2号ECU-B熔断丝后给组合仪表总成E55的B端子提供12V电源;IG电源从蓄电池正极→点火开关→IG2继电器→MET熔断丝,最终给组合仪表总成E55的IG+端子提供12V电源。

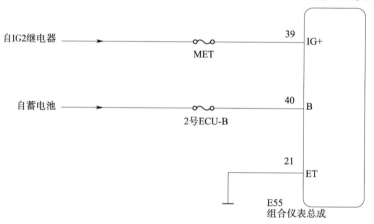

图4-47　组合仪表总成的电源电路

2. 组合仪表检修程序

当整个组合仪表总成不工作时,先检查与此系统相关电路的熔断丝。如果熔断丝正常,则要按以下程序进行故障的排除。

(1)检查线束和连接器(组合仪表总成电路)。断开组合仪表总成连接器E55,使用万用表的电阻挡测量电阻。标准电阻值见表4-38。

标准电阻值　　　　　表4-38

检测仪连接	条　件	规定状态
E55-21（ET）—车身搭铁	始终	小于1Ω

（2）使用万用表的电压挡测量电压。标准电压值见表 4-39。

标 准 电 压 值　　　　　　表 4-39

检测仪连接	条 件	规 定 状 态
E55-39（IG+）—车身搭铁	点火开关 OFF	低于 1V
	点火开关 ON	11~14V
E55-40（B）—车身搭铁	始终	11~14V

二、车速表故障的电路以及原理

组合仪表总成通过 CAN 通信系统接收来自制动执行器总成（防滑控制 ECU）的车速信号。转速传感器检测车轮转速并将相应信号发送至制动执行器总成（防滑控制 ECU）。制动执行器总成（防滑控制 ECU）向车速传感器提供电源。制动执行器总成（防滑控制 ECU）根据电压脉冲计算检测车速信号。丰田卡罗拉车速表电路如图 4-48 所示。

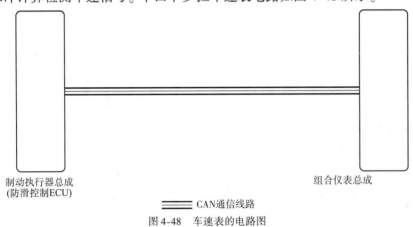

图 4-48　车速表的电路图

三、转速表故障的电路以及原理

在该电路中，组合仪表总成通过 CAN 通信系统接收来自 ECM 的发动机转速信号。组合仪表总成根据从 ECM 接收到的数据显示计算出的发动机转速。通过检查 CAN 通信系统判断转速表是否有故障。丰田卡罗拉转速表电路如图 4-49 所示。

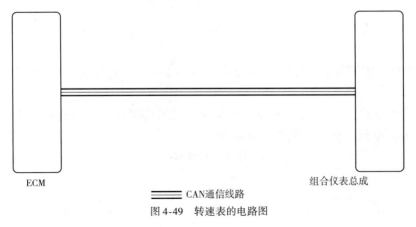

图 4-49　转速表的电路图

四、燃油表显示故障的检查

1. 卡罗拉照明燃油表的电路以及原理

组合仪表总成利用燃油表传感器总成检测燃油箱总成中的剩余燃油量。丰田卡罗拉燃油表电路如图4-50所示。燃油表总成FS端子和FE端子接收来自组合仪表总成的电压。当燃油箱总成的剩余燃油量发生变化时,燃油表传感器总成的可变电阻器1端子和2端子电阻发生变化,电压也随之发生变化。组合仪表总成检测可变电阻器和组合仪表总成内的电阻器之间的电压,燃油表所对应的显示值发生相应变化来指示当前燃油量。

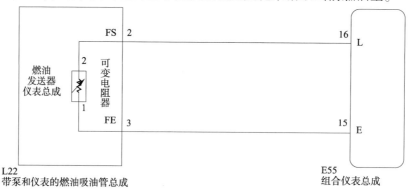

图4-50 燃油表电路图

2. 燃油表检修程序

(1)通过添加燃油检查燃油表工作情况。

①记录燃油表读数。

②如果燃油箱总成几乎为满油位,则排出20L或更多的燃油。(燃油箱总成远低于满油位时不必进行此操作。

③断开蓄电池负极(−)端子电缆以复位燃油表。

提示:断开蓄电池负极(−)端子电缆前,检查并确认点火开关置于OFF位置。

④连接蓄电池负极(−)端子电缆并将点火开关置于ON位置。

⑤检查并确认燃油表已复位。

⑥以1.75km/h或更高的速度驾驶车辆,然后将换挡杆移至P位并将点火开关置于OFF位置。

⑦加注5.0L或更多的燃油,将点火开关置于ON位置,检查并确认燃油表读数的增大与加注的燃油量成比例。

(2)如果燃油表工作情况异常,则检查线束和连接器(组合仪表总成—带泵和仪表的燃油吸油管总成)。

断开组合仪表总成连接器E55和带泵和仪表的燃油吸油管总成连接器L22,使用万用表的电阻挡测量电阻。标准电阻值见表4-40。

标准电阻值　　　　　　　　　　　　　　　　表4-40

检测仪连接	条　件	规定状态
E55-16(L)—L22-2(FS)	始终	小于1Ω

续上表

检测仪连接	条　件	规定状态
E55-15（E）—L22-3（FE）	始终	小于1Ω
E55-16（L）—车身搭铁	始终	10kΩ 或更大
E55-15（E）—车身搭铁	始终	10kΩ 或更大

（3）如果线束和连接器（组合仪表总成—带泵和仪表的燃油吸油管总成）正常，则需要使用万用表电阻挡检查带泵和仪表的燃油吸油管总成的线束和连接器之间的电阻值。标准电阻值见表4-41。

标准电阻值　　　　　　　表4-41

检测仪连接	条　件	规定状态
A-2（FS）—B-2	始终	小于1Ω
A-3（FE）—B-1	始终	小于1Ω

带泵和仪表的燃油吸油管总成的插头端子如图4-51所示。

（4）如果线束和连接器（带泵和仪表的燃油吸油管总成）正常，检查燃油表传感器总成燃油表传感器总成，如图4-52所示。

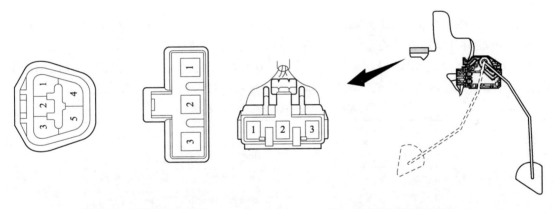

图4-51　带泵和仪表的燃油吸油管
　　　　总成端子

图4-52　燃油表传感器总成

检查并确认浮子在 F 和 E 之间平滑移动。使用万用表的电阻挡测量电阻。标准电阻值见表4-42。

标准电阻值　　　　　　　表4-42

检测仪连接	浮子室液位高度	规定状态
1—2	F	13.5～16.5Ω
	F 和 E 之间	13.5～414.5Ω（渐变）
	E	405.5～414.5Ω

五、冷却液温度警告灯的电路以及原理

在该电路中，组合仪表总成通过 CAN 通信系统接收来自 ECM 的发动机冷却液温度信

号。组合仪表总成根据从 ECM 接收到的数据显示发动机冷却液温度警告。发动机冷却液温度警告灯电路如图 4-53 所示。

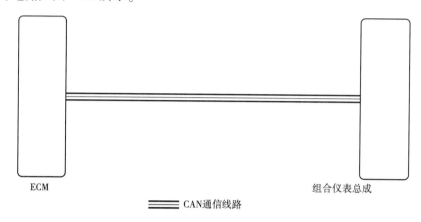

图 4-53　发动机冷却液温度警告灯电路图

课题六　汽车电动车窗故障诊断与排除

电动车窗控制系统使用电动窗升降器电动机来控制电动窗操作。该系统主要的控制装置包括:电动窗升降器主开关总成(安装在驾驶人车门上)、电动窗升降器开关总成(安装在前排乘客车门上)和后电动窗升降器开关总成(安装在后门上)。操作车窗开关后,相应的电动窗升降器电动机随即通电。汽车电动车窗故障症状以及对应可疑部位见表 4-43。

电动车窗故障症状及对应可疑部位　　　　　　　　表 4-43

症　　状	可 疑 部 位
遥控升/降功能不工作	电动窗升降器主开关总成
用电动窗主开关无法操作驾驶人侧电动窗	LIN 通信系统
	电动窗升降器电动机总成(驾驶人车门)
	电动窗升降器主开关总成
	线束或连接器
用前排乘客侧电动窗开关无法操作前排乘客侧电动窗	电动窗升降器电动机总成(前排乘客车门)
	电动窗升降器开关总成
	电动窗升降器主开关总成
	线束或连接器
用左后电动窗开关无法操作左后电动窗	电动窗升降器电动机总成(左后车门)
	后电动窗升降器开关总成(左侧车门)
	电动窗升降器主开关总成
	线束或连接器

续上表

症　　状	可疑部位
用右后电动窗开关无法操作右后电动窗	电动窗升降器电动机总成(右后车门)
	后电动窗升降器开关总成(右侧车门)
	电动窗升降器主开关总成
	线束或连接器
用电动窗主开关无法操作驾驶人侧电动窗自动升/降功能	LIN 通信系统
	电动窗升降器电动机总成(驾驶人车门)
	电动窗升降器主开关总成
	玻璃位置初始化
	线束或连接器
用电动窗主开关无法操作驾驶人侧电动窗自动下降功能	电动窗升降器主开关总成

以下我们对电动车窗的故障电路、原理和检修进行详细讲解。

一、电动车窗故障

1. 用电动窗主开关无法操作驾驶人侧电动窗

1) 卡罗拉驾驶人侧电动窗电路与故障症状表

带防夹功能的驾驶人侧电动窗点火开关置于 ON 位置时,用电动窗升降器主开关总成操作电动窗升降器电动机总成(驾驶人车门)。电动窗升降器电动机总成(驾驶人车门)具有电动机、升降器和 ECU 功能。驾驶人侧电动窗控制电路如图 4-54 所示。

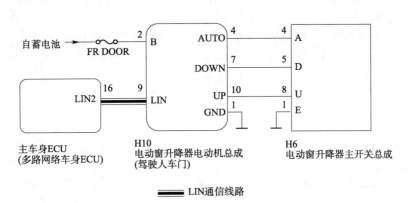

图 4-54　驾驶人侧电动窗控制电路

工作原理:当电动窗升降器主开关总成 H6 按到上升位置时(对应电动窗升降器开关"U"位置),电动窗升降器电动机总成(驾驶人车门)H10 的 CPU 接收到"UP"端子的信号,控制电动车窗上升。

当电动窗升降器主开关总成 H6 按到下降位置时(对应电动窗升降器开关"D"位置),电动窗升降器电动机总成(驾驶人车门)H10 的 CPU 接收"DOWN"端子的信号,控制电动车窗下降。

丰田卡罗拉驾驶人侧电动窗故障症状以及对应可疑部位见表 4-44。

驾驶人侧电动窗故障症状及对应可疑部位　　　　　　表 4-44

症　　状	可 疑 部 位
用电动窗主开关无法操作驾驶人侧电动窗	LIN 通信系统
	电动窗升降器电动机总成(驾驶人车门)
	电动窗升降器主开关总成
	线束或连接器

2)驾驶人侧电动窗检修程序

当驾驶人侧电动窗工作不正常时,先检查与此系统相关电路的熔断丝。如果熔断丝正常,则要按以下程序进行故障的排除。

(1)检查线束和连接器[电动窗升降器电动机总成(驾驶人车门—蓄电池和车身搭铁]。

断开电动窗升降器电动机总成(驾驶人车门)连接器 H10,分别使用万用表的电阻挡和电压挡测量电阻和电压。标准电阻值和电压值见表 4-45。

标准电压和电阻值　　　　　　表 4-45

检测仪连接	条　件	规 定 状 态
H10-2(B)—车身搭铁	始终	11~14V
H10-1(GND)—车身搭铁	始终	小于 1Ω

(2)检查线束和连接器(电动窗升降器主开关总成—电动窗升降器电动机总成(驾驶人车门)和车身搭铁。

断开电动窗升降器主开关总成连接器 H6,使用万用表的电阻挡测量电阻。标准电阻值见表 4-46。

标 准 电 阻 值　　　　　　表 4-46

检测仪连接	条　件	规 定 状 态
H6-8(U)—H10-10(UP)	始终	小于 1Ω
H6-8(U)或 H10-10(UP)—车身搭铁	始终	10kΩ 或更大
H6-5(D)—H10-7(DOWN)	始终	小于 1Ω
H6-5(D)或 H10-7(DOWN)—车身搭铁	始终	10kΩ 或更大
H6-1—车身搭铁	始终	小于 1Ω

(3)电动窗升降器主开关总成的检查。

关闭车窗锁止开关,并操作电动窗升降器主开关总成上的开关。使用万用表的电阻挡测量电阻驾驶人侧开关(带防夹功能)电阻。标准电阻值见表 4-47。

标准电阻值　　　　　　　　　　　　表4-47

检测仪连接	条件	规定状态
4（A）—1（E）	自动上升	小于1Ω
8（U）—1（E）	自动上升	小于1Ω
8（U）—1（E）	手动上升	小于1Ω
5（D）—1（E）	手动下降	小于1Ω
4（A）—1（E）	自动下降	小于1Ω
5（D）—1（E）	自动下降	小于1Ω

电动窗升降器主开关总成和电动窗升降器电动机总成的检查，分别如图4-55和图4-56所示。

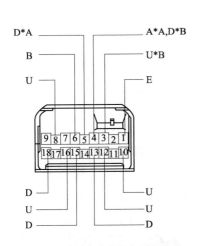

图4-55　电动窗升降器主开关总成

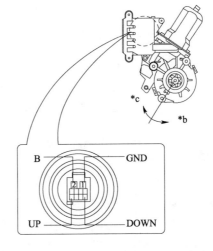

图4-56　电动窗升降器电动机总成的检查

（4）检查左侧电动窗升降器电动机总成（带防夹功能）。

①将蓄电池正极（+）引线连接至端子2（B）。

注意：不要将蓄电池正极（+）引线连接至除端子2（B）外的任何端子以防损坏电动机内的脉冲传感器。

②将蓄电池负极（-）引线连接至端子1（GND）和7（DOWN）或10（UP）。

③检查并确认电动机齿轮平稳旋转，正常状态见表4-48。

升降器电动机正常状态　　　　　　　　　　表4-48

蓄电池连接	规定状态
（1）将蓄电池正极（+）引线连接至端子2（B），将蓄电池负极（-）引线连接至端子1（GND），并使其保持连接3s或更长时间； （2）在端子2（B）和1（GND）连接的情况下，将蓄电池负极（-）引线连接至端子10（UP）； （3）1s内将蓄电池负极（-）引线断开并重新连接至端子10（UP）	电动机齿轮顺时针旋转

249

续上表

蓄 电 池 连 接	规 定 状 态
（1）将蓄电池正极（+）引线连接至端子 2（B），将蓄电池负极（-）引线连接至端子 1（GND），并使其保持连接 3s 或更长时间； （2）在端子 2（B）和 1（GND）连接的情况下，将蓄电池负极（-）引线连接至端子 7（DOWN）； （3）1s 内将蓄电池负极（-）引线断开并重新连接至端子 7（DOWN）	电动机齿轮逆时针旋转

2. 用前排乘客侧电动窗开关无法操作前排乘客侧电动窗

1）卡罗拉乘客侧电动窗电路、原理与故障症状表

前排乘客侧电动窗控制电路如图 4-57 所示。点火开关置于 ON 位置时，用电动窗升降器开关总成操作电动窗升降器电动机总成（前排乘客车门）。

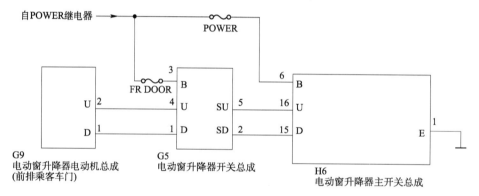

图 4-57　前排乘客侧电动窗控制电路

工作原理：当电动车窗开关按到上升位置时（对应电动窗升降器开关"U"位置），电流从 POWER 继电器→FR DOOR 熔断丝→电动窗升降器开关总成 G5 的"U"端子→电动窗升降器电动机总成 G9 的车窗电动机→电动窗升降器开关总成 G5 的"D"端子和"SD"端子→电动窗升降器主开关总成 H6 的"D"和"E"端子，最终回到蓄电池负极。电动车窗电动机控制车窗上升。

当电动车窗开关按到下降位置时（对应电动窗升降器开关"D"位置），电流从 POWER 继电器→FR DOOR 熔断丝→电动窗升降器开关总成 G5 的"D"端子→电动窗升降器电动机总成 G9 的车窗电动机→电动窗升降器开关总成 G5 的"U"端子和"SU"端子→电动窗升降器主开关总成 H6 的"U"和"E"端子，最终回到蓄电池负极。电动车窗电动机控制车窗下降。

丰田卡罗拉前排乘客侧电动窗开关故障症状以及对应可疑部位见表 4-49。

前排乘客侧电动窗开关故障症状及对应可疑部位　　表 4-49

症　　状	可 疑 部 位
用前排乘客侧电动窗开关无法操作前排乘客侧电动窗	电动窗升降器电动机总成（前排乘客车门）
	电动窗升降器开关总成
	电动窗升降器主开关总成
	线束或连接器

2)前排乘客侧电动窗检修程序

当前排乘客侧电动窗工作不正常时,先检查与此系统相关电路的熔断丝。如果熔断丝正常,则要按以下程序进行故障的排除。

(1)检查线束和连接器(电动窗升降器开关总成—蓄电池)。

断开电动窗升降器开关总成连接器 G5。使用万用表的电压挡测量电压,标准电压值见表 4-50。

标准电压值　　　　　　　　　　　　　　　　　　　　　　　　　表 4-50

检测仪连接	条　件	规　定　状　态
G5-3(B)—车身搭铁	点火开关 ON	11~14V

(2)检查电动窗升降器开关总成。

检查开关功能。操作开关时,用万用表的电阻挡测量电阻,标准电阻值见表 4-51。

标准电阻值　　　　　　　　　　　　　　　　　　　　　　　　　表 4-51

开关端子定义	检测仪连接	条　件	规　定　状　态
	1(D)—2(SD)	上升	小于 1Ω
	3(B)—4(U)	上升	小于 1Ω
	1(D)—2(SD)	关闭	小于 1Ω
	4(U)—5(SU)	关闭	小于 1Ω
	4(U)—5(SU)	下降	小于 1Ω
	1(D)—3(B)	下降	小于 1Ω

如果结果不符合规定,则更换电动窗升降器开关总成。

(3)检查线束和连接器[电动窗升降器开关总成—电动窗升降器电动机总成(前排乘客车门)]。

断开电动窗升降器电动机总成(前排乘客车门)连接器 G9。用万用表的电阻挡测量电阻,标准电阻值见表 4-52。

标准电阻值　　　　　　　　　　　　　　　　　　　　　　　　　表 4-52

检测仪连接	条　件	规　定　状　态
G5-4(U)—G9-2(U)	始终	小于 1Ω
G5-4(U)或 G9-2(U)—车身搭铁	始终	10kΩ 或更大
G5-1(D)—G9-1(D)	始终	小于 1Ω
G5-1(D)或 G9-1(D)—车身搭铁	始终	10kΩ 或更大

(4)检查线束和连接器(电动窗升降器主开关总成—电动窗升降器开关总成)。

用万用表的电阻挡测量电阻,标准电阻值见表 4-53。

标 准 电 阻 值　　　　　　　　　　表 4-53

检测仪连接	条　件	规 定 状 态
H6-16（U）—G5-5（SU）	始终	小于 1Ω
H6-16（U）或 G5-5（SU）—车身搭铁	始终	10kΩ 或更大
H6-15（D）—G5-2（SD）	始终	小于 1Ω
H6-15（D）或 G5-2（SD）—车身搭铁	始终	10kΩ 或更大

（5）按照检查左侧电动窗升降器电动机总成（带防夹功能）的方法去检测前排乘客侧电动窗升降器电动机总成。

二、汽车防盗系统的故障诊断与排除

汽车防盗系统的作用有人试图强行进入车内、打开发动机罩、不用车门控制接收器总成或电子钥匙发射器分总成开锁任一车门或断开并重新连接蓄电池端子时，防盗系统可鸣响警报。系统由门锁控制系统零件、无线门锁控制系统零件、一个警报喇叭和一个安全指示灯组成。此系统由主车身 ECU（多路网络车身 ECU）控制。防盗系统无法设定的故障对应的可疑部位见表 4-54。

防盗系统无法设定的故障对应的可疑部位　　　　表 4-54

症　状	可疑部位
防盗系统无法设定	安全指示灯电路
	前门门控灯开关电路
	后门门控灯开关电路
	行李舱门控灯开关电路
	带电动机的前门门锁总成
	带电动机的后门门锁总成
	行李舱门锁总成
	发动机罩门控灯开关电路
	点火开关电路
	未锁警告开关电路
	认证 ECU（智能钥匙 ECU 总成）
	对以上部位进行检查并确认正常后，如果故障仍出现，则更换主车身 ECU（多路网络车身 ECU）

以下对防盗系统的门锁和行李舱门锁故障电路、原理和检修进行详细讲解。

1. 左前车门门锁总成工作不正常

1）左前车门门锁总成的电路与原理

车门门锁总成的电控制电路如图 4-58 所示。无线门锁控制系统可以从远处锁止和开锁所有车门。该系统由向带接收器的车门控制 ECU 总成发送无线电波的电子钥匙发射器分总成控制。认证 ECU（智能钥匙 ECU 总成）执行识别码识别过程并操作门锁控制。无线门锁控制系统具有多频道功能。每次按下电子钥匙发射器分总成上的开关，频道在 2 个不同频率之间交替切换并将信号发送至带接收器的车门控制 ECU 总成。

工作原理：车门锁门时，按下电子钥匙发射器分总成上的开关锁车门，发射器通过无线电信号发送到主车身 ECU（多路网络 ECU），主车身 ECU（多路网络 ECU）接收到信号，驾驶人侧接线盒总成的 D/LOCK 继电器（车门锁门继电器）工作，电流从 2 号 D/L 熔断丝→D/LOCK 继电器→门锁总成 H9 的 L 端子→门锁总成 H9 的门锁电动机→门锁总成 H9 的 UL 端子→D/UNLOCK 继电器回到蓄电池负极，门锁电动机工作，车门锁门。

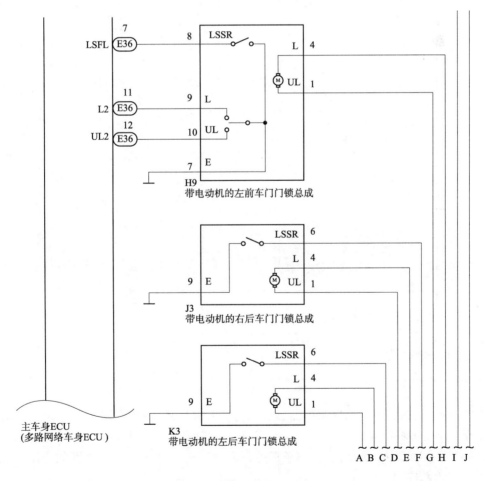

图 4-58

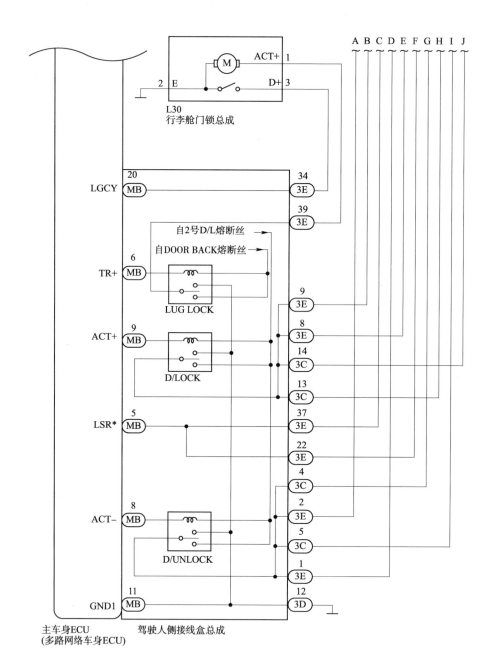

图 4-58　车门门锁总成的电控制电路

车门开锁时,按下电子钥匙发射器分总成上的开关解锁车门,发射器通过无线电信号发送到主车身 ECU(多路网络 ECU),主车身 ECU(多路网络 ECU)接收到信号,驾驶人侧接线盒总成的 D/UNLOCK 继电器(车门解锁继电器)工作,电流从 2 号 D/L 熔断丝→D/UNLOCK 继电器→门锁总成 H9 的 UL 端子→门锁总成 H9 的门锁电动机→门锁总成 H9 的 L 端子→D/LOCK 继电器回到蓄电池负极,门锁电动机工作,车门解锁。

2)左前车门门锁总成检修程序

当左前车门门锁总成工作不正常时,先检查与此系统相关电路的熔断丝。如果熔断丝正常,则要按以下程序进行故障的排除。

(1)检查带电动机的左前车门门锁总成。

检查门锁电动机的工作情况,施加蓄电池电压,并检查门锁电动机的工作情况。正常工作状态见表4-55。

门锁电动机工作状态　　　　　　　　　　　　　　　表4-55

蓄电池连接	结　果
蓄电池正极(+)—端子4(L) 蓄电池负极(-)—端子1(UL)	锁止
蓄电池正极(+)—端子1(UL) 蓄电池负极(-)—端子4(L)	开锁

如果结果不符合规定,则更换带电动机的左前车门门锁总成。

(2)检查车门开锁检测开关的工作情况。

用万用表的电阻挡测量电阻,标准电阻值见表4-56。

标　准　电　阻　值　　　　　　　　　　　　　　　表4-56

检测仪连接	条　件	规定状态
7(E)—8(LSSR)	锁止	10kΩ 或更大
7(E)—8(LSSR)	开锁	小于1Ω

如果结果不符合规定,则更换带电动机的左前车门门锁总成。

左前车门门锁总成工作状态如图4-59所示。

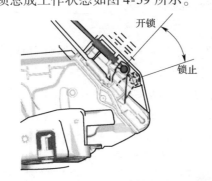

图4-59　左前车门门锁总成

(3)检查车门钥匙锁止和开锁开关的工作情况。

用万用表的电阻挡测量电阻,标准电阻值见表4-57。

标　准　电　阻　值　　　　　　　　　　　　　　　表4-57

检测仪连接	条　件	规定状态
9(L)—7(E)	固定在锁止侧	小于1Ω

续上表

检测仪连接	条 件	规 定 状 态
9（L）—7（E）	中间位置或固定在开锁侧	10kΩ 或更大
10（UL）—7（E）	固定在开锁侧	小于 1Ω
10（UL）—7（E）	中间位置或固定在锁止侧	10kΩ 或更大

如果结果不符合规定,则更换带电动机的左前车门门锁总成。

检查车门钥匙锁止和开锁开关的工作情况,如图 4-60 所示。

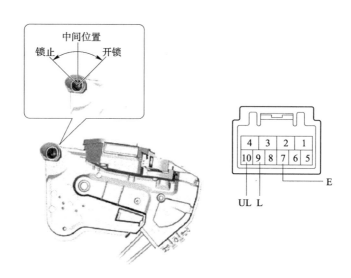

图 4-60　检查车门钥匙锁止和开锁开关的工作情况

其他车门门锁总成检查方法也类似,在这里不再重复说明。

2. 行李舱门锁总成的检查

1）行李舱门锁的电路与原理

行李舱门锁的电控制电路如图 4-61 所示。电子钥匙发射器分总成具有行李舱门开启开关,能够发送弱无线电波控制行李舱门锁开启。

工作原理:行李舱门锁解锁时,按下电子钥匙发射器分总成上的开关解锁行李舱门锁,发射器通过无线电信号发送到主车身 ECU(多路网络 ECU),主车身 ECU(多路网络 ECU)接收到信号,驾驶人侧接线盒总成的 LUG LOCK 继电器(行李舱门锁继电器)工作,电流从 DOOR BACK 熔断丝→LUG LOCK 继电器→行李舱门锁总成 L30 的 ACT＋端子→行李舱门锁总成 L30 的门锁电动机回到蓄电池负极。

2）行李舱门锁检修程序

当行李舱门锁总成工作不正常时,先检查与此系统相关电路的熔断丝。如果熔断丝正常,则要按以下程序进行故障的排除。

(1) 行李舱门锁电动机的工作情况的检查。

将门锁移至闭合(锁止)位置。将蓄电池电压施加到门锁电动机,并检查门锁电动机的工作情况。正常结果见表 4-58。

单元四 汽车一般电气设备故障诊断与排除

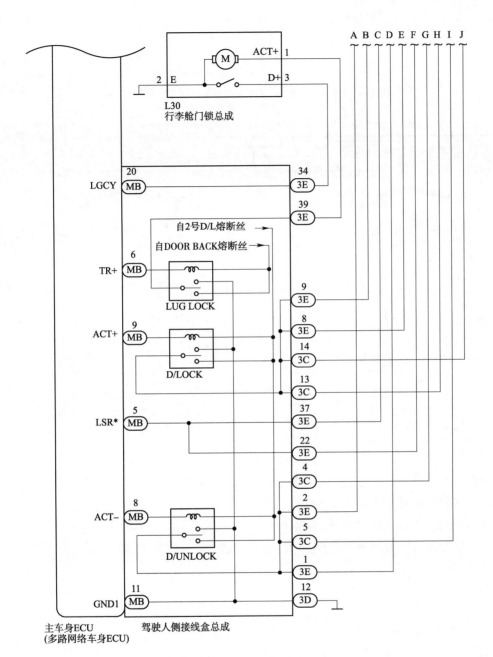

图 4-61 行李舱门锁的控制电路

检查门锁电动机工作情况　　　　　　　　　　　　表 4-58

蓄电池连接	结　果
蓄电池正极（+）—端子 1（ACT+） 蓄电池负极（-）—端子 2（E）	行李舱门锁电动机打开(开锁)操作

如果结果不符合规定,则更换行李舱门锁总成。

检查行李舱门锁总成工作状态,如图 4-62 所示。

(2)检查行李舱门控灯开关的工作情况。

用万用表的电阻挡测量电阻,标准电阻值见表4-59。

标准电阻值　　　　　　　　　　　表4-59

检测仪连接	条　　件	规 定 状 态
2（E）—3（D+）	关闭(锁止)	10kΩ 或更大
2（E）—3（D+）	打开(开锁)	小于1Ω

如果结果不符合规定,则更换行李舱门锁总成。

检查行李舱门控灯开关的工作情况,如图4-63所示。

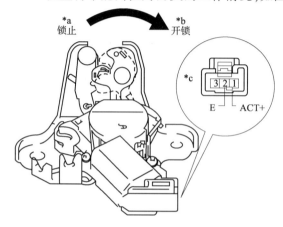

图4-62 检查行李舱门锁总成

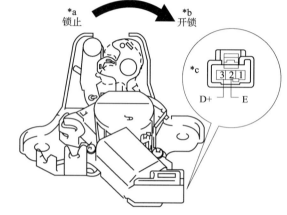

图4-63 检查行李舱门控灯开关的工作情况

单元五 汽车主要技术性能检测

课题一 汽车发动机综合性能检测

汽车发动机是汽车最主要的总成之一。发动机结构复杂、工作条件变化多端、使用条件恶劣,出现故障的可能性最高。进行发动机综合性能检测,可以为我们对发动机整体技术状况进行科学诊断提供有力的依据,进而为排除发动机故障做好技术准备。

发动机综合性能检测通常包括以下内容:

(1)对点火系的多项指标进行检测,包括各缸点火压力值、点火提前角、分电器重叠角和白金闭合角等。

(2)发动机配气相位动态检测。

(3)起动系的检测,包括起动电压、起动电流、起动转速。

(4)汽缸压力测量。

(5)柴油机供油系检测,主要包括喷油嘴喷油状况判断、喷油泵供油压力测量和供油均匀性判断。

(6)汽油机单缸动力性检测和发动机的动力性检测,包括加速时间或功率测量。

(7)充电系检测和发动机的异响分析,包括曲轴轴承响、连杆轴承响、活塞销响、敲缸响、气门响等。

以上各项既可采用各单项性能测试仪进行测试,如点火示波器、无负荷测功仪、供油提前角测试仪、汽缸压力测试仪等,也可采用发动机综合测试仪进行检测。现在的发动机综合检测仪均是以微机为核心的测量和数据处理系统,检测项目比较全面、测试结果比较精确。

一、发动机综合性能分析仪基本结构与工作原理

一台配置齐全,结构先进,性能良好的发动机综合性能分析仪,一般是由信号提取系统、信息处理系统和采控显示系统三大部分组成的,如图5-1所示。国产元征 EA-2000 型发动机综合性能分析仪外形图如图5-2所示,其主要性能指标见表5-1。

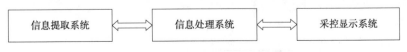

图5-1 发动机综合性能分析仪系统组成

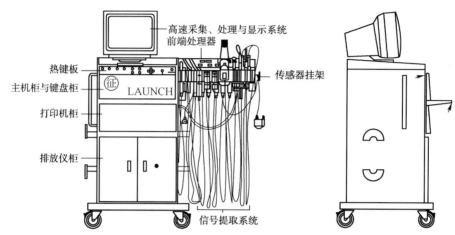

图 5-2　元征 EA-2000 型发动机综合性能分析仪

元征 EA-2000 型发动机综合性能分析仪主要性能指标　　　表 5-1

参　　数	量　程	精　度	参　数	量　程	精　度
转速(r/min)	0~8000	1%	充电电流(A)	0~40	3%
点火提前角(°)	0~60	±1	进气管真空度(kPa)	0~105	2%
点火电压(kV)	0~40	5%	温度(℃)	-20~+120	2%
火花电压(V)	0~4000	5%	电流(A)	0~4	1%
点火持续时间(ms)	0.04~9.99	0.04	电压(V)	0~400	1%
起动电流(A)	0~900	5%	电阻(MΩ)	0~40	1%

二、分析仪使用方法

以元征 EA-2000 型发动机综合性能分析仪为例,介绍分析仪的使用。

1. 准备工作

1) 分析仪准备

(1) 接通电源(220V±10%,50Hz),打开分析仪总开关、微机主机开关和微机显示器开关,暖机 20 min。

(2) 在发动机不工作和点火系关闭的情况下,将信号提取系统连接到被测发动机上。

(3) 电源线必须可靠搭铁。

(4) 在测试电控燃油喷射发动机电子控制器(ECU)时,除仪器电源搭铁外,仪器地线必须与发动机共地,测试人员必须随时与汽车车身接触。

2) 发动机准备

(1) 发动机应预热至正常工作温度。

(2) 调整发动机怠速,怠速转速应在规定范围之内。

(3) 发动机在运转中。

2. 启动分析仪

(1) 分析仪已经过预热。

(2) 鼠标左键双击显示器上"元征发动机分析仪"图标,启动分析仪综合性能检测程序。

(3) 分析仪主机对单片机通信、8 个适配器逐一进行自检。自检通过为绿,未通过将给以提示。

(4) 显示屏出现"用户资料录入"界面。点击"修改"按钮,录入汽车用户资料,然后点击"确定"按钮,显示屏出现检测程序主、副菜单。检测程序菜单框架结构,如图 5-3 所示。

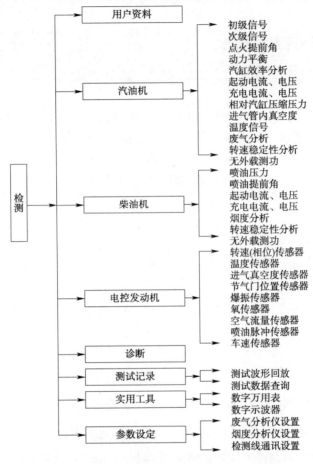

图 5-3 检测程序菜单框架结构

3. 检测方法

(1) 在主菜单上选择要测试的"汽油机""柴油机""电控发动机参数"或"故障分析"等项中的其中一项,点击后进入下一级菜单。

(2) 在下一级菜单中再选择要测试的项,点击后进入检测界面。

(3) 按检测界面上的要求进行操作、读数、存储和打印。

(4) 如需清除测试数据,按 F2 热键或点击显示屏下方的"清除数据"按钮即可。

课题二 汽车尾气排放检测

近年来,环境污染已发展成全球性的社会问题,引起世界各国有关部门的高度重视。汽车排放的尾气中,具有很多有害气体和微粒,严重污染人类生存的环境,影响人类的健康,因此,监督并检测汽车废气污染物浓度,并严加限制,已成为汽车检测项目中非常重要的部分。

汽车尾气排放中对人类有害的污染物主要是一些气体和微粒,如 CO、HC、NO 等气体和烟尘,这些污染物主要是混合气浓度不当及燃烧不充分引起的。《在用汽车排气污染物限值及测试方法》(GB 18285—2005)是我国现行汽车排放污染物检测标准,该标准于 2005 年 7 月 1 日实施。

一、排放污染物的表示方法

污染物的排放量根据不同的场合,常用浓度排放量、质量排放量和比排放量予以表示。

1. 浓度排放量

(1)体积分数:指排气体积中污染物所占的体积比。根据污染物浓度的不同,可分别用%、10^{-6}、或 10^{-9} 来表示。如表 5-2 所示,浓度较高的 CO 和 CO_2 一般用%来表示;对浓度较低的 HC、NO,用 10^{-6} 表示;而对浓度更低的成分可用 10^{-9} 表示。

车辆怠速试验排气污染限值　　　　表 5-2

车辆类型	轻型车		重型车	
	CO(%)	HC(10^{-5}[①])	CO(%)	HC(10^{-6}[①])
1995 年 7 月 1 日以前生产的在用汽车	4.5	1200	5.0	2000
1995 年 7 月 1 日起生产的在用汽车	4.5	900	4.5	1200

注:①HC 容积浓度值按正己烷当量。

(2)质量浓度是指单位排气体积中污染物的质量,常用计量单位为 mg/m^3。

2. 比排放量

指检测时汽车单位行驶里程所排放的污染物质量或发动机单位功所排放的污染物质量,常用的比排放量量纲为 g/km 或 g/(kW·h)。

二、排放污染物的检测方法

排放污染物的控制主要从两方面进行:一是排放限值;二是测量方法。我国新型车辆的型式认证和产品一致性试验排放限值的国家标准现采用相当于欧 Ⅴ 标准的《轻型汽车污染物排放限值及测量方法(中国第五阶段)》(GB 18352.5—2013)和《车用压燃式发动机排气污染物排放限值及测量方法》(GB 17691—2005);在用汽车则采用《点燃式发动机汽车排气污染物排放限值及测量方法(双怠速法及简易工况法)》(GB 18285—2005)。

根据公共安全行业标准《机动车安全检验项目和方法》(GA 468—2004),在用汽油汽车排气污染物的测量应根据相关规定选用双怠速法、怠速法和加速模拟工况法之一进行测量;在用柴油汽车排气污染物测量应根据规定选用滤纸烟度法或用不透光烟度计测量光吸收系数。下面对部分测量方法进行简单介绍。

1. 汽油车怠速污染物的测量

汽油车怠速污染物的测量所谓怠速工况,是指发动机在运转中、离合器接合、加速踏板松开、变速器空挡(装用自动变速器时换挡操作手柄位于停车或空挡位置),采用化油器的供油系统,其阻风门处于全开位置。

汽油发动机在怠速运转下,由于节气门开度小、发动机转速低、残余废气量相对增大和燃烧温度低等原因,使得 CO 和 HC 的排放量明显增多。为此,国家标准《点燃式发动机汽车排气污染物排放限值及测量方法(双怠速法及简易工况法)》(GB 18285—2005)规定,汽油车排气污染的测量应在怠速工况下进行。测量时采用 CO、HC 综合测量仪,即不分光红外线气体分析仪。

汽油车怠速污染物的测量方法如下。

1) 仪器准备

(1) 按仪器使用说明书的要求检查仪器。

(2) 接通电源,对分析仪预热 30min 以上。

(3) 仪器校准。

① 用标准气样校准。先让分析仪吸入清洁空气,用零点调整旋钮把仪表指针调到零点,然后把标准气样从标准气样注入口灌入,再用标准调整旋钮把仪表指针调到标准值。注意在灌注标准气样时,要关掉分析仪上的泵开关。CO 校准的标准值就是标准气样瓶上标明的 CO 浓度值;HC 校准的标准值,由于是用丙烷作为标准气样,因而要求出正己烷的换算值作为校准的标准值,其换算公式如下:

$$校准的标准值(即正乙烷换算值) = 标准气样(丙烷)浓度 \times 换算系数$$

校准气样(丙烷)浓度即标准气样瓶上标明的浓度值;换算系数是分析仪的给出值,一般为 0.472 ~ 0.578。

② 简易校准。接通校准开关,对有校准位置刻度线的分析仪,用标准调整旋钮将指示仪表的指针调整到正对校准刻度线即可。若无校准位置刻度线,则要在标准气样校准时,在标准指示值上作上记号,然后立即进行简易校准,使仪表指针与标准指示值记号重合即可。

(4) 把取样探头和取样导管安装到分析仪上。此时若仪表指针超过零点,则表明导管内壁吸附有较多的 HC,需要用压缩空气或布条等清洁取样探头和导管。

2) 汽车准备

(1) 进气系统应装空气滤清器,排气系统应装有排气消声器,并不得有泄漏。

(2) 应保持取样探头插入排气管的深度等于 400mm,并能固定在排气管上。

(3) 发动机冷却液和润滑油温度应达到规定的热状态。

(4) 按汽车制造厂使用说明书规定的调整法,调整好怠速和点火正时。

3) 测量方法

(1) 发动机由怠速工况加速至 70% 的额定转速,维持 60s 后降至怠速状态。

(2) 把指示仪表的读数转换开关置于最高量程挡位。

(3) 将取样探头插入汽车排气管中,深度为 400mm,并固定在排气管上。

(4) 一边观看指示仪表,一边用读数转换开关选择适于所测废气浓度的量程挡位。发动机在怠速状态维持 15s 后开始读数,读取 30s 内的最高值和最低值,取其平均值为测量结果。若为多排气管时,取各排气管测量结果的平均值。

(5) 检测结束后,把取样探头从排气管里取出,吸入新鲜空气 5min,指针回零后再断电。

2. 柴油车自由加速烟度的测量

柴油车排出的烟色主要分为黑烟、蓝烟和白烟。其中,以柴油机在全负荷和加速工况时排出的黑色烟炭最为常见。国家标准分别规定了《车用压燃式、气体燃料点燃式发动机与汽车排气污染物排放限值及测量方法(中国Ⅲ、Ⅳ、Ⅴ阶段)》(GB 14761—2005)和《车用压燃式发动机和压燃式发动机汽车排气烟度排放限值及测量方法》(GB 3847—2005)。柴油机的排气烟度用烟度计来测量,测量仪器主要采用滤纸式烟度计,烟度测量应在自由加速工况下进行。所谓自由加速工况,是指柴油发动机处于怠速工况,将加速踏板迅速踩到底,维持4s后松开的这种工况。

柴油车自由加速烟度的测量方法如下。

1) 仪器准备

(1) 通电前检查指示电表指针是否在机械零点上,否则用零点调整旋钮使指针与"0"的刻度重合。

(2) 通电后仪器进行预热。用标准色纸检查指示电表指针是否符合染黑度数据,并进行调整。标准色纸为白滤纸和标准烟样。

(3) 检查取样装置和控制装置中各部机件的工作情况,特别要检查脚踏开关与抽气泵动作是否同步。

(4) 检查控制用和清洗用压缩空气的压力是否符合要求。

(5) 检查滤纸进给机构的工作情况。检查滤纸是否合格,应洁白无污。

2) 汽车准备

(1) 进气系统应装有空气滤清器,排气系统应装有消声器并且不得有泄漏。

(2) 排气管应能保证取样探头插入深度不小于300mm,否则应加接管,并保证接口不漏气。

(3) 必须采用生产厂规定的柴油机润滑油和未加消烟剂的柴油。

(4) 柴油机应预热至规定的热状态。

3) 测量方法

(1) 取样探头逆气流固定于排气管内,并使其中心线与排气管轴线平行。

(2) 将脚踏板开关安装在加速踏板上端或将手动橡皮球通过远控软管引入驾驶室。

(3) 把抽气泵压到最下端并锁止。

(4) 按图5-4所示的测量规程进行自由加速烟度的测量。先由怠速工况将加速踏板踩到底,约4s迅速松开,如此反复3次,以便将排气管内的炭粒除掉。然后怠速运转11s,在此期间,用压缩空气清洗机构对取样探头和取样管吹洗3~4s。

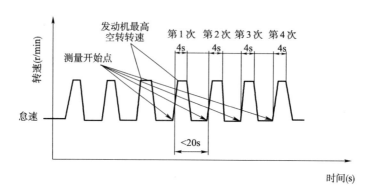

图5-4 测量烟度时发动机运行工况模式(测量规程)

(5)将加速踏板与踏板开关一并迅速踩到底,约4s后立刻松开,维持怠速运转11s。在此期间内完成取样、抽气泵复位、走纸(或更换新滤纸)、清洗和指示(或打印测量结果)。

(6)重复3次,两次加速之间间隔15s。3次读数的算术平均值即为所测烟度值。

(7)测量结束,及时关闭电源。

4)使用注意事项

(1)取样软管的内径和长度不能随意更换。

(2)硒光电池不要暴露在强光下,以免缩短其使用寿命。

(3)标准烟度卡和滤纸不要放置在阳光下直射,并注意防潮、防尘。

(4)烟度计要避免放置在阳光直射和振动及湿度大的地方。

(5)烟度计需确保使用精度。

课题三 汽车噪声检测

噪声的种类很多,根据噪声源不同,可分为交通噪声、工业噪声和生活噪声三种。

汽车噪声的噪声源主要包括:发动机的机械噪声、燃烧噪声、进排气噪声和风扇噪声,底盘的机械噪声、制动噪声和轮胎噪声,车厢振动噪声,货物撞击噪声,喇叭噪声和转向、倒车时的蜂鸣声等。在这些噪声源中,其噪声程度绝大多数都与车辆的使用情况有关。当车辆加速行驶、减速制动、超速、超载和路面不平时,噪声明显增加。

车辆噪声一般为中等强度的噪声,为60~90dB。如公共汽车的噪声为80dB左右,摩托车的噪声一般比汽车高10dB左右。由于车辆噪声为游走性的,影响范围大,干扰时间长,因而受害人员多。噪声不仅能引起人体的生理改变和损伤,而且对人的心理、生活和工作带来不利影响,因此《机动车运行安全技术条件》(GB 7528—2017)把控制交通噪声纳入了环境保护的范畴。

一、声压级的概念

噪声是一种声波,其强弱取决于声压,由于正常人耳能听到的最弱声音的声压和能使人耳感到疼痛的声压大小之间相差100多万倍,表达和应用极不方便;因此人们引入了一个用来表示声音强弱的物理量——声压级(dB)。

在噪声测量中,通常是测定它的声压级。表5-3中列出了人们对各种声压级(声音等级)的感受。

不同声音等级人体的感受 表5-3

声音等级(dB)	操作设备	人体感受
150	喷气式发动机	
145	开始有痛感	疼痛界限
130	气动压床(近距离) 气动凿岩机	
120	气动铆钉机(开始感到不适)	不适界限
112	冲床	危险区

续上表

声音等级(dB)	操作设备	人体感受
110	钻头、挖掘机、工作的货车	
105	圆锯	
100	罐头生产设备、自动螺纹切削机	
90	焊接设备、铣床、普通车床	风险区
85	高速公路(高架桥)	长期处于噪声在这种等级以上的环境,听力将会受损
80	电子打印机、公共汽车	
75	打字室	
65	百货商店	
60	谈话	安全区
35	安静房间里的强制换气系统	
10	耳语	

二、声级计

声级计是一种能把工业噪声、生活噪声和交通噪声等按人耳听觉特性近似地测定其噪声级的仪器,其面板如图 5-5 所示。噪声级是指用声级计测得的并经过听感修正的声压级(dB)。

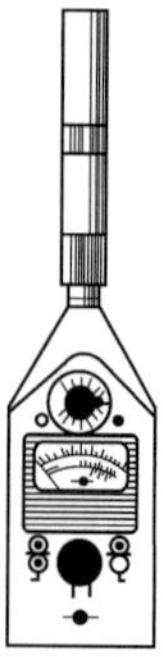

三、汽车噪声检测标准

根据《机动车运行安全技术条件》(GB 7258—2017)要求,其标准如下:
(1)汽车驾驶人耳旁噪声音级不应大于 90dB(A)。
(2)客车以 50km/h 的速度匀速行驶时,客车车内噪声不应大于 79dB(A)。
(3)汽车喇叭应具有连续发声功能,其工作应可靠。喇叭声级的值应为 90~115dB(A)。

图 5-5 声级计面板

四、汽车噪声测量方法

1. 汽车驾驶人耳旁噪声测量

(1)汽车空载,处于静止状态且变速器置于空挡,发动机应处于额定转速状态,门窗紧闭。
(2)测量位置应符合如图 5-6 所示 B 点位置。
(3)环境噪声应低于被测噪声值至少 10 dB(A)。
(4)声级计置于"A"计权、"快"挡。

2. 客车车内噪声测量方法

(1)测量位置应符合如图 5-6 所示座椅的 A 点位置,且座椅不能坐人。座椅位置应在车的中部或后部。

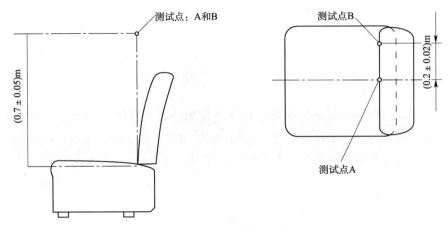

图 5-6　测量位置
A-未占用的座位；B-驾驶人座位

（2）测量按以下两种方法之一进行。

①汽车在上述规定的车速范围内作缓慢加速行驶（比如 0.1m/s）。加速度应足够小，以测得与稳定车速行驶时的相同声级，在所选择的车速上读取 A 声级数值。

②汽车以所选择的车速匀速行驶，读取相应的声级数值，测量时间至少 5s。变速器挡位应处于最高的挡位，使得不必换挡即可覆盖规定的速度范围。

（3）变速器挡位在噪声测试过程中不得改动。

（4）如果当发动机转速为额定转速的 90% 时，最高挡的车速超过 120km/h，则变速器应该降低一挡。但是对于 4 挡或 5 挡变速器来说，不得低于第 3 挡。

3. 汽车喇叭噪声级测量

《机动车运行安全技术条件》（GB 7258—2017）对汽车喇叭作出如下要求：在距车前 2m，离地高 1.2m 处测量时（图 5-7），喇叭声级的值应为 90～115dB（A）。测量次数应在两次以上，并监听喇叭声音应悦耳。

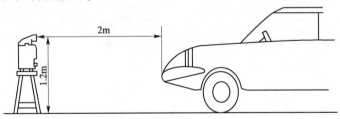

图 5-7　汽车喇叭声级测量位置

课题四　汽车车轮定位检测

在汽车设计时为使转向车轮具有转向轻便、准确和行驶稳定等特性，在转向车轮上设计有主销内倾角、主销后倾角、车轮外倾角和车轮前束等 4 项参数，统称为前轮定位。对两个后轮来说也同样存在与后轴之间安装的相对位置，称后轮定位。后轮定位包括后轮外倾和逐个后轮前束。前轮定位和后轮定位总起来说称为四轮定位。

车辆在使用中由于车架、车轴、转向机构的变形及轮胎和有关机件的磨损造成了原有参数值的改变,致使四轮定位失准。其结果直接影响汽车的行驶稳定性、安全性、燃油经济性,因而检查车轮定位并进行故障诊断非常重要。当发现轮胎磨损严重且磨损不均匀、车轮有摆振、操纵稳定性差,或悬架车桥、车身系统因意外事故修理后,必须对车轮定位参数进行检测。

车轮定位参数的检测,有静态检测法和动态检测法两种。静态检测法是在汽车静止的情况下,使用四轮定位仪对车轮定位进行几何参数的测量;动态检测法是在汽车以一定车速行驶的情况下,用测滑试验台来检测车轮的定位情况。

一、车轮定位参数的动态检测

为保证汽车转向车轮无横向滑移的直线滚动,要求车轮外倾角和车轮前束有适当配合,车轮外倾角和车轮前束分别使车轮产生不同方向的侧滑(图5-8、图5-9),当两者匹配不当时,车轮就可能在直线行驶过程中不作纯滚动,产生侧向滑移现象。当这种滑移现象过于严重时,将破坏车轮的附着条件,丧失定向行驶能力,引发交通事故并导致轮胎的异常磨损。侧向滑移量的大小与方向,可用汽车车轮侧滑检验台来检测。

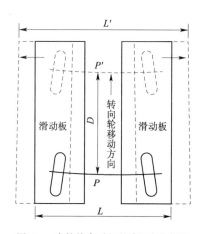 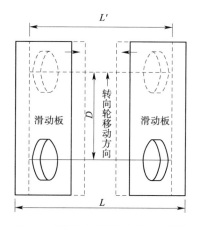

图5-8 车轮前束引起滑动板向外侧滑　　图5-9 车轮外倾引起滑动板向内侧滑

1. 滑板式侧滑试验台的结构和工作原理

根据汽车通过滑板行驶时,滑板在引起侧滑的作用力下会产生滑移的原理,大多数侧滑试验台均采用滑板式。检测时使汽车前轮在滑板上通过,通过测量左右方向位移量的方法来检验侧滑量。滑板式侧滑试验台按其结构形式可分为单滑板式和双滑板式两种,其中双滑板式侧滑试验台都是双板联动的。下面重点介绍双滑板式侧滑试验台。

图5-10所示为双板联动式侧滑试验台的结构简图,主要由机械部分、侧滑量检测装置、侧滑量定量指示装置和侧滑量定性显示装置等几部分组成。

机械部分主要包括左右滑动板、双摇臂杠杆机构、回位装置、导向和限位装置等。通常由于侧滑试验台的规格、型号不同,滑板的纵向长度也不同,双滑板联动式侧滑试验台左右两块滑板由杠杆联动(图5-11),同时向外或同时向内移动,且移动量相等。在其中一块滑板上装有位移传感器,将滑板的位移量变成电信号送给侧滑量显示装置。不同的试验台可能所用位移传感器不一样,位移传感器主要有电位计位移传感器(图 5-11)、差动变压器位移传感器和整角电动机位移传感器。

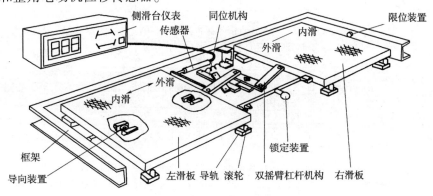

图 5-10　双板联动式侧滑试验台的结构

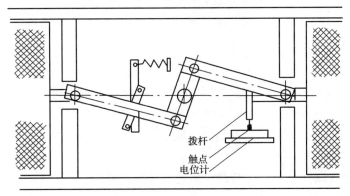

图 5-11　滑板杠杆联动机构和电位计位移传感器

2. 侧滑试验台使用方法

不同型号、规格的侧滑试验台的使用方法不尽相同,在使用前一定要仔细阅读使用说明书。但是各种侧滑试验台的使用方法如下。

1)测量前的准备工作

(1)参照表 5-4 的项目,对试验台进行使用前检查,待各部分工作正常后方可使用。

(2)对被检车辆也要进行检查,检查轮胎气压要符合规定,以防左右轮胎气压不等造成汽车跑偏,影响测量。剔出轮胎表面花纹内石子、脏物,保持胎面干燥,防止轮胎在侧滑板上滑动。

侧滑试验台维修项目　　　　　　　　　　　表 5-4

使用周期	保修部位	保修要领	备　注
使用前	指示仪法	在不接通电源时,检查仪表指针是否指在机械零点上;接通电源,把滑板左右推动几下,待滑板停止后,检查指针是否回到零点	指针失准时,可用零点调整螺钉将仪表指针调至零点;指针如不回零,可用零点调整螺钉调整指针游丝长度,将指针校正到零点
	试验台及周围场地	检查有无油渍、泥污和石子等杂物	清除杂物,保持清洁、干燥
	各种导线	检查导线有无损伤或连接部分有松动	紧固松动部位,更换不良导线

269

续上表

使用周期	保修部位	保修要领	备 注
一个月	报警及定性显示装置	检查警告信号能否报警(蜂鸣器、信号灯)	蜂鸣器、灯泡、限位开关不良时,应予更换
三个月	杠杆及复位装置	检查各机构动作情况和侧滑板复位情况	机构动作不灵活,须清洗、润滑;复位不良须调整复位弹簧
	指示装置	检查指针及连动杆件工作情况	动作不灵活,须清洗润滑
	滚轮、导轨及侧滑板	检查有无脏污、变形、磨损或锈蚀	对必要部位须进行清洁、紧固、润滑作业,损坏零件予以更换
一年	必须由计量部门进行检定、校验		

2) 测量步骤

(1) 拔掉侧滑板锁止销,接通电源。

(2) 汽车以低速(4km/h)沿试验台直驶通过。

(3) 待被测车轮从试验台完全通过时,读取指示仪表最大示值(注意侧滑方向,"IN"或"+"为车轮向外侧滑;"OUT"或"-"为向内侧滑)。

(4) 测试完毕后,切断电源,插上侧滑板锁止销。

3. 使用注意事项

(1) 不能让超过试验台允许轴荷的车辆通过侧滑试验台。

(2) 不能使车辆在侧滑试验台上转向或制动。

(3) 保持侧滑试验台内、外及周围环境清洁。

(4) 其他注意事项见侧滑试验台使用说明书。

4. 诊断参数标准

按国家标准《机动车运行安全技术条件》(GB7258—2017)的规定,用侧滑试验台检测前轮侧滑量,其值不超过 5m/km。

二、车轮定位参数的静态检测

目前,车轮定位参数的静态检测多数是利用四轮定位仪来进行,其可检测项目包括:前轮前束、前轮外倾、主销后倾、主销内倾、后轮前束、后轮外倾、轮距、轴距、后轴推力角和左右轴距差等。目前常见的国产或进口的四轮定位仪,一般都可以测量上述检测项目中的多项或全部项目。

用四轮定位仪检测车轮定位具有重要意义。这是因为,由于磨损、损伤、变形、换件修理等原因,致使车轮定位发生变化,出现轮胎磨损异常,自动跑偏,转向发飘、发抖,前轮摆头,使汽车行驶平顺性和操纵稳定性受到严重影响,并影响了汽车的动力性、经济性和行车的安全性。汽车发生碰撞后,车体变形,车桥与转向机构受损,汽车技术状况遭到破坏,比上述现象更加严重。因此,用四轮定位仪检测各个车轮的定位状况,十分必要。

1. 汽车车轮定位

1）外倾角

（1）外倾角的定义。

从汽车的前方看轮胎的几何中心线与地面的铅垂线的夹角，称为外倾角。

当轮胎中心线与铅垂线重合时，称为零外倾角。

当轮胎中心线在铅垂线外侧时的夹角称为正外倾角，如图5-12a）所示。

当轮胎中心线在铅垂线内侧时的夹角称为负外倾角，如图5-12b）所示。

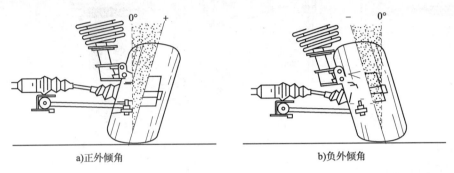

a）正外倾角　　　　　　　　　b）负外倾角

图5-12　正外倾角和负外倾角

（2）外倾角的调整。

外倾角的调整根据各车型各有不同。调整方法也不同。主要调整方法有：调整垫片、大梁槽孔、不同心凸轮、偏心球头、上控制臂的调整、下控制臂的调整等。

①车架与控制臂之间加减垫片。在车架与控制臂之间加减垫片，垫片的加或减使控制臂移向内或外，同时轮胎的顶端向内或向外移动（图5-13）。如果只改变外倾角角度，加减垫片于前后调整螺栓必须相等。

②大梁槽孔的调整。如果控制臂的安装是用螺栓孔时，可用上悬臂的长方螺栓孔进行调整。只要前后两个螺栓孔位置相对移动的刻度相同，就可调整外倾角，如图5-14所示。

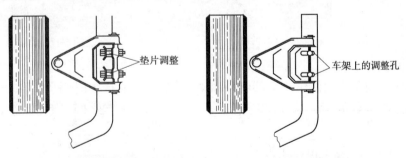

图5-13　加减垫片调整　　　　图5-14　大梁槽孔调整

③偏心球头的调整。有一种控制臂的设计是不对称的，一边用于后倾角调整，另一边用于外倾角调整，如图5-15所示。

④减振器上支柱的调整。在减振器支柱上方所使用的座，是由橡胶及钢组成，称为支柱上座。支柱上座与车架相连，将减振器上支柱向内（发动机侧）或向外移动可改变外倾角的大小（图5-16）。

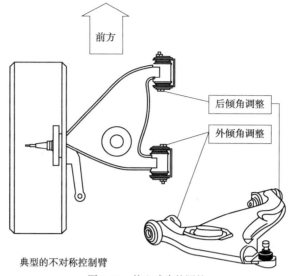

典型的不对称控制臂

图 5-15 偏心球头的调整

2）前束

（1）前束的定义。

前轮前束是从车辆的前方看，于两轮轴高度相同之下测量，左右轮胎中心线其前端与后端距离之差值称为总前束（图 5-17）。

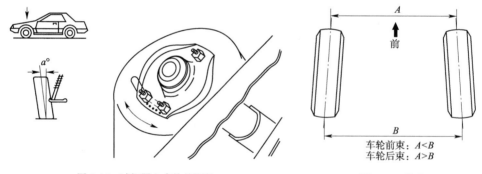

图 5-16 减振器上支柱的调整

图 5-17 前束

（2）前束的作用。

因为车轮外倾角作用使车轮顶部朝外倾斜，当车辆向前行驶时，车轮要朝外滚动，从而产生侧滑，会造成轮胎磨损。所以，前束作用是消除由于外倾角所产生的轮胎侧滑（图 5-18）。

（3）前束的调整（以丰田轿车为例）。

①拆开防尘大套夹。

②放松转向横拉杆末端的防松螺母。

③转动转向横拉杆调整前束时，左右横拉杆调整长度应一样（图 5-19）。

提示：测量左右转向横拉杆的长度的值是一样的，左右转向横拉杆的误差为 1mm 以下。

④锁紧转向横拉杆的防松螺栓。

⑤将防尘套恢复定位，并以固定夹固定。

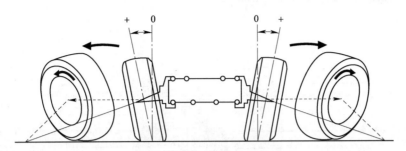

图 5-18 前束的作用

提示:确认防尘套无扭转迹象。

3)主销后倾角

(1)主销后倾角定义:从车辆的侧面观察上球头或支柱顶端与下球头之连线(假设的转向轴线)向前或向后倾斜,即转向轴线与地面的垂线之间的夹角。

后倾角包括正的后倾角(图 5-20)与负的后倾角(图 5-21)以及零度后倾角(图 5-22)3 种。后倾角的角度不会影响轮胎磨损,后倾角的主要功能是使车辆保持向正前方行驶和转向时能自动回正。

图 5-19 左右横拉杆调整长度

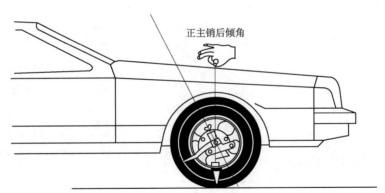

图 5-20 正的后倾角

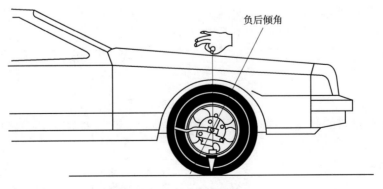

图 5-21 负的后倾角

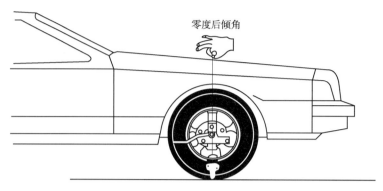

图 5-22　零度后倾角

（2）后倾角的调整。对于后倾角的调整，应根据车型不同，首先进行分析判断，然后进行调整，其调整方法有下列几种：垫片、不同心凸轮轴、偏心球头、大梁槽孔、平衡杆等。

①车架与控制臂之间加减垫片。在车架与控制臂之间加减垫片，如果车辆的上控制臂在加减垫片时，垫片的加减数量相同则不会影响外倾角。要先调整后倾角再调整外倾角，否则外倾角调整后再调整后倾角则在调整后倾角时，将改变外倾角的大小（图 5-13）。

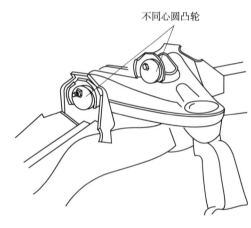

图 5-23　不同心圆凸轮螺栓的调整

②大梁槽孔的调整。另一种方法是上悬臂用长方螺栓孔进行调整，只要前后两个螺栓孔位置相对移动的刻度相同，则不会影响外倾角，如图 5-14 所示。

③不同心圆凸轮螺栓的调整。控制臂上有不同心圆凸轮螺栓，调整时两个凸轮转动的方向要相同，不会改变外倾角（图 5-23）。

④支撑杆的调整。早期使用的支撑杆调整后倾角（图 5-24），支撑杆与车架连接，如果调长支撑杆，则下球头会向后移，减少后倾角（倾向负的后倾角），缩短支撑杆，将改变后倾角，倾向正的后倾角。

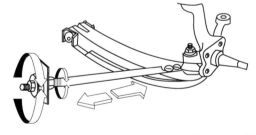 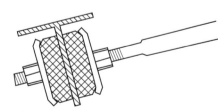

图 5-24　支撑杆调整后倾角

⑤不对称控制臂的调整。不对称控制臂的调整，一边（长控制臂）调整后倾角，另一边（短控制臂）调整外倾角（图 5-25）。

4）内倾角

（1）内倾角的定义（图 5-26）：从汽车的前方看转向轴线与地面铅垂线所形成的角度。

车轮左右转动时会绕一条轴线转动,该轴线称为转向轴线。

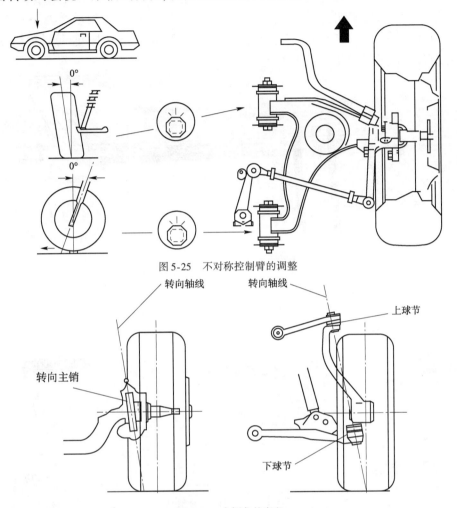

图 5-25　不对称控制臂的调整

图 5-26　内倾角的定义

不同悬架的转向轴线为:
①整体式悬架转向主销轴线就是转向轴线。
②双叉式悬架上、下球节之间的连线,就是转向轴线。
另外包容角和摩擦半径在汽车检测与故障分析中也是非常重要的。

(2)包容角定义:主销内倾角与外倾角的综合即为包容角。包容角(图 5-27)可用来诊断悬架系统结构定位失准或悬架组件变形。

(3)摩擦半径定义:以地平面为准,主销内倾角线(转向轴线)与地面交会点,轮胎中心线与地面的交点这两点的距离就是摩擦半径。

5)转向节系统的诊断
主销内倾角、包容角和外倾角可用来诊断系统损坏的零件或定位问题。包容角可诊断出支柱是否损坏,主销内倾角则可诊断底盘定位是否良好。
转向节有 3 个重要连接点,即上、下球头和轮胎指轴 3 点,上下球头是调整内倾角,指轴是调整外倾角。假如用连线连接这3点则是一个三角形,所夹的角度即是包容角,包括内倾角和外倾角(图5-28),假如转动转向节或移动其中一个角度,这三角形会改变形状,只要转向节是好的,包容角即是正确的。悬架系统中如果包容角不正确则可能是转向节或指轴弯曲。包容角有3种情况,如图5-29所示。

图5-27 包容角

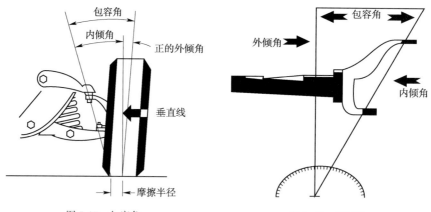

图5-28 包容角

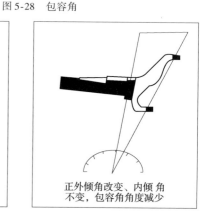

图5-29 包容角的3种情况

（1）内倾角和外倾角不正确,但包容角是正确的,表示转向节是好的,但是内倾角边小,外倾角变大。

（2）正外倾角改变、内倾角不变,包容角角度增加,指轴弯曲。

（3）负外倾角改变、内倾角不变,包容角角度减少,指轴上翘。

6）推进角

后轮总前束的平分线称为推进线(图5-30)。推进线的方向是汽车实际的行驶方向,车身几何中心线与推进线之间形成的夹角,称为推进角。

当汽车直线行驶时,推进线才是汽车真正行进的方向,假使推进线无法与汽车几何中心线重合时,驾驶人必须操纵转向盘使汽车直线行驶,于是转向盘呈偏斜的状态。因后轮定位失准,而必须转动转向盘才能让汽车直线前进。推进角通常是接近零度,可以通过调整后轮的个别前束来调整推进角。

现代车辆中一部分高级轿车后轮是可以调整的。一部分车辆上通常后车轴都是固定的或不可调整的独立式后悬架系统。这样就要检查磨损或损坏的零件,后轴、磨损的后弹簧座将造成后轮移动,后控制臂的轴套磨损也会造成后轴移动。

假如没有发现零件磨损或损坏,当要调整前轮个别前束时,参考推进角,这将补偿任何外部的推进情形和保持转向盘向前。

7)转向角

车辆在转弯时,前轮的相对位置称为转向角。当汽车在转弯之时,各车轮绕同一转动中心转动,使车辆转弯平稳,车轮不会出现侧滑磨损(图5-31)。两个前轮会以不同的角度转弯,左侧车轮的转向角为 α,而右侧车轮的转向角为 β,转向角 $\beta > \alpha$。内侧轮的角度会比外侧轮大,这就是转向前展。

转向前展可以作为一个诊断用的角度,若其不正确,则车辆在转弯时轮胎会发出尖锐声,轮胎会有明显的羽毛状磨损。转向前展角度不正确,唯有将变形的转向臂更换方可恢复正常的转向前展。

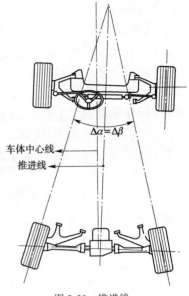

图5-30 推进线

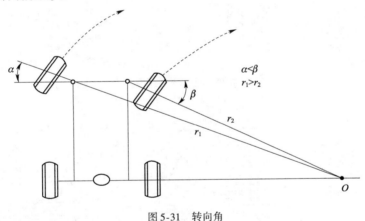

图5-31 转向角

2. 四轮定位仪的使用

不同的四轮定位仪,它们的使用方法也有很大差异,在使用前,必须详细地阅读使用说明书。为便于检测和调整,被检汽车需放在举升平台上,举升平台应处于水平状态,四轮定位仪则安装在地沟两旁或举升平台上。电脑式四轮定位仪使用方法如下。

1)对被检车辆的基本要求

在检测汽车的前轮定位时,被检车辆应满足以下要求:

(1)前后轮胎气压及胎面磨损基本一致。

(2)前后悬架系统的零部件完好、不松旷。

(3)转向系统调整适当,不松旷。

(4)前后减振器性能良好,不漏油。

(5)汽车前后高度与标准值的差不大于5mm。

(6)制动系统正常。

2)检测前准备

(1)把汽车开上举升平台,托起四个车轮,把汽车举升0.5m(第一次举升)。

(2)托起车身适当部位,把汽车举升至车轮能够自由转动(第二次举升)。

(3)拆下各车轮,检查轮胎磨损情况。

(4)检查轮胎气压,不符合标准时应充气或放气。

(5)作车轮的动平衡,动平衡完成后,把车轮装好。

(6)检查车身高度,检查车身四个角的高度和减振器技术状况,如车身不平应先调平;同时检查转向系统和悬架是否松旷,如松旷则应先紧固或更换零件。

3)检测步骤

(1)把传感器支架安装在轮辋上,再把传感器(定位校正头)安装到支架上(图5-32),并按使用说明书的规定调整。将各传感器通信接口与计算机连接(图5-33)。

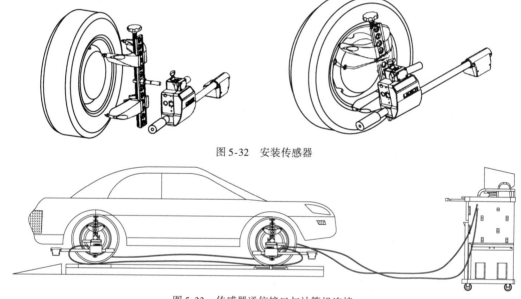

图5-32 安装传感器

图5-33 传感器通信接口与计算机连接

(2)开机进入测试程序,输入被检汽车的车型和生产年份。

(3)轮辋变形补偿。转向盘位于直行位置,使每个车轮旋转一周,即可把轮辋变形误差输入计算机。

(4)降下第二次举升量,使车轮落到平台上,把汽车前部和后部向下压动4~5次,使其作压力弹跳。

(5)用制动锁压下制动踏板,使汽车处于制动状态。

(6)把转向盘左转至计算机发出"OK"声,输入左转角度;然后把转向盘右转至计算机发出"OK"声,输入右转角度。

(7)把转向盘回正,计算机屏幕上显示出后轮的前束及外倾角数值。

(8)调正转向盘,并用转向盘锁锁住转向盘,使之不能转动。

(9)把安装在四个车轮上的定位校正头的水平仪调到水平线上,此时计算机屏幕上显示出转向轮的主销后倾角、主销内倾角、转向轮外倾角和前束的数值。

(10)调整主销后倾角、车轮外倾角及前束,调整方法可按计算机屏幕提示进行。若调整后仍不能解决问题,则应更换有关零部件。

(11)进行第二次压力弹跳,将转向轮左右转动,把车身反复压下后,观察屏幕上的数值有无变化,若数值变化应再次调整。

(12)若第二次检查未发现问题,则应将调整时松开的部位紧固。

(13)拆下定位校正头和支架,进行路试,检查四轮定位检测调整效果。

课题五　汽车车速表检测

汽车驾驶室内的车速表是提供汽车行驶速度信息的重要仪表,驾驶人在行车途中能够正确控制车速,是提高运力与保证安全行车的关键。车速表经长期使用,指示误差会越来越大,车速表故障或失灵,将直接影响驾驶人对汽车行驶速度的判断。因此,为保证行车安全,车速表的指示误差被列为安全检测中的必检项目之一。

一、车速表误差的形成

车速表误差的形成:一是由于汽车车速表组成部件的磨损与老化,影响车速表的显示及显示结果的准确性,导致车速表显示有误差,甚至无法显示;二是轮胎磨损后,汽车轮胎的滚动半径会变小,或当轮胎气压低时,车轮滚动半径减小,从而使指示值偏高。

二、车速表误差的检测原理

目前,车速表的检测都用台架试验法。车速表误差是利用车速表试验台测出的车速与车速表上显示的车速进行对比确定的。试验时,将与车速表有传动关系的车轮置于滚筒上,如图5-34所示,利用发动机的动力或试验台本身的动力,使车轮和滚筒旋转。其滚筒端部装有速度传感器,能发出与滚筒转速成正比的电信号。由滚筒的线速度、圆周长和转速之间的关系即可得到滚筒的线速度。

三、车速表试验台

车速表试验台的种类很多,但常用的主要有两种类型。第一种是标准型车速表试验台,这种试验台是依靠被测车轮带动滚筒旋转来进行测量的;第二种是驱动型车速表试验台,这种试验台不是靠车轮带动滚筒旋转,而是用电动机带动滚筒旋转进行测量。

图5-34　车速表误差的检测

1. 标准型车速表试验台

标准型车速表试验台本身不带驱动装置(图5-35),它是靠驱动车轮带动滚筒旋转进行车速检测,主要由速度检测装置、速度指示装置和速度报警装置组成。

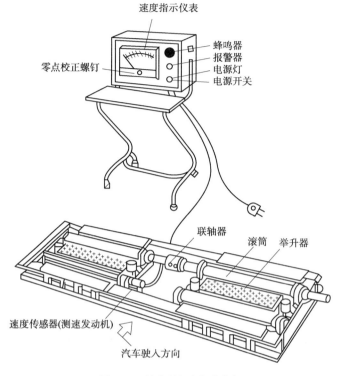

图 5-35　标准型车速表试验台

1) 速度检测装置

速度检测装置主要由滚筒、速度传感器、联轴器和举升器等组成。滚筒常有 2 个或 4 个,直径为 370mm 或 185mm,滚筒的两端都用轴承支承在框架上。对于 4 滚筒式结构,为了让 4 个滚筒同步转动,左右两个前滚筒是用万向节联轴器或普通联轴器连接在一起的,且 4 个滚筒位于同一平面上。

速度传感器通常采用测速发电机,将其装在滚筒的一端。速度传感器的作用是把滚筒转速信号转变成电信号,该电信号幅值的大小与滚筒转速成比例。

通常在前、后滚筒之间设有举升器,以方便汽车车轮顺利驶上或开出试验台。举升器和滚筒锁止装置联动,因此在举升器上升时,滚筒不会转动。

2) 速度指示装置

从速度传感器输出的电信号需输入指示装置进行显示。速度指示装置是按照速度传感器输出的电压而工作的。根据速度计算公式由滚筒圆周长与转速可以算出速度,以 km/h 为单位在仪表上显示出来。

3) 速度报警装置

速度报警装置是为了能在测量时便于判别车速是否合格而设置的。在速度低于或超过某个速度时就用报警灯或蜂鸣器进行报警,以引起注意。

2. 驱动型车速表试验台

驱动型车速表试验台是为检测车速表由从动车轮驱动的汽车而设计的。它的结构(图 5-36)基本上与标准型车速表试验台相同,仅仅是在滚筒的一端加装了离合器和电动机。

其电动机在离合器接合时用以驱动滚筒并带动从动轮旋转。设置离合器的目的是为了在其分离时该试验台可当作标准型车速表试验台使用。

此外,还有一种是把车速表试验台与制动试验台和底盘测功试验台的功能组合在一起的综合型车速表试验台。

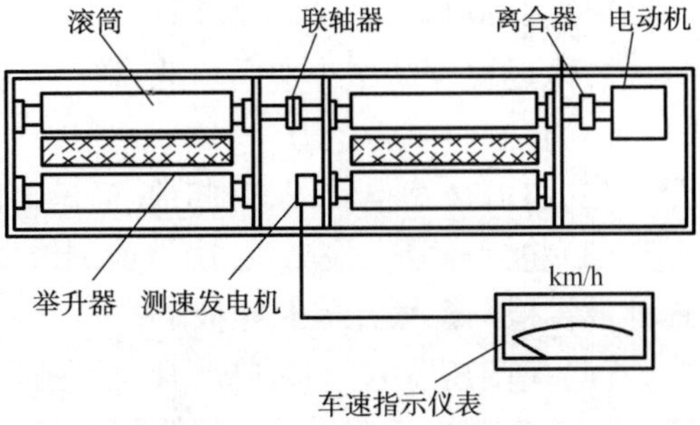

图 5-36 驱动型车速表试验台

四、车速表的检测方法

1. 车速表试验台的准备

对于不同型号的车速表试验台,应按其使用说明书的规定进行使用。检测前还应做如下准备:

(1)在滚筒静止状态检查指示仪表是否在零点上。若指针不在零点上,可用零点调整螺钉调整。

(2)检查滚筒上是否粘有油、水、泥等杂物。若有,要清除干净。

(3)检查举升器动作是否自如和有无漏气部位。若动作阻滞或有漏气部位,应予以修理。

(4)检查导线的接触情况。若有接触不良或断路,应予修理或更换。

经常使用的试验台,不一定每次使用前都要进行上述检查。

2. 被检车辆的准备

(1)按汽车制造厂的规定调整好轮胎气压。

(2)轮胎粘有水、油等或轮胎花纹沟槽内嵌有小石子时,应清除干净。

3. 车速表检测台检测方法

1)标准型车速表检测台

(1)接通检测台的电源。

(2)打开压缩空气阀,升起前、后滚筒间举升器的托板。

(3)将被检测汽车驶入检测台,让被检测车速的车轮,尽可能与滚筒成垂直状态地停放在检测台举升器托板上。

(4)关闭压缩空气阀,降下前、后滚筒间举升器的托板,直到轮胎与举升器的托板完全脱离接触。此时位于检测台上的轮胎由前、后滚筒所支撑。

(5)为使汽车在检测时不致从检测台上滑出,用三角挡块抵住前轴车轮的前方。

(6)起动汽车,变速器由低挡逐级换入最高挡,缓慢地踩下加速踏板,使汽车驱动轮平稳地加速运转。

(7)当汽车车速表的指示值达到规定的检测速度值时,读取检测台指示仪表上的读数;或当检测台指示仪表的读数达到测量车速时,读取汽车车速表上的读数。

(8)检测完后,轻轻踩下汽车制动踏板,使滚筒停止转动。

(9)打开压缩空气阀,升起举升器,移去车轮前的三角挡块,将被测汽车驶离检测台。

(10)关闭压缩空气阀,使举升器下降。

(11)切断检测台的电源。

2)电动机驱动型车速表检测台

(1)接通检测台电源。

(2)打开压缩空气阀,升起前、后滚筒间举升器的托板。

(3)将汽车驶入检测台,让被检测汽车输出车速信号的车轮,尽可能与滚筒成垂直状态地停放在检测台举升器的托板上。

(4)关闭压缩空气阀,降下前、后滚筒间举升器的托板,直到轮胎与举升器的托板完全脱离接触。此时位于检测台上的轮胎由前、后滚筒所支撑。

(5)为使汽车在检测时不致从检测台前滑出,用三角挡块抵住车轮的前方。

(6)接合检测台离合器,使滚筒与电动机连在一起。

(7)将汽车的变速器挂入空挡,接通检测台电动机的电源,让电动机驱动滚筒带动汽车输出车速信号的车轮旋转。

(8)当驾驶室内车速表的读数达到测量车速时,读取检测台指示仪表的读数;或当检测台指示仪表的读数达到测量车速时,读取驾驶室内车速表上的读数。

(9)检测完毕,必须先切断电动机的电源,然后再踩制动踏板。

(10)打开压缩空气阀,升起举升器,移去车轮前的三角挡块,将被测汽车驶离检测台。

(11)关闭压缩空气阀,使举升器下降。

4. 车速表检测标准

在国家标准《机动车运行安全技术条件》(GB 7258—2017)中,对车速表的检查有如下规定:

车速表指示车速 v_1(单位:km/h)与实际车速 v_2(单位:km/h)之间应符合下列关系式:

$$0 \leq v_1 - v_2 \leq (v_2/10) + 4$$

例如:将被测机动车的车轮驶上车速表检验台的滚筒上使之旋转,当该机动车车速表的指示值(v_1)为 40 km/h 时,车速表检验台速度指示仪表的指示值(v_2)为 32.8~40 km/h 范围内为合格。

当车速表检验台速度指示仪表的指示值(v_2)为 40 km/h 时,读取该机动车车速表的指示值(v_1),当 v_1 的读数在 40~48 km/h 范围内时为合格。

课题六 制动性能检测

汽车的制动性能是汽车重要的使用性能之一。制动性能良好和可靠的制动系统可保证行车安全,避免交通事故。反之,很容易造成车毁人亡的恶性事故,同时,制动性能的好坏还影响到汽车动力性的发挥。由此,汽车制动装置的齐全、可靠以及符合国家制动标准的良好制动性能是非常重要的,并都将作为重点检测项目之一。

制动性能检测分为制动检验台检验和路试检验。GB 7258—2017 中要求机动车安全技术检验时,机动车制动性能的检验宜采用滚筒反力式制动检验台或平板制动检验台检验制动性能,其中,前轴驱动的乘用车更适合采用平板制动检验台检验制动性能。不宜采用制动检验台检验制动性能的机动车及对台试制动性能检验结果有质疑的机动车,应路试检验制动性能。

一、汽车制动性能的基本要求

(1) 汽车应有足够的制动力,在某一初速度下制动时,各车轮制动力应分配合理,无跑偏及侧滑现象,制动距离在规定范围之内。在制动试验台上测出的制动力应符合表 5-5 的要求。

台试检验制动力要求　　　　　　　　　　表 5-5

机动车类型	制动力总和与整车质量的百分比		轴制动力与轴荷[①]的百分比	
	空载	满载	前轴	后轴
三轮汽车	≥45		—	≥60[②]
乘用车、总质量不大于 3500kg 的货车	≥60	≥50	≥60[②]	≥20[②]
其他汽车、汽车列车	≥60	≥50	≥60[②]	—
摩托车	—	—	≥60	≥55
轻便摩托车	—	—	≥60	≥50

注:①用平板制动检验台检验乘用车时应按动态轴荷计算。
　　②空载和满载状态下测试均应满足此要求。

(2) 制动力平衡。在制动力增长全过程中同时测得的左右轮制动力差的最大值,与全过程中测得的该轴左右轮最大制动力大者之比,对前轴不得大于 20%;对后轴(及其他轴)在轴制动力不小于该轴轴荷的 60% 时,不得大于 24%;当后轴(及其他轴)在轴制动力小于该轴轴荷的 60% 时,在制动力增长全过程中同时测得的左右轮制动力差的最大值,不应大于该轴轴荷的 8%。

(3) 汽车制动协调时间。对液压制动的汽车不应大于 0.35s,对气压制动的汽车不应大于 0.6s,汽车列车制动协调时间不应大于 0.8s。

(4) 车轮阻滞力。汽车各车轮的阻滞力不得大于该轴轴荷的 5%。

(5) 制动释放时间。汽车制动从松开制动踏板到制动消除所需要的时间,不应大于 0.8s。

(6) 制动系统应操作轻便,施加于制动踏板上的力不应过大,且在踏板全行程 4/5 以内达到最大制动效能。

(7) 驻车制动装置应满足驻车制动要求,驻车制动杆的拉动力不能过大,且应有一定的储备行程。

二、汽车制动性能的台试检测

台试检测就是利用汽车制动试验台进行检测。汽车制动试验台有多种类型,按不同的测试原理,可分为反力式和惯性式两类;按不同的试验台支承车轮形式,可分为滚筒式和平板式两类。目前,单轴反力式滚筒制动试验台应用最为普遍,国内外汽车检测站所用制动检测设备多为这种形式。

1. 反力式滚筒制动试验台检测制动性能

1) 反力式滚筒制动试验台的结构与工作原理

单轴反力式滚筒制动试验台的结构简图如图 5-37 所示。它由框架、驱动装置、滚筒装置、测量装置、举升装置和指示与控制装置等组成。为使制动试验台能同时检测车轴两端左、右车轮的制动力,除框架、指示与控制装置外,其他装置是分别独立设置的。

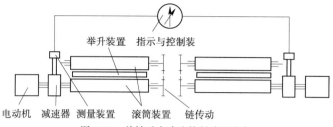

图 5-37 单轴反力式滚筒制动试验台

（1）驱动装置。该装置由电动机、减速器和链传动等组成。电动机的动力经减速器后驱动主动滚筒，主动滚筒又通过链传动带动从动滚筒旋转。减速器壳体为浮动支承，可以绕主动滚筒轴线摆动。

（2）滚筒装置。该装置由左、右独立设置的两对滚筒构成。被测车轮置于两滚筒之间，滚筒相当于活动路面，用来支承被检车轮并在制动时承受和传递制动力。

（3）测量装置。该装置由测力杠杆和传感器组成，传感器将测力杠杆传来的力或位移转变成电信号，送入指示与控制装置。

（4）举升装置。该装置由举升器、举升平板和控制开关等组成。举升装置的功用是便于汽车平稳地出入制动试验台。

（5）指示与控制装置。指示装置有数字显示和指针式两种，带微机的控制装置多配置数字式显示器。图 5-38 所示为带微机的指示与控制装置框图。

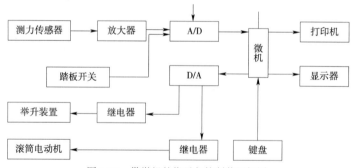

图 5-38 带微机的指示与控制装置框图

2）反力式试验台的使用

（1）试验台的准备。

①检查试验台滚筒上有无泥沙、水、油等杂物，如有则应清除干净。

②使滚筒在无负荷状态下运转，检查并调整仪表指针零位。

③检查试验台举升器是否灵活，如动作阻滞或有漏气部位应进行检修。检查试验台举升器是否在升起位置，否则应升起举升器。

④检查各指示灯工作是否正常。

⑤检查各种导线有无因损伤造成接触不良。

（2）被测车辆的准备。

①核实汽车各轴轴荷，不得超过试验台允许的载荷。

②检查汽车轮胎是否粘有泥、水、砂、石等杂物，否则应清除。

③检查汽车轮胎气压是否符合汽车制造厂的规定，否则应充气至规定气压。

（3）测试操作方法。

①将试验台指示与控制装置上的电源开关打开,按使用说明书要求预热至规定时间。

②如果指示装置为指针式仪表,检查指针是否在零位,否则应调整。

③汽车被测车轴在轴重计或轮重仪上检测完轴荷后,应尽可能顺垂直于滚筒的方向驶入试验台。先前轴、再后轴,使车轮处于两滚筒之间。

④汽车停稳后变速杆置于空挡位置,行车制动、驻车制动处于完全放松状态,能测制动时间的试验台还应把脚踏开关套在制动踏板上。

⑤降下举升器,至轮胎与举升器完全脱离为止。

⑥如系制动试验台本身带有内藏式轴重测量装置的,则应在此时测出轴荷。

⑦起动电动机,使滚筒带动车轮转动,先测出制动拖滞力。

⑧用力踩下制动踏板,一般试验台在1.5~3.0s后或带有第三滚筒的发出信号后,滚筒自动停转。

⑨读取并打印检测结果。

2. 平板式制动试验台

该试验台由测试平板、测量显示系统和踏板力计组成,一般分为两条的测试平板共四块,且相互独立。平板式制动试验台的结构简图如图5-39所示。测试平板由面板、底板、钢球和力传感器等组成。底板作为底座固定在混凝土地面上,面板通过压力传感器和钢球支撑在底板上,其纵向则通过拉力传感器与底板相连。压力传感器用于测量作用于面板上的垂直力;拉力传感器则用于测量沿汽车行驶方向、轮胎作用于面板上的水平力,水平力和垂直力的大小变化分别对应于拉力传感器和压力传感器所输出的电信号的变化。拉力传感器和压力传感器输出的电信号由计算机采集、处理后,换算成制动力和轮荷的大小并分别在显示装置上显示出来。如果装用无线式踏板压力计,平板式制动试验台不仅可测出最大制动力,还可提供制动力随时间变化的曲线、制动协调时间等信息,根据垂直力在制动过程中的波动情况,可检测悬架减振器的性能。

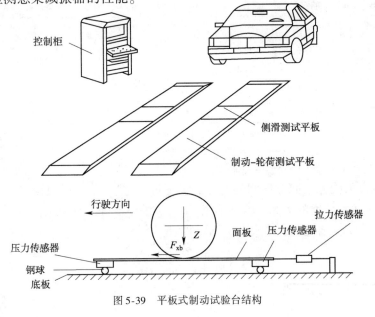

图5-39 平板式制动试验台结构

汽车在平板式制动试验台上的制动试验过程,与汽车在道路上行驶时的制动过程较为接近。但平板式制动试验台存在测试重复性差且重复试验较麻烦,占地面积大,需要助跑车道,不利于流水作业和不安全等缺点。因此,其应用不如反力式滚筒制动试验台广泛。

课题七　汽车照明灯检测

前照灯是汽车在夜间或在能见度较低的条件下,为驾驶人提供行车道路照明的重要设备。所以前照灯必须有足够的发光强度和正确的照射方向。前照灯在使用过程中,汽车受到振动,可能引起前照灯部件的安装位置发生变动,从而改变光束的正确照射方向,同时,灯泡在使用过程中会逐步老化,反射镜也会受到污染而使其聚光的性能变差,导致前照灯的亮度不足。这些变化,都会使驾驶人对前方道路情况辨认不清,或在与对面来车交会时造成对方驾驶人炫目等,这些都可能导致夜间行车事故的发生。因此,保持汽车前照灯良好的性能非常重要,前照灯的发光强度和光束照射位置被列为安全检测中的必检项目之一。

一、光的度量

（1）电光源:指将电能转变为光能的装置。汽车的前照灯、信号灯等均是电光源。

（2）发光强度:它是表示光源发光强度的物理量,计量单位是坎德拉(cd)。我国机动车前照灯远光光束发光强度最小值要求见表5-6。

前照灯远光光束发光强度最小值要求（单位:cd）　　表5-6

机动车类型		检查项目					
		新注册车			在用车		
		一灯制	两灯制	四灯制[①]	一灯制	二灯制	四灯制[①]
三轮汽车		8000	6000	—	6000	5000	—
最高设计车速小于70km/h的汽车		—	10000	8000	—	8000	6000
其他汽车		—	18000	15000	—	15000	12000
摩托车		10000	8000	—	8000	6000	—
轻便摩托车		4000	—	—	3000	—	—
拖拉机运输机组	标定功率>18kW	—	8000	—	—	6000	—
	标定功率≤18kW	6000[②]	6000	—	5000[②]	5000	—

注:①四灯制是指前照灯具有四个远光光束;采用四灯制的机动车其中两只对称的灯达到两灯制的要求时视为合格。
　　②允许手扶拖拉机运输机组只装用一只前照灯。

（3）照度:表示受光表面被照明的程度的物理量,计量单位是勒克斯(lx)。

（4）发光强度和照度的关系。在不计光源大小的情况下（看作是点光源）,照度与离开光源距离的平方成反比（倒数 二次方法则）,即:

$$照度 = \frac{发光强度}{离开光源距离的平方}$$

表5-7为某一发光强度光源距不同距离的照度。

发光强度和照度的关系　　　　　　　　表 5-7

光源发光强度	离开光源距离(m)	计　算　式	照　　度
20000cd	1	20 000/1²	20000lx
	2	20 000/2²	5000lx
	10	20 000/10²	200lx

二、前照灯的安装组合

现代汽车上，普遍采用双丝灯泡的前照灯来实现两种光束。一根灯丝处在前照灯反射镜的焦点上，其光度较强，称为远光灯丝；另一根灯丝位于焦点的上方和前方，其光度较弱，称为近光灯丝。

前照灯的安装组合采用两灯制和四灯制两种。四灯制安装方式是四只前照灯并排安装在同一高度上，车头前部左、右两侧各装两只；一般内侧两个灯是只有一根灯丝的远光灯，外侧的两个灯采用双丝灯泡；一根灯丝为远光，另一根为近光。四灯制前照灯灯丝功率比两灯制高 25%，灯光光形分配的均匀性显著提高，远、近光束均可达到最佳设计，从而可保证夜间行驶有更大安全性。

两灯制的开灯方式见表 5-8。四灯制的开灯方式见表 5-9。旧四灯制的开灯方式因各国规定不同而有异。现在世界各国已统一为新四灯制的开灯方式，在新四灯制的规定中，远光灯不论单独亮，还是和近光灯同时亮，都应符合规定。

两灯制的开灯方式　　　　　　　　表 5-8

安装组合	行　　驶	会　　车
两灯制	◒ ◒	◓ ◓

注：表中图形 ◒ 表示远光灯打开，◓ 表示近光灯打开。

四灯制的开灯方式　　　　　　　　表 5-9

安装组合	行　　　　驶	会　　　　车
旧四灯制	◒ ◒ ◒ ◒	◓ ◓ ◒ ◒
新四灯制	◒ ◒ ◒ ◒	◓ ◓ ◒ ◒
	◒ ◒ ◒ ◒	◓ ◓ ◒ ◒
	◓ ◓ ◓ ◓	◓ ◓ ◒ ◒

注：1. 表中图形 ⊖ 的上半部分为远光灯丝，下半部分为近光灯丝。
　　2. 表中图形 ◒ 表示远光灯打开，◓ 表示近光灯打开。

三、前照灯的光学特征

前照灯的特性有配光特性、照射方向等。所谓配光特性，是指前照灯灯光的光形分布特性。如果将照度相同的点连成一条等照度曲线，那么，等照度曲线的形状与分布就反映出了前照灯的配光特性。

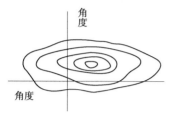

图 5-40 光束的照射方向

光束的照射方向是以其最亮的区域为中心,用该中心对水平和垂直坐标轴交点的偏离量来描述的(图 5-40)。

四、前照灯近光的配光要求

前照灯的配光特性有对称配光和非对称配光两种。前照灯光束的光形分布,一般是水平方向宽,垂直方向窄,若等照度曲线左右对称,不偏向一边,上下扩展也不太宽,这种配光特性称为对称性配光特性,一般远光灯采用这种配光方式。

近光采用的是非对称式配光特性,其光形的分布不对称,有一条明显的明暗截止线(灯光投射到配光屏幕上,眼睛感觉到的明暗陡变的分界线),如图 5-41 所示。非对称式配光方式有两种:一种是在配光屏幕上,明暗截止线的水平部分在 V-V 线的左半边,右半边为与水平线向上成 15°的斜线,如图 5-41a)所示;另一种是 Z 形配光方式,其明暗截止线的左半边在 h-h 线下 25cm 处,右半边则与水平线成 45°角向上倾斜,与 h-h 线重合后成为水平线,明暗截止线在屏幕上呈 Z 形,如图 5-41b)所示。我国前照灯的近光以上两种配光形式均可采用。

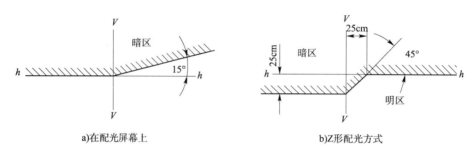

a)在配光屏幕上   b)Z形配光方式

图 5-41 近光配光方式

五、前照灯的检测

前照灯的检测的项目主要有光束照射位置和发光强度。

GB7258—2017 中规定,在检验前照灯近光光束照射位置时,前照灯照射在距离 10 m 的屏幕上时(图 5-42),乘用车前照灯近光光束明暗截止线转角或中点的高度应为 $0.7H$~$0.9H$(H 为前照灯基准中心高度,下同),其他机动车(拖拉机运输机组除外)应为 $0.6H$~$0.8H$。机动车(装用一只前照灯的机动车除外)前照灯近光光束水平方向位置向左偏不允许超过 170mm,向右偏不允许超过 350mm。

在检验前照灯远光光束及远光单光束灯照射位置时,前照灯照射在距离 10 m 的屏幕上时,要求在屏幕光束中心离地高度,对乘用车为 $0.9H$~$1.0H$,对其他机动车为 $0.8H$~$0.95H$;机动车(装用一只前照灯的机动车除外)前照灯远光光束水平位置要求,左灯向左偏不允许超过 170 mm,向右偏不允许超过 350 mm。右灯向左或向右偏均不允许超过 350 mm。

光束照射位置可采用屏幕检测或仪器检测;发光强度一般用仪器检测。

检测仪器的种类很多,常用的有聚光式前照灯检验仪(图 5-43)、屏幕式前照灯检验仪(图 5-44)、投影式前照灯检验仪(图 5-45)和自动追踪光轴式前照灯检验仪(图 5-46)。

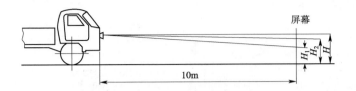
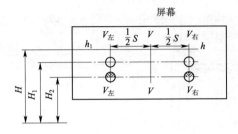

图 5-42 用屏幕法检测前照灯光束照射位置

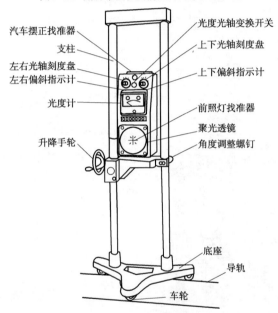

图 5-43 聚光式前照灯检验仪

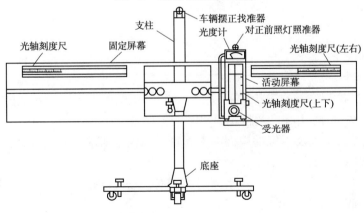

图 5-44 屏幕式前照灯检验仪

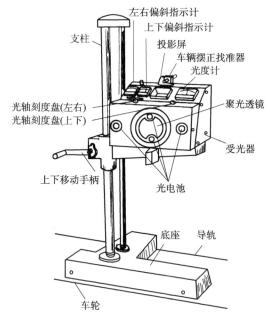

图 5-45 投影式前照灯检验仪

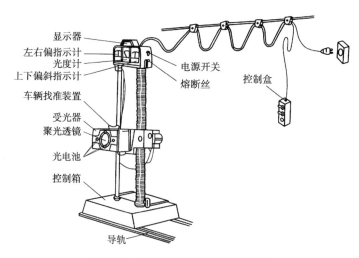

图 5-46 自动追踪光轴式前照灯检验仪

1. 检测前的准备

1) 检测仪的准备

(1) 在前照灯检测仪不受光状态下,检查光度计和光轴偏斜指示计的指针是否能对准机械零点。若指针失准,可用零点调整螺钉将其调整在零点上。

(2) 检查聚光透镜和反射镜的镜面有无污物或模糊不清的地方。若有,可用柔软的布或镜头纸等擦拭干净。

(3) 检查水准器的技术情况。若水准器无气泡,要进行修理;若气泡不在红线框内时,可用水准器调节器或垫片进行调整。

(4)检查导轨是否粘有泥土等杂物,有杂物时要清除干净。
2)车辆的准备
(1)清除前照灯上的污垢。
(2)轮胎气压应符合汽车制造厂的规定。
(3)汽车蓄电池应处于充足电状态。
(4)汽车处于空载状态,并乘坐一名驾驶人。

2. 检测方法

汽车前照灯检测仪有多种类型,其具体检测方法各不相同。使用时,应根据检测仪规定的检测步骤进行检测。下面,以一种聚光式前照灯检测仪为例说明其检测方法。

(1)将汽车尽可能地与导轨保持垂直方向驶近检测仪,直至前照灯与检测仪受光器达到规定的检测距离。
(2)用车辆摆正照准器使仪器与汽车对正。
(3)开亮前照灯,用前照灯照准器使检测仪与被检前照灯对正。
(4)把"光度·光轴"转换开关扭向光轴一边。
(5)转动光轴刻度盘,使光轴偏斜指示计的指示值为零,此时光轴刻度盘上的指示值即为光轴偏斜量,如图5-47所示。

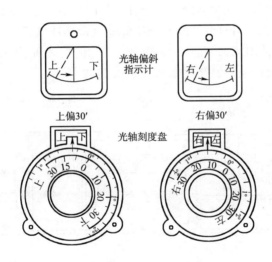

图5-47 光轴偏斜量的检测

(6)保持光轴刻度盘的位置不动,将"光度·光轴"转换开关扭到光度一边,此时光度计的指示值即为前照灯的发光强度。

3. 检测注意事项

(1)检测时,必须使前照灯检测仪器与被检车辆对正,否则易引起较大的测量误差。
(2)检测时,应按照前照灯检测仪的要求,使仪器与车灯的检测距离符合规定。
(3)检测调整双光束灯时,应以近光灯光束为主。
(4)在检验调整光束上下位置时,必须以车灯的等高线为基准。车辆的灯高不同,其光束向下的标准偏移量也不同。

课题八 汽车底盘测功

汽车底盘的技术状况关系到整车行驶的稳定性和安全性,同时还影响发动机的动力性和燃油经济性。因此,汽车底盘检测是非常重要的检测项目。

底盘测功是指对汽车驱动车轮输出功率的检测,其目的是为了获得驱动车轮的输出功率(或驱动力的大小),以便于评价汽车的动力性;或用测得的驱动车轮的输出功率与发动机曲轴输出功率进行对比,求出传动效率以便于判定整个底盘传动系的技术状况。底盘技术状况的检测,既可以使整车在道路试验中进行,也可以在室内的底盘测功机上进行,以下主要叙述汽车动力性能在底盘测功机上进行的测试。

一、底盘测功机的基本结构与工作原理

底盘测功机又称底盘测功试验台,是一种在不解体情况下检验汽车使用性能的检测设备。它不仅可以通过在室内台架上模拟汽车道路行驶工况的方法来检测汽车的动力性,而且还可以测量多工况排放指标及燃油消耗量。此外,底盘测功机还能方便地进行汽车的加载调试和诊断汽车在负载条件下出现的故障等。由于汽车底盘测功机在试验时能对试验条件进行控制,使周围环境条件的影响降到最小,同时通过功率吸收加载装置来模拟道路行驶阻力,控制行驶状况,故能进行符合实际行驶状况的复杂循环试验,因而得到了广泛应用。

底盘测功试验台通常由滚筒装置、加载装置、惯性模拟装置、测量和辅助装置等几部分组成,底盘测功试验台的普通型道路模拟系统如图5-48所示。

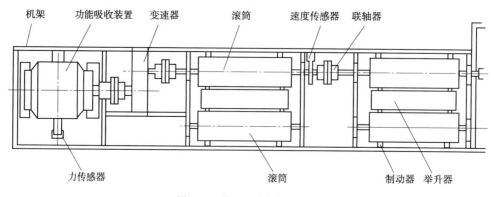

图5-48 普通型道路模拟系统

1. 滚筒装置

汽车在底盘测功机上试验时,滚筒相当于连续移动的路面,被检测汽车的车轮在其上滚动,汽车是静止不动的,因此没有空气阻力和非驱动轮滚动阻力,但试验台本身传动机构会消耗一部分能量。底盘测功机试验台的滚筒有单滚筒和双滚筒之分,如图5-49所示。

1)单滚筒试验台

单滚筒试验台用一个滚筒支承两边驱动车轮,如图5-49a)所示。单滚筒试验台的滚筒直径一般较大,其最大直径可达2500mm以上。滚筒直径越大,车轮轮胎与滚筒的接触就越接近于车轮与路面接触的实际情况,且轮胎与滚筒的滑转率小,滚动阻力小,因而测试精度高。

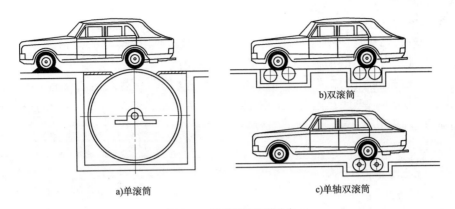

a) 单滚筒 c) 单轴双滚筒

图 5-49 底盘测功机试验台

2) 双滚筒试验台

双滚筒试验台采用前后两个滚筒来支承驱动车轮,如图 5-49b)所示。双滚筒试验台的滚筒直径要比单滚筒试验台的小得多,一般不超过 500mm。由于滚筒的直径较单滚筒小,车轮轮胎与滚筒的接触与车轮在路面上的受压情况相差较大,滑转率较大,滚动阻力也比较大。因此,其检测精度比较低。双滚筒试验台,特别是图 5-49c)所示的单轴双滚筒式试验台,因其结构简单、安装使用方便,且成本低等优点,被广泛应用于维修企业和交通管理部门。

2. 加载装置

加载装置俗称测功器,是用来吸收并测量汽车发动机经传动系传至驱动车轮上的功率或牵引力,同时它可模拟汽车行驶时的各种阻力,如车轮滚动阻力、坡道阻力、空气阻力等,使汽车在试验台上的受力情况同在道路上行驶基本一样。常用的功率吸收装置有直流电动机电力测功器、水力测功器和电涡流测功器。

电涡流测功器由于成本适度,可控性好而得到了广泛的应用。大多数滚筒试验台的功率吸收装置均采用电涡流测功器。电涡流测功器分为水冷式和风冷式两种。

水冷式电涡流功率吸收装置的基本结构如图 5-50 所示。

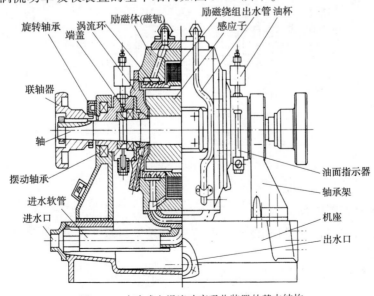

图 5-50 水冷式电涡流功率吸收装置的基本结构

3. 惯性模拟装置

惯性模拟装置是对其他项目如起步加速性能、滑行性能等检测的必备装置。汽车在道路上行驶时本身具有一定的惯性能，即汽车的动能；而汽车在底盘测功机上运行时车身是静止不动的，所以检测汽车的加速工况和减速工况时，汽车底盘测功机必须配备惯性模拟系统，如图5-51所示。汽车底盘测功机台架转动惯量主要来自飞轮质量，飞轮的个数越多，则模拟的精确度越高。

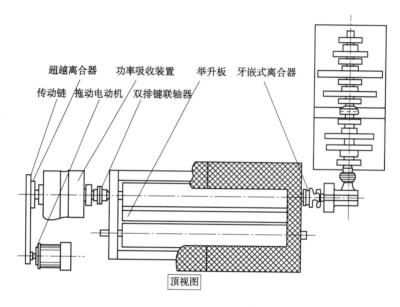

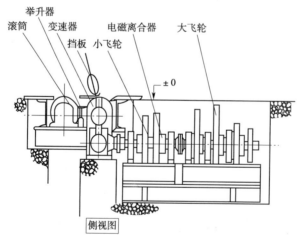

图 5-51 惯性模拟系统

4. 测量指示与控制装置

测量装置包括测力装置、测速装置、测距装置和功率指示装置等。

1) 测力装置

测力装置的作用是测量作用在驱动车轮上的牵引力，如图5-52所示。

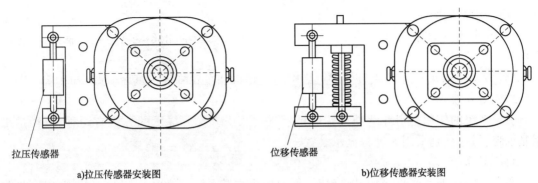

拉压传感器　　　　　　　　　　　　　位移传感器

a)拉压传感器安装图　　　　　　　　b)位移传感器安装图

图5-52　测力装置中的传感器的安装位置示意图

2)测速装置

测功试验台的测速装置一方面可以测出车速(图5-49车速传感器测速),进而由力与速度求得功率值;另一方面还可用来校验被检车辆的车速表。因此,购置了测功试验台之后,就不必再设置车速表试验台。

3)测距装置

当对汽车进行加速距离、滑行距离、燃料消耗量等的检测时,还需要对行驶距离进行测量和显示,此功能由测距装置完成。

4)功率指示装置

功率是采用间接方式测量的,也就是通过对牵引力和车速进行测量,然后计算出功率,并进行显示。底盘测功试验台的功率指示装置,有的能直接指示驱动车轮的输出功率,有的仅能指示作用在驱动车轮上的牵引力。

5)控制与指示装置

现代汽车底盘测功机广泛采用以微机为核心的控制系统,其电测控制部分的原理框图如图5-53所示。由测力、测速传感器传来的电信号输入到控制装置,经微机处理后,在指示装置上直接显示输出功率(kW)、驱动力(N)和车速(km/h)的数值。

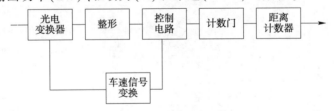

图5-53　电测控制部分的原理框图

底盘测功机的控制装置与指示装置往往制成一体,构成控制指示柜。控制指示柜面板上的按键、显示窗、旋钮、功能灯、报警灯、指示灯等,用来控制试验过程,指示试验结果。

5. 辅助装置

1)安全保障系统

为了测试工作的安全进行,底盘测功机还设有安全保障系统,包括左右挡轮、系留装置、车偎、发动机与车轮冷却风机,其作用分别如下:

(1)左右挡轮的作用是防止汽车车轮在旋转过程中,在侧向力的作用下移出滚筒。

(2)系留装置是指地面上的固定盘扣,试验时用缆绳与试验车辆相连,以防车辆高速运行时,由于滚筒的突然卡死而飞出滚筒。

(3)车楔有两大作用:其一与系留装置作用相同;其二是防止车辆在运行过程中,车体前后移动。

(4)发动机与车轮冷却风机是对运行中的发动机和车轮降温,也就是起冷却作用。

2)引导系统

引导系统的作用是引导驾驶人按照提示进行相应操作。提示的方法有两种:一种是采用显示牌,另一种是采用大屏幕显示装置。

3)举升系统

通常车辆在驶上底盘测功试验台时,需要采用举升系统。举升系统的类型较多,底盘测功机常用的类型有气压举升系统、液压举升系统。图 5-54 所示为气压举升系统。

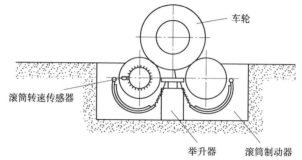

图 5-54　底盘测功机气压举升系统

4)滚筒锁止系统

滚筒锁止系统通常采用棘轮棘爪式,这种锁止装置如图 5-55 所示,它由双向气缸、棘轮、棘爪、复位弹簧、杠杆及控制器等组成,通过控制器控制压缩空气的接通和断开。当某一方向的管路接通后,压缩空气便推动气缸活塞运动,控制棘爪与棘轮离合,以达到锁止或放松滚筒的目的。

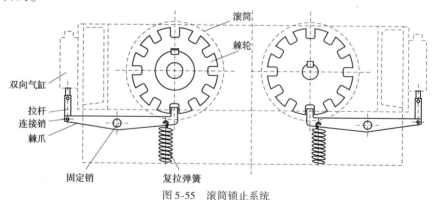

图 5-55　滚筒锁止系统

二、底盘输出功率的检测

1. 检测前的准备

1)试验台的准备工作

使用试验台前,除按厂家规定的项目及期限对试验台进行检查、调整、润滑外,在使用过程中,还要注意仪表指针的回位和调整以及各种线路的连接和接触情况,若有故障或不符合要求的情况,应先进行检修排除,才能投入使用。

2）被检汽车的准备工作

（1）调整发动机供油系及点火系,使其处于最佳工作状态。

（2）对汽车底盘传动系进行检查、调整、紧固并检查各部件的润滑是否良好。

（3）检查轮胎是否粘有水、油等,或轮胎花纹沟槽内是否嵌有小石子,若有,一定要先清除,且轮胎气压要符合规定值。

（4）使汽车预热到正常温度。

3）检测点的选择

为全面正确评价被检汽车发动机及底盘的技术状况,应选择几个代表性的检测点检测汽车驱动轮的输出功率或驱动力（不同检测点对应发动机的不同转速和转矩）。一般除制造厂给出的发动机最大功率相应的转速和最大转矩相应的转速两个点之外,还应选择1~2个常用转速（例如经济车速）作为检测点。在实际检测时可根据交通管理部门或用户的要求选择检测点或视具体情况而定。

2. 检测方法

（1）接通试验台电源,根据被检车辆驱动轮输出功率的大小,将功率指示器的转换开关置于相应的挡位。

（2）车辆准备好后,启动举升装置并按规定将汽车驶上底盘测功试验台上。

（3）放下举升装置,直到轮胎与举升器托板完全脱离为止,并用三角木抵住位于试验台滚筒之外的一对从动车轮的前方。

（4）起动发动机与车轮冷却风机。

（5）起动发动机,由低挡逐级换入选定的挡位,逐渐踩下加速踏板,同时调节试验台的功率吸收装置的负荷旋钮,使发动机在节流阀全开的情况下,以与最大功率相应的转速运转。

（6）待发动机转速稳定后,读取并记录仪表指示的功率和转速值。

（7）以相同的方法对多个测量点进行检测,分别读取并记录仪表指示的功率和转速值。

（8）检测结束,待驱动轮停止转动后,移开发动机与车轮冷却风机,去掉车轮前的三角木,升起举升器的托板,将被检汽车驶离试验台,然后切断试验台电源。

3. 注意事项

（1）超过试验台允许轴重或轮重的车辆,一律不得驶上试验台进行检测。

（2）为了确保检测安全,检测过程中,切勿拨弄举升器托板操纵手柄,车前严禁站人。

（3）检测最大功率和最大转矩相应转速工况下的驱动输出功率时,一定要起动发动机与车轮冷却风机,并密切注意各种异响和发动机的冷却液温度。

（4）走合期间的新车和大修车,一般不检测在最大功率相应转速下的驱动轮功率。

（5）车辆检测完毕,应该立即驶出试验台。

单元六
汽车检测站分类、设备和检测流程

课题一　汽车检测站综述

随着汽车制造业和汽车运输业的迅速发展,汽车保有量越来越多。为使汽车更好地发挥其动力性、经济性、排气净化性、安全性、可靠性和舒适性等使用性能,应采用现代、科学、快速、定量和准确的手段,检测并诊断汽车的技术状况。汽车检测站在这种情况下应运而生,并逐渐发展、壮大、成熟。它不仅可代表政府车管机关或行业对汽车技术状况进行检测和监督,而且已成为汽车制造企业、汽车运输企业、汽车维修企业中不可缺少的重要组成部分。

汽车检测站是综合运用现代检测技术,对汽车实施不解体检测、诊断的机构。它具有现代的检测设备和检测方法,能在室内检测出车辆的各种参数,并诊断出可能出现的故障,为全面、准确评价汽车的使用性能和技术状况提供可靠的依据。

一、检测站的任务

按中华人民共和国交通部令第 29 号《汽车运输业车辆综合性能检测站管理办法》的规定和公安部颁布的《机动车安全检验项目和方法》(GA 468—2004)的要求,汽车检测站的主要任务如下:

(1)对在用运输车辆的技术状况进行检测诊断。
(2)对汽车维修行业的维修车辆进行质量检测。
(3)接受委托,对车辆改装、改造、报废及其有关新工艺、新技术、新产品、科研成果等项目进行检测,提供检测结果。
(4)接受公安、环保、商检、计量和保险等部门的委托,为其进行有关项目的检测,提供检测结果。

二、检测站的类型

按不同的分类方法,检测站可以分为不同的类型。

1. 按服务功能分类

如果按服务功能分类,检测站可分为安全检测站、维修检测站和综合检测站三种。

安全检测站是国家的执法机构。它按照《机动车安全检验项目和方法》(GA 468—2004)规定的车检法规,定期检测车辆中与安全和环保有关的项目,以保证汽车安全行驶,并将污染降低到允许的限度。这种检测站对检测结果往往只显示"合格""不合格"两种,而不作具体数据显示和故障分析,因而检测速度快,生产效率高。检测合格的车辆凭检测结果报告单办理年检签证,在有效期内准予车辆行驶。这种检测站一般由车辆管理机关按《机动车安全检验项目和方法》(GA 468—2004)的要求直接建立,或由车辆管理机关认可的企业单位或事业单位建立,也可多方联合建立。

综合检测站既能担负车辆安全、环保方面的检测任务,又能担负汽车维修中的技术检测,还能承担科研、制造和教学等部门的有关汽车性能试验和参数测定。这种检测站一般由交通运输管理部门依据交通部令第29号《汽车运输业车辆综合性能检测站管理办法》的规定建立,其设备多而齐全,自动化程度高,既可进行快速检测,以适应年检要求;又可以进行高精度的测试,以满足技术评定的需要。这种检测站的检测结果可作为交通运输管理部门发放或吊扣营运证的依据,以及作为确定维修单位车辆维修质量的凭证。

维修检测站通常由汽车运输企业或维修企业建立,其作用是为车辆维修部门服务。它以汽车性能检测和故障诊断为主要内容,这种检测站通过对汽车维修前进行技术状况检测和故障诊断,可以确定汽车附加作业、小修项目以及车辆是否需要大修;同时通过对维修后的汽车进行技术检测,可以监控汽车的维修质量。

2. 按检测站的职能分类

根据检测站的职能,检测站分为A、B、C三级。

A级站:能全面承担检测任务,即能检测车辆的制动、侧滑、灯光、转向、前轮定位、车速、车轮动平衡、底盘输出功率、燃料消耗、发动机功率和点火系状况,及异响、磨损、变形、裂纹、噪声、废气排放等状况。

B级站:能承担在用车辆技术状况和车辆维修质量的检测,即能检验车辆的制动、侧滑、灯光、转向、车轮动平衡、燃料消耗、发动机功率和点火系状况,及异响、变形、噪声、废气排放等状况。

C级站:能承担在用车辆技术状况的检测,即能检测车辆的制动、侧滑、灯光、转向、车轮动平衡、燃料消耗、发动机功率及异响、噪声、废气排放等状况。

A级站和B级站出具的检测结果证明,可以作为维修单位维修质量的凭证。

课题二　汽车检测站设备组成及工位布置

检测站主要由一条至数条检测线组成。独立而完整的检测站,除检测线外,还包括停车场、清洗站、泵气站、维修车间、办公区和生活区等。

一、检测站的类型

1. 安全检测站

一般由一条至数条安全环保检测线组成。如有两条安全环保检测线,其中一条为大、小型汽车通用自动检测线,另一条为小型汽车(轴质量500kg或以下)的专用自动检测线。除此以外,还配备一条新车检测线,以对新车登录、检测之用。

2. 维修检测站

一般由一条至数条综合检测线组成。

3. 综合检测站

一般由安全环保检测线和综合检测线组成，可以各为一条，也可以各为数条。国内交通系统建成的检测站大多属于综合检测站，一般由一条安全环保检测线和一条综合检测线组成，如图6-1所示。

二、检测线的组成和工位布置

不管是安全环保检测线，还是综合检测线，它们都由多个检测工位组成，布置形式多为直线通道式，检测工位则是按一定顺序分布在直线通道上。

1. 安全环保检测线

手动和半自动的安全环保检测线，一般由外观检查（人工检查）工位、侧滑制动车速表检测工位和灯光尾气检测工位三个工位组成。全自动安全环保检测线既可以由上述的三个工位组成，也可以由四个工位或五个工位组成。五工位一般分为汽车资料输入及安全装置检查工位、侧滑制动车速表检测工位、灯光尾气检测工位、车底检查工位、综合判定及主控制室工位，如图6-2所示。另外，根据检测站的大小、交通、人员配置等工作条件，各工位的顺序有可能改变。但不管工位如何划分，工位顺序如何编排，其实质内容是一致的，检测项目是固定的，因而，根据不同检测站的条件会布置成直线通道式或回型循环式以利于流水作业的进行。

2. 综合检测线

综合检测线有两种类型：一种是全能综合检测线，另一种是一般综合检测线。全能综合检测线具有安全环保检测线主要检测设备在内的比较齐全的工位，而一般综合检测线设置的工位不包括安全环保检测线的主要检测设备。

图6-1所示的综合检测线为全能综合检测线。它由外观检查及前轮定位工位、制动工位和底盘测功工位组成，能对车辆技术状况进行全面检测，必要时也能对车辆进行安全环保检测。这种检测线检测设备多，检测项目齐全，与安全环保线互不干扰，检测效率高，但建站费用也高。

三、各检测工位设备与检测项目

1. 安全环保检测线

以五工位全自动安全环保检测线为例，主要设备中不包括软件。

1）汽车资料输入及安全装置检查工位

本工位除将汽车资料输入登录微机并发送给检测线主控制微机外，还进行汽车上部的灯光和安全装置等项目的外观检查（Lamps and Safety Device Inspection），可简称为L工位。

（1）主要设备。

①进线指示灯。

②汽车资料登录微机、键盘及显示器。

③工位测控微机。

④检验程序指示器。

⑤轮胎自动充气机。

单元六　汽车检测站分类、设备和检测流程

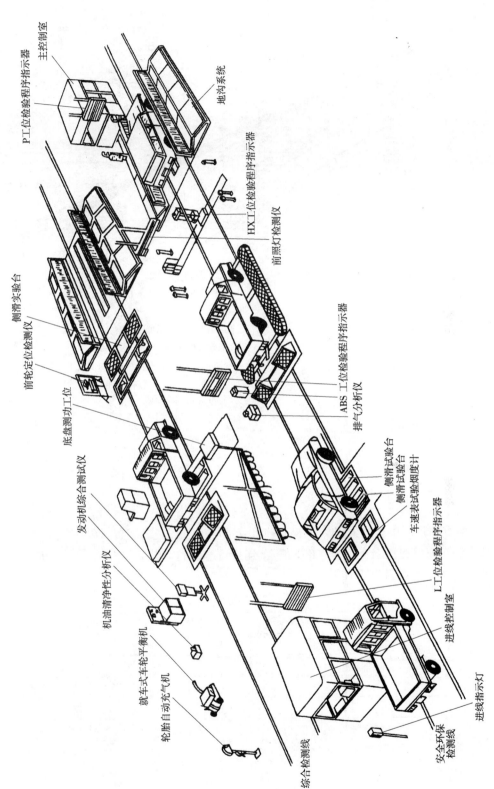

图 6-1　双线综合检测站平面布置示意图

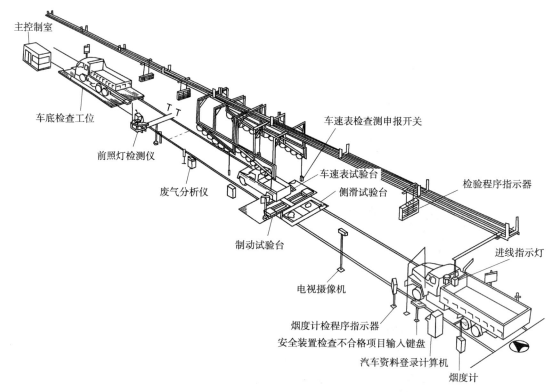

图6-2 五工位安全环保检测线

⑥轮胎花纹测量器。
⑦检测手锤。
⑧不合格项目输入键盘。
⑨电视摄像机。
⑩光电开关。

（2）检查项目。由检查人员人工检查汽车上部的灯光、安全装置、防护装置、操纵装置、工作仪表和车身等是否装备齐全、工作正常、连接可靠和符合规定。检查的重点是灯光和安全装置。具体检查项目见表6-1。

汽车外观检查项目　　　　　　　　　　　　　　　表6-1

序　号	检查项目	序　号	检查项目
1	远光灯	9	车门、车窗
2	近光灯	10	车身、漆面
3	制动灯	11	后视镜、下视镜、侧视镜
4	倒车灯	12	风窗玻璃
5	牌照灯	13	刮水器
6	示宽灯、辅助灯、标志灯	14	喇叭
7	室内灯	15	轮胎、轮胎螺栓
8	车厢、座位	16	离合器、变速器

续上表

序　号	检查项目	序　号	检查项目
17	制动踏板自由行程	24	起动机
18	驻车制动操纵杆	25	发电机、蓄电池
19	转向器自由转动量	26	灭火器
20	油箱、加油口盖	27	仪表、仪表灯
21	挡泥板	28	机油低压报警器
22	防护网及连接装置	29	半轴螺栓
23	电器导线	30	座椅安全带

2）侧滑制动车速表工位

本工位由侧滑检测（Alignment Inspection）、轴重检测（Weight Inspection）、制动检测（Brake Test）和车速表检测（speedometer Test）组成，简称 ABS 工位。

（1）主要设备。

①工位测控微机。

②侧滑试验台。

③轴重计或轮重仪（与反力式滚筒制动试验台配套使用。如反力式滚筒制动试验台本身配备轴重测量装置或采用惯性式平板制动试验台，则不必再配备轴重计或轮重仪）。

④制动试验台。

⑤车速表试验台及车速检测申报开关（或遥控器）。

⑥检验程序指示器。

⑦光电开关。

⑧反光镜。

（2）检测项目。

①检测前轮侧滑量。

②检测各轴轴重。

③检测各轮制动拖滞力和制动力。

④检测驻车制动力。

⑤检测车速表指示误差。

3）灯光尾气工位

本工位主要由前照灯检测（Head Light Test）、排气检测（Exhaust Gas Test）、烟度检测（Diesel Smoke Test）和喇叭声级检测（Noise Test）组成，简称 XH 工位。

（1）主要设备。

①工位测控微机。

②前照灯检测仪。

③排气分析仪。

④烟度计。

⑤声级计。

⑥检验程序指示器。

⑦停车位置指示器。

⑧光电开关。
⑨反光镜。

(2)检测项目。

①检测前照灯发光强度和光轴偏斜量。

②检测汽油车怠速排放污染物或柴油车自由加速烟度。

③检测喇叭声级。

在实际检测中,出于效率的调整,会将尾气检测工位独立出来,和前照灯检测工位分开。因为汽车尾气的检测合格率往往较低,车主需要多次重复进行尾气检测,因此将尾气检测工位独立出来,方便车辆的调度,提高检测效率。

4)车底检查工位

车底检查(Pit Inspection)工位,可简称为P工位。

(1)主要设备。

①工位测控微机。

②检验程序指示器。

③地沟内举升平台。

④检测手锤。

⑤不合格项目输入键盘。

⑥对讲话筒及扬声器。

⑦光电开关。

⑧车辆到位报警灯或报警器。

⑨地沟内电视摄像机。

(2)检测项目。本工位是车辆底部的外观检查,由检测人员在地沟内人工检查底盘各装置及发动机的连接是否牢固可靠,有无弯扭断裂、松旷及漏油、漏水、漏气、漏电等现象,具体检查项目见表6-2。

车底检查项目　　　　　　　　表6-2

序号	检查项目	序号	检查项目
1	发动机及其连接	11	前吊耳销子
2	车架	12	后悬架连接
3	前梁	13	后吊耳销子
4	转向器的转向轴及其万向节	14	各部杆系
5	转向器支架	15	各种软管
6	转向垂臂	16	油路、气路、电路
7	转向器	17	储气筒
8	转向主销及其轴承	18	传动轴、万向节、伸缩节
9	纵横拉杆	19	中间支承
10	前悬架连接	20	离合器及操纵机构

续上表

序　号	检查项目	序　号	检查项目
21	变速器	26	制动系拉杆、驻车制动器
22	主传动器	27	后桥壳
23	减振器	28	缓冲器、保险杠、牵引钩
24	钢板弹簧夹及U形螺栓	29	漏油、漏水、漏气、漏电
25	排气管及消声器	30	油箱、蓄电池等的固定

5)综合判定及主控制室工位

(1)主要设备。

①主控制微机、键盘及显示器。

②打印机。

③监察电视(电视摄像机显示器)。

④控制台及主控制键盘。

⑤稳压电源。

⑥不间断电源。

(2)检测项目。汽车到达本工位时检测项目已全部检测完毕,主控制微机对各工位检测结果进行综合判定后,由打印机集中打印检测结果报告单,并由检测长交给被检汽车驾驶人。

2. 综合检测线

以图6-1全能综合检测线为例介绍综合检测线。

1)外观检查及车轮定位工位

该工位包括车上、车底外观检查和前轮定位检测。

(1)主要设备。

①轮胎自动充气机。

②轮胎花纹测量器。

③检测手锤。

④地沟内举升平台。

⑤地沟上举升器。

⑥就车式车轮平衡机。

⑦声发射探伤仪。

⑧侧滑试验台。

⑨四轮定位仪或车轮定位检测仪。

⑩转向盘自由转动量检测仪。

⑪转向盘转向力检测仪。

⑫传动系游动角度检测仪。

⑬底盘间隙检测仪(又称悬架和转向系间隙检测仪)。

(2)检测项目。

①车上、车底外观检查项目与全自动安全环保检测线相同。

②就车检测车轮不平衡量并平衡之。
③对转向节枢轴等安全机件进行探伤。
④检测前轮侧滑量。
⑤检测前轮最大转向角、主销后倾角、主销内倾角,并视需要检测前轮前束值和前轮外倾值。
⑥检测后轮前束值和后轮外倾角。
⑦检测转向盘自由转动量。
⑧检测转向盘转向力。
⑨检测传动系游动角度。
⑩检测悬架、转向系和轮毂轴承的间隙。

2)制动工位

(1)主要设备。

①轴重计或轮重仪(与反力式滚筒制动试验台配套使用。如反力式滚筒制动试验台本身配备轴重测量装置或采用惯性式平板制动试验台,则不必再配备轴重计或轮重仪)。
②制动试验台。

(2)检测项目。

①检测各轴轴重。
②检测各轮制动拖滞力和制动力,按制动曲线分析制动过程。
③检测驻车制动力。

3)底盘测功工位

本工位能模拟汽车道路行驶,因而可组织较多的检测设备同时或交叉地对汽车发动机、底盘、电气设备和车身等进行动态综合检测诊断。配备的设备越多,能检测诊断的项目也越多。

(1)主要设备。

①底盘测功试验台。
②发动机综合参数测试仪(汽油机、柴油机合一或分开)。
③电控系统检测仪。
④电器综合测试仪。
⑤汽缸压力测试仪或汽缸压力表。
⑥汽缸漏气量(率)测试仪。
⑦真空表或真空测试仪。
⑧油耗计。
⑨五气体分析仪。
⑩烟度计。
⑪声级计。
⑫机油清净性分析仪。
⑬发动机无负荷加速测功仪。
⑭发动机异响分析仪。

⑮传动系异响分析仪。

⑯温度计或温度仪。

(2) 检测项目。

①检测驱动车轮的输出功率或驱动力,模拟车辆各种行驶速度行驶,进行加速性能、等速性能和滑行性能等性能试验,检测百公里耗油量和经济车速等。

②对点火系、供油系、冷却系、润滑系、传动系、行驶系、电气设备、车身等的技术状况进行检测、分析和判断。

③对装配点燃式发动机的车辆,根据不同类型,进行怠速试验、双怠速试验和加速模拟工况试验。根据怠速或其他工况排放的 CO、HC、NO_x、CO_2 和 O_2 浓度,分析空燃比、燃烧状况、汽缸密封性状况和污染等状况。

④对装配压燃式发动机的车辆,根据不同类型,进行自由加速排气可见污染物试验、自由加速烟度试验,分析空燃比、燃烧状况、汽缸密封性状况和污染等状况。

⑤检测、分析并判断发动机和传动系异响。

⑥检测各总成温度和发动机排气温度。

当该工位上的有些项目检测时间过长时,也可在前面的工位上提前进行。例如,机油清净性分析完全可以在第一工位上对机油取样,接着到分析仪上进行分析,以平衡与其他项目的检测进度。另外,车身底部检查也往往和前照灯检测同步进行,将车驶到工位上,停车开始灯光检测,检测员则同时进入车身底下开始底盘检查(车底检查工位和前照灯检测工位合在一处)。

在综合检测线上,允许对车辆做必要的调试。如调试时间太长,应出线在维修(或调试)车间内进行。

当在综合检测线上进行安全环保检测时,应按安全环保检测线规定的项目进行。

全能综合检测线的主要设备及其作用见表6-3。

全自动安全环保检测线主要设备一览表 表6-3

序 号	设备名称	用 途
1	进线指示灯	控制进线车辆,绿灯进,红灯停
2	汽车资料登录微机	登录汽车资料,并发送给主控制微机
3	工位测控微机	担负工位检测过程控制、数据采集与处理等项工作
4	检验程序指示器	指示工位检测程序,下达操作指令,显示检测结果,引导车辆前进
5	轮胎自动充气机	按设定的轮胎气压自动充气
6	轮胎花纹测量器	测量轮胎花纹深度
7	检测手锤	检查各连接件、车架等是否松动或开裂
8	不合格项目输入键盘	将车上、车下外观检查中的不合格项目报告主控制微机
9	摄像机及监察电视	供主控制室的检测长监察地沟及整个检测线的工作情况
10	侧滑试验台	检测转向轮侧滑量
11	轴重计或轮重仪	检测各轴轴重
12	制动试验台	检测各轮拖滞力、制动力和驻车制动力
13	车速表试验台	检测车速表指示误差

续上表

序　号	设备名称	用　　途
14	车速表检测申报开关或遥控器	当试验车速达40km/h时按下此开关或遥控器,微机采集此时的实际车速数据
15	光电开关	当车轮遮挡光电开关时,光电开关产生的信号输入微机,报告车辆到位,微机安排检测开始
16	反光镜	供驾驶人观察车轮到达试验台或停车线的位置
17	前照灯检测仪	检测前照灯发光强度和光轴偏斜量
18	排气分析仪	检测汽油车排气中的CO和HC浓度
19	烟度计	检测柴油车排气中的自由加速烟度
20	声级计	检测喇叭声级
21	停车位置指示器	指引汽车在灯光尾气工位停车线上准确停车
22	地沟内举升平台	使地沟内的检测人员在高度上处于最有利的工作位置
23	对讲话筒及扬声器	用于地沟上下的通话联系
24	地沟内报警灯或报警器	报告车辆到达车底检查工位
25	主控制微机	安排检测程序,对照检测标准,综合判定并存储、打印检测结果
26	打印机	打印检测结果报告单
27	控制台	主控制微机、键盘、显示器、打印机、监察电视等均安放在控制台上,是全线的控制中心
28	主控制键盘	当微机系统出现故障不能使用时,可通过主控制键盘对各工位实施控制,以不间断检测工作
29	稳压电源和不间断电源	稳定电压,不间断供电

课题三　汽车性能检测站的工艺流程

对于一个独立而完整的检测站,其检测工位是固定的。汽车进入检测站后,在站内、线内只有按照规定的检测工艺路线和检测工艺程序流动,才能完成整个检测过程。

一、检测站工艺路线流程

汽车进站后的工艺路线流程如图6-3所示。

二、检测线工艺路线流程

检测线建成后其工位布置是固定的,进线检测的汽车需按工位顺序流水作业。下面介绍常见检测线工艺路线流程。

1. 安全环保检测线

(1)手动式安全环保检测线工艺路线流程如图6-4所示。其特点是各工位分别打印检测结果。

(2)全自动式安全环保检测线工艺路线流程如图6-5所示。其特点是总控制室统一打印检测结果,检测效率高。

单元六 汽车检测站分类、设备和检测流程

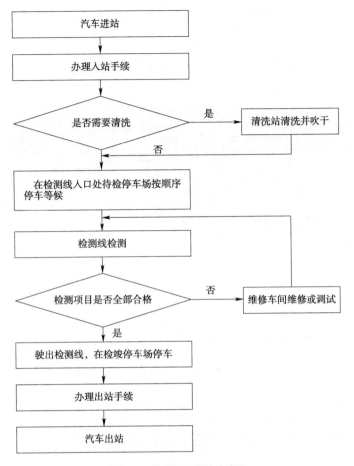

图 6-3 检测站工艺路线流程

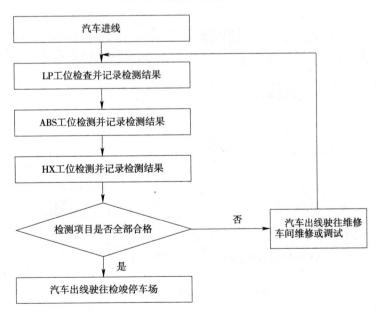

图 6-4 手动式安全环保检测线工艺路线流程

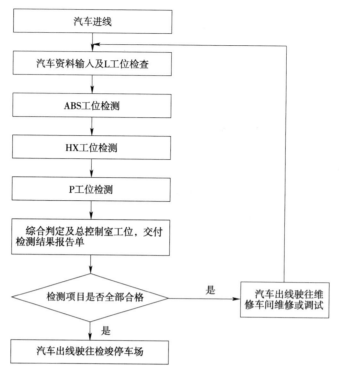

图 6-5　全自动式安全环保检测线工艺路线流程

2. 综合检测线

全能综合检测线工艺路线流程如图 6-6 所示。

以上所介绍的安全环保检测线与全能综合检测线的工艺路线,均为全工位检测工艺流程。

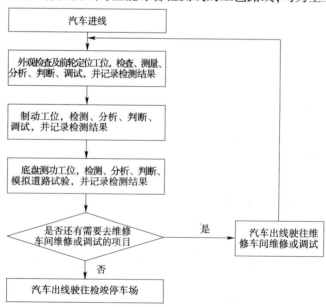

图 6-6　全能综合检测线工艺路线流程

单元七
汽车安全检测标准及综合检测标准

机动车安全技术检验是指机动车安全技术检验机构依照法律、行政法规的规定,根据车辆用途、载客载货数量、使用年限等不同情况,按照国家机动车安全技术检验标准,定期检验机动车是否符合国家机动车安全技术标准。因此,机动车安全技术检验是机动车安全管理的重要环节,同时也是预防和减少道路交通事故的重要手段,对提高道路运行机动车的安全技术状况、保障实现交通安全管理战略目标具有十分重要的意义。

《机动车运行安全技术条件》(GB 7258—2017)(以下简称 GB 7258)是我国机动车安全技术管理的最基本的技术标准,是公安机关交通管理部门新车注册登记检验和在用车定期安全技术检验、事故车辆检验等机动车安全性能检验的主要技术依据,同时也是我国机动车新车定型强制性检验、车辆产品公告审核、新车出厂检验及进口机动车检验的重要技术依据之一。GB 7258 规定了机动车的整车及主要总成、安全防护装置等有关运行安全的基本技术要求和检验方法以及机动车的环保要求和消防车、救护车、工程救险车、警车的附加要求,适用于在我国道路上行驶的所有机动车。GB 7258 于 1987 年首次制定,1997 年第一次修订,2004 年第二次修订,现行版本为 GB 7258—2017,由国家质量监督检验检疫总局和国家标准化管理委员会于 2017 年 9 月 29 日发布,自 2018 年 1 月 1 日起在全国范围内实施。

另外,根据机动车安全技术检验国家标准,机动车安全技术检验机构按照公共安全行业标准《机动车安全技术检验项目和方法》(GB 21861—2014)检验机动车是否符合《机动车运行安全技术条件》(GB 7258—2017)等国家机动车安全技术标准规定的技术要求;对营运车辆依据《营运车辆综合性能要求和检验方法》(GB 18565—2016)进行技术检验。因此,从事机动车安全技术检验的人员必须清楚地了解机动车安全技术国家标准的内容,以准确、迅速地判断机动车的安全技术状况是否符合要求。

与机动车安全技术检验、综合性能要求相关的国家标准主要还有:

《点燃式发动机汽车排气污染物排放限值及测量方法(双怠速法及简易工况法)》(GB 18285—2005)。

《压燃式发动机和装用压燃式发动机的车辆排气可见污染物排放限值及测试方法》(GB 3847—2005)。

《汽车及挂车外部照明和信号装置的安装规定》(GB 4785—2007)。

《汽车和挂车侧面防护要求》(GB 1156.1—2001)。

《汽车和挂车后下部防护要求》(GB 11567.2—2001)。

《卧铺客车技术条件》(GB/T 16887—2008)。

《摩托车和轻便摩托车排气污染物排放限值及测量方法(怠速法)》(GB 14621—2002)。

《两轮摩托车及轻便摩托车照明和光信号装置的安装规定》(GB 18100—2000)。

以上标准在汽车进行安全检验和综合检验时将会被引用。下面将介绍部分标准的内容。

一、《机动车安全技术检验项目和方法》(GB 21861—2014)简介

《机动车安全技术检验项目和方法》是公安交通管理部门在新车入户和在用车年检时的检验依据。

本标准是检验机动车安全技术性能的重要技术标准,标准号为 GB 21861,于 2008 年 5 月 26 日首次发布。GB 21861—2008 自 2009 年 6 月 1 日起实施以来,在规范机动车安全技术检验、保障车辆安全性能、预防和减少道路交通事故、保证人民生命财产安全发挥了重要作用。

本标准规定了机动车安全技术检验的检验项目、检验方法、检验要求和检验结果处置。适用于机动车安全技术检验机构对机动车进行安全技术检验。本标准也适用于出入境检验检疫机构对入境机动车进行安全技术检验。经批准进行实际道路试验的机动车和临时入境的机动车,可参照本标准进行安全技术检验。

1. 检验项目

机动车安全技术检验的检验项目见表 7-1。

机动车安全技术检验项目表　　　　　　表 7-1

序号	检验项目		适用车辆类型					
			载客汽车		载货汽车(三轮汽车除外)专项目作业车	挂车	三轮汽车	摩托车
			非营运小型、微型载客汽车	其他类型载客汽车				
1	车辆唯一性检查	号牌号码/车辆类型	●	●	●	●	●	●
		车辆品牌/型号	●	●	●	●	●	●
		车辆识别代号(或整车出厂编号)	●	●	●	●	●	●
		发动机号码(或电动机号码)	●	●	●		●	●
		车辆颜色和外形	●	●	●	●	●	●
2	联网查询		●	●	●	●	●	●
3	车辆特征参数检查	外廓尺寸		○	●	●	○	○
		轴距			●			
		整备质量			●	●	●	○
		核定载人数	●	●				○
		栏板高度			○	●		
		后轴钢板弹簧片数			●	●		
		客车应急出口		○				
		客车乘客通道和引道		○				
		货厢			○	○	●	

续上表

序号	检验项目		适用车辆类型					
			载客汽车		载货汽车（三轮汽车除外）专项目作业车	挂车	三轮汽车	摩托车
			非营运小型、微型载客汽车	其他类型载客汽车				
4	车辆外观检查	车身外观	●	●	●	●	●	●
		外观标识、标注和标牌	●	●	●	●	●	
		外部照明和信号装置	●	●	●	●	●	●
		轮胎	●	●	●	●	●	●
		号牌及号牌安装	●	●	●	●	●	●
		加装/改装灯具	●		●	●		
5	安全装置检查	汽车安全带	●	●	●			
		机动车用三角警告牌	●	●	●		○	
		灭火器		○	○			
		行驶记录装置		○	○			
		车身反光标识			●	●	●	
		车辆尾部标志板			○	○		
		侧后防护装置			○	○		
		应急锤		○				
		急救箱		○				
		限速功能或限速装置		○	○			
		防抱死制动装置		○	○	○		
		辅助制动装置		○	○			
		盘式制动器		○				
		紧急切断装置			○	○		
		发动机舱自动灭火装置		○				
		手动机械断电开关		○				
		副制动踏板		○	○			
		校车标志灯和校车停车指示标志牌		○				
		危险货物运输车标志			○	○		
6	底盘动态检验	转向系	○	●	●		●	●
		传动系	○	●	●		●	●
		制动系	○	●	●		●	●
		仪表和指示器	○	●	●		●	●

续上表

序号	检验项目		适用车辆类型					
			载客汽车		载货汽车（三轮汽车除外）专项目作业车	挂车	三轮汽车	摩托车
			非营运小型、微型载客汽车	其他类型载客汽车				
7	车辆底盘部件检查	转向系部件	○	●	●	●	●	
		传动系部件	○	●	●	●	●	
		行驶系部件	○	●	●	●	●	
		制动系部件	○	●	●	●	●	
		其他部件	○	●	●	●	●	
8	仪器设备检验	行车制动 空载制动率	●	●	●	●	●	●
		空载制动不平衡率	●	●	●	●	●	
		加载轴制动率			○	○		
		加载轴制动不平衡率			○	○		
		驻车制动	○	●	●	●	●	●
		前照灯 远光发光强度	●	●	●		●	●
		远近光束垂直偏移		●	●			
		车速表指示误差		●	●			
		转向轮横向侧滑量	○	○				

注：1. 车辆唯一性检查、联网查询、车辆特征参数检查、车辆外观检查、安全装置检查、底盘动态检验、车辆底盘部件检查等检验项目属于人工检验项目。

2. "●"表示该检验项目适用于该类车的全部车型，"○"表示该检验项目适用于该类车的部分车型。

3. 对于适用车辆类型为"非营运小型、微型载客汽车的"，"○"对应的检验项目适用于面包车、7座及7座以上车辆，以及使用年限超过10年的车辆。

4. 对于适用车辆类型为"摩托车"的，"○"对应的该检验项目适用于带驾驶室的正三轮摩托车。

5. 适用车辆类型为其他情形的，"○"对应的检验项目所适用的具体车型见第5节。

6. 对于申请更换发动机、车身或者车架的变更登记检验时，参照在用机动车检验项目；对于申请因质量问题更换整车的变更登记检验时，参照注册登记检验项目。

2. 检验流程

机动车安全技术检验流程如图7-1所示，机动车安全技术检验机构可根据实际情况适当调整检验流程。

3. 基本要求

送检机动车应清洁，无明显漏油、漏水、漏气现象，轮胎完好，轮胎气压正常且胎冠花纹中无异物，发动机应运转平稳，怠速稳定，无异响；装有车载诊断系统（OBD）的车辆，不应有与防抱死制动系统（ABS）、电动助力转向系统（EPS）及其他与行车安全相关的故障信息。

对达不到以上基本要求的送检机动车,机动车安全技术检验机构应告知送检人整改,符合要求后再进行安全技术检验。

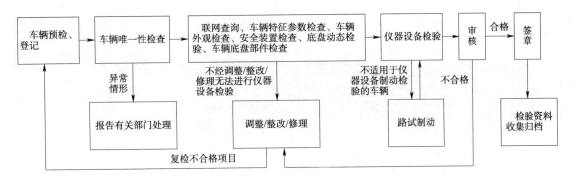

图 7-1 机动车安全技术检验流程

在用机动车检验时,应提供送检机动车的机动车行驶证和有效的机动车交通事故责任强制保险凭证。

4. 检验方法

机动车安全技术检验方法见表 7-2。

机动车安全技术检验方法　　　　　　　　　　　　　　　表 7-2

序号	检验项目		检验方法
1	车辆唯一性检查	号牌号码/车辆类型*	目视比对检查,目视难以清晰辨别时使用内窥镜等工具;有条件时,可使用能自动识别车辆识别代号、发动机号码的仪器设备
		车辆品牌/型号	
		车辆识别代号(或整车出厂编号)*	
		发动机号码(或电动机号码)	
		车辆颜色和外形*	
2	联网查询		利用联网信息系统查询车辆事故/违法信息
3	车辆特征参数检查	外廓尺寸	用长度测量工具测量,重中型汽车、专项作业车、挂车应使用自动测量装置,见附录 A
		轴距	用长度测量工具测量;有条件时,可使用自动测量装置
		整备质量	用地磅或轴(轮)重仪等装置称量,见附录 B
		核定载人数*	目视检查,目测座椅宽度、深度及驾驶室内部宽度等参数偏小时使用量具测量相关尺寸
		栏板高度	用钢尺等长度测量工具测量
		后轴钢板弹簧片数*	目视检查
		客车应急出口*	目视检查,目测应急出口尺寸偏小的,使用长度测量工具测量相关尺寸
		客车乘客通道和引道*	目视检查,目测通道、引道偏窄或高度不符合要求时,使用通道、引道测量装置检查
		货厢*	目视检查,目测货厢有超长、超宽、超高嫌疑时,使用长度测量工具测量相关尺寸

续上表

序号		检验项目	检验方法
4	车辆外观检查	车身外观*	目视检查,对封闭式货厢的货车、挂车应打开车厢门检查,目测有疑问时,使用透光率计、钢尺、手锤、铁钩及照明器具等工具测量相关参数
		外观标识、标注和标牌*	目视检查,目测字高偏小时,使用长度测量工具测量相关尺寸
		外部照明和信号装置	目视检查并操作
		轮胎*	目视检查轮胎规格/型号,目测胎压不正确、轮胎胎冠花纹深度偏小时,使用轮胎气压表、花纹深度计等测量工具测量相关参数
		号牌及号牌安装*	目视检查,目测号牌安装位置、形式,有疑问时使用长度测量工具测量相关尺寸
		加装/改装灯具	目视检查
5	安装装置检查	汽车安全带*	目视检查并操作
		机动车用三角警告牌*	目视检查
		灭火器*	目视检查
		行驶记录装置*	目视检查,目测显示功能异常存疑时,使用专用检验仪器
		车身反光标识*	目视检查,目测逆反射系数偏小时,使用专用检验仪器
		车辆尾部标志板*	目视检查,目测逆反射系数偏小时,使用专用检验仪器
		侧后防护装置*	目视检查,目测防护装置单薄、安装不规范时,使用长度测量工具
		应急锤*	目视检查
		急救箱*	目视检查
		限速功能或限速装置	审查机动车产品公告、机动车出厂合格证、产品使用说明书等技术凭证资料
		防抱死制动装置*	打开电源,观察"ABS"指示灯,对于半挂车检查相关装置
		辅助制动装置*	操作驾驶区内操纵开关,有疑问时检查相关装置
		盘式制动器*	目视检查
		紧急切断装置*	目视检查
		发动机舱自动灭火装置*	目视检查
		手动机械断电开关*	目视检查,有疑问时操作开关,观察是否断电
		副制动踏板*	目视检查,有疑问时踩下踏板,判断踏板工作是否正常
		校车标志类和校车停车指示标志牌*	目视检查
		危险货物运输车标志*	目视检查

续上表

序号	检验项目			检验方法
6	底盘动态检验	制动系		以不低于20km/h的速度正直行驶,双手轻扶转向盘,急踩制动踏板后迅速放松
		转向系		起步并行驶20m以上,通过检验员操作车辆,利用目视、耳听、操作感知等方式检查。对转向盘最大自由转动量和转向力有疑问时,使用转向盘转向力—转向角检测信测量相关参数
		传动系		
		仪表和指示器		检验过程中,观察仪表和指示器
7	车辆底盘部件检查*	转向系部件		车辆停放在地沟上方的指定位置,使用专用手锤等工具检查,并由驾驶室操作人员配合;大中型客车、重中型客车、专项作业车、挂车检查时应使用底盘间隙仪
		传动系部件		
		行驶系部件		
		制动系部件		
		其他部件		
8	仪器设备检验	行车制动*	空载制动率	采用滚筒方式力式制动检验台、平板制动检验台、便携式制动性能测试仪等检验,见附录C
			空载制动不平衡率	
			加载轴制动率	
			加载轴制动不平衡率	
			驻车制动	
		前照灯*	远光发光强度	采用前照灯检验仪检验,见附录D
			远近光光束垂直偏移	
		车速表指示误差		采用车速表检验台检验,见附录E
		轮向轮横向侧滑量		采用侧滑检验台检验,见附录F

注:1. 所有检验项目应一次检验完毕,出现不合格项时,应继续进行其他项目的检验,但无法继续进行检验的项目除外。仪器设备检验时,除检验员外可再乘坐一名送检人员或随车人员。

2. 半挂牵引车可与半挂车组合成铰接列车后同时实施检验,也可单独检验。

3. 机动车安全技术检验时,带"*"的项目应采用检验智能终端(PDA)等设备拍摄检验照片(或视频),其数量、内容和清晰度应能满足检验监管的要求。

5. 检验要求

1) 车辆唯一性

(1) 号牌号码/车辆类型、车辆品牌/型号。

注册登记检验时,送检机动车的车辆品牌/型号应与机动车出厂合格证(对进口车为海关货物进口证明书)一致。

在用机动车检验时,送检机动车的号牌号码/车辆类型、车辆品牌/型号,应与机动车行驶证签注的内容一致。

(2) 车辆识别代号(或整车出厂编号)。

注册登记检验时,送检机动车的车辆识别代号(或整车出厂编号)应与机动车出厂合格证(对进口车为海关货物进口证明书)、车辆识别代号(或整车出厂编号)的拓印膜一致,车辆识别代号的内容和构成应符合 GB 16735 的相关规定;其打刻部位、深度,以及组成字母与数字的字高等应符合 GB 7258 的相关规定,且不应出现被凿改、挖补、打磨、擅自重新打刻等现象。对于 2013 年 3 月 1 日起出厂的乘用车、总质量小于或等于 3500kg 的货车(低速汽车除外),从车外应能清晰地识读到靠近风窗立柱位置的车辆识别代号标识。车辆上标识的所有车辆识别代号内容应一致。

在用机动车检验时,送检机动车的车辆识别代号(或整车出厂编号)应与机动车行驶证签注的内容一致,且不应出现被凿改、挖补、打磨、擅自重新打刻等现象。

(3)发动机号码(或电动机号码)。

注册登记检验时,送检机动车的发动机号码(或电动机号码)应与机动车出厂合格证(对进口车为海关货物进口证明书)一致,并符合 GB 7258 的相关规定。

在用机动车检验时,送检机动车的发动机号码(或电动机号码)应与机动车行驶证签注的内容一致。

(4)车辆颜色和外形。

注册登记检验时,送检机动车的外形应与机动车产品公告照片相符。

在用机动车检验时,送检机动车的车辆颜色和外形应与机动车行驶证上的车辆照片相符,且不应出现更改车身颜色、改变车厢形状、改变车辆结构等情形。

2)联网查询

联网查询送检机动车事故/违法信息:

(1)对发生过造成人员伤亡交通事故的送检机动车,人工检验时应重点检查损伤部位和损伤情况;属于使用年限在 10 年以内的非营运小型、微型载客汽车的,增加底盘动态检验、车辆底盘部件检查。

(2)对涉及尚未处理完毕的道路交通安全违法行为或道路交通事故的送检机动车,应提醒机动车所有人及时到公安机关交通管理部门处理。

3)车辆特征参数

(1)外廓尺寸。

机动车外廓尺寸不得超出 GB7258、GB1589 规定的限值。

注册登记检验时,机动车的外廓尺寸应与机动车产品公告、机动车出厂合格证相符,且误差满足:汽车(三轮汽车除外)、挂车不超过 ±1% 或 ±50mm,三轮汽车、摩托车不超过 ±3% 或 ±50mm。

在用机动车检验时,重中型货车、挂车的外廓尺寸应与机动车行驶证签注的内容相符,且误差不超过 ±2% 或 ±100mm。

(2)轴距。

注册登记检验时,机动车的轴距应与机动车产品公告、机动车出厂合格证相符,且误差不超过 ±1% 或 ±50mm。

在用机动车检验时,机动车的轴距应与机动车登记信息相符,且误差不超过 ±1% 或 ±50mm。

(3)整备质量。

注册登记检验时,机动车的整备质量应与机动车产品公告、机动车出厂合格证相符,且误差满足:重中型货车、挂车、专项作业车不超过 ±3% 或 ±500kg ,轻型、微型载货汽车不超过 ±3% 或 ±100kg ,三轮汽车不超过 ±5% 或 ±100kg ,摩托车不超过 ±10kg 。

(4)核定载人数。

机动车的核定载人数应符合 GB 7258—2012 中 4.5.2 至 4.5.6、11.6 的核载规定。

注册登记检验时,机动车的核定载人数应与机动车产品公告、机动车出厂合格证相符。

在用机动车检验时,机动车的座位(铺位)数应与机动车行驶证签注的内容一致。

(5)栏板高度。

机动车栏板高度不得超出 GB 1589 规定的限值。

注册登记检验时,载货汽车的栏板高度应与机动车产品公告、机动车出厂合格证、驾驶室两侧喷涂的栏板高度数值相符,且误差不超过 ±1% 或 ±50mm。

在用机动车检验时,载货汽车栏板高度应与机动车登记信息、驾驶室两侧喷涂的栏板高度数值相符,且误差不超过 ±2% 或 ±50mm。

(6)后轴钢板弹簧片数。

注册登记检验时,载货汽车、挂车、专项作业车的后轴钢板弹簧片数应与机动车产品公告、机动车出厂合格证一致,且不应有明显"增宽、增厚"情形。

在用机动车检验时,载货汽车、挂车、专项作业车的后轴钢板弹簧片数应与机动车登记信息一致,且不应有明显"增宽、增厚"情形。

(7)客车应急出口。

客车应急出口的数量、标志应符合 GB 7258 的相关规定;且 2013 年 9 月 1 日起出厂的设有乘客站立区的公共汽车车身两侧的车窗如面积能达到设置为应急窗的要求,均应设置为推拉式应急窗或外推式应急窗。

注册登记检验时,目测应急出口尺寸偏小的,还应测量应急出口的尺寸参数,尺寸参数应符合 GB 7258、GB 13094、GB 18986 等相关标准的规定。

(8)客车乘客通道和引道。

客车的通道应无明显通行障碍,通向应急门的引道宽度应符合 GB 7258 的相关规定。

注册登记检验时,目测通道、引道偏窄或高度不符合要求时,还应使用通道、引道测量装置检查,应符合 GB 7258、GB 13094、GB 18986、GB 24407 等相关标准的规定。

(9)货厢。

车辆不应有"加长、加高、加宽货厢""拆除厢式货车顶盖""拆除仓栅式货车顶棚杆"等情形。

4)车辆外观检查

(1)车身外观。

车身外观应满足以下要求:

①保险杠、后视镜、下视镜等部件应完好。

②风窗玻璃应齐全,驾驶人视野部位应无裂纹、破损,所有风窗玻璃不应张贴镜面反光遮阳膜。

③车体应周正,车体外缘左右对称部位高度差应符合 GB 7258 的相关规定。

④车身外部不应有明显的镜面反光现象,不应有任何可能触及行人、骑自行车人等交通

参与者的部件、构件,不应有任何可能使人致伤的尖角、锐边等凸起物。

⑤车身(车厢)及其漆面不应有明显的锈蚀、破损现象。

⑥喷涂、粘贴的标识或车身广告不应影响安全驾驶。

根据车辆类型和使用性质的不同,相应车辆还应满足以下要求:

①货车和挂车的货厢安装应牢固,其栏板和底板应规整,强度满足使用要求,装置的安全架应完好无损。

②罐式危险货物运输车的罐体顶部应按 GB 7258 要求设置倾覆保护装置。

③校车和车长大于 7.5m 的其他客车不应设置有车外顶行李架;设置有车外顶行李架的客车,其车外顶行李架长度不超过车长的 1/3 且高度不超过 300mm。

④校车和 2012 年 9 月 1 日起出厂的公路客车、旅游客车的所有车窗玻璃不应张贴有不透明和带任何镜面反光材料的色纸或隔热纸,前风窗玻璃及风窗以外玻璃用于驾驶人视区部位的可见光透射比应大于或等于 70%,其他车窗玻璃的可见光透射比应不小于 50%;专用校车乘客区侧窗结构应符合 GB 24407 的相关规定。

注:车窗玻璃包括侧窗玻璃和前、后风窗玻璃,但不包括驾驶人旁侧窗下围的装饰玻璃。

⑤机动车(挂车除外)应在左右至少各设置一面外后视镜,总质量大于 7500kg 的货车和货车底盘改装的专项作业车应在右侧设置至少各一面广角后视镜和补盲后视镜,车长大于 6m 的平头货车和平头客车在车前应至少设置有一面前下视镜或相应的监视装置;教练车(三轮汽车除外)应安装能使教练员有效观察到车辆周围交通状态的辅助后视镜。

⑥货车和挂车的载货部分不应设计成可伸缩的结构或设置有乘客座椅。

⑦乘用车自行加装的前后防撞装置及货运机动车自行加装的防风罩、水箱、工具箱、备胎架,应不影响安全。

三轮汽车和摩托车的前、后减振器、转向上下联板和方向把不应有变形和裂损,左右后视镜应齐全有效,坐垫、扶手(或拉带)、脚蹬和挡泥板应齐全,且牢固可靠;对无驾驶室的三轮汽车,货厢前部应安装有高出驾驶人坐垫平面至少 800 mm 的安全架。

注册登记检验时,送检机动车还应满足以下要求:

①车身前部外表面的易见部位上应至少装置一个能永久保持,且与车辆品牌/型号相适应的商标或厂标。

②货车货厢(自卸车、装载质量 1000kg 以下的货车除外)前部应安装有比驾驶室高至少 70 mm 的安全架。

③厢式货车和封闭式货车驾驶室(区)两旁应设置有车窗,货厢部位不得设置车窗(但驾驶室[区]内用于观察货物状态的观察窗除外)。

④乘用车、专用校车和车长小于 6m 的其他客车的前后部应设置有保险杠,货车(三轮汽车除外)应设置有前保险杠。

⑤对无驾驶室的正三轮摩托车,应采用方向把转向;对 2013 年 3 月 1 日起出厂的有驾驶室的正三轮摩托车,若采用转向盘转向,转向盘中心立柱距车辆纵向中心平面的水平距离应不大于 200mm。

(2)外观标识、标注和标牌。

根据车辆类型和使用性质的不同,外观标识、标注和标牌应满足以下要求:

①所有货车(半挂牵引车除外)和专项作业车,其驾驶室(区)两侧应喷涂有总质量;所有半挂牵引车,其驾驶室(区)两侧应喷涂有最大允许牵引质量;载货部位为栏板结构的货车和自卸车,驾驶室两侧应喷涂有栏板高度;罐式汽车和罐式挂车的罐体上应喷涂有允许装运货物的种类及与机动车产品公告和机动车出厂合格证一致的罐体容积,且罐式危险货物运输车的罐体上喷涂的允许装运货物的名称应与机动车产品公告和机动车出厂合格证一致;载货部位为栏板结构的挂车,其车厢两侧应喷涂有栏板高度;喷涂的中文和阿拉伯数字应清晰,高度应大于或等于80mm。

②总质量大于或等于4500kg的货车(半挂牵引车除外)、挂车,其车身(车厢)后部应喷涂/粘贴有符合规定的放大号,无法喷涂/粘贴的平板挂车应设置有符合规定的放大号。

③客车(专用校车和设有乘客站立区的公共汽车除外)其乘客门附近车身外部易见位置,应用高度大于或等于100mm的中文和阿拉伯数字标明该车提供给乘员(包括驾驶人)的座位数。

④教练车应在车身两侧及后部喷涂有高度大于或等于100mm的"教练车"字样。

⑤气体燃料汽车、两用燃料汽车和双燃料汽车应按GB/T 17676的规定标注其使用的气体燃料类型。

⑥消防车、救护车、工程救险车和警车的车身颜色应符合相关国家或行业标准,警车、消防车、救护车、工程救险车安装使用的标志灯具应齐全、有效,其他机动车不得喷涂、安装、使用上述车辆专用的或者与其相类似的标志图案、警报器或者标志灯具。

⑦残疾人机动车应在车身前部和后部分别设置残疾人机动车专用标志。

注册登记检验时,标牌还应满足以下要求:

①标牌应固定可靠、标注的内容应清晰规范,并符合GB 7258的规定。

②非插电式混合动力汽车的标牌还应标明电动动力系统最大输出功率;纯电动汽车、插电式混合动力汽车、燃料电池汽车还应标明主驱动电机型号和功率,动力电池工作电压和容量,储氢容器形式、容积、工作压力(燃料电池汽车)。

(3)外部照明和信号装置

外部照明和信号装置应满足以下要求:

①前照灯、前位灯、前转向信号灯、前部危险警告信号灯、示廓灯和牵引杆挂车标志灯等前部照明和信号装置应齐全,工作应正常;前照灯的远、近光光束变换功能应正常。

②后位灯、后转向信号灯、后部危险警告信号灯、示廓灯、制动灯、后雾灯、后牌照灯、倒车灯、后反射器应齐全,工作应正常;制动灯的发光强度应明显大于后位灯的发光强度。

③侧转向信号灯、侧标志灯和侧反射器应齐全,工作应正常。

④对称设置、功能相同灯具的光色和亮度不应有明显差异,转向信号灯的光色应为琥珀色。

⑤除转向信号灯、危险警告信号、紧急制动信号、校车标志灯及消防车、救护车、工程救险车和警车安装使用的标志灯具外,其他外部灯具不应有闪烁的情形。

⑥对2014年9月1日起出厂的总质量大于或等于4500kg的货车、专项作业车和挂车,每一个后位灯、后转向信号灯和制动灯的透光面面积应大于或等于一个80mm直径圆的面积;如属非圆形的,透光面的形状还应能将一个40mm直径的圆包含在内。

⑦机动车不应安装遮挡外部照明和信号装置透光面的装置。
⑧机动车设置的喇叭应能有效发声。
⑨发动机舱内目视可见的电器导线应布置整齐、捆扎成束、固定卡紧,并无破损现象。

注册登记检验时,车辆外部照明和信号装置的数量、位置、光色还应符合 GB 4785 等相关标准的规定。

(4)轮胎。

轮胎应满足以下要求:

①同轴两侧应装用同一型号、规格和花纹的轮胎,轮胎螺栓、半轴螺栓应齐全、紧固;轮胎规格应与机动车产品公告和机动车出厂合格证(对于在用机动车检验时为机动车登记信息)相符。

②轮胎的胎面、胎壁不应有长度超过 25mm 或深度足以暴露出轮胎帘布层的破裂和割伤及其他影响使用的缺损、异常磨损和变形。

根据车辆类型和使用性质的不同,相应车辆还应满足以下要求:

①乘用车、摩托车和挂车轮胎胎冠上花纹深度应大于或等于 1.6mm,其他机动车转向轮的胎冠花纹深度应大于或等于 3.2mm;其余轮胎胎冠花纹深度应大于或等于 1.6mm,轮胎胎面磨损标志应可见。

②公路客车、旅游客车和校车的所有车轮及其他机动车的转向轮不应装用翻新的轮胎。

注册登记检验时,送检机动车还应满足以下要求:

①专用校车应装用无内胎子午线轮胎。

②危险货物运输车及车长大于 9m 的其他客车应装用子午线轮胎。

③使用小规格备胎的小型、微型载客汽车,其备胎附近明显位置(或其他适当位置)应装置有能永久保持的、提醒驾驶人正确使用备胎的标识,标识的相关提示内容应有中文说明。

(5)号牌及号牌安装。

机动车号牌字符、颜色、安装等应符合 GA 36 的规定,机动车号牌专用固封装置应符合 GA 804 的规定。

号牌及号牌安装应满足以下要求:

①机动车号牌应齐全,表面应清晰、整齐、平滑、光洁、着色均匀,不应有明显的皱纹、气泡、颗粒杂质等缺陷或损伤。

②机动车应使用机动车号牌专用固封装置固定号牌,固封装置应齐全、安装牢固。

③使用号牌架辅助安装时,号牌架内侧边缘距离机动车登记编号字符边缘应大于 5mm,不应使用可拆卸号牌架和可翻转号牌架。

④不应出现影响号牌正常视认的加装、改装等情形。

注册登记检验时,号牌及号牌安装还应满足:

①车辆应设置能够满足号牌安装要求的前、后号牌板(架),但摩托车只需设置有能满足号牌安装要求的后号牌板(架);前号牌板(架)应设于前面的中部或右侧(按机动车前进方向),后号牌板(架)应设于后面的中部或左侧。

②2013 年 3 月 1 日起出厂的车辆,每面号牌板(架)上应至少设有 2 个号牌安装孔。

③2016 年 3 月 1 日起出厂的车辆,每面号牌板(架)(三轮汽车前号牌板(架)、摩托车后

号牌板(架)除外)上应设有4个号牌安装孔,且能保证用M6规格的螺栓将号牌直接牢固可靠地安装在车辆上。

(6)加装/改装灯具。

车辆不应有加装或改装强制性标准以外的外部照明和信号装置,不应有后射灯。

5)安全装置检查

(1)汽车安全带。

注册登记检验时,检查汽车安全带应满足:

①汽车应配备符合GB 7258—2012中12.1要求的安全带。

②对于专用校车,学生座位均应配备两点式汽车安全带,驾驶人座椅、照管人员座椅均应配备汽车安全带。

在用机动车检验时,配备的汽车安全带应完好且能正常使用,不得出现"坐垫套覆盖遮挡安全带""安全带绑定在座位下面"等情形。

(2)机动车用三角警告牌。

汽车(无驾驶室的三轮汽车除外)应配备三角警告牌,三角警告牌的外观、形状应符合GB 19151的要求。

(3)灭火器。

客车和危险货物运输车配备的灭火器应在使用有效期内,不应出现欠压失效等情形,配备数量应符合GB 7258的要求。

(4)行驶记录装置。

公路客车、旅游客车、危险货物运输车、专用校车以及2013年3月1日起注册登记的未设置乘客站立区的公共汽车、半挂牵引车、总质量大于或等于12000kg的货车,应安装有符合要求的行驶记录装置(包括:汽车行驶记录仪或行驶记录功能符合GB/T 19056的卫星定位装置等)。

行驶记录装置的连接、固定应可靠,显示功能应正常,主机外壳的易见部位应加施有符合规定的3C标志。

卧铺客车以及2013年5月1日起出厂的专用校车应安装车内外录像监控系统,功能应正常。

(5)车身反光标识。

货车、货车底盘改装的专项作业车和挂车后部车身反光标识的粘贴要求和材料类型(反光膜型或反射器型)应符合GB 7258的规定,反射器型车身反光标识固定应可靠。

所有货车(半挂牵引车除外)、货车底盘改装的专项作业车和挂车,侧面粘贴的车身反光标识应符合GB 7258的规定。

粘贴/安装的车身反光标识应印有符合规定的3C标志。

(6)车辆尾部标志板。

2012年9月1日起出厂的总质量大于或等于12000kg的货车(半挂牵引车除外)和车长大于8.0m的挂车,以及2014年1月1日起出厂的总质量大于或等于12000kg的货车底盘改装的专项作业车,应安装车辆尾部标志板。

车辆尾部标志板的形状、尺寸、布置和固定应符合GB 25990的规定。

(7)侧后防护装置。

侧后防护装置安装应牢固、无变形,且满足以下要求:

①总质量大于3500kg的货车、货车底盘改装的专项作业车和挂车,其装备的侧面及后下部防护装置应正常有效,货车列车的牵引车和挂车之间装备的侧面防护装置应正常有效。

②罐式危险货物运输车的罐体及罐体上的管路和管路附件不应超出车辆的侧面及后下部防护装置,罐体后封头及罐体后封头上的管路和管路附件与后下部防护装置的纵向距离应大于或等于150mm。

③货车和挂车的侧面防护装置的下缘离地高度、防护范围和前缘形式及后下部防护装置的离地高度、宽度、横截面宽度应符合 GB 11567.1 和 GB 11567.2 的规定。

注册登记检验时,侧后防护装置的外观、结构、尺寸、安装要求还应与机动车产品公告相符。

(8)应急锤。

采用密闭钢化玻璃式应急窗的客车,在相应的应急窗邻近应配备一个应急锤以方便击碎车窗玻璃。

(9)限速功能或限速装置。

注册登记检验时,公路客车、危险货物运输车、旅游客车及车长大于9m的未设置乘客站立区的公共汽车,应具有限速功能或配备限速装置;车长大于或等于6m的客车,应具有超速报警功能。

(10)防抱死制动装置。

以下车辆应装备防抱死制动装置:

①道路运输爆炸品和剧毒化学品车辆,以及2012年9月1日起出厂的其他危险货物运输车。

②2005年2月1日起注册登记的总质量大于12000kg的公路客车和旅游客车、总质量大于10000kg的挂车、总质量大于16000kg允许挂接总质量大于10000kg的挂车的货车。

③2012年9月1日起出厂的车长大于9m的公路客车、旅游客车、半挂牵引车。

④2013年5月1日起出厂的专用校车。

⑤2013年10月1日起出厂的车长大于9m的未设置乘客站立区的公共汽车。

⑥2014年9月1日起出厂的总质量大于或等于12000kg的货车和专项作业车。

机动车配备的防抱死制动装置自检功能应正常。

(11)辅助制动装置。

注册登记检验时,以下车辆应安装缓速器或其他辅助制动装置:

①2012年9月1日起出厂的车长大于9m的客车(对专用校车为车长大于8m)、所有危险货物运输车、总质量大于或等于12000kg的货车。

②2014年9月1日起出厂的总质量大于或等于12000kg的货车底盘改装的专项作业车。

(12)盘式制动器。

注册登记检验时,以下车辆的前轮应装备盘式制动器:

①2012年9月1日起注册的危险货物运输车、车长大于9m的客车(未设置乘客站立区的公共汽车除外)。

②2013年5月1日起出厂的专用校车。
③2013年9月1日起出厂的车长大于9m的未设置乘客站立区的公共汽车。

(13) 紧急切断装置。

2015年1月1日起,所有用于运输液体危险货物的罐式危险货物运输车应安装紧急切断装置。

(14) 发动机舱自动灭火装置。

以下车辆应装备发动机舱自动灭火装置:

①2013年5月1日起出厂的专用校车。

②2013年3月1日起出厂的发动机后置的其他客车。

(15) 手动机械断电开关。

2013年3月1日起出厂的车长大于或等于6m的客车,应设置能切断蓄电池和所有电路连接的手动机械断电开关。

(16) 副制动踏板。

教练车(三轮汽车除外)装备的副制动踏板应牢固、动作可靠有效。

(17) 校车标志灯和校车停车指示标志牌。

校车配备的校车标志灯和停车指示标志牌应齐全、有效。

专用校车以及喷涂或粘贴专用校车车身外观标识的非专用校车应由校车标志、中文字符"校车"、中文字符"核载人数：×× 人"、校车编号和校车轮廓标识组成,且应符合GB 24315的相关规定。

(18) 危险货物运输车标志。

危险货物运输车应设置符合GB 13392规定的标志。

道路运输爆炸品和剧毒化学品车辆应粘贴符合GB 20300规定的橙色反光带并设置安全标示牌。

6) 底盘动态检验

(1) 转向系。

车辆的转向盘应转动灵活,操纵方便,无卡滞现象,最大自由转动量应符合GB 7258的相关规定;对于使用方向把的三轮汽车、摩托车,转向轮转动应灵活。

(2) 传动系。

①车辆换挡应正常,变速器倒挡应能锁止。

②离合器接合应平稳,无打滑、分离不彻底等现象。

(3) 制动系。

车辆正常行驶时无制动阻滞、车轮抱死现象;制动时制动踏板动作应正常,响应迅速,转向盘无抖动,无跑偏现象。

(4) 仪表和指示器。

车辆配备的车速表等各种仪表和指示器不应有异常情形。

7) 车辆底盘部件

(1) 转向系部件。

转向系部件应满足以下要求:

①各部件不应松动。
②横、直拉杆不应有拼焊、损伤、松旷、严重磨损等情况。
③转向过程中不应有干涉或摩擦现象。
(2) 传动系部件。
传动系部件应满足以下要求：
①变速器等部件应连接可靠。
②传动轴、万向节及中间轴承和支架不应有裂纹和松旷现象，不应有漏油现象。
(3) 行驶系部件。
行驶系部件应满足以下要求：
①车架纵梁、横梁不应有明显变形、损伤，铆钉、螺栓不应缺少或松动。
②钢板吊耳及销不应松旷，中心螺栓、U形螺栓不应松旷。
③车桥与悬架之间的拉杆和导杆不应松旷和移位，减振器不应漏油。
(4) 制动系部件。
制动系部件应满足以下要求：
①制动系应无擅自改动，不应从制动系统获取气源作为加装装置的动力源。
②制动主缸、轮缸、管路等不应漏气、漏油，制动软管不应有明显老化。
③制动系管路与其他部件无摩擦和固定松动现象。
(5) 其他部件。
其他部件应满足以下要求：
①发动机的固定应可靠。
②排气管、消声器应安装牢固、不应有漏气现象，排气管口不得指向车身右侧（如受结构限制排气管口必须偏向右侧时，排气管口中心线与机动车纵向中心线的夹角应小于或等于15°）和正下方；专门用于运送易燃和易爆物品的危险货物运输车，排气管应装在罐体/箱体前端面之前，不高于车辆纵梁上平面的区域，并安装机动车排气火花熄灭器，机动车尾部应安装接地装置。
③电器导线应布置整齐、捆扎成束、固定卡紧，并无破损现象。
④燃料箱应固定可靠，不应漏油；燃料管路与其他部件不应有碰擦，不应有明显老化。
⑤承载式车身底部应完整，不应有影响车身强度的变形和破损。
⑥轮胎内侧不应有严重磨损、割伤、腐蚀。
8) 仪器设备检验
(1) 行车制动。
台试空载检验行车制动性能时，应符合 GB 7258—2012 中 7.11.1 的相关要求。
对于全挂车、半挂车，台试空载制动性能检验时，应同时满足以下要求：
①与牵引车组合成的汽车列车检验结果符合 GB 7258—2012 中 7.11.1 的相关要求。
②挂车的轴制动力之和与挂车轴荷之和的比值大于或等于 55%。
③挂车的轴制动不平衡率符合 GB 7258—2012 中 7.11.1.2 的要求。
对于三轴及三轴以上载货汽车按照附录 C.3 方法加载后，加载轴的轴制动率应大于或等于 50%，加载轴制动不平衡率符合 GB 7258—2012 中 7.11.1.2 的要求。

对于并装双轴、并装三轴的半挂车,组成汽车列车按照附录 C.3 方法加载后,挂车加载轴的轴制动率应大于或等于 45%,加载轴制动不平衡率符合 GB 7258—2012 中 7.11.1.2 的要求。

路试检验行车制动性能时,应符合 GB 7258—2012 中 7.10.2 的相关要求。

(2)驻车制动。

台试检验驻车制动性能时,应符合 GB 7258—2012 中 7.11.2 的相关要求。

路试检验驻车制动性能时,应符合 GB 7258—2012 中 7.10.4 的相关要求。

(3)前照灯。

前照灯远光发光强度应符合 GB 7258—2012 中 8.5.2 的相关要求。

前照灯远近光光束垂直偏移应符合 GB 7258—2012 中 8.5.3 的相关要求。

(4)车速表指示误差。

注册登记检验时,车速表指示误差应符合 GB 7258—2012 中 4.12 的相关要求。

(5)转向轮横向侧滑量。

对前轴采用非独立悬架的汽车(前轴采用双转向轴时除外),转向轮横向侧滑量应符合 GB 7258—2012 中 6.11 的相关要求。

6. 检验结果处置

1)检验结果的评判

授权签字人应逐项确认检验结果并签注整车检验结论。检验结论分为合格、不合格。送检机动车所有检验项目的检验结果均合格的,判定为合格;否则判定为不合格。

2)检验合格处置

机动车安全技术检验机构应出具《机动车安全技术检验报告》(式样见附录 G),报告一式三份,一份交机动车所有人(或者由送检人转交机动车所有人),一份提交车辆管理所作为机动车安全技术检验合格证明,一份留存检验机构。

机动车安全技术检验机构应按 GB/T 26765、GA 1186《机动车安全技术检验监管系统通用技术条件》的要求传递数据及图像。

机动车安全技术检验机构应妥善保管《机动车安全技术检验报告》《机动车安全技术检验表(人工检验部分)》《机动车安全技术检验表(仪器设备检验部分)》、车辆识别代号(或整车出厂编号)的拓印膜或照片(注册登记检验时保存拓印膜,在用机动车检验时保存车辆识别代号照片)等资料,保存至本次检验周期届满前,但最短不得少于 2 年。

3)检验不合格处置

机动车安全技术检验机构应出具《机动车安全技术检验报告》,并注明所有不合格项目。

机动车安全技术检验机构应通过拍照、摄像或保存数据等方式对不合格项取证留存备查。

机动车安全技术检验机构应按 GB/T 26765、GA 1186《机动车安全技术检验监管系统通用技术条件》的要求传递数据及图像。

4)异常情形处置

发现送检机动车有拼装、非法改装、被盗抢、走私嫌疑时,机动车安全技术检验机构及其检验员应详细登记该送检机动车的相关信息,拍照、录像固定证据,通过机动车安全技术检验监管系统上报,并告知送检人到当地公安机关交通管理部门处理。

注册登记检验时,发现送检机动车的车辆特征参数、安全装置不符合 GB 1589、GB 7258 等机动车国家安全技术标准、机动车产品公告、机动车出厂合格证时,应拍照、录像固定证据,详细登记送检机动车的车辆类型、品牌/型号、车辆识别代号(或整车型号和出厂编号)、发动机号码、整车生产厂家、生产日期等信息,通过机动车安全技术检验监管系统上报。

二、《营运车辆综合性能要求和检验方法》简介(GB 18565—2016)

本标准规定了申请从事道路运输车辆和在用道路运输车辆的技术要求,以及在用道路运输车辆的校验方法。

本标准适用于申请从事道路运输经营的车辆和正在从事道路运输经营的车辆,从事驾驶员教学等道路运输相关业务的车辆可参考执行。

本标准主要规定了申请从事道路运输车辆的技术要求以及在用道路运输车辆的技术要求,参照《机动车安全技术检验项目和方法》(GB 21861—2014),详细规定了各检测项目具体的检测标准及检测方法。下面以台架检验行车制动性能为例。

汽车列车制动力的分配应满足:牵引车(挂车)整车制动力与汽车列车整车制动力的比值不应小于牵引车(挂车)质量与汽车列车质量比值的90%,也即:牵引车(挂车)的整车制动率不应小于汽车列车整车制动率的90%。

整车制动率、轴制动率和制动不平衡率应符合表7-3的要求。

台架检验性能要求　　　　　　　　　　　　　　表7-3

车辆类型		整车制动率(%)		轴制动率(%)		制动不平衡率(%)
		空载	满载	前轴①	后轴①	
M1 类乘用车		≥60	≥50	≥60②	≥20②	
M2、M3 类客车		≥60	≥50	≥60②	≥50③	
N1 类货车		≥60	≥50	≥60②	≥20②	
N2、N3 类货车		≥60	≥50	≥60②	≥50③	前轴≤24 后轴≤30 或 10④
牵引车		≥60	≥50	≥60	≥50	
O3、O4 类挂车	全挂车	—	—	≥55⑤	≥55⑤	
	半挂车	—	—	—	≥55⑤	

注:①前轴是指位于机动车(单车)纵向中心线中心位置以前的轴,除前轴之外的其他轴均为后轴;第二转向桥视为前轴;挂车的所有车轴均视为后轴。

②空载和满载状态下测试均应满足此要求。

③满载测试时不做要求,空载用平板制动检验台检验时应大于或等于35%;总质量大于3500kg的客车,空载用滚筒反力式制动检验台检验时应大于或等于40%,用平板制动检验动员检验时应大于或等于30%。

④对于后轴,当轴制动率大于或等于该轴轴荷60%时,不平衡率不大于30%;当轴制动率小于该轴轴荷60%时不平衡率不大于该轴轴荷的10%。

⑤满载状态下测试时应大于或等于45%。

三、《机动车运行安全技术条件》应用简介

《机动车运行安全技术条件》(GB 7258—2017)是我国机动车安全技术管理最基本的技

术标准,规定了在我国道路上行驶的机动车的安全技术条件要求。因此,其许多条文被其他标准引用,如《机动车安全技术检验项目和方法》引用其中的检验技术而形成自己的部分标准内容。下面就《机动车安全技术检验项目和方法》引用《机动车运行安全技术条件》中的内容做部分介绍。

1. 台式检验制动性能

(1)汽车在制动试验台上测出的制动力应符合表7-4的要求。

台试检验制动力要求　　　　　　　　　　表7-4

机动车类型	制动力总和与整车质量的百分比		轴制动力与轴荷[①]的百分比	
	空载	满载	前轴[②]	后轴[②]
三轮汽车	—	—	—	≥60[③]
乘用车、其他总质量小于或等于3500kg的汽车	≥60	≥50	≥60[③]	≥20[③]
铰接客车、铰接式无轨电车、汽车列车	≥50	≥45	—	—
其他汽车	≥60[④]	≥50	≥60[③]	≥50[⑤]
挂车	—	—	—	≥55[⑥]
普通摩托车	—	—	≥60	≥55
轻便摩托车	—	—	≥60	≥50

注:①用平板制动检验台检验乘用车、其他总质量小于或等于3500kg的汽车时应按左右轮制动力最大时刻所分别对应的左右轮动态轮荷之和计算。

②机动车(单车)纵向中心线中心位置以前的轴为前轴,其他轴为后轴;挂车的所有车轴均按后轴计算;用平板制动试验台测试并装轴制动力时,并装轴可视为一轴。

③空载和满载状态下测试均应满足此要求。

④对总质量小于或等于整备质量的1.2倍的专项作业车应大于或等于50%。

⑤满载测试时后轴制动力百分比不做要求;空载用平板制动检验台检验时应大于或等于35%;总质量大于3500kg的客车,空载用反力滚筒式制动试验台测试时应大于或等于40%,用平板制动检验台检验时应大于或等于30%。

⑥满载状态下测试时应大于或等于45%。

(2)制动力平衡要求(两轮、边三轮摩托车和轻便摩托车除外)。

在制动力增长全过程中同时测得的左右轮制动力差的最大值,与全过程中测得的该轴左右轮最大制动力中大者之比,对前轴不应大于20%,对后轴(及其他轴)在轴制动力不小于该轴轴荷的60%时不应大于24%;当后轴(及其他轴)制动力小于该轴轴荷的60%时,在制动力增长全过程中同时测得的左右轮制动力差的最大值不应大于该轴轴荷的8%。

(3)汽车的制动协调时间,对液压制动的汽车不应大于0.35s,对气压制动的汽车不应大于0.60s;汽车列车和铰接客车、铰接式无轨电车的制动协调时间不应大于0.80s。

(4)汽车车轮阻滞力要求:进行制动力检验时各车轮的阻滞力均不应大于车轮所在轴轴荷的5%。

2. 前照灯的要求

1)远光光束发光强度

机动车每只前照灯的远光光束发光强度应达到表7-5的要求。测试时,其电源系统应处于充电状态。

前照灯的远光光束发光强度最小值要求　　表 7-5

机动车类型		检查项目					
		新注册车			在用车		
		一灯制	两灯制	四灯制①	一灯制	二灯制	四灯制①
三轮汽车		8000	6000	—	6000	5000	—
最高设计车速小于70km/h的汽车		—	10000	8000	—	8000	6000
其他汽车		—	18000	15000	—	15000	12000
摩托车		10000	8000	—	8000	6000	—
轻便摩托车		4000	—	—	3000	—	—
拖拉机运输机组	标定功率>18kW	—	8000	—	—	6000	—
	标定功率≤18kW	6000②	6000	—	5000②	5000	—

注：①四灯制是指前照灯具有四个远光光束；采用四灯制的机动车其中两只对称的灯达到两灯制的要求时视为合格。
②允许手扶拖拉机运输机组只装用一只前照灯。

2）光束照射位置要求

（1）近光光束照射位置要求。

在检验前照灯近光光束照射位置时，前照灯照射在距离 10 m 的屏幕上时，乘用车前照灯近光光束明暗截止线转角或中点的高度应为 $0.7H \sim 0.9H$（H 为前照灯基准中心高度，下同），其他机动车（拖拉机运输机组除外）应为 $0.6H \sim 0.8H$。机动车（装用一只前照灯的机动车除外）前照灯近光光束水平方向位置向左偏不允许超过 170 mm，向右偏不允许超过 350 mm。

（2）远光光束照射位置要求。

在检验前照灯远光光束及远光单光束灯照射位置时，前照灯照射在距离 10 m 的屏幕上时，要求在屏幕光束中心离地高度，对乘用车为 $0.9H \sim 1.0H$，对其他机动车为 $0.8H \sim 0.95H$；机动车（装用一只前照灯的机动车除外）前照灯远光光束水平位置要求，左灯向左偏不允许超过 170 mm，向右偏不允许超过 350 mm，右灯向左或向右偏均不允许超过 350 mm。

四、《在用汽车排气污染物限值及测试方法》(GB 18285—2000)简介

《在用汽车排气污染物限值及测试方法》规定了在用汽车排气污染物的限值和测试方法。适用于装配点燃式四冲程发动机及压燃式发动机，最大总质量大于或等于 400kg，最大设计车速大于或等于 50km/h 的在用汽车。

（1）汽油车排气污染物可选择双怠速法、怠速法和加速模拟工况法中的一种进行测量。

①汽油车双怠速试验排气污染物限值见表 7-6。

汽油车双怠速试验排气污染物限值　　表 7-6

车辆类型	怠速		高怠速	
	CO(%)	HC(10^{-6})①	CO(%)	HC(10^{-6})①
2001年1月1日以后上牌照的 $M_1$② 类车辆	0.8	150	0.3	100
2002年1月1日以后上牌照的 $N_1$③ 类车辆	1.0	200	0.5	150

注：①HC 容积浓度值按正己烷当量。
②M_1 指车辆设计乘员数（含驾驶人）不超过 6 人，且车辆的最大总质量不超过 2500kg。
③N_1 还包括设计上乘员数（含驾驶人）超过 6 人，或车辆的最大总质量超过 2500kg 但不超过 3500kg 的 M 类车辆。

② 汽油车加速模拟工况试验排气污染物限值见表7-7。

汽油车加速模拟工况试验排气污染物限值　　　　　表7-7

车辆类型	基准质量 (RM)(kg)	ASM5025			ASM2540		
		HC(10^{-6})①	CO(%)	NO(10^{-6})	HC(10^{-6})①	CO(%)	NO(10^{-6})
2001年1月1日以后上牌照的$M_1$②类车辆	<1050	260	2.2	2500	260	2.4	2300
	<1250	230	1.8	2200	230	2.2	2050
	<1470	190	1.5	1800	190	1.8	1650
	<1700	170	1.3	1550	170	1.5	1400
	<1930	150	1.1	1350	150	1.3	1250
	<2150	130	1.0	1200	130	1.2	1100
	<2500	120	0.9	1050	120	1.1	1000
2002年1月1日以后上牌照的$N_1$③类车辆	<1050	260	2.2	2500	260	2.4	2300
	<1250	230	1.8	2200	230	2.2	2050
	<1470	250	2.3	2700	250	3.2	2600
	<1700	190	2.0	2350	190	2.7	2200
	<1930	220	2.1	2800	220	2.9	2600
	<2150	200	1.9	2500	200	2.6	2300
	<2500	180	1.7	2250	180	2.4	2050
	<3500	160	1.5	2000	160	2.1	1800

注：①HC容积浓度值按正己烷当量。
②M_1指车辆设计乘员数(含驾驶人)不超过6人,且车辆的最大总质量不超过2500kg。
③N_1还包括设计上乘员数(含驾驶人)超过6人,或车辆的最大总质量超过2500kg但不超过3500kg的M类车辆。

③ 汽油车怠速试验排气污染物限值见表7-8。

汽油车怠速试验排气污染物限值　　　　　表7-8

车辆类型	轻型车		重型车	
	CO(%)	HC(10^{-6})①	CO(%)	HC(10^{-6})①
1995年7月1日以前生产的在用汽车	4.5	1200	5.0	2000
1995年7月1日起生产的在用汽车	4.5	900	4.5	1200

注：①HC容积浓度值按正己烷当量。

(2) 柴油车排气污染物测量可选择滤纸烟度法或用不透光烟度计测量光吸收系数两种方法之一进行测量。

① 装配压燃式发动机的车辆自由加速试验排气污染物限值见表7-9。

装配压燃式发动机的车辆自由加速实验排气污染物限值　　　　表7-9

车 辆 类 型	光吸收系数(m^{-1})
2001年1月1日以后上牌照的在用车	2.5
2001年1月1日以后上牌照的装配废气涡轮增压器的在用车	3.0

②装配压燃式发动机的车辆自由加速试验烟度排放限值见表7-10。

装配压燃式发动机的车辆自由加速试验烟度排放限值　　　　表7-10

车 辆 类 型	烟义值(Rb)
1995年7月1日以前生产的在用车	4.7
1995年7月1日起生产的在用车	4.0

参 考 文 献

[1] 丰田卡罗拉维修手册[M]. 中国:丰田汽车公司,2014.
[2] TEAM21 丰田诊断技术员–电气[M]. 中国:丰田汽车公司,2003.
[3] 陈家瑞. 汽车构造:上册,下册[M]. 北京:机械工业出版社,2001.
[4] 曲英凯. 汽车底盘构造与维修[M]. 北京:人民交通出版社股份有限公司,2016.
[5] 周全. 汽车底盘构造与检修[M]. 北京:人民邮电出版社有限公司,2015.
[6] 陈林. 汽车底盘构造与检修[M]. 北京:机械工业出版社,2015.
[7] 国家环境保护总局. GB 18285—2005 点燃式发动机汽车排气污染物排放限值及测量方法(双怠速法及简易工况法)[S]. 中国环境出版社,2005.
[8] 国家环境保护总局. GB 18352.5—2013 轻型汽车污染物排放限值及测量方法(中国第五阶段)[S]. 中国环境出版社,2013.
[9] 国家环境保护总局. GB 17691—2005 车用压燃式、气体燃料点燃式发动机与汽车排气污染物排放限值及测量方法(中国Ⅲ、Ⅳ、Ⅴ阶段)[S]. 中国环境出版社,2005.
[10] 公安部交通管理科学研究所. GA 468—2004 机动车安全检验项目和方法[S]. 中国标准出版社,2004.
[11] 国家环境保护总局. GB 3847—2005 车用压燃式发动机和压燃式发动机汽车排气烟度排放限值及测量方法[S]. 中国环境出版社,2005.
[12] 公安部交通管理科学研究所. GB 7528—2004 机动车运行安全技术条件[S]. 中国标准出版社,2004.
[13] 公安部交通管理科学研究所. GB 7528—2017 机动车运行安全技术条件[S]. 中国标准出版社,2017.
[14] 公安部交通管理科学研究所. GB 21861—2014 机动车安全技术检验项目和方法[S]. 中国标准出版社,2014.
[15] 交通运输部公路科学研究院. GB 18565—2016 道路运输车辆综合性能要求和检验方法[S]. 中国标准出版社,2016.
[16] 王会明. 汽车手动变速器与驱动桥系统检修一体化项目教程[M]. 上海:上海交通大学出版社,2011.
[17] 黄文婷. 汽车转向与行驶系统检修[M]. 北京:中国建材工业出版社,2016.
[18] 孙乃歉. 汽车制动系统检修一体化项目教程[M]. 上海:上海交通大学出版社,2011.